上海环境年鉴

《上海环境年鉴》编辑委员会

Shanghai Environment Yearbook 2024

上海人民出版社

图书在版编目(CIP)数据

2024上海环境年鉴 /《上海环境年鉴》编辑委员会编. -- 上海 : 上海人民出版社, 2024. -- ISBN 978-7-208-19109-9

Ⅰ. X-125.1

中国国家版本馆CIP数据核字第2024M8W816号

责任编辑 王笑潇
封面设计 夏 芳

2024上海环境年鉴
《上海环境年鉴》编辑委员会 编

出　版 上海人民出版社
(201101 上海市闵行区号景路159弄C座)
发　行 上海人民出版社发行中心
印　刷 上海雅昌艺术印刷有限公司
开　本 889×1194 1/16
印　张 22.5
插　页 4
字　数 685,000
版　次 2024年11月第1版
印　次 2024年11月第1次印刷
ISBN 978-7-208-19109-9/Z・255
定　价 380.00元

编辑委员会

编写单位

上海市人大城市建设环境保护委员会
上海市政协人口资源环境建设委员会
上海市人民检察院
上海市经济和信息化委员会
上海市商务委员会
上海市教育委员会
上海市科学技术委员会
上海市公安局
上海市规划和自然资源局
上海市生态环境局
上海市住房和城乡建设管理委员会
上海市交通委员会
上海市农业农村委员会
上海市水务局（上海市海洋局）
上海市统计局
上海市绿化和市容管理局（上海市林业局）
上海市新闻出版局
上海市地震局
中国（上海）自由贸易试验区临港新片区管理委员会
生态环境部太湖流域东海海域生态环境监督管理局
水利部太湖流域管理局
浦东新区生态环境局
黄浦区生态环境局
静安区生态环境局
徐汇区生态环境局
长宁区生态环境局
普陀区生态环境局
虹口区生态环境局
杨浦区生态环境局
宝山区生态环境局
闵行区生态环境局
嘉定区生态环境局
金山区生态环境局
松江区生态环境局
青浦区生态环境局
奉贤区生态环境局
崇明区生态环境局

编写说明

自2001年以来，《上海环境年鉴》的编撰、出版始终受到了中共上海市委、市政府领导的高度重视。市人大、市政协各有关专业委员会，市政府有关委、办、局和各区政府给予了大力支持。

《上海环境年鉴》是一部环境综合类的大型权威性工具书，为上海生态文明建设和生态环境保护年度信息、资料史实的汇总。2024卷为第二十三卷，客观记录了2023年度上海市生态文明建设和生态环境保护的重大事件。为方便读者查阅和内容的完整，有少量条目涉及2023年度以前的情况。

《上海环境年鉴》采用分类编辑方法，内容按类目—分目—条目三级结构层次编排。卷首为图片，正文分设特载；重要会议及领导调研；长三角生态绿色一体化发展；市人大城市建设与环境保护工作；市政协环境资源保护工作；节能减排与低碳发展；生态环境质量；环境法治与生态环保督察；规划与计划；污染防治与环境整治；生态环境建设与保护；环境管理；科学与技术；资源保护与利用；环保产品与市场；合作与交流；公众参与与社会宣传；环境教育与培训；各区生态环境保护；与环境相关的统计；大事辑要；索引，共22个类目。

2024卷《上海环境年鉴》编辑委员会由上海市政府有关委、办、局，上海市人大、市政协有关专业委员会以及各区政府有关领导组成，条目由上海市有关委、办、局和各区政府遴选的特约编辑负责相关条目的编撰，成稿后，经所在部门有关领导审查定稿，最后由编辑部汇总编撰成册。

因机构改革、人事变动，编委会对编委、编写单位、特约编审和特约编辑成员作了相应调整。

我们希望社会各界继续提出宝贵意见，使《上海环境年鉴》更好地为上海生态环境保护事业服务，并满足社会各界人士了解上海生态文明建设和生态环境保护事业发展变化之需求。

上海环境年鉴编辑部

2024年8月

新年主题花卉　　（孙中钦 摄）

辰山植物园（陶 磊 摄）

苏州河游览船（董 俊 摄）

松江区五龙湖　　（松江区生态环境局 提供）

彭越浦　　（蒋小威 摄）

浦东新区张江镇汇智湖　　（浦东新区生态环境局 提供）

苏州河畔“口袋公园”　　（孙中钦 摄）

崇明西沙明珠湖大雁列队展翅飞翔 （杨建正 摄）

崇明西沙湿地 （董 俊摄）

青西郊野公园的鸬鹚候鸟（杨建正 摄）

野生候鸟长脚塍鹬（杨建正 摄）

青浦区金泽镇的越冬候鸟迁徙（杨建正 摄）

新泾镇中泾生境花园开园　（刘　歆　摄）

长宁区程桥二村的忆·生境花园　（刘　歆　摄）

宝山区顾村镇昔日钢渣堆场变身美丽乡村“花海” （刘 歆 摄）

金山区张堰镇百家村开放休闲林地 （蒋小威 摄）

目 录

特载

重要会议及领导调研

长三角生态绿色一体化发展

市人大城市建设与环境保护工作

立法

执法检查与监督

代表议案办理

市政协环境资源保护工作

相关工作

民主党派建议

节能减排与低碳发展

节能减排

公益诉讼

生态环保督察

规划与计划

规划及管理

环保三年行动计划

污染防治与环境整治

污染防治攻坚战

大气污染防治

水污染防治

土壤与地下水污染防治

固体废物与化学品管理

噪声污染防治

辐射环境污染防治

重点区域环境综合整治

市重大环境工程建设

环境管理

科学与技术

环境政策与规划研究

环境管理关键技术研究

其他科技成果研究与应用

科研学术活动

资源保护与利用

环保产品与市场

合作与交流

公众参与与社会宣传

绿色创建活动

主题宣传

公众参与

建议提案办理及信访受理

环境教育与培训

学校环境教育

静安区

徐汇区

与环境相关的统计

大事辑要

索引

CONTENTS

Special Edition

Important Meetings and Official's Inspection Visits

Yangtze River Delta Eco-Green Integrated Development

Urban Construction and Environmental Protection Work of Shanghai Municipal People's Congress

Legislation

Enforcement Inspection and Supervision

Proposals Submitted by Deputies to the Municipal People's Congress

Work of CPPCC Shanghai Committee on Protection of Environmental Resources

Related Work

Suggestions from Democratic Parties

Energy Conservation and Emission Reduction and Low-carbon Development

Energy Conservation and Emission Reduction

Address Climate Change and Low-carbon Development

Ecological Environment Quality

Environmental Rule of Law and Ecological Environment Protection Inspection

Water Pollution Prevention and Control

Biodiversity Conservation

Natural Ecological Protection

Wildlife Protection

Marine Ecological Protection

Environmental Management

Administrative Management

Science and Technology

Research on Key Technologies of Environmental Management

Research and Application of Other Scientific and Technological Achievements

CONTENTS

Academic Research

Science and Technology Awards

Resource Protection and Utilization

Development and Utilization of Renewable Resources

Protection and Utilization of Land Resources

Protection and Utilization of Geological Resources

Water-saving Society Construction

Environment-friendly Products and Market

Ecolabel Products, Green Food and High-quality Agricultural

Promotion of Environmental Protection Themes

Public Participation

Handling of Proposals and Reception of Letters and Visits

Environmental Education and Training

Environmental Education at School

On-the-job Education and Training

Environmental Publications

Environmental Protection in All Districts

Pudong New Area

Huangpu District

Jing'an District

Xuhui District

Yangpu District

Baoshan District

Minhang District

Abstract of Major Events

Index

特　载

中共中央 国务院关于全面推进美丽中国建设的意见

（2023年12月27日）

建设美丽中国是全面建设社会主义现代化国家的重要目标，是实现中华民族伟大复兴中国梦的重要内容。为全面推进美丽中国建设，加快推进人与自然和谐共生的现代化，现提出如下意见。

一、新时代新征程开启全面推进美丽中国建设新篇章

党的十八大以来，以习近平同志为核心的党中央把生态文明建设摆在全局工作的突出位置，全方位、全地域、全过程加强生态环境保护，实现了由重点整治到系统治理、由被动应对到主动作为、由全球环境治理参与者到引领者、由实践探索到科学理论指导的重大转变，美丽中国建设迈出重大步伐。

当前，我国经济社会发展已进入加快绿色化、低碳化的高质量发展阶段，生态文明建设仍处于压力叠加、负重前行的关键期，生态环境保护结构性、根源性、趋势性压力尚未根本缓解，经济社会发展绿色转型内生动力不足，生态环境质量稳中向好的基础还不牢固，部分区域生态系统退化趋势尚未根本扭转，美丽中国建设任务依然艰巨。新征程上，必须把美丽中国建设摆在强国建设、民族复兴的突出位置，保持加强生态文明建设的战略定力，坚定不移走生产发展、生活富裕、生态良好的文明发展道路，建设天蓝、地绿、水清的美好家园。

二、总体要求

全面推进美丽中国建设，要坚持以习近平新时代中国特色社会主义思想特别是习近平生态文明思想为指导，深入贯彻党的二十大精神，落实全国生态环境保护大会部署，牢固树立和践行绿水青山就是金山银山的理念，处理好高质量发展和高水平保护、重点攻坚和协同治理、自然恢复和人工修复、外部约束和内生动力、“双碳”承诺和自主行动的关系，统筹产业结构调整、污染治理、生态保护、应对气候变化，协同推进降碳、减污、扩绿、增长，维护国家生态安全，抓好生态文明制度建设，以高品质生态环境支撑高质量发展，加快形成以实现人与自然和谐共生现代化为导向的美丽中国建设新格局，筑牢中华民族伟大复兴的生态根基。

主要目标是：到2027年，绿色低碳发展深入推进，主要污染物排放总量持续减少，生态环境质量持续提升，国土空间开发保护格局得到优化，生态系统服务功能不断增强，城乡人居环境明显改善，国家生态安全有效保障，生态环境治理体系更加健全，形成一批实践样板，美丽中国建设成效显著。到2035年，广泛形成绿色生产生活方式，碳排放达峰后稳中有降，生态环境根本好转，国土空间开发保护新格局全面形成，生态系统多样性稳定性持续性显著提升，国家生态安全更加稳固，生态环境治理体系和治理能力现代化基本实现，美丽中国目标基本实现。展望本世纪中叶，生态文明全面提升，绿色发展方式和生活方式全面形成，重点领域实现深度脱碳，生态环境健康优美，生态环境治理体系和治理能力现代化全面实现，美丽中国全面建成。

锚定美丽中国建设目标，坚持精准治污、科学治污、依法治污，根据经济社会高质量发展的新需求、人民群众对生态环境改善的新期待，加大对突出生态环境问题集中解决力度，加快推动生态环境质量改善从量变到质变。“十四五”深入攻坚，实现生态环境持续改善；“十五五”巩固拓展，实现生态环境全面改善；“十六五”整体提升，实现生态环境根本好转。要坚持做到：

——全领域转型。大力推动经济社会发展绿色化、低碳化，加快能源、工业、交通运输、城乡建设、农业等领域绿色低碳转型，加强绿色科技创新，增强美丽中国建设的内生动力、创新活力。

——全方位提升。坚持要素统筹和城乡融合，一体开展“美丽系列”建设工作，重点推进美丽蓝天、美丽河湖、美丽海湾、美丽山川建设，打造美丽中国先行区、美丽城市、美丽乡村，绘就各美其美、美美与共的美丽中国新画卷。

——全地域建设。因地制宜、梯次推进美丽中国建设全域覆盖，展现大美西部壮美风貌、亮丽东北辽阔风光、美丽中部锦绣山河、和谐东部秀美风韵，塑造各具特色、多姿多彩的美丽中国建设板块。

——全社会行动。把建设美丽中国转化为全体人民行为自觉，鼓励园区、企业、社区、学校等基层单位开展绿色、清洁、零碳引领行动，形成人人参与、

人人共享的良好社会氛围。

三、加快发展方式绿色转型

（一）优化国土空间开发保护格局。健全主体功能区制度，完善国土空间规划体系，统筹优化农业、生态、城镇等各类空间布局。坚守生态保护红线，强化执法监管和保护修复，使全国生态保护红线面积保持在315万平方公里以上。坚决守住18亿亩耕地红线，确保可以长期稳定利用的耕地不再减少。严格管控城镇开发边界，推动城镇空间内涵式集约化绿色发展。严格河湖水域岸线空间管控。加强海洋和海岸带国土空间管控，建立低效用海退出机制，除国家重大项目外，不再新增围填海。完善全域覆盖的生态环境分区管控体系，为发展“明底线”、“划边框”。到2035年，大陆自然岸线保有率不低于35%，生态保护红线生态功能不降低、性质不改变。

（二）积极稳妥推进碳达峰碳中和。有计划分步骤实施碳达峰行动，力争2030年前实现碳达峰，为努力争取2060年前实现碳中和奠定基础。坚持先立后破，加快规划建设新型能源体系，确保能源安全。重点控制煤炭等化石能源消费，加强煤炭清洁高效利用，大力发展非化石能源，加快构建新型电力系统。开展多领域多层次减污降碳协同创新试点。推动能耗双控逐步转向碳排放总量和强度双控，加强碳排放双控基础能力和制度建设。逐年编制国家温室气体清单。实施甲烷排放控制行动方案，研究制定其他非二氧化碳温室气体排放控制行动方案。进一步发展全国碳市场，稳步扩大行业覆盖范围，丰富交易品种和方式，建设完善全国温室气体自愿减排交易市场。到2035年，非化石能源占能源消费总量比重进一步提高，建成更加有效、更有活力、更具国际影响力的碳市场。

（三）统筹推进重点领域绿色低碳发展。推进产业数字化、智能化同绿色化深度融合，加快建设以实体经济为支撑的现代化产业体系，大力发展战略性新兴产业、高技术产业、绿色环保产业、现代服务业。严把准入关口，坚决遏制高耗能、高排放、低水平项目盲目上马。大力推进传统产业工艺、技术、装备升级，实现绿色低碳转型，实施清洁生产水平提升工程。加快既有建筑和市政基础设施节能降碳改造，推动超低能耗、低碳建筑规模化发展。大力推进“公转铁”、“公转水”，加快铁路专用线建设，提升大宗货物清洁化运输水平。推进铁路场站、民用机场、港口码头、物流园区等绿色化改造和铁路电气化改造，推动超低和近零排放车辆规模化应用、非道路移动机械清洁低碳应用。到2027年，新增汽车中新能源汽车占比力争达到45%，老旧内燃机车基本淘汰，港口集装箱铁水联运量保持较快增长；到2035年，铁路货运周转量占总周转量比例达到25%左右。

（四）推动各类资源节约集约利用。实施全面节约战略，推进节能、节水、节地、节材、节矿。持续深化重点领域节能，加强新型基础设施用能管理。深入实施国家节水行动，强化用水总量和强度双控，提升重点用水行业、产品用水效率，积极推动污水资源化利用，加强非常规水源配置利用。健全节约集约利用土地制度，推广节地技术和模式。建立绿色制造体系和服务体系。开展资源综合利用提质增效行动。加快构建废弃物循环利用体系，促进废旧风机叶片、光伏组件、动力电池、快递包装等废弃物循环利用。推进原材料节约和资源循环利用，大力发展再制造产业。全面推进绿色矿山建设。到2035年，能源和水资源利用效率达到国际先进水平。

四、持续深入推进污染防治攻坚

（五）持续深入打好蓝天保卫战。以京津冀及周边、长三角、汾渭平原等重点区域为主战场，以细颗粒物控制为主线，大力推进多污染物协同减排。强化挥发性有机物综合治理，实施源头替代工程。高质量推进钢铁、水泥、焦化等重点行业及燃煤锅炉超低排放改造。因地制宜采取清洁能源、集中供热替代等措施，继续推进散煤、燃煤锅炉、工业炉窑污染治理。重点区域持续实施煤炭消费总量控制。研究制定下一阶段机动车排放标准，开展新阶段油品质量标准研究，强化部门联合监管执法。加强区域联防联控，深化重污染天气重点行业绩效分级。持续实施噪声污染防治行动。着力解决恶臭、餐饮油烟等污染问题。加强消耗臭氧层物质和氢氟碳化物环境管理。到2027年，全国细颗粒物平均浓度下降到28微克/立方米以下，各地级及以上城市力争达标；到2035年，全国细颗粒物浓度下降到25微克/立方米以下，实现空气常新、蓝天常在。

（六）持续深入打好碧水保卫战。统筹水资源、水环境、水生态治理，深入推进长江、黄河等大江大河和重要湖泊保护治理，优化调整水功能区划及管理制度。扎实推进水源地规范化建设和备用水源地建设。基本完成入河入海排污口排查整治，全面建成排污口监测监管体系。推行重点行业企业污水治理与排放水平绩效分级。加快补齐城镇污水收集和处理设施短板，建设城市污水管网全覆盖样板区，加强污泥无害化处理和资源化利用，建设污水处理绿色低碳标杆厂。因地制宜开展内源污染治理和生态修复，基本消除城乡黑臭水体并形成长效机制。建立水生态考核机制，加强水源涵养区和生态缓冲带保护修复，强化水资源统一调度，保障河湖生态流量。坚持陆海统筹、河海联动，持续推进重点海域综合治理。以海湾为基本单元，“一湾一策”协同推进近岸海域污染防治、生态保护修复和岸滩环境整治，不断提升红树林等重要海洋生态系统质量和稳定性。加强海水养殖环境整治。积极应对蓝藻水华、赤潮绿潮等生态灾害。推进江河湖库清漂和海洋垃圾治理。到2027年，全国地表水水质、近岸海域水质优良比例分别达到90%、83%左右，美丽河湖、美丽海湾建成率达到40%左右；到2035年，“人水和谐”美丽河湖、美丽海湾基本建成。

（七）持续深入打好净土保卫战。开展土壤污染源头防控行动，严防新增污染，逐步解决长期积累的土壤和地下水严重污染问题。强化优先保护类耕地保护，扎实推进受污染耕地安全利用和风险管控，分阶段推进农用地土壤重金属污染溯源和整治全覆盖。依法加强建设用地用途变更和污染地块风险管控的联动监管，推动大型污染场地风险管控和修复。全面开展土壤污染重点监管单位周边土壤和地下水环境监测，适时开展第二次全国土壤污染状况普查。开展全国地下水污染调查评价，强化地下水型饮用水水源地环境保护，严控地下水污染防治重点区环境风险。深入打好农业农村污染治理攻坚战。到2027年，受污染耕地安全利用率达到94%以上，建设用地安全利用得到有效保障；到2035年，地下水国控点位Ⅰ—Ⅳ类水比例达到80%以上，土壤环境风险得到全面管控。

（八）强化固体废物和新污染物治理。加快“无废城市”建设，持续推进新污染物治理行动，推动实现城乡“无废”、环境健康。加强固体废物综合治理，限制商品过度包装，全链条治理塑料污染。深化全面禁止“洋垃圾”入境工作，严防各种形式固体废物走私和变相进口。强化危险废物监管和利用处置能力，以长江经济带、黄河流域等为重点加强尾矿库污染治理。制定有毒有害化学物质环境风险管理法规。到2027年，“无废城市”建设比例达到60%，固体废物产生强度明显下降；到2035年，“无废城市”建设实现全覆盖，东部省份率先全域建成“无废城市”，新污染物环境风险得到有效管控。

五、提升生态系统多样性稳定性持续性

（九）筑牢自然生态屏障。稳固国家生态安全屏障，推进国家重点生态功能区、重要生态廊道保护建设。全面推进以国家公园为主体的自然保护地体系建设，完成全国自然保护地整合优化。实施全国自然生态资源监测评价预警工程。加强生态保护修复监管制度建设，强化统一监管。严格对所有者、开发者乃至监管者的监管，及时发现和查处各类生态破坏事件，坚决杜绝生态修复中的形式主义。加强生态状况监测评估，开展生态保护修复成效评估。持续推进“绿盾”自然保护地强化监督，建立生态保护红线生态破坏问题监督机制。到2035年，国家公园体系基本建成，生态系统格局更加稳定，展现美丽山川勃勃生机。

（十）实施山水林田湖草沙一体化保护和系统治理。加快实施重要生态系统保护和修复重大工程，推行草原森林河流湖泊湿地休养生息。继续实施山水林田湖草沙一体化保护和修复工程。科学开展大规模国土绿化行动，加大草原和湿地保护修复力度，加强荒漠化、石漠化和水土流失综合治理，全面实施森林可持续经营，加强森林草原防灭火。聚焦影响北京等重点地区的沙源地及传输路径，持续推进“三北”工程建设和京津风沙源治理，全力打好三大标志性战役。推进生态系统碳汇能力巩固提升行动。到2035年，全国森林覆盖率提高至26%，水土保持率提高至75%，生态系统基本实现良性循环。

（十一）加强生物多样性保护。强化生物多样性保护工作协调机制的统筹协调作用，落实“昆明—蒙特利尔全球生物多样性框架”，更新中国生物多样性保护战略与行动计划，实施生物多样性保护重大工程。健全全国生物多样性保护网络，全面保护野生动植物，逐步建立国家植物园体系。深入推进长江珍稀濒危物种拯救行动，继续抓好长江十年禁渔措施落实。全面实施海洋伏季休渔制度，建设现代海洋牧场。到2035年，全国自然保护地陆域面积占陆域国土面积比例不低于18%，典型生态系统、国家重点保护野生动植物及其栖息地得到全面保护。

六、守牢美丽中国建设安全底线

（十二）健全国家生态安全体系。贯彻总体国家安全观，完善国家生态安全工作协调机制，加强与经济安全、资源安全等领域协作，健全国家生态安全法治体系、战略体系、政策体系、应对管理体系，提升国家生态安全风险研判评估、监测预警、应急应对和处置能力，形成全域联动、立体高效的国家生态安全防护体系。

（十三）确保核与辐射安全。强化国家核安全工作协调机制统筹作用，构建严密的核安全责任体系，全面提高核安全监管能力，建设与我国核事业发展相适应的现代化核安全监管体系，推动核安全高质量发展。强化首堆新堆安全管理，定期开展运行设施安全评价并持续实施改进，加快老旧设施退役治理和历史遗留放射性废物处理处置，加强核技术利用安全管理和电磁辐射环境管理。加强我国管辖海域海洋辐射环境监测和研究，提升风险预警监测和应急响应能力。坚持自主创新安全发展，加强核安全领域关键性、基础性科技研发和智能化安全管理。

（十四）加强生物安全管理。加强生物技术及其产品的环境风险检测、识别、评价和监测。强化全链条防控和系统治理，健全生物安全监管预警防控体

系。加强有害生物防治。开展外来入侵物种普查、监测预警、影响评估，加强进境动植物检疫和外来入侵物种防控。健全种质资源保护与利用体系，加强生物遗传资源保护和管理。

（十五）有效应对气候变化不利影响和风险。坚持减缓和适应并重，大力提升适应气候变化能力。加强气候变化观测网络建设，强化监测预测预警和影响风险评估。持续提升农业、健康和公共卫生等领域的气候韧性，加强基础设施与重大工程气候风险管理。深化气候适应型城市建设，推进海绵城市建设，强化区域适应气候变化行动。到2035年，气候适应型社会基本建成。

（十六）严密防控环境风险。坚持预防为主，加强环境风险常态化管理。完善国家环境应急体制机制，健全分级负责、属地为主、部门协同的环境应急责任体系，完善上下游、跨区域的应急联动机制。强化危险废物、尾矿库、重金属等重点领域以及管辖海域、边境地区等环境隐患排查和风险防控。实施一批环境应急基础能力建设工程，建立健全应急响应体系和应急物资储备体系，提升环境应急指挥信息化水平，及时妥善科学处置各类突发环境事件。健全环境健康监测、调查和风险评估制度。

七、打造美丽中国建设示范样板

（十七）建设美丽中国先行区。聚焦区域协调发展战略和区域重大战略，加强绿色发展协作，打造绿色发展高地。完善京津冀地区生态环境协同保护机制，加快建设生态环境修复改善示范区，推动雄安新区建设绿色发展城市典范。在深入实施长江经济带发展战略中坚持共抓大保护，建设人与自然和谐共生的绿色发展示范带。深化粤港澳大湾区生态环境领域规则衔接、机制对接，共建国际一流美丽湾区。深化长三角地区共保联治和一体化制度创新，高水平建设美丽长三角。坚持以水定城、以水定地、以水定人、以水定产，建设黄河流域生态保护和高质量发展先行区。深化国家生态文明试验区建设。各地区立足区域功能定位，发挥自身特色，谱写美丽中国建设省域篇章。

（十八）建设美丽城市。坚持人民城市人民建、人民城市为人民，推进以绿色低碳、环境优美、生态宜居、安全健康、智慧高效为导向的美丽城市建设。提升城市规划、建设、治理水平，实施城市更新行动，强化城际、城乡生态共保环境共治。加快转变超大特大城市发展方式，提高大中城市生态环境治理效能，推动中小城市和县城环境基础设施提级扩能，促进环境公共服务能力与人口、经济规模相适应。开展城市生态环境治理评估。

（十九）建设美丽乡村。因地制宜推广浙江“千万工程”经验，统筹推动乡村生态振兴和农村人居环境整治。加快农业投入品减量增效技术集成创新和推广应用，加强农业废弃物资源化利用和废旧农膜分类处置，聚焦农业面源污染突出区域强化系统治理。扎实推进农村厕所革命，有效治理农村生活污水、垃圾和黑臭水体。建立农村生态环境监测评价制度。科学推进乡村绿化美化，加强传统村落保护利用和乡村风貌引导。到2027年，美丽乡村整县建成比例达到40%；到2035年，美丽乡村基本建成。

（二十）开展创新示范。分类施策推进美丽城市建设，实施美丽乡村示范县建设行动，持续推广美丽河湖、美丽海湾优秀案例。推动将美丽中国建设融入基层治理创新。深入推进生态文明示范建设，推动“绿水青山就是金山银山”实践创新基地建设。鼓励自由贸易试验区绿色创新。支持美丽中国建设规划政策等实践创新。

八、开展美丽中国建设全民行动

（二十一）培育弘扬生态文化。健全以生态价值观念为准则的生态文化体系，培育生态文明主流价值观，加快形成全民生态自觉。挖掘中华优秀传统生态文化思想和资源，推出一批生态文学精品力作，促进生态文化繁荣发展。充分利用博物馆、展览馆、科教馆等，宣传美丽中国建设生动实践。

（二十二）践行绿色低碳生活方式。倡导简约适度、绿色低碳、文明健康的生活方式和消费模式。发展绿色旅游。持续推进“光盘行动”，坚决制止餐饮浪费。鼓励绿色出行，推进城市绿道网络建设，深入实施城市公共交通优先发展战略。深入开展爱国卫生运动。提升垃圾分类管理水平，推进地级及以上城市居民小区垃圾分类全覆盖。构建绿色低碳产品标准、认证、标识体系，探索建立“碳普惠”等公众参与机制。

（二十三）建立多元参与行动体系。持续开展“美丽中国，我是行动者”系列活动。充分发挥行业协会商会桥梁纽带作用和群团组织广泛动员作用，完善公众生态环境监督和举报反馈机制，推进生态环境志愿服务体系建设。深化环保设施开放，向公众提供生态文明宣传教育服务。

九、健全美丽中国建设保障体系

（二十四）改革完善体制机制。深化生态文明体制改革，一体推进制度集成、机制创新。强化美丽中国建设法治保障，推动生态环境、资源能源等领域相关法律制定修订，推进生态环境法典编纂，完善公益诉讼，加强生态环境领域司法保护，统筹推进生态环境损害赔偿。加强行政执法与司法协同合作，强化在信息通报、形势会商、证据调取、纠纷化解、生态修复等方面衔接配合。构建从山顶到海洋的保护治理大格局，实施最严格的生态环境治理制度。完善环评源头预防管理体系，全面实行排污许可制，加快构建环保信用监管体系。深化环境信息依法披露制度改革，探索开展环境、社会和公司治理评价。完善自然资源资产管理制度体系，健全国土空间用途管制制度。强化河湖长制、林长制。深入推进领导干部自然资源资产离任审计，对不顾生态环境盲目决策、造成严重后果的，依规依纪依法严格问责、终身追责。强化国家自然资源督察。充分发挥生态环境部门职能作用，强化对生态和环境的统筹协调和监督管理。深化省以下生态环境机构监测监察执法垂直管理制度改革。实施市县生态环境队伍专业培训工程。加快推进美丽中国建设重点领域标准规范制定修订，开展环境基准研究，适时修订环境空气质量等标准，鼓励出台地方性法规标准。

（二十五）强化激励政策。健全资源环境要素市场化配置体系，把碳排放权、用能权、用水权、排污权等纳入要素市场化配置改革总盘子。强化税收政策支持，严格执行环境保护税法，完善征收体系，加快把挥发性有机物纳入征收范围。加强清洁生产审核和评价认证结果应用。综合考虑企业能耗、环保绩效水平，完善高耗能行业阶梯电价制度。落实污水处理收费政策，构建覆盖污水处理和污泥处置成本并合理盈利的收费机制。完善以农业绿色发展为导向的经济激励政策，支持化肥农药减量增效和整县推进畜禽粪污收集处理利用。建立企业生态环保费用提取使用制度。健全生态产品价值实现机制，推进生态环境导向的开发模式和投融资模式创新。推进生态综合补偿，深化横向生态保护补偿机制建设。强化财政对美丽中国建设支持力度，优化生态文明建设领域财政资源配置，确保投入规模同建设任务相匹配。大力发展绿色金融，支持符合条件的企业发行绿色债券，引导各类金融机构和社会资本加大投入，探索区域性环保建设项目金融支持模式，稳步推进气候投融资创新，为美丽中国建设提供融资支持。

（二十六）加强科技支撑。推进绿色低碳科技自立自强，创新生态环境科技体制机制，构建市场导向的绿色技术创新体系。把减污降碳、多污染物协同减排、应对气候变化、生物多样性保护、新污染物治理、核安全等作为国家基础研究和科技创新的重点领域，加强关键核心技术攻关。加强企业主导的产学研深度融合，引导企业、高校、科研单位共建一批绿色低碳产业创新中心，加大高效绿色环保技术装备产品供给。实施生态环境科技创新重大行动，推进“科技创新2030—京津冀环境综合治理”重大项目，建设生态环境领域大科学装置和重点实验室、工程技术中心、科学观测研究站等创新平台。加强生态文明领域智库建设。支持高校和科研单位加强环境学科建设。实施高层次生态环境科技人才工程，培养造就一支高水平生态环境人才队伍。

（二十七）加快数字赋能。深化人工智能等数字技术应用，构建美丽中国数字化治理体系，建设绿色智慧的数字生态文明。实施生态环境信息化工程，加强数据资源集成共享和综合开发利用。加快建立现代化生态环境监测体系，健全天空地海一体化监测网络，加强生态质量监督监测，推进生态环境卫星载荷研发。加强温室气体、地下水、新污染物、噪声、海洋、辐射、农村环境等监测能力建设，实现降碳、减污、扩绿协同监测全覆盖。提升生态环境质量预测预报水平。实施国家环境守法行动，实行排污单位分类执法监管，大力推行非现场执法，加快形成智慧执法体系。

（二十八）实施重大工程。加快实施减污降碳协同工程，支持能源结构低碳化、移动源清洁化、重点行业绿色化、工业园区循环化转型等。加快实施环境品质提升工程，支持重点领域污染减排、重要河湖海湾综合治理、土壤污染源头防控、危险废物环境风险防控、新污染物治理等。加快实施生态保护修复工程，支持生物多样性保护、重点地区防沙治沙、水土流失综合防治等。加快实施现代化生态环境基础设施建设工程，支持城乡和园区环境设施、生态环境智慧感知和监测执法应急、核与辐射安全监管等。

（二十九）共谋全球生态文明建设。坚持人类命运共同体理念，共建清洁美丽世界。坚持共同但有区别的责任原则，推动构建公平合理、合作共赢的全球环境气候治理体系。深化应对气候变化、生物多样性保护、海洋污染治理、核安全等领域国际合作。持续推动共建“一带一路”绿色发展。

十、加强党的全面领导

（三十）加强组织领导。坚持和加强党对美丽中国建设的全面领导，完善中央统筹、省负总责、市县抓落实的工作机制。充分发挥中央生态环境保护督察工作领导小组统筹协调和指导督促作用，健全工作机制，加强组织实施。研究制定生态环境保护督察工作条例。深入推进中央生态环境保护督察，将美丽中国建设情况作为督察重点。持续拍摄制作生态环境警示片。制定地方党政领导干部生态环境保护责任制规定，建立覆盖全面、权责一致、奖惩分明、环环相扣的责任体系。各地区各部门要把美丽中国建设作为事关全局的重大任务来抓，落实“党政同责、一岗双责”，及时研究解决重大问题。各级人大及其常委会加强生态文明建设立法工作和法律实施监督。各级政协加大生态文明建设专题协商和民主监督力度。各地区各有关部门推进美丽中国建设年度工作情况，书面送生态环境部，由其汇总后向党中央、国务院报告。

（三十一）压实工作责任。生态环境部会同国家发展改革委等有关部门制定分领域行动方案，建立工作协调机制，加快形成美丽中国建设实施体系和推进落实机制，推动任务项目化、清单化、责任化，加强统筹协调、调度评估和监督管理。各级党委和政府要强化生态环境保护政治责任，分类施策、分区治理，精细化建设。省（自治区、直辖市）党委和政府应当结合地方实际及时制定配套文件。各有关部门要加强工作衔接，把握好节奏和力度，协调推进、相互带动，强化对美丽中国建设重大工程的财税、金融、价格等政策支持。

（三十二）强化宣传推广。持续深化习近平生态文明思想理论研究、学习宣传、制度创新、实践推广和国际传播，推进生态文明教育纳入干部教育、党员教育、国民教育体系。通过全国生态日、环境日等多种形式加强生态文明宣传。发布美丽中国建设白皮书。按照有关规定表彰在美丽中国建设中成绩显著、贡献突出的先进单位和个人。

（三十三）开展成效考核。开展美丽中国监测评价，实施美丽中国建设进程评估。研究建立美丽中国建设成效考核指标体系，制定美丽中国建设成效考核办法，适时将污染防治攻坚战成效考核过渡到美丽中国建设成效考核，考核工作由中央生态环境保护督察工作领导小组牵头组织，考核结果作为各级领导班子和有关领导干部综合考核评价、奖惩任免的重要参考。

（新华社 2024 年 1 月 11 日）

重要会议及领导调研

【河湖长制林长制工作会议】 3月31日，上海市河湖长制林长制工作会议举行。市委书记、市总河长、市总林长陈吉宁在会上强调，要切实增强贯彻习近平生态文明思想的思想自觉和行动自觉，按照党的二十大部署，以更强责任感紧迫感抓好河湖长制林长制的落地落实，聚焦重点任务，强化系统施治，坚持生态惠民，努力把上海建设成为人与自然和谐共生的美丽家园。

市委副书记、市长、市总河长、市总林长龚正主持会议。市领导张为、郭芳出席，副市长张小宏通报2022年河湖长制林长制工作并部署2023年重点工作。

陈吉宁指出，河湖长制和林长制是做好治水治林工作的重要制度安排。要提高政治站位，把思想和行动统一到习近平生态文明思想上来，认真践行绿水青山就是金山银山理念，按照中央和市委决策部署，把责任扛起来、把工作落下去，切实抓好河湖长制林长制的落实，扎实做好治水治林工作。

陈吉宁指出，全面推行河湖长制林长制，根本任务在于不断发现问题、解决问题，要在防反复、补短板、守底线上下功夫，合力破解河湖治理和林业发展难题。持续加强农业面源污染防治，积极推广生态型高标准农田，加大科技投入、探索再生农业种植，切实降本增效。加强雨污混接改造后续管理，严格落实属地责任，强化源头治理、溯源监测、跟踪分析，拿出更有针对性和实效性的方案。守牢规划红线、强化刚性约束、加强执法检查，坚决防止随意占用林地。加快推进污水处理“三厂三线多点”建设和调蓄设施建设，加大设施间的连通，提升整体处置效能，不断增强污水处理和初期雨水调蓄能力。尊重生态自然规律，善于科学植树造林，注重生态功能提升，不断拓展林绿空间。坚持底线思维、极限思维，结合大兴调查研究，深入排查地下管线、林业病虫害等隐患问题，抓好设施更新改造、日常养护防治等工作，坚决守住生态红线、筑牢安全底线。

陈吉宁指出，要坚持山水林田湖草沙一体化保护和系统治理，注重用生态的方法解决生态的问题，更好发挥多种生态要素的复合功能，提升城市生态的多样性、稳定性和安全韧性。强化蓝绿融合，一体规划、一体设计、一体推进河道治理、绿化造林等工作，推动区域生态整体修复提升。着眼向水要林、向林要水，加强工作协同、整体设计，努力实现水中有绿、绿中有水，持续提升河湖治理和林业发展科学化水平。

陈吉宁指出，要认真践行人民城市理念，把更好满足人民日益增长的优美生态环境需要作为河湖长制林长制工作的出发点和落脚点。探索功能拓展，进一步推动滨水林绿空间开放，抓细抓好“一江一河”两岸公共空间建设和提升，打造更多集游憩、休闲、文体功能于一体的高品质公共空间。深入探索“公园+”模式，强化文旅体优质资源导入。推动生态价值转化，更好吸引国际顶尖人才、集聚高端创新要素，把生态优势转化为发展胜势。

陈吉宁强调，要着眼长治共治，扎实推进河湖长制林长制工作再上新台阶。做实考核机制，不断压实责任，推动形成层层抓落实的生动局面。完善法治保障，做好涉水、涉林法规规章修订完善和地方立法工作，依法治水，依法治林，严格执法。凝聚更多力量、找到更多有效途径，形成全社会共治的强大合力。畅通集思广益的渠道，搭建各方参与的平台，鼓励更多企业和园区发挥优势，把民间河湖长林长的力量组织起来、作用发挥出来，加快把上海建设成为令人向往的生态之城。

龚正就贯彻落实会议精神指出，要按照市委部署，细化任务清单，突出工作重点，强化履职尽责，切实把各项工作抓细抓实抓出成效。要深入打好碧水保卫战，加快建设一批环境基础设施，全面推进入河入海排污口排查整治。着力推动林业高质量发展，建设公园城市，形成更多绿色生态空间。各级河湖长、林长要强化责任意识，压实属地责任，更好担当作为，为建设天更蓝、地更绿、水更清的生态之城作出新的更大贡献。

会议以视频会议形式召开，在16个区设分会场，4500余人参加。青浦区、金山区漕泾镇和闵行区浦锦街道民间河长代表作交流发言。

（摘自人民网 2023年4月3日）

【上海市生态文明建设领导小组会议】 4月21日，召开上海市委常委会会议暨市生态文明建设领导小组会议，播放上海市2023年生态环境警示片，总结上海市生态文明建设和生态环境保护工作进展，部署安排下一步重点工作任务。（董美琪）

【上海市生态环境保护大会】 9月11日，上海市生态环境保护大会举行。中共中央政治局委员，上海市委书记陈吉宁出席会议并讲话强调，要深入学习贯彻习近平生态文明思想和全国生态环境保护大会精神，切实提高加强生态环境保护的政治自觉，把美丽上海建设摆在改革开放和现代化建设全局的突出位置，更加深刻地把握超大城市生态环境治理的规律和特征，更加坚定地走生态优先、绿色发展之路，以排头兵的姿态和先行者的担当，协同推进降碳、减污、扩绿、增长，使绿色成为城市最动人的底色、最温暖的亮色，让低碳成为生态之城的鲜明标识，加快打造人与自然和谐共生的现代化国际大都市。

市委副书记、市长龚正主持会议。市政协主席胡文容，市委副书记吴清，市领导李仰哲、李政、郑钢淼、刘多、陈杰出席。

陈吉宁指出，近年来，上海坚决贯彻习近平生态文明思想，始终坚持“绿水青山就是金山银山”理念，牢固树立生态优先、绿色低碳发展导向，加大突出问题整治，加快打造令人向往的生态之城，探索走出一条符合超大城市特点和规律的现代环境治理新路。同时必须清醒看到，全市生态环境稳中向好基础还不够扎实，进一步优化提升难度明显加大，生态承载趋紧压力尚未根本缓解。对于保护生态环境、推进绿色发展，必须下更大决心、用更大气力，爬坡过坎、攻坚克难，加快把上海建设成为人与自然和谐共生的美丽家园。

陈吉宁指出，未来五年是美丽上海建设的重要时期，要抓牢重点、扭住袒节，高标准谋划、高水平推进。要久久为功打好污染防治攻坚战，持续用力推动生态环境质量实现根本好转。打好蓝天保卫战必须更加突出源头治理，以细颗粒物控制为主线，协同控制臭氧污染，强化挥发性有机物综合治理，优化产业、能源、交通运输结构，抓好老百姓“家门口”的污染防治。打好碧水保卫战必须更加突出人水和谐，聚焦防反复、补短板、守底线，加快基础设施建设，大力开展雨污混接和面源污染整治，坚持蓝绿融合，打造老百姓身边的美丽幸福河湖。打好净土保卫战必须更加突出风险管控，高标准推进“无废城市”建设，统筹推进减量化使用、资源化利用和无害化处理。

陈吉宁指出，要坚定不移推动发展方式绿色低碳转型，大力促进生态环保政策同经济发展政策有机协同、深度融合。稳步推进重点领域节能降碳，立足长远、先立后破，构建清洁低碳安全高效的能源体系，加快推动新型储能产业发展，充分挖掘各领域降碳潜力。加快培育绿色发展新动能，推进传统产业智能化绿色化改造，支持新材料、新能源汽车、节能环保、绿色金融等新兴产业发展，打造绿色供应链体系。大力推动形成绿色生活方式，积极打造“垃圾分类”升级版，持续推进“光盘行动”，倡导绿色低碳出行。

陈吉宁指出，要全力以赴加快生态保护修复。筑牢城市绿色生态基底，统筹谋划美丽上海建设蓝图，形成以生态保护红线及自然保护地为核心、城市生态空间网络为框架的城市生态空间格局。修复城市自然生态系统，打造生物多样性友好城市。提升生态系统服务功能，以“一江一河”“环城生态公园带”“千座公园”建设为抓手，提升城乡生态环境品质。倡导多功能复合，更好满足群众多重需求。高水平建设滨水林绿空间，促进生态价值转化。

陈吉宁指出，要毫不懈怠守牢城市安全底线。加强水质监测预警，提速推进城市供水工程建设，挖掘提高水库调蓄能力。加强防洪排涝能力规划和建设，更新提升城市排水管网等基础设施运行能力，大力推进气象灾害预报数字化转型，强化精准防控，增强城市韧性。加强外来物种入侵综合监管与治理修复，从严从实抓好危险废物处运各环节管理。

陈吉宁指出，要坚持不懈强化生态环保支撑保障体系，打好法治、市场、科技、政策“组合拳”。健全资源环境要素市场化配置体系，发展绿色金融体系。实施生态环境科技创新重大行动，以数字化驱动环境治理方式变革。不断完善地方性法规标准体系，加强环保标准和产业政策衔接配套，健全生态环境行政执法和刑事司法联动机制、环保信用评价制度和信息强制性披露制度。

陈吉宁强调，要坚持和加强党的全面领导，推动形成全社会共抓美丽上海建设的强大合力。全市各级党委政府要坚持生态环境保护“党政同责”和“一岗双责”不动摇，健全统筹协调、推进有力的生态文明建设工作机制。党政负责人员要认真履行好生态文明建设和生态环境保护第一责任人职责，各有关部门要做到“管发展必须管环保、管生产必须管环保、管行业必须管环保”，加强考核评估、督察监督，确保美丽上海建设各项工作有力推进、有效落实。要加强生态环境保护队伍建设，努力打造一支政治强、本领高、作风硬、敢担当的生态环境铁军。

龚正就贯彻落实本次会议精神指出，要深入学习领会习近平生态文明思想，按照市委部署要求，全面落实美丽上海建设重点任务。强化绿色发展，以更高标准、更严要求做好污染治理、生态保护修复、节能降碳等工作，切实解决群众身边的突出生态环境问题。强化保障支撑，落实领导干部生态环保责任制，激励全社会行动起来，做“绿水青山就是金山银山”理念的积极传播者和模范践行者，共建天更蓝、地更绿、水更清的生态宜居城市。

会上，市生态环境局、青浦区、申能集团作了交流发言。

（摘自《解放日报》2023 年 9 月 12 日头版）

【首届中国碳市场大会】“中国碳市场大会 2023 · 上海”于 11 月 8 日举行。上海市委书记陈吉宁出席开幕式并致辞，生态环境部部长黄润秋，湖北省委副书记、省长王忠林致辞，并与上海市委副书记、市长龚正共同启动大会。中国气候变化事务特使解振华通过视频致辞。

陈吉宁指出，实现碳达峰、碳中和，是习近平主席和中共中央统筹国内国际两个大局，向国际社会作出的庄严承诺，是推动我国高质量发展的内在要求。发展全国碳市场，是以市场机制推动温室气体减排的重大制度创新，按照国家部署，上海牵头承担了全国碳市场交易系统建设运维的重要职责。我们将认真落实习近平生态文明思想和全国生态环境保护大会部署要求，加快打造国际绿色金融枢纽，为建成更

中国碳市场大会现场　　（市环境保护宣传教育中心 提供）

加有效、更有活力、更具国际影响力的碳市场作出更大贡献。以数据质量管理为重点，加快完善碳市场运行管理的各项基础性制度，着力健全市场风险防控体系，稳步扩大行业覆盖范围，丰富交易品种和交易方式，积极开展业务创新，推动各类主体参与，更好激发市场活力。持续深化绿色金融创新，完善绿色评价认证体系和绿色效益核算方法，为产业发展提供多样化绿色投融资支持。积极参与相关领域国际标准制定，深化绿色金融国际合作。推动经济社会绿色低碳转型，加快传统产业智能化绿色改造，推动绿色工厂、绿色园区建设，全面打造绿色低碳供应链体系，引导广大市民从垃圾分类、"光盘行动"等身边小事做起，加快形成绿色生活方式，使绿色成为最动人的底色、最温暖的亮色，为人类社会实现可持续发展贡献更大力量。

黄润秋指出，近年来，在习近平生态文明思想指引下，中国实施积极应对气候变化国家战略，坚决落实碳达峰碳中和目标，应对气候变化工作取得突出成效。中国自 2021 年启动全球覆盖温室气体规模最大的碳排放权交易市场以来，全国碳市场运行平稳，有效发挥了市场机制对控制温室气体排放、促进绿色低碳技术创新的重要作用。下一步，中国将尽快启动全国温室气体自愿减排交易市场，全力推进全国碳市场建设，将其建设成为指引绿色低碳技术创新、引导绿色低碳资金、推动碳达峰碳中和的有效市场。中方愿与相关国家和国际组织加强对话合作，并与国际社会一道共同应对全球环境与气候挑战，共同推动构建人类命运共同体。

王忠林指出，推进碳达峰碳中和，是以习近平同志为核心的中共中央作出的重大战略决策，充分彰显了应对全球气候变化的大国担当，对于促进资源节约和环境保护、促进产业加速提档升级、促进经济社会高质量发展意义重大。湖北作为全国首批碳交易试点省份和全国碳排放权注册登记结算系统所在地，将坚定贯彻习近平生态文明思想，持续完善中碳登平台功能、提升碳市场服务水平、推进绿色低碳发展，打造全球碳交易注册登记中心和具有全国影响力的碳市场中心、碳金融中心，推动生态高颜值、生产高价值、生活高品质互促共进，与各界共同谱写碳市场建设发展新篇章。

解振华指出，中国正在积极落实习近平主席对外宣示的碳达峰碳中和目标，以最大努力应对气候变化，推动经济社会发展全面绿色转型。中国坚持将全国碳排放权交易市场作为控制温室气体排放政策工具的基本定位，稳中求进推进制度体系、基础设施、数据管理和能力建设等工作，充分发挥碳市场的激励约束作用，优化配置碳排放资源，更好发挥政府作用，推动有效市场与有为政府更好结合。中国愿与国际社会共同努力，共同推动通过市场机制低成本实现碳达峰碳中和，共建公平合理、合作共赢的全球气候治理体系，为全球应对气候变化作出积极贡献。

生态环境部副部长赵英民，上海市委常委、市委秘书长李政，湖北省副省长张文彤，中国工程院院士黄震、王金南、贺克斌，中国宝武总经理侯安贵等出席。上海市副市长刘多主持开幕式。

来自相关国家、国际机构代表，各省区市政府部门代表，国内外碳市场交易机构、企业、碳市场第三方机构、金融机构代表，高校、科研院所碳领域相关专家学者参加。

本次大会由上海市人民政府、湖北省人民政府和生态环境部联合举办，以“建设碳排放权交易市场，推动实现碳达峰碳中和”为主题，全面展示全国碳市场建设工作成效，打造应对气候变化国际交流合作“新名片”，彰显我国实施积极应对气候变化国家战略和推动构建人类命运共同体的责任担当。大会另设三个分会场，围绕市场机制对控制温室气体排放的积极作用、企业减排与低碳转型、碳市场与气候投融资等主题开展讨论，促进行业交流、深化国际合作。

（摘自《解放日报》2023年11月9日头版）

【何维来沪开展长江生态环境保护民主监督工作专题调研】 5月18日—19日，全国人大常委会副委员长、农工党中央主席何维率调研组来沪开展长江生态环境保护民主监督工作专题调研。全国人大教科文卫委副主任委员、农工党中央专职副主席杨关林参加调研，农工党中央副主席、上海市人大常委会副主任、农工党上海市委主委张全陪同调研。在上海期间，中共中央政治局委员、上海市委书记陈吉宁与何维举行了会晤。18日，调研组来到江南造船（集团）有限责任公司，参观江南造船展示馆，实地考察重点工程建造现场。19日上午，调研组在上海召开农工党中央对口上海市开展长江生态环境保护民主监督工作座谈会。上海市委副书记、市长龚正介绍上海市长江生态环境保护工作整体情况，并就调研组反馈情况作表态性发言。杨关林介绍了长江生态环境保护民主监督工作的有关情况。上海市委常委、统战部部长陈通主持会议。上海市发展改革委、生态环境局、交通委、水务局、海事局等主要负责人员作书面汇报，介绍工作进展成效和下一步工作考虑。调研组成员对存在的难点、痛点问题，提出了有针对性的意见建议。上海市副市长刘多等参加座谈会。国家发展改革委国土开发与地区经济所（区域战略中心）、生态环境部太湖东海局、农工党中央社会服务部、水利部水资源司、生态环境部环境规划院、中国环境科学研究院、同济大学环境科学与工程学院、交通运输部水运科学研究院环保节能中心、上海市环境科学研究院、华东师范大学河口海岸学国家重点实验室的相关负责人和有关人员参加调研和座谈会。

（张海萍）

【龚正赴黄浦区调研垃圾分类工作开展情况】 5月26日，市委副书记、市长龚正来到位于黄浦区的“沪尚回收”中转站和山北小区，实地察看中转站运行、可回收体系建设和社区垃圾分类开展情况。龚正指出，要继续推动上海的垃圾分类工作始终走在全国城市前列，使垃圾分类持续成为低碳生活新时尚。（蔡　晴）

【陈吉宁专题调研新一轮民心工程】 6月15日，按照市委主题教育工作安排和大兴调查研究部署要求，中共中央政治局委员，上海市委书记陈吉宁专题调研上海市新一轮民心工程推进落实情况。陈吉宁指出，民心工程反映群众心声、回应群众期盼。要深入学习贯彻党的二十大和习近平总书记考察上海重要讲话精神，认真践行人民城市理念，把民心工程作为主题教育的重要抓手，牢固树立务求实效的目标导向，用心用情推动新一轮民心工程三年行动计划高质量落地落实，让广大市民的获得感、幸福感、安全感更加充实、更有保障、更可持续，以造福人民群众的实际成果检验主题教育的实际成效。

中央第五指导组组长李锦斌、副组长任正晓，市委常

“沪尚回收”中转站　（林　敬　摄）

委、组织部部长、秘书长张为参加调研。

近年来，上海积极实施单位附属绿地开放共享，致力于打造更多让市民可进入、可休憩、可观赏的绿色生态空间。陈吉宁一行来到上海辞书出版社旧址附属绿地，这一区域正在加快推进开放共享工作，将拆除围墙，让坐落于此的百年历史建筑与街边开放花园交相辉映，充分展现街区深厚文脉，推动人与自然和谐相处。陈吉宁察看历史保护建筑修缮情况，听取上海市结合单位绿地开放共享等方式建设社区公园、“口袋公园”的相关进展，叮嘱同步做好历史建筑保护和绿地开放共享的大文章。陈吉宁说，要结合公园城市建设，积极挖掘潜力、创新方式方法，鼓励支持更多符合条件的机关、企事业单位把围栏、围墙打开，把封闭的空间变成开放的空间，完善公共配套，提升生态品质，讲好文化故事，传承城市记忆，让公园绿地更可阅读、更有韵味，市民更可亲近、更可休憩。

苏河湾绿地作为苏州河东段最大规模的滨水绿地，通过整体实施城市更新及滨水空间全要素整治，致力打造高能级、地标性的公共活动空间。自今年3月建成开放以来，市民游客纷至沓来、游玩打卡。陈吉宁一行一路察看绿地布局和滨水空间，了解区域架空线入地和杆箱整治工程、无障碍环境提升工程等推进情况，走进“静邻一家”了解便民服务供给和服务驿站设置，就进一步推进“一江一河”两岸空间品质提升工程同相关区和部门负责人员深入交流讨论。陈吉宁说，“一江一河”公共空间贯通开放后深受市民游客欢迎。要再接再厉，结合区域实际，着眼空间提升、品质提升、功能提升，将海绵城市、绿色低碳等先进理念充分融入项目建设运行之中，持续打造“一江一河”新亮点、宜乐宜游新空间、人民城市新地标，把最好的资源留给人民、用优质的供给服务人民。

大型居住社区建设对健全住房保障体系发挥着重要作用。陈吉宁一行来到闵行区的浦江拓展大型居住社区永康城居住区，实地察看配套设施建设和居住功能品质。根据社区总体规划，结合群众期盼诉求，这一区域正加快推进绿化、交通、养老、卫生、商业、社区服务、文化体育等配套设施建设，完善相关公共服务功能。陈吉宁说，要坚持以人民为中心的发展思想，紧密结合大兴调查研究，持续深入基层一线，认真倾听群众需求，强化整体规划设计，优化供给渠道方式，确保大型居住社区建设更好满足人民群众对居住条件改善的向往。

为进一步完善保障性租赁住房体系，面向城市建设和管理服务一线务工人员的“新时代城市建设者管理者之家”项目正在各区探索推进，更好助力职住平衡。陈吉宁一行来到位于徐汇区的望月路项目，察看房间设施、公共活动空间和公用洗衣房等。在共享厨房，几位已入住该项目的保安服务人员正在准备晚饭。陈吉宁走到他们中间，与大家亲切交流，询问居住感受。保安们说，这里设施一应俱全，房间干净整洁，房租也能承受，再也不用担心以前群租带来的各种麻烦事，非常安心。陈吉宁说，城市发展离不开广大建设者劳动者的辛勤付出。要千方百计创造条件，积极挖掘各类资源，建设一批、改造一批、筹措一批低租金、可负担的新时代城市建设者管理者之家，让他们更安全、更有尊严、更加舒心地在城市居住生活和工作。要狠抓质量与安全，推动政策配套、项目立项、规划落地、资金保障等方面衔接有力有序，确保每个项目高质量完成。

（摘自《解放日报》2023年6月16日头版）

【陈吉宁、龚正调研竹园污水处理厂四期工程并分路检查长江经济带生态环境保护和绿色低碳转型工作】 为进一步贯彻落实习近平总书记关于推动长江经济带发展的重要指示批示精神，按照市委主题教育和大兴调查研究部署要求，6月19日下午，中共中央政治局委员，上海市委书记陈吉宁，市委副书记、市长龚正实地调研竹园污水处理厂四期工程，并以“四不两直”方式冒雨直插现场，分路检查长江经济带生态环境保护和绿色低碳转型工作。陈吉宁指出，要深入贯彻落实习近平生态文明思想，提高政治站位，深化思想认识，强化行动自觉，持续用力、久久为功，狠抓突出生态环境问题整改和生态保护修复治理，坚定不移走好生态优先、绿色发展之路，为推动长江经济带高质量发展作出更大贡献。

中央第五指导组组长李锦斌、副组长任正晓参加相关调研。

位于浦东新区高东镇的竹园污水处理厂四期工程，是践行长江大保护、落实中央生态环境保护督察和长江警示片突出问题整改要求的重要举措，完全建成后将大幅提高中心城区污水处理能力。陈吉宁、龚正和李锦斌、任正晓等现场察看工程规划、建设进展及处理能力，了解全市污水处理设施规划分布情况，听取长江经济带环境突出问题整改进展，就提高全市污水处理能力、解决污水溢流直排问题等与相关负责人员深入交流。陈吉宁说，要强化目标导向、问题导向，全面对标对表中共中央关于推动长江经济带发展的战略部署，聚焦裉节问题，加大工作力度，以更高站位、更强担当、更实举措抓好突出生态环境问题整改，确保完成整改任务，巩固提升整改成效。要着眼全市大局，整体谋划、系统推进，加快完善设施布局、充分挖掘潜力、增强运行效能，切实提升全市污水协同处理能力。牢牢把握数字化、绿色化转型机遇，依托“一网统管”平台，深化一体化运行调度管理，更加科学精准解决污水溢流等问题，为建设人与自然和谐共生的美丽家园提供有力支撑。

日前，有市民致电“12345”市民热线，投诉位于共祥路的某企业污水乱排、污染河道，希望相关部门整治。陈吉宁一行冒着大雨赶往厂区，沿着泥泞的内部道路走到市民所指的制砂区域实地察看，并到河边检查管道排放情况，随后走进厂房监控室，向闻讯而来的企业负责人仔细询问有关情况。市领导要求一同暗访的有关部门负责人员抓紧开展排查检查，对涉及违规排放的严肃查处、督促整改。陈吉宁说，要增强忧患意识、强化底线思维，清醒认识长江上海段生态环境保护仍存薄弱环节，必须以钉钉子精神常抓不懈、久久为功。要严格实施督察制度，压实企业主体责任，畅通群众反映渠道，发挥媒体监督作用，共同守护好长江经济带的生态环境。

近期上海雨水天气不断，因防汛泵站能力所限，汛期雨季开闸“放江”易导致部分河道水质出现反复。陈吉宁一行来到田川路、田林东路交汇处的蒲汇塘桥上，向正在取水采样的上海市水文总站工作人员了解河道水质情况，并走进田林泵站察看设备运行和排放能力，询问日常值守情况及意见建议。陈吉宁说，要着眼超大城市管理运行需要，加快补齐基础设施建设短板，深入做好雨污混接整治、初期雨水调蓄等工作，优化完善协同联动治理机制，切实巩固提升城市水环境质量。

龚正一行来到上海天然气管网公司五号沟液化天然气站，实地察看站内 LNG 码头接收、储罐运行、气化调度情况，详细了解 LNG 管网建设、保障能力建设等情况。龚正指出，LNG 是保障全市燃气供应、优化用能结构的重要能源基础设施，要突出长江经济带共抓大保护的战略导向，瞄准“双碳”目标，走深走实绿色发展之路，加快 LNG 站线扩建项目建设，切实保障超大城市用气安全，服务长三角能源结构优化，为 LNG 在船舶动力领域的应用提供服务保障，推进长江航道绿色转型。

随后，龚正一行来到中远海运发展航运租赁事业部，察看 700 标箱级长江干线电动集装箱船模型，详细了解船型特色和推进情况。企业负责人说，该船型作为首制万吨级纯电动船型，可减碳减噪声。首批两条船舶正抓紧建造，预计今年投运南京至上海洋山的航线。龚正鼓励企业加快船舶绿色低碳转型，用好科技赋能，多做开创性探索，实现降碳减污。要服务和融入新发展格局，发挥上海龙头带动作用和长江经济带腹地优势，畅通国内大循环和促进国内国际双循环，携手长江沿线省市，共同实现高质量发展。

市领导张为、张小宏参加调研。

（摘自《解放日报》2023 年 6 月 20 日头版）

【龚正主持召开 2023 年长江流域省级河湖长联席会议】 8 月 22 日，2023 年长江流域省级河湖长联席会议在上海召开。联席会议轮值召集人、上海市委副书记、市长龚正主持会议并讲话。应急管理部副部长、水利部副部长王道席出席并讲话。联席会议副召集人、长江委主任马建华做长江流域河湖管理保护工作报告。

龚正强调，要深入贯彻落实习近平生态文明思想，进一步提高政治站位，切实增强全面落实河湖长制的思想自觉和行动自觉；要坚持绿色发展，着力改善水环境、修复水生态、保护水资源、保障水安全、弘扬水文化和管控河湖岸线，加快建设安澜、绿色、和谐、美丽长江；要强化责任落实、流域协同、智慧管理和社会参与，切实把河湖长制的制度优势转化为流域的治理效能。

王道席指出，要站在人与自然和谐共生的高度、站在坚持人民至上的立场、站在共抓大保护的战略导向，深刻领会，全面把握新时代河湖管理保护的新形势新要求；要系统施策，推动河湖长制“有能有效”，严格水域岸线空间管控，强化河道采砂管理，加快幸福河湖建设，全力推进流域管理保护再上新台阶。

蒲汇塘岸线 （杨建正 摄）

马建华指出，2022 年长江委和流域各地深入学习贯彻党的二十大精神，认真领会习近平总书记关于治水的重要论述精神，扎实推进河湖长制“有名有责”“有能有效”，流域统筹作用不断增强，河湖管理保护成效显著。2023 年，要全面强化河湖长制，加强水

苏州河中山公园码头　　（蒋小威　摄）

资源集约节约利用与保护，强化河湖水域岸线空间管控，加快复苏河湖生态环境，全面提升河湖监管能力，奋力推进安澜长江、绿色长江、美丽长江、和谐长江建设。（田　军、倪周晶、顾施嘉）

【龚正调研曹杨环浜】 8月31日，上海市委副书记、市长龚正赴曹杨环浜专题调研城市建设领域民生项目。龚正察看河浜水质，听取环境整治改造理念。通过退墙铺路、增加亲水平台，曹杨环浜滨水空间贯通，沿线绿地也被改造为口袋公园，并串连起多个文化空间。龚正指出，在人口密度高、公共资源紧张的老城区，尤其要坚持把最好的资源留给人民，推动更多城市公共空间开发开放，精细做好日常管理维护，让居民走出家门就可享受休憩空间。要更多倾听市民群众的需求和心声，着力推进城市更新改造工作，让民生项目建设更符合市民群众期待。

（田　军、倪周晶、顾施嘉、林　哲、刘冬琳）

【黄润秋调研上海生态环境保护工作】 9月26日—27日，生态环境部部长黄润秋赴上海市调研生态环境保护工作，调研中国海油上海分公司与长江口海域，出席生态环境部海洋环境应急上海基地揭牌仪式。（市生态环境局）

【倪虹调研苏河湾亲水公共空间】 10月28日，住房城乡建设部党组书记、部长倪虹带队调研静安区苏河湾亲水公共空间建设情况。他实地调研静安区苏河湾亲水公共空间、北苏州路慢行示范路、苏河湾绿地、慎余里、天后宫等点位，要求静安持续推进，把苏州河静安段打造成为人民城市理念的示范区。

（赵　露、田　军、倪周晶、顾施嘉）

【陈吉宁调研崇明世界级生态岛建设】 11月16日，中共中央政治局委员、上海市委书记陈吉宁在崇明区调研时指出，要深入学习贯彻党的二十大和习近平总书记考察上海重要讲话精神，按照进一步推动长江经济带高质量发展座谈会部署要求，认真践行“绿水青山就是金山银山”理念，以“一张蓝图绘到底”的战略定力持之以恒推进崇明世界级生态岛建设，统筹做好绿色生态、绿色生产、绿色生活的大文章，努力打造人与自然和谐共生的崇明样板。（市生态环境局）

【李国英调研上海水利工作】 11月30日，水利部党组书记、部长李国英在调研上海水利工作时强调，要认真学习贯彻习近平总书记在深入推进长三角一体化发展座谈会上的重要讲话精神，加快构建现代化上海水网，加强水安全风险防控体系和能力建设，为推进长三角一体化发展战略、促进上海经济社会高质量发展提供有力的水安全保障。他先后深入吴淞江新川沙治理工程、宝山区陈行水库、长兴岛青草沙水库等地，详细了解上海水网“纲、目、结”有关重点工程规划建设和调度运行情况。他强调，要统筹好发展和安全，树牢底线思维、极限思维，深入总结近年来抗击历史罕见咸潮入侵和洪涝灾害经验教训，立足最不利组合的极端情况，根据上海滨海、平原河网、江河末端、潮汐影响特点，按照“系统完备、安全可靠，集约高效、绿色智能，循环通畅、调控有序”的目标要求，以联网、补网、强链为重点，优化水利工程布局、结构、功能和系统集成，做好湖泊与河流、河流与水库、水库与水库、水库与管道、管道与管网的衔接连通，加快谋划构建形成多源一体、连通互济的上海水网体系，确保防洪安全和供水安全。

同日，李国英赴太湖流域管理局调研数字孪生太湖建设工作。李国英强调，要认真学习贯彻习近平总书记在深入推进长三角一体化发展座谈会上的重要讲话精神，加快数字孪生太湖建设，大力提升太湖流域治理管理信息化、网络化、智能化能力，为长三角一体化发展国家战略实施提供有力的水安全保障。李国英指出，提升太湖流域治理管理能力必须坚定目标、更大力度推进数字孪生太湖建设。要按照“需求牵引、应用至上、数字赋能、提升能力”的要求，立足太湖流域自然地理、水文气象、经济社会、生态环境条件，围绕保障防洪安全、生态安全、供水安全，进一步明确数字孪生太湖建设的目标路径，统筹推进算据、算法、算力建设。李国英强调，数字孪生太湖建设要重点把握好三个关键环节：一要下大气力完善太湖全要素在线感知系统，特别是建立健全雨水（质）情监测预报“三道防线”，提升站网密度和监测精度，为数字孪生太湖建设提供精准物理参数；二要充分利用前端感知系统监测和归集数据，深入分析研究水文规律和水动力学规律；三要精准构建水文、水动力学模型，并在应用过程中持续率定模型参数、优化算法，不断提升模型精度。通过数字孪生太湖建设，有效增强预报预警预演预案功能，为提升太湖流域水安全保障能力提供更加有力的决策支持。（田　军、倪周晶、顾施嘉、水利部太湖流域管理局）

【胡文容率队开展委员年末专题视察】 12月8日下午，市政协主席胡文容、副主席虞丽娟率委员赴竹园污水处理厂四期工程实地考察，听取市生态环境局、市水务局等相关部门水环境突出问题整改落实情况汇报并座谈交流。委员们对本市水生态环境保护工作取得的进展与成效表示肯定，并提出了以科技赋能水环境精细化管理、提升工业园区污水处理效能、加强水文化教育与宣传、进一步提升饮用水品质、全面排查雨污水管道混接等意见建议。（孙传印）

【陈吉宁调研南市水厂】 12月28日，中共中央政治局委员、上海市委书记陈吉宁前往南市水厂调研，了解制水工艺、供水品质和成本绩效，检查管道保温防冻包裹技术运用情况，鼓励企业加大技术革新和管理创新力度，不断提升运维管理质效。在察看供水应急抢修装备、听取极端天气保障供应有关工作汇报时，陈吉宁详细了解抢修队伍配置、设备巡检频次、应急预案演练等情况，向坚守在保障城市安全有序运行一线的工作人员表示慰问和感谢。他说，要始终坚持问题导向，深入排查风险隐患，认真总结和吸收应对寒潮低温等极端天气的经验教训，举一反三，补上短板，结合城市更新，加快提升设施设备质量和管理标准，全力保障企业群众生产生活需求。更好运用科技手段，增强预测预报预警灵敏度，强化与相关部门单位的协同联动，实现精准研判、科学调度、高效保障。（田　军、倪周晶、顾施嘉、吉方圆）

其他领导调研情况表

序号	时　间	调　研　情　况
1	2月20日	水利部总规划师吴文庆率调研组赴太湖流域调研，在上海市主持召开座谈会，指导推进流域防洪规划修编工作。
2	4月12日	自然资源部副部长、国家海洋局局长王宏来沪开展工作调研。
3	6月25日—26日	中央纪委国家监委驻水利部纪检监察组组长、水利部党组成员王新哲带队赴上海调研原水安全保障相关工作，并调研考察长三角一体化示范区规划展示馆，了解长三角一体化水源保护协作的相关工作。
4	7月25日—26日	上海市副市长张小宏带队调研苏州河两岸景观照明优化提升工程。
5	8月上旬	水利部副部长朱程清赴太湖流域管理局调研，并调研黄浦江上游水源地金泽水库、长三角生态绿色一体化发展示范区规划展示馆等。

（刘欣欣、何文杰、田　军、倪周晶、顾施嘉、张李欣）

上海环境年鉴

长三角生态绿色一体化发展

嘉善姚庄渔民村的太阳能光伏绿色能源区 （杨建正 摄）

【习近平主持召开深入推进长三角一体化发展座谈会】 中共中央总书记、国家主席、中央军委主席习近平11月30日上午在上海主持召开深入推进长三角一体化发展座谈会并发表重要讲话。他强调，深入推进长三角一体化发展，进一步提升创新能力、产业竞争力、发展能级，率先形成更高层次改革开放新格局，对于我国构建新发展格局、推动高质量发展，以中国式现代化全面推进强国建设、民族复兴伟业，意义重大。要完整、准确、全面贯彻新发展理念，紧扣一体化和高质量这两个关键词，树立全球视野和战略思维，坚定不移深化改革、扩大高水平开放，统筹科技创新和产业创新，统筹龙头带动和各扬所长，统筹硬件联通和机制协同，统筹生态环保和经济发展，在推进共同富裕上先行示范，在建设中华民族现代文明上积极探索，推动长三角一体化发展取得新的重大突破，在中国式现代化中走在前列，更好发挥先行探路、引领示范、辐射带动作用。

中共中央政治局常委、国务院总理李强，中共中央政治局常委、中央办公厅主任蔡奇出席座谈会。

习近平在上海调研期间专门召开这次座谈会。座谈会上，国家发展改革委主任郑栅洁、上海市委书记陈吉宁、江苏省委书记信长星、浙江省委书记易炼红、安徽省委书记韩俊先后发言，就推进长三角一体化发展汇报工作情况、提出意见与建议。

听取大家发言后，习近平发表了重要讲话。他指出，长三角一体化发展战略提出并实施5年来，规划政策体系形成并不断完善，强劲活跃的增长极功能不断巩固提升，现代化产业体系加快建立，区域协调发展取得重大突破，改革开放迈出新步伐，生态环境共保联治扎实推进，长三角区域整体实力和综合竞争力持续位居全国前列，彰显中国特色社会主义制度优越性的重要窗口和我国参与国际竞争合作的重要平台的作用日益显现，为构建新发展格局、推进高水平对外开放赢得了战略主动。同时也要看到，长三角一体化发展有许多深层次问题有待进一步破解，发展质量效率和辐射带动作用仍需提升，重点领域、重点区域一体化尚需努力，产业链供应链分工协作水平有待提升，建立全国统一大市场的龙头带动作用有待进一步发挥，改革开放还需进一步向纵深拓展，超大特大城市治理和发展还有不少短板。推进长三角一体化发展是一篇大文章，要坚持稳中求进，一任接着一任干，不断谱写长三角一体化发展新篇章。

习近平强调，长三角区域要加强科技创新和产业创新跨区域协同。大力推进科技创新，加强科技创新和产业创新深度融合，催生新产业新业态新模式，拓展发展新空间，培育发展新动能，更好联动长江经济带、辐射全国。要跨区域、跨部门整合科技创新力量和优势资源，实现强强联合，打造科技创新策源地。

要以更加开放的思维和举措参与国际科技合作，营造更具全球竞争力的创新生态。

习近平指出，长三角区域要加快完善一体化发展体制机制。必须从体制机制上打破地区分割和行政壁垒，为一体化发展提供制度保障。要增强一体化意识，坚持一盘棋思想，加大制度和体制机制创新力度，在重点领域重点区域实现更大突破，加强各项改革举措的系统集成和协同配合，推动一体化向更深层次更宽领域拓展。要循序渐进推进基本公共服务制度衔接、政策协同、标准趋同，分类推进各领域公共服务便利共享。要加强各类交通网络基础设施标准跨区域衔接，提升基础设施互联互通水平。要加快长三角生态绿色一体化发展示范区建设，完善示范区国土空间规划体系，加强规划、土地、项目建设的跨区域协同和有机衔接，加快从区域项目协同走向区域一体化制度创新。要推进跨区域共建共享，有序推动产业跨区域转移和生产要素合理配置，使长三角真正成为区域发展共同体。

习近平强调，长三角区域要积极推进高层次协同开放。推进以制度型开放为重点的高水平对外开放，加强改革经验互学互鉴和复制推广，努力成为畅通我国经济大循环的强大引擎和联通国内国际双循环的战略枢纽。要加快上海"五个中心"建设，加快推进浦东新区综合改革试点，进一步提升虹桥国际开放枢纽辐射能级，大力实施自由贸易试验区提升战略，推进上海自由贸易试验区临港新片区更高水平对外开放。要促进长三角一体化发展和共建"一带一路"高质量发展深度融合，推动长三角优势产能、优质装备、适用技术和标准"走出去"。要带头落实鼓励、支持、引导民营经济健康发展的政策举措，进一步优化民营企业发展环境，推动民营经济健康发展、高质量发展。

习近平指出，长三角区域要加强生态环境共保联治。加强三省一市生态保护红线无缝衔接，推进重要生态屏障和生态廊道共同保护，加强大气、水、土壤污染综合防治，深入开展跨界水体共保联治，加强节能减排降碳区域政策协同，建设区域绿色制造体系。要全面推进清洁生产，促进重点领域和重点行业节能降碳增效，做强做优绿色低碳产业，建立健全绿色产业体系，加快形成可持续的生产生活方式。要建立跨区域排污权交易制度，积极稳妥推进碳达峰碳中和。要规划建设新型能源体系，协同推进省市间电力互济。要持续推进长江"十年禁渔"，加强联合执法。要健全生态产品价值实现机制，拓宽生态优势转化为经济优势的路径。

习近平强调，长三角区域要着力提升安全发展能力。要贯彻总体国家安全观，坚持底线思维，统筹好发展和安全，盯住关系国家和区域安全的科技、产业、金融等领域和重大基础设施，加强风险防控体系和能力建设，夯实安全发展的基础。要充分发挥长三角产业体系完备和配套能力强的优势，在关系国计民生的重要领域和关键环节实施强链补链行动，并与中西部地区加强产业合作，着力提升产业链供应链韧性和安全水平。要稳步扩大金融领域制度型开放，提升跨境投融资便利化，加强全过程风险防控，更好维护国家金融安全。要高度重视对外合作安全，引导产业链合理有序跨境布局。要坚持人民城市人民建，提升城市现代化治理水平，加快推进韧性城市建设，健全城市安全预防体系，强化城市基本运行保障体系，提高防灾减灾救灾能力。

习近平指出，深入推进长三角一体化发展，必须坚持和加强党的全面领导。要充分发挥中央区域协调发展领导小组统筹协调职能，坚持规划纲要的战略引领功能。三省一市要认真贯彻党中央决策部署，加强组织领导和调查研究，加强协调共商和督促检查，推动解决重大问题，推动重大改革落地，推动重点任务落实。要加强忠诚干净担当的高素质专业化干部队伍建设，激励干部大胆开拓、担当作为。要抓实第二批主题教育，深入推进全面从严治党，一体推进不敢腐、不能腐、不想腐，强化各级党组织的政治功能和组织功能，以严的纪律、实的作风、廉的操守确保各项工作落到实处。

李强在讲话中表示，要认真学习领会、深入贯彻落实习近平总书记重要讲话精神，把长三角一体化发展放到国家发展大局中去定位思考，放到引领带动全国高质量发展中去布局谋划，发挥好经济增长极、发展动力源、改革试验田的作用，更好支撑和服务中国式现代化。要进一步畅通经济循环，实现资源要素合理流动和高效配置，促进全国统一大市场建设，引导产业和经济合理布局。要主动对接高标准国际经贸规则，扩大制度型开放，打造高水平对外开放门户，增强对国际商品和资源要素的吸引力。要充分发挥优势、彰显特色，深化合作、相互赋能，把各地自身优势变为区域优势，共拉长板提升区域发展整体效能。

李干杰、何立峰、吴政隆、穆虹、姜信治出席座谈会，中央和国家机关有关部门、有关地方、有关企业负责人员参加座谈会。

（摘自《人民日报》2023 年 12 月 1 日头版）

【贯彻落实深入推进长三角一体化发展座谈会精神　高水平建设长三角生态绿色一体化发展示范区工作推进会】 12 月 9 日，贯彻落实深入推进长三角一体化发展座谈会精神高水平建设长三角生态绿色一体化发展示范区工作推进会在上海青浦举行。会议认真学习贯彻习近平总书记在深入推进长三角一体化发展座谈会上的重要讲话和考察上海重要讲话精神，总结工作、部署任务，推动长三角生态绿色一体化发展示范区建设不断走深走实。中共中央政治局委员、上海市委书记陈吉宁，国家发展改革委主任郑栅洁出席会议并讲话。上海市委副书记、市长龚正主持会议。

国家发展改革委党组成员郭兰峰，江苏省委常委、苏州市委书记刘小涛，上海市委常委、市委秘书长李政出席会议。江苏省委常委、常务副省长、示范区理事会理事长马欣，浙江省委常委、常务副省长、示范区理事会理事长徐文光出席会议并讲话。

陈吉宁指出，要深入学习贯彻习近平总书记重要讲话精神，把建设长三角生态绿色一体化发展示范区作为长三角一体化发展的先手棋和突破口，进一步增强责任感使命感，大胆试、大胆闯、自主改，奋力取得新的重大突破，努力成为长三角区域创新共同体、产业发展共同体、区域发展共同体的生动实践。

陈吉宁指出，要一以贯之抓好制度创新这项核心任务。强化规划引领作用，推动各项任务在区域发展布局、功能定位、空间结构上具有更好的整体性、协同性、互补性。站在更好推进统一大市场建设、推进共同富裕先行示范和建设中华民族现代文明的高度，加强改革先行先试、系统集成。要加快探索科技创新和产业创新跨区域协同，加快引进与示范区发展定位相匹配的高科技企业、科研机构，深化科研体制机制改革创新，创造更多创新应用场景，大力培育创新业态，发挥龙头企业作用，向市场打开创新链供应链，吸引更多充满活力的创新型中小企业，使示范区成为长三角世界级创新产业集群中的关键环节和重要增长极。要持续筑牢生态绿色基底，深化生态环境共保联治，强化高水平保护的生态价值实现，发展绿色制造体系、绿色产业体系、绿色标准体系。要不断深化跨区域治理模式，加大向基层赋权力度，更好扩大市场和社会参与，形成各方有意愿、各方尽责任、各方共享有的治理共同体。

陈吉宁指出，上海将在国家相关部委有力支持指导下，积极主动做好服务、贡献长板，携手推动示范区美好蓝图高质量转化为实景图，为深入推进长三角一体化发展作出更大贡献。

郑栅洁指出，要进一步全面学习贯彻习近平总书记在深入推进长三角一体化发展座谈会上的重要讲话精神，进一步深入践行长三角一体化示范区建设的战略使命，在一体化体制机制创新上率先突破，在绿色低碳高质量发展上走在前列，在引领长三角一体化发展上更有作为，使示范区成为长三角一体化发展战略实施的重大标志性成果。

郑栅洁指出，示范区建设成绩斐然，要一以贯之推动工作走深走实，进一步深化一体化体制机制创新，切实加强生态环境共保联治，全面提升区域创新功能，深化工作生活“跨域无感”，共建江南水乡文化高地。

郑栅洁要求，要完善体制机制，以改革思维不断细化实化政策举措，建立健全清单化闭环管理机制，大力复制推广有益经验，强化各方协调配合，抓好示范区工作贯彻落实。

会上，围绕提升示范区创新策源功能、共建绿色金融普惠金融、推进产业数字化智能化和绿色低碳转型等重点领域，现场签约一批重点项目。

国家有关部委和沪苏浙皖相关部门负责同志，示范区执委会负责同志，上海市青浦区、江苏省苏州市及吴江区、浙江省嘉兴市及嘉善县负责同志等出席会议。示范区执委会、上海市经济信息化委、江苏省人力资源社会保障厅、浙江省生态环境厅在会上作了汇报交流发言。

四年来，示范区深入贯彻落实习近平总书记重要指示要求，在国家发展改革委等相关部委支持指导下，围绕“一田三新”战略定位，累计形成136项制度创新成果，持续推进145个亮点项目建设，制度创新度、项目显示度和民生感受度不断提升，区域发展增强了新动能、跑出了新速度、展现了新形象。

（摘自《解放日报》2023年12月10日头版）

【长三角区域生态环境保护协作小组第三次工作会议召开】 6月6日，长三角区域生态环境保护协作小组第三次工作会议在安徽合肥召开。会议深入学习贯彻习近平生态文明思想和习近平总书记关于做好长三角生态环境保护的重要论述，认真落实习近平总书记在扎实推进长三角一体化发展座谈会上的重要讲话精神，研究部署区域生态环境保护协作重点工作，建设人与自然和谐共生的美丽长三角。上海市委书记、协作小组组长陈吉宁主持会议并讲话。安徽省委书记韩俊致辞。

上海市委副书记、市长龚正，江苏省委副书记、省长许昆林，浙江省委副书记、省长王浩，安徽省委副书记、省长王清宪分别交流了本省市生态环境保护工作进展以及下一步安排建议。

（摘自生态环境部官网）

【长三角区域生态环境保护协作小组办公室第三次会议召开】 5月12日上午，长三角区域生态环境保护协作小组办公室第三次会议在上海召开。会议深入贯彻落实习近平生态文明思想和习近平总书记关于长三角一体化发展重要讲话精神，部署区域生态环境共保联治重点工作，筹备今年长三角区域生态环境保护协作小组工作会议。会议指出，长三角区域三省一市在国家相关部委的指导下，深入贯彻党中央、国务院决策部署，加快推进绿色低碳转型和污染防治攻坚，积极探索区域联动、分工协作、协同推进、合作共赢的共保联治新路径，区域生态环境质量持续改善，生态环保理念深入人心。各成员单位要充分认识生态环境共保联治在长三角区域一体化发展中的重要地位，充分发挥区域协作机制的统筹协调作用，在更多领域形成新亮点新突破，全面提升长三角区域生态环境协同治理水平，着力打造美丽中国建设的先行示范区。

会议强调，长三角区域生态环境保护协作要紧扣“一体化”和“高质量”，扎实推动绿色低碳高质量发展，高标准深入推进污染防治攻坚战，助力提升环境治理体系现代化水平，全力支持服务好经济企稳回升及平稳运行，共同做好跨界流域综合治理、生态环境信息共享、区域排污权交易等区域协作重点，协同推进一体化示范区制度创新，稳定改善生态环境质量，推进长三角生态环境保护工作再上新台阶。

会议听取了长三角区域生态环境保护协作小组办公室和三省一市关于落实区域生态环境共保联治工作情况的汇报，审议通过了《长三角区域生态环境保护协作 2023 年工作重点》等文件。

国家发展改革委、工业和信息化部、公安部、自然资源部、生态环境部、住房和城乡建设部、交通运输部、水利部、应急管理部、国家市场监督管理总局、中国气象局、国家能源局、国家林草局、国家疾病预防控制局相关司局和三省一市生态环境厅（局）等协作小组办公室成员单位负责人员参加会议。生态环境部大气司、华东督察局、太湖东海局、南京环科所、规划院，水利部太湖局，上海组合港管委会办公室，长三角区域合作办公室和长三角生态绿色一体化发展示范区执委会负责人员列席会议。

（市生态环境局）

【长三角区域污染防治协作】 2023 年，长三角地区 41 个城市空气质量平均优良天数比例为 83.7%，同比上升 0.7 个百分点；平均重度及以上污染天数比例为 0.9%，同比上升 0.7 个百分点；$PM_{2.5}$ 平均浓度为 32 微克每立方米，同比上升 3.2%。594 个地表水国考断面水质优良（Ⅰ—Ⅲ类）水体比例为 93.4%，无劣Ⅴ类断面。推动区域绿色低碳发展产出新成果。启动长三角国土空间规划编制，区域能源一体化高质量发展规划落地实施，推动港口大宗散货绿色集疏运，区域新能源汽车保有量达 519.5 万辆，培育 200 余家绿色环保领域专精特新“小巨人”企业。至年底，全国碳排放权交易配额累计成交量超 4.4 亿吨，累计成交额超 249 亿元。推进重点领域跨界污染协同治理取得新成效。加快钢铁等行业超低排放改造，实施区域国Ⅲ柴油车限行指导方案；推进新一轮太湖综合治理，加强入河入海排污口监督管理，推动实施长江口-杭州湾海域综合治理攻坚；24 个城市启动“无废城市”建设，落实长三角区域固体废物危废联防联治工作联席会议制度，联合开展深入打击危险废物环境违法犯罪专项行动；推进实施瓯江源头区域、巢湖流域两个“十四五”第一批山水林田湖草沙一体化保护和修复工程，开展林长制改革创新点建设；加强长江珍稀水生生物保护，健全长三角区域外来物种入侵联防联控机制建设。深化区域政策协同保障进入新阶段。召开长三角区域生态环境保护协作小组第三次工作会议；印发实施区域生态环境保护标准一体化建设规划、示范区生态环境专项规划，发布 3 项区域统一空气污染监测类技术规范，制定区域污染物总量协同控制实施方案，印发实施《长三角生态绿色发展一体化发展示范区淀山湖、元荡、太浦河（含汾湖）等重点跨界水体联保专项治理及生态建设实施方案》；建立长三角生态环境数据共享机制，推进落实示范区跨界饮用水水源地共同决策、联合保护和一体管控机制。

（杨　超）

【长三角生态绿色一体化发展示范区跨界水体共保联治】 2023 年，上海市充分发挥龙头带动作用，牵头推进跨界水体共保联治。沪苏浙生态环境、水利（务）、两家流域机构、示范区执委会联合印发《长三角生态绿色一体化发展示范区淀山湖、元荡、太浦河（含汾湖）等重点跨界水体联保专项治理及生态建设实施方案》，沪苏生态环境部门签署《沪苏交界地区跨界河湖共保联治备忘录》。沪苏浙生态环境部门深化落实示范区跨界饮用水水源地共同决策、联合保护和一体管控机制，联合建立示范区饮用水水源地生态环境保护共同决策联席会议制度。上海市生态环境局加强总结提炼，《长三角一体化发展国家战略下跨界水体联保共治创新机制研究》获第十四届上海市决策咨询研究成果奖单项奖（内部调研奖）。（蒋　明）

【长三角生态绿色一体化发展示范区规划编制】 2 月 4 日，首部跨省域法定国土空间规划《长三角生态绿色一体化发展示范区国土空间总体规划（2021—2035 年）》获得国务院批复。10 月 5 日，《长三角生态绿色一体化发展示范区先行启动区国土空间总体规划（2021—2035 年）》获得沪苏浙两省一市人民政府联合批复。

（符　颢）

【印发《长三角生态绿色一体化发展示范区水利规划（2021—2035 年）》】 5 月 9 日，太湖流域管理局会同上海市水务局、江苏省水利厅、浙江省水利厅、长三角生态绿色一体化发展示范区执行委员会联合印发《长三角生态绿色一体化发展示范区水利规划（2021—2035 年）》。《规划》提出五大建设任务。一是打造人水和谐的生态水网。结合国家水网总体布局和省级水网建设布局，在严格管控河湖生态空间的基础上，营造具备综合功能、充满活力的幸福水网。二是完善协调协同的防洪除涝保障体系。依托流域治理，完善示范区洪涝治理格局和工程体系，形成多层级协调协同的现代化防洪除涝保障体系，全面提升示范区洪涝灾害防御能力。三是构建互联互通的水资源供给保障体系。优化示范区饮用水水源布局，强化水资源集约节约利用，完善水资源配置网络，形成高效节水、优水优用、连通互济的水资源供给体系，高质量保障供水安全。四是健全共保联治的水生态环境保护与修复体系。依托太湖流域水环境综合治理，在示范区生态水网建设的基础上，协同加强河湖生态保护治理，弘扬江南水乡文化建设，打造健康的示范区河湖生态环境，促进人水和谐共生。五是创新共商共管的综合水管理体系。提出创新一体化机制、强化一体化河湖管理、统筹一体化工程调度、打造一体化智能水网、构建一体化标准体系的“五个一体化”措施，构建共商共管的综合水管理体系。（刘欣欣）

【长三角区域联合水上检查】 2023年，市交通委联合江苏、浙江交通执法部门印发了《长三角内河通航水域船舶污染防治联合执法专项行动方案》。2023年，在省际交界毗邻水域先后组织开展了长三角区域联合整治专项行动7次，共计出动执法人员159人次、执法船艇38艘次，检查内河船舶524艘次，立案查处船舶水污染违法案件11起。（刘一鸣）

【统一区域行政处罚裁量】 2023年，根据《长江三角洲区域一体化发展规划纲要》有关精神，上海市生态环境局会同苏浙皖三省生态环境厅及沪苏浙皖司法（局）厅，牵头印发《长江三角洲区域生态环境领域轻微违法行为依法不予行政处罚清单》，统一长三角区域生态环境保护不予处罚标准，推进营商环境改善。牵头拟定《长江三角洲区域生态环境行政处罚裁量规则》，按照裁量涉及的不同事实和情节，对法律、法规、规章中的原则性规定或者具有一定弹性的执法权限、裁量幅度等内容进行细化量化，明确了长三角区域生态环境具体执法尺度和标准，是全国首份区域性生态环境行政处罚裁量基准文件。（郭雅文）

【太湖东海局服务长三角一体化发展国家战略】 2023年，生态环境部太湖东海局积极服务长三角生态绿色一体化发展示范区建设，协调指导示范区两省一市编制生态监测实施方案、重点跨界水体联保专项治理及生态建设实施方案，助力示范区一体化制度机制创新。指导推动示范区跨界水体美丽河湖建设，多次赴执委会开展调研、对接，充分了解示范区在开展跨界水体美丽河湖保护与建设方面的诉求及面临的困难，加强两省一市协调对接，就太浦河、“水乡客厅”等跨界水体开展美丽河湖保护与建设达成共识。每月共享示范区范围内12个国控断面水质监测数据，为示范区生态环境监督管理提供数据支撑，助力示范区生态绿色一体化发展。（申　傲）

【以检察公益诉讼服务保障长三角一体化发展】 上海市检察院加强与苏浙皖检察机关的沟通交流，通过线索移送、召开联席会议、联合办案、机制共建、学术研讨等方式推动长三角一体化发展中的互涉公益损害问题得以解决，市院指导基层院办理跨区划案件5件。青浦区、吴江区、嘉善县检察机关联合会签《长三角生态绿色一体化发展示范区检察公益诉讼助力“双碳”目标落实联合实施方案》，为助力长三角绿色发展和“双碳”目标实施提供检察方案。青浦区院办理跨行政区划污染水质案，针对苏州某公司将危险废物交由无处置许可证的个人处理，导致117.9吨工业废水被倾倒至太浦河，造成一级饮用水保护区金泽取水口2-EMD等污染物超标问题，联合吴江区院共同调查取证，督促涉案公司进行生态损害赔偿和异地修复。（王玉楠）

【长三角生态绿色一体化示范区水体污染联防联控关键技术与示范应用】 该项目由上海市环境科学研究院承担，并于2023年2月10日顺利通过了上海市科委组织的专家验收会验收。项目团队经过三年多的研究，圆满完成了各项既定任务，在长三角示范区跨界重要水体环境状况调查、成因识别及区域数字化智慧化监测管理应用方面，取得了多项重要认识和研究成果，包括：识别了示范区跨界重要水体淀山湖和太浦河的主要水质问题，精准解析了区域特征污染物来源和负荷贡献；搭建了平原弱感潮河网地区陆域—河网—湖荡嵌套联动模型框架，构建了水文—水动力—水质耦合交互全过程的精细化模拟技术；构建了跨行政区一体化氮磷容量总量联合控制管理技术体系，提出了淀山湖流域总氮总磷总量分配控制方案；提出了太浦河流域锑总量分配控制方案，构建了高风险支流预警监控技术体系；开发了示范区水环境质量一体化预警监控平台，进行了跨界重要水体总量联合控制、水质联合监测预警等示范应用。此外，项目研究团队依托研究成果在长三角区域联动开展“一河三湖”联保共治、跨界水源地保护区联合划分和管理、提升区域生态环境科技支撑能力和制定相关政策制度发挥了直接的支撑作用。本项目研究取得的成果有助于提升长三角一体化示范区跨界重要水体水环境联防联控管理的科技水平。（卢士强）

【长三角生态绿色一体化发展示范区大气污染成因与来源及减排潜力研究】 该项目是市生态环境局2021

年度重大科研项目，由上海市环境科学研究院承担，项目研究时间为2021年6月—2023年9月，于2023年11月23日通过专家验收。项目主要研究内容为示范区大气复合污染特征及传输特征、示范区大气$PM_{2.5}$污染来源与臭氧污染成因分析、示范区大气污染排放特征与减排潜力、示范区大气污染联防联控体制机制与相关政策研究。项目围绕长三角生态绿色一体化发展示范区的大气$PM_{2.5}$和O_3复合污染形势、大气污染成因与来源及减排潜力等，系统梳理了示范区的环境空气质量监测现状和大气污染排放现状，形成了示范区“两区一县”环境空气质量监测数据集1套，掌握了示范区大气复合污染特征及传输特征；综合利用在线观测、离线采样和走航观测等技术手段，研究了示范区大气$PM_{2.5}$和VOCs化学组成特征；定量解析了$PM_{2.5}$的本地来源和区域传输贡献，综合分析识别了VOCs的污染特征和来源；构建了示范区大气污染物排放清单，分析了PM、NO_x和VOCs的减排潜力，提出了深入减排的路径和对策建议。

（乔利平）

【上海长三角城市湿地生态系统国家野外科学观测研究站生态研学教育活动】 7月至8月，上海师范大学上海长三角城市湿地生态系统国家野外科学观测研究站面向长三角生态绿色一体化发展示范区的大中小学生，开展了6场次且每场次为期5天的生态教育科普与野外实践活动。学生在生态教育实践活动中完成了水质监测与分析、土壤采集与分析、植被认识及大气污染监测与气象观测等课程，利用晚自习时间，安排学生研讨并制作相关课程作业，让学生们在长三角一体化示范区中体验了科研的乐趣，学习到知识，更加深入地了解到国家的发展战略。（贺伟伟）

市人大城市建设与环境保护工作

立 法

【制定《上海市野生动物保护条例》】 2月8日，市人大常委会城建环保委召开专题会议，会同法工委、市司法局、市绿化市容局研究《上海市野生动物保护条例》立法工作。

2月27日，市人大常委会副主任宗明参加《上海市野生动物保护条例（草案）》读稿会，听取市绿化市容局立法工作情况汇报和法规草案解读，并进行座谈交流。

3月28日，市人大常委会副主任宗明赴松江区、闵行区开展《上海市野生动物保护条例》立法调研，实地调研松江叶榭獐极小种群恢复与野放栖息地和上海上药华宇药业有限公司。

3月31日，市人大常委会城建环保委召开《上海市野生动物保护条例（草案）》立法征求意见座谈会，听取相关企事业单位、专家学者的意见与建议。

4月6日，市人大常委会城建环保委召开《上海市野生动物保护条例（草案）》立法征求意见座谈会，听取市政府相关部门、市人大代表、区人大常委会和基层立法联系点的意见与建议。

4月12日，市人大常委会城建环保委赴崇明区开展野生动物保护、土壤污染防治、生活垃圾管理等调研，实地察看东滩鸟类国家级自然保护区、瀛东村、上海市水生野生动植物保护研究中心及部分民宿等，听取有关情况介绍。

4月13日，市人大常委会副主任徐毅松出席城建环保委第一次全体会议，审议代表议案审议结果的报告和关于《上海市野生动物保护条例（草案）》审议意见的报告。

（朱　杰）

【出台《上海市土壤污染防治条例》】 3月22日—23日，市人大常委会城建环保委召开专题会议，会同法工委、市司法局、市生态环境局研究《上海市土壤污染防治条例》(暂定名）立法工作。

3月27日，市人大常委会城建环保委召开专题会议，会同法工委、市司法局、市生态环境局研究《上海市土壤污染防治条例》(暂定名）立法工作。

3月29日，市人大常委会城建环保委召开专题会议，会同法工委、市司法局、市生态环境局研究《上海市土壤污染防治条例》(暂定名）立法工作。

4月21日上午，市人大常委会副主任宗明参加《上海市土壤污染防治条例（草案）》读稿会，听取

嘉定区浏岛野生动物重要栖息地　（徐　程摄）

市生态环境局立法工作情况汇报和法规草案解读，并进行座谈交流。

5月30日上午，市人大常委会城建环保委召开专题会议，就《上海市土壤污染防治条例（草案）》听取市政府相关部门、部分区人大常委会的意见建议。

5月30日下午，市人大常委会城建环保委召开专题会议，就《上海市土壤污染防治条例（草案）》听取部分基层立法联系点和相关企业的意见建议。

5月31日上午，市人大常委会城建环保委召开专题会议，会同法工委听取市人大代表、专家对《上海市土壤污染防治条例（草案）》的意见建议。

6月5日上午，市人大常委会城建环保委召开专题会议，会同法工委听取市政府相关部门对《上海市土壤污染防治条例（草案）》部分条款的意见建议。

6月7日下午，市人大常委会副主任宗明听取市人大城建环保委关于《上海市土壤污染防治条例（草案）》审议意见报告的汇报，并对做好下一步工作提出要求。

6月8日上午，市人大常委会城建环保委召开委员会第二次全体会议，审议关于《上海市土壤污染防治条例（草案）》审议意见的报告。

6月19日，市十六届人大常委会第三次会议听取了关于《上海市土壤污染防治条例（草案）》的说明解读及相关审议意见报告。

7月25日，市十六届人大常委会第四次会议召开，会议表决通过了《上海市土壤污染防治条例》。

（朱　杰）

【制定《上海市无废城市建设条例》】 5月15日—18日，市人大常委会副主任宗明带队赴海南省学习考察，与海南省人大常委会、政府相关部门等进行座谈，了解海南“无废”城市建设与立法等方面的经验做法，并实地调研三亚循环经济产业园及无废岛屿、无废商场等。

5月18日—19日，市人大常委会城建环保委在海南省三亚市学习考察“无废”城市建设与立法工作，实地调研三亚无废岛屿、无废建筑，了解三亚市危险废物收集管理、餐厨垃圾处理、可回收物回收体系和无废城市建设综合管理制度等有关情况。

6月16日上午，市人大常委会副主任宗明参加《上海市无废城市建设条例》（暂定名）立法调研启动会暨“双组长”动员部署会，就做好立法调研作部署。任宗明指出，要深入学习贯彻习近平生态文明思想，以法治力量推动无废城市建设高质量开展。要紧紧围绕人与自然和谐共生强化制度设计，保障固体废物领域减污降碳协同推进。要注重提高立法质量，加快健全现代环境治理体系。

9月13日下午，市人大常委会城建环保委召开专题会议，听取相关专家对《上海市无废城市建设条例》（暂定名）立法工作的意见建议。

9月19日上午，市人大常委会城建环保委会同法工委召开专题会议，听取市政府相关部门关于《上海市无废城市建设条例》（暂定名）立法工作情况汇报，研究法规草案起草工作。

10月7日，市人大常委会城建环保委召开立法座谈会，研究完善《上海市无废城市建设条例》（暂定名）重点条款。

10月8日，市人大常委会城建环保委召开立法座谈会，研究《上海市无废城市建设条例》（暂定名）总则、一般规定等条款起草工作。

10月9日，市人大常委会城建环保委召开立法座谈会，研究《上海市无废城市建设条例》（暂定名）中有关预防和减少固体废物产生、实现固体废物源头减量等相关条款。

10月10日上午，市人大常委会城建环保委召开立法座谈会，研究《上海市无废城市建设条例》（暂定名）立法中有关固体废物回收和资源化利用等条款。

10月13日上午，市人大常委会城建环保委召开立法座谈会，研究《上海市无废城市建设条例》（暂定名）中有关固体废物资源化利用等条款。

10月17日下午，市人大常委会城建环保委召开立法座谈会，研究《上海市无废城市建设条例》（暂定名）立法中有关固体废物资源化利用、社会参与等条款。

10月18日，市人大常委会城建环保委召开立法座谈会，研究《上海市无废城市建设条例》（暂定名）立法中有关社会参与、保障与监督等条款。

10月20日下午，市人大常委会城建环保委召开立法座谈会，研究《上海市无废城市建设条例》（暂定名）立法中有关固体废物回收和循环利用等条款。

10月24日，市人大常委会城建环保委召开立法座谈会，研究《上海市无废城市建设条例》（暂定名）重点条款起草工作。

11月17日上午，市人大常委会副主任宗明参加《上海市无废城市建设条例（草案）》读稿会，听取市生态环境局汇报立法情况、逐条解读法规草案，并进行座谈交流。任宗明指出，要认真研究吸纳专家、代表等各方面意见建议，进一步修改完善法规草案，按时提交常委会会议审议。

11月17日上午，市人大常委会城建环保委在兴华宾馆联合举办第五十七期“上海人大代表论坛”，邀请有关专家围绕本市推进“无废”城市建设的重点举措与若干思考作主旨演讲，并进行圆桌讨论、互动交流。

11月17日下午，市人大常委会城建环保委组织市人大代表开展无废城市建设立法培训，专题介绍无废城市的国际动向和上海建设无废城市的实践探索情况。

12月4日，市人大常委会城建环保委召开立法座谈会，分别听取市政府相关部门、部分区人大常委会，以及部分市人大代表、专家学者对《上海市无废城市建设条例（草案）》的意见建议。

12月5日上午，市人大常委会城建环保委召开立法座谈会，听取部分基层立法联系点和相关企业对《上海市无废城市建设条例（草案）》的意见建议。

12月15日上午，市人大常委会副主任宗明参加市人大城建环保委第五次全体会议。会议审议了《上海市无废城市建设条例（草案）》审议意见的报告。

12月27日上午，市十六届人大常委会第九次会议全体会议听取了关于《上海市无废城市建设条例（草案）》的说明解读和审议意见报告。 （朱 杰）

执法检查与监督

【《上海市生活垃圾管理条例》执法检查】 5月6日下午，市人大常委会召开《上海市生活垃圾管理条例》执法检查启动会。市人大常委会领导指出，要提高政治站位，把深入学习贯彻习近平生态文明思想和习近平总书记对上海工作的重要指示要求贯穿执法检查全过程各方面，按照市委部署，切实增强做好执法检查工作的思想自觉和行动自觉，不断提升城市治理法治化水平。要接续努力、久久为功，着力解决生活垃圾分类管理工作的重点难点堵点问题，紧盯“减量化、资源化、无害化”目标，贯彻“全生命周期管理、全过程综合治理、全社会普遍参与”理念，坚持问题导向、对症施治，推动法规逐条逐款落到实处，并根据新情况新需求不断健全完善。要加强协同联动，扩大社会各方参与，积极探索人大监督工作贯彻全过程人民民主的有效做法和途径，为上海在生活垃圾管理上继续当好排头兵、先行者贡献智慧和力量。

5月10日，市人大常委会赴奉贤区开展《上海市生活垃圾管理条例》执法检查，实地考察上海中器环保科技有限公司、鑫广再生资源（上海）有限公司、上海英科实业有限公司、上海田强环保科技股份有限公司等废弃物末端处置企业，考察餐厨废弃油脂资源转化运行装置，了解报废机动车环保化、精细化、无损化拆解流程，听取废旧塑料循环再利用情况介绍。市人大常委会领导指出，要深入学习贯彻习近平生态文明思想，以此次执法检查为契机，进一步增强责任感使命感，聚焦短板问题，主动跨前协调，形成工作合力，推动全市可回收物产业链加快构建和有效运行。要建立健全管理办法，完善回收利用体系，用法治方式规范从源头到收运和处置流向的全过程各环节，促进生活垃圾变废为宝，推进“无废城市”建设。要按照建设绿色低碳、富有韧性的“生态之城”的发展目标，鼓励自主创新，强化科技赋能，助推新型生活垃圾处置企业高质量发展，使绿色成为城市最动人的底色、最温暖的亮色，让低碳成为生态之城的鲜明标识。

5月11日，市人大常委会城建环保委赴嘉定区开展《上海市生活垃圾管理条例》执法检查，先后到嘉定镇街道两网融合中转站、嘉定再生能源有限公司、嘉定湿垃圾资源化处理项目开展调研，并召开座谈会听取嘉定区政府关于实施《上海市生活垃圾管理条例》情况，以及上海环兴环境资源利用有限公司、路劲物业服务有限公司、安亭镇赵巷村关于生活垃圾处理利用、分类管理等情况的介绍。

5月12日上午，市人大常委会城建环保委赴普陀区开展《上海市生活垃圾管理条例》执法检查，先后赴祁安路蓝鲸集散场、桃浦镇城运中心、樱花苑开展调研，并听取普陀区政府关于实施《上海市生活垃圾管理条例》情况，以及真西二居委书记、宜川街道志愿者关于生活垃圾分类管理等情况的介绍。

5月15日上午，市人大常委会城建环保委专题研究《上海市生活垃圾管理条例》执法检查调查问卷有关工作。

5月22日下午，市人大常委会副主任宗明召开座谈会，专题学习习近平总书记给虹口区嘉兴路街道垃圾分类志愿者的回信精神，听取关于《上海市生活垃圾管理条例》贯彻实施情况及修改完善的意见建议。任宗明指出，要高度重视垃圾分类工作，加大政府投入，充分调动各方积极性，对主体责任落实情况进行再检查、再落实、再监督。要进一步加大舆论宣传引导力度，深化研究将法规修改列入五年立法规划的可行性，及时梳理形成问题清单和对策建议，督促推动政府相关部门整改落实。

5月24日，市人大常委会城建环保委分别赴杨浦区和宝山区开展《上海市生活垃圾管理条例》执法检查，实地调研复旦大学、“爱分类·爱回收”企业、民主二村居民小区，以及上海生活固体废物集装转运虎林基地、花红村垃圾收集转运点、宝山区再生能源利用中心，并召开座谈会听取杨浦区、宝山区实施条例、推进生活垃圾分类管理情况介绍。

5月26日下午，市人大常委会城建环保委赴闵行区开展《上海市生活垃圾管理条例》执法检查，先后赴王泥浜村、开市客超市、华漕镇闵北中转站检查，召开座谈会听取闵行区政府贯彻实施《上海市生活垃圾管理条例》情况，以及华漕镇政府、爱博五村居委会、志愿者关于生活垃圾分类管理情况介绍。

6 月 1 日上午，市人大常委会城建环保委赴浦东新区开展《上海市生活垃圾管理条例》执法检查，实地检查上海中心、浦东新区有机质固体废物处理厂、上海黎明资源再利用有限公司，传达学习习近平总书记给虹口区嘉兴路街道垃圾分类志愿者的回信精神，听取浦东新区政府贯彻实施《上海市生活垃圾管理条例》《上海市浦东新区固体废物资源化再利用若干规定》情况，以及曹路镇政府等关于生活垃圾分类管理情况介绍。

6 月 2 日，市人大常委会城建环保委赴徐家汇和南京东路部分商场、餐饮店、学校、宾馆等暗访生活垃圾分类及一次性日用品减量等情况。

6 月 6 日，市人大常委会城建环保委赴青浦区开展《上海市生活垃圾管理条例》执法检查，实地检查朱家角古镇旅游区、上海燕龙基再生资源利用有限公司、青浦区“两网融合”集散场，并召开座谈会听取青浦区政府实施条例，以及相关单位关于生活垃圾分类管理情况介绍。

6 月 7 日下午，市人大常委会副主任宗明召开会议，专题研究《上海市生活垃圾管理条例》实施情况评估报告。任宗明指出，要进一步加强与政府部门的沟通联系，紧密跟踪政府部门关于生活垃圾管理工作 2.0 版本工作推进情况，高标准修改完善评估报告。

6 月 9 日，市人大常委会城建环保委赴松江区开展《上海市生活垃圾管理条例》执法检查，先后赴新浜镇农林废弃物处理中心、文华村湿垃圾集中处置点、上海工程技术大学检查，并召开座谈会听取松江区政府关于条例实施情况介绍。

6 月 21 日下午，市人大常委会城建环保委召开会议，听取基层立法联系点和相关行业协会对《上海市生活垃圾管理条例》实施情况的介绍及相关意见建议。

7 月 11 日上午，市人大常委会城建环保委召开第三次全体会议。会议审议《关于检查本市贯彻实施〈上海市生活垃圾管理条例〉情况的报告》。

7 月 25 日，市十六届人大常委会第四次会议召开，会议听取和审议了《关于检查本市贯彻实施〈上海市生活垃圾管理条例〉情况的报告》。 （朱　杰）

【《中华人民共和国湿地保护法》执法检查】 6 月 14 日上午，市人大常委会召开《中华人民共和国湿地保护法》执法检查座谈会，分别听取市政府相关部门、市高级人民法院、市检察院和部分区政府关于贯彻实施法律情况的汇报，并进行座谈交流。市人大常委会副主任宗明指出，要坚持全过程人民民主，坚持问题

崇明西沙湿地水杉林 （董　俊摄）

导向，不断加大上海市湿地保护力度。针对湿地保护的立法需求，及时组织工作力量同步开展立法调研，尽快形成调研成果，努力为立法创造条件。

6月15日上午，市人大常委会城建环保委召开《中华人民共和国湿地保护法》执法检查座谈会，听取临港新片区管委会、市土地储备中心、市海洋事务中心、崇明东滩保护区管理中心、九段沙保护区管理中心、上海农投集团等单位关于贯彻实施法律情况的汇报，并开展座谈交流。

7月3日，市人大常委会组织《中华人民共和国湿地保护法》执法检查，市人大常委会部分组成人员赴上海九段沙湿地国家级自然保护区实地调研，察看保护区管护设施、野生动物疫源疫病监测站等，认真听取浦东新区政府有关部门湿地保护法定职责落实情况汇报。市人大常委会领导指出，要深入学习贯彻习近平生态文明思想和习近平总书记关于湿地保护的重要指示批示精神，深刻认识湿地保护对于加强生态文明建设、维护生态安全、推动经济社会高质量发展的重大意义，切实增强贯彻实施湿地保护法的责任感使命感，用法治力量推动湿地保护高质量发展。要牢牢把握人大执法检查定位，坚持问题导向，紧扣法律条文，结合实际重点检查法定职责落实、湿地保护执法司法、湿地分级管理及名录制度落实等情况，真正发现影响法律实施的关键问题，找出好的解决办法，推动形成各负其责、通力协作的工作格局，确保湿地保护法全面有效贯彻实施。（朱　杰）

代表议案办理

【市十六届人大代表议案办理】 市十六届人大一次会议期间，收到关于加快制定《上海市土壤污染防治条例》的议案（第7号）、关于加快制定《上海市土壤和地下水污染防治条例》的议案（第21号）。赵爱华等22名代表提出：上海市土壤及地下水生态环境保护法规配套制度尚不健全，建议开展上海市土壤污染防治立法。许丽萍等22名代表提出，上海由于地质条件复杂，“水土同步污染”概率大，建议制定《土壤和地下水污染防治条例》，并提出了立法中应重点关注的问题。

市人大常委会城建环保委认为，土壤和地下水与居民群众的生活息息相关，是城市赖以生存和发展的物质基础，也是生态环境的重要组成部分，代表提出的相关立法建议确有必要。市人大常委会将制定《上海市土壤污染防治条例》列为正式项目。市人大常委会城建环保委建议，市政府相关部门要立足上海实际，全面总结土壤和地下水污染防治和“水土一体化”监管的成功经验，认真研究吸纳代表议案提出的重点问题和意见建议。目前，市人大常委会城建环保委已提前介入立法调研，将同步邀请议案领衔代表参与，确保按计划完成该项立法工作。

4月26日上午，市十六届人大常委会二次会议审议通过了市人大常委会城建环保委关于代表议案审议结果的报告。（朱　杰）

市政协环境资源保护工作

相关工作

【市政协会议关于环境资源保护的提案情况和主要内容】 市政协十四届一次会议以来，广大政协委员、市政协各参加单位、各专门委员会围绕上海环境资源保护和绿色低碳发展，共提交相关提案69件，15件为党派、团体、界别、专委会提交的集体提案，54件为委员个人或联名提案。

11月16日，市政协副主席黄震率队赴黄浦区、静安区开展“关于以窗台阳台彩化为抓手，进一步激活花文化的基层治理功能的建议”重点提案视察与调查督办。实地视察上海交通大学附属黄浦实验小学、静安区曹家渡市民园艺中心、市教委教育技术装备中心窗台阳台绿化彩化情况，并召开视察调查情况梳理会。市绿化市容局、市农业农村委等承办单位相关领导参加，提办双方协商座谈，取得良好成效。11月22日，市政协副主席黄震率队开展市政协2023年度年末委员视察暨重点提案督办“吴淞江生态廊道规划建设情况”专题活动。实地视察吴淞江生态廊道闵行赵家段、嘉定段建设现状，听取虹桥国际中央商务区管委会、市规划资源局、市绿化市容局关于吴淞江生态廊道规划建设情况和提案办理推进情况的介绍，并协商交流。

6月19日下午，市政协副主席虞丽娟主持召开“推进城市绿地开放共享和高质量发展，建设人与自然和谐共生的现代化城市”重点提案督办推进会，率队实地调研了中山公园和华东政法大学附属绿地开放、三湘世纪花城社区花园探索社区自治建设新模式等情况，提案承办单位市绿化市容局、市规划资源局、市发展改革委、市农业农村委等部门介绍全市推进城市绿地开放共享和高质量发展总体情况及相关提案办理情况，提案者与承办单位深入协商交流。此前，由虞丽娟副主席领衔督办的该专题活动，还先后赴辰山植物园专题考察，赴中心城区实地调研，在民革界别委员工作室召开调研座谈会，与市绿化市容局等承办单位专题沟通。

2023年，上述69件提案全部按时办理完毕，提案办结率为100%，办理结果为“解决或采纳”的65件，“列入计划拟解决”的2件，“留作参考”的2件。提案者对提案办理总体评价为“好”的达到93.0%，“较好”的占7.0%。（王　颖）

【市政协参加长三角地区政协“抓好以长江和太湖为重点的水环境综合治理”委员联合视察】 根据长三角地区政协履职联动工作安排，9月上旬，市政协副主席肖贵玉率上海市政协视察组赴安徽省马鞍山市、合肥市，实地视察了薛家洼生态园、巢湖综合治理情况，考察了科大国盾量子技术股份有限公司、安徽创新馆等，并出席视察座谈会。与长三角区域合作办和长三角区域生态环境保护协作办等有关负责人员及各省市政协委员等，就聚焦促进人水和谐、深化水岸共治等进行座谈交流，提出了争取国家层面统筹协调示范区水源保护立法，编制太浦河、淀山湖、元荡、汾湖“一河三湖”专项治理和生态建设实施方案，加强应急处置联动，指导研判长江口水情和咸潮态势等意见建议，纳入委员联合视察报告，报送三省一市党委、政府。（孙传印）

吴淞江生态廊道　（张　龙摄）

【市政协开展“美丽上海建设情况”课题调研】 根据市政协2023年度议政调研计划，在市政协副主席黄震、虞丽娟领导下，市政协人口资源环境建设委员会于3月下旬启动“美丽上海建设情况”重点课题调研。通过对市生态环境等职能部门和城投等大型企业走访沟通，了解美丽上海建设总体情况。4—7月，课题组实地了解本市生态环境、空间品质、绿色发展、城市治理等相关领域情况；8月上旬，依托市区两级政协“站、室、点”履职平台，深入各级委员、界别群众，以及街镇社区、产业园区、中小学校等开展问卷调查，回收455份园区和4112份市民问卷；先后赴北京、苏州、四川等地考察，学习借鉴兄弟省市建设发展经验。在深入调研基础上，课题组对照上海加快建设具有世界影响力的社会主义现代化国际大都市的目标要求，梳理分析了美丽上海建设需要重点破解的五个问题，并从“加强统筹规划、加快能源变革、升级垃圾分类、建设公园城市、完善推进机制”等五个方面提出建议，形成“全面推进美丽上海建设，打造人与自然和谐共生的现代化国际大都市”调研报告，并报送市委、市政府作决策参考。（孙传印）

【民建市委课题组一行赴长沙调研长江生态环境保护】 2023年，民建中央对口湖南省开展长江生态环境保护民主监督，为更好落实民建中央关于沿江省级组织深入开展民主监督有关课题调查研究的要求，2月15日至2月17日，民建上海市委有关领导率“长江生态环境保护”课题组一行赴湖南长沙实地调研。课题组一行先后参观了航天凯天环保科技股份有限公司、三一集团、远大科技集团有限公司，并与湖南省相关政府部门、开发园区、企业等围绕“长江（湖南段）生态环境保护及产业园区绿色低碳发展”民主监督专题开展调研座谈。民建湖南省委有关领导杨洪明接待调研组一行并主持座谈会。湖南省发展改革委、省生态环境厅、省工信厅、长沙经济技术开发区等相关部门负责人员就湖南省长江生态环境保护，以及产业园区发展概况和绿色低碳发展工作等方面的情况进行了详细的介绍。随后，双方就园区绿色低碳发展的顶层设计、发展路径、规划布局、数字化转型等具体内容进行交流探讨。民建上海市委参政议政部、民建上海市科技系统委员会、中科院上海高等研究院绿色化学工程技术研究中心、民建上海市委人口资源环境委员会等课题组成员参加调研。（向雁南）

【民建中央率队赴崇明区开展专项民主监督】 6月29日下午，民建中央副主席、上海市副市长、民建上海市委主委解冬率民建市委专项民主监督工作小组，赴崇明区开展“着力提高城市治理现代化水平，建设安全韧性城市”专项民主监督。解冬代表民建上海市委感谢中共崇明区委长期以来对民建工作的大力支持。中共崇明区委书记对民建上海市委一行表示热烈欢迎。崇明区副区长详细介绍了崇明在提升生态韧性方面的整体情况，区发展研究中心、区生态环境局相关负责人员从碳中和示范区建设、GEP核算体系建设、生态环境保护等方面阐述了崇明区在强化生态韧性方面开展的积极探索和生动实践。双方围绕生态承载力与修复力、生态环境保护参与主体、战备水源地等内容交流探讨。民建上海市委副主委沈永铭主持会议，并介绍了民建市委专项民主监督的相关情况及下一步的监督工作安排。崇明区委、区政府相关部门负责人

崇明东滩鸟类国家级自然保护区（徐 程 摄）

员、民建上海市委专项民主监督崇明区工作小组成员等30余人参加本次活动。（向雁南）

【民建市委赴崇明开展专项民主监督】 7月18日至19日，民建上海市委专项民主监督崇明工作小组前往崇明开展“着力提高城市治理现代化水平，建设安全韧性城市”专项民主监督工作，本次活动是对崇明开展专项民主监督的第二轮活动。监督组一行分别前往青草沙水库和上海崇明东滩鸟类国家级自然保护区进行实地调研和座谈，详细了解上海水源保护、水资源统筹协调，以及崇明生态修复、生物多样性实践案例等相关情况。崇明区发展改革委、农业农村委、生态环境局、水务局、绿化市容局和中兴镇、陈家镇、胜利村、裕安村等部门和基层负责人员分别就崇明在提升生态韧性方面所做的探索、推进情况、工作中遇到的困难和问题等进行介绍，并互动交流。近二十位专项民主监督崇明区工作小组成员参加本次活动。（向雁南）

【农工党中央率队赴徐汇区、闵行区开展2023年度专项民主监督】 6月28日，受中共上海市委委托，农工党中央副主席、上海市人大常委会副主任、农工党上海市委主委张全率农工党上海市委专项民主监督工作组20余人，赴徐汇、闵行两区开展专项民主监督。本次监督围绕上海“十四五”规划，聚焦市政府工作中关于“着力提升城市治理现代化水平，建设安全韧性城市”要点，着重对“水环境风险治理，提升城市安全韧性”主题开展专项监督。在徐汇区，监督组一行现场察看龙水南路排水泵站运行情况，实地调研宜山路至桂林路段有关环境提升二期工程建设情况。在闵行区，监督组一行先后实地调研虹许、虹梅雨水泵站和南新泾泵闸项目所在地，现场察看目前市政建设规模最大的雨水排水系统和引排水治理情况。在徐汇区召开的调研座谈会上，徐汇区作“加强水环境风险治理，提升上海城市韧性”推进落实情况报告。在闵行区召开的调研座谈会上，闵行区向与会人员通报闵行“加强水环境风险治理能力，提升上海城市韧性”工作推进情况。与会专家就“虹桥水务管理”“老旧管网改造”等水环境治理焦点问题与相关委办局同志进行了交流。（张海萍）

【致公党中央率队开展长江生态环境保护民主监督工作调研】 10月23日至26日，全国政协常委、副秘书长，致公党中央常务副主席、上海市委主委张恩迪率队开展长江生态环境保护民主监督工作调研。调研组深入安庆、池州、芜湖市，详细了解工业污染物排放、塑料垃圾污染、船舶和港口污染防治情况，并在合肥召开座谈会。会议强调，要深入推进城镇、工业、船舶港口污染防治攻坚战，加快实施创新驱动发展战略，构建生态环境科技创新体系，推动高水平环保，实现生态环境保护与经济高质量发展协同推进。（沈　凡）

民主党派建议

【民革上海市委部分建议】

生活垃圾资源化利用，
助力上海“双碳”目标的建议（摘要）

2023年7月17日至18日，全国生态环境保护大会在北京召开，习近平总书记强调我国已进入绿色低碳的高质量发展阶段，要加快推动发展方式绿色低碳转型，坚持把绿色低碳发展作为解决生态环境问题的治本之策。上海生态环境保护大会于2023年9月11日下午举行，市委书记陈吉宁讲话强调，要推动发展方式绿色低碳转型，大力推动形成绿色生活方式，积极打造“垃圾分类”升级版。

上海市自2019年开始实施垃圾分类制度，这一制度在全市范围内推广并已经取得显著成效，但仍有进一步升级空间：

1. 生活垃圾源头管理有待加强。上海生活垃圾已全量无害化处理，但在源头管理、源头减量和资源化利用水平方面仍需加强。部分市民分类投放习惯尚未养成，干湿混投现象有所回潮，居住区误时投放点管理不善等问题时有发生。同时，源头减量工作仍存在商品过度包装现象、一次性餐具主动提供等问题。

2. 生活垃圾末端资源化处理系统有待完善。目前生活垃圾末端处理依然是干垃圾以焚烧为主、湿垃圾以生化处理为主，应急填埋托底的处理结构，资源化处理系统有待完善。可回收物回收体系韧性有待增强，市域范围内的可回收物资源化利用渠道仍需补齐。中低值废弃物（如废塑料、废玻璃等）的资源化利用严重不足，大量中低值可回收物或外运到周边省市，或流入非正规渠道，加重了环境风险和安全隐患。

3. 生活垃圾资源化处理产业规模有待壮大。回收主体企业集聚度、规模化程度和服务意识仍有待加强，如上海市现有百余家资源循环再利用领域的专业化企业，其中从事生活垃圾分类可回收物循环利用的企业仅20余家。

建设无废城市、助力“双碳”目标实现，关键是实现垃圾的减量化和资源化利用。为此建议：

1. 鼓励垃圾源头减量，强化垃圾分类回收。无废城市有两个基本目标，一是减少城市的垃圾增长量，二是回收利用最大化，对于城市生活垃圾而言，废纸、废塑料、废纺织品和废金属是重要的资源，应加以回收利用，不仅节省了宝贵的原材料，而且具有巨大的碳排放潜力。

2. 发展循环经济，提高废弃物处置能力。支持循环经济产业发展，按照垃圾最大限度循环利用的处理原则，即按“减少产生→垃圾再利用→垃圾再生利用→焚烧回收热能→安全处理”顺序，循环利用垃圾以实现最大功效。如优化产品设计、避免过度包装和开发循环利用技术等。同时，充分利用互联网技术、智能AI技术等技术，做到垃圾可溯源、回收责任细化，提高回收物处置的效率。

3. 全链条统筹，调节废弃物治理中的利益关系。废弃物整个处理过程是环环相扣的，任何环节的波动都会影响整个资源循环利用体系。上海的废弃物分类和资源循环利用链条存在“冷热不均”的现象，缺乏促进分类回收的合力。例如，废弃物焚烧成本低，政府补贴也鼓励焚烧，但缺乏成熟的废弃物再利用企业，导致回收后处理成本高甚至无法处理。因此，应建立完整的废弃物分类和循环利用市场机制，通过价格机制和奖惩机制，促使公众和企业自觉履行源头减量和循环再生责任，调节各方主体的利益平衡关系，形成持续稳定的资源循环利用体系。

4. 鼓励多元主体参与，形成优势互补。政府在垃圾分类处理中具有统筹、兜底和约束作用，而市场主体则通过调节利益和提升效率参与其中。政府可出台政策法规，促进源头减量和循环利用，并利用价格机制维持市场机制的持续运行。在新的废弃物品类回收处理中，政府可先行承担回收和存放职能，之后通过培育回收企业将职能转移给市场主体。为构建生活垃圾资源化利用体系，应鼓励多元主体参与，尤其是减少政府的行政干预，以培育公众的自发性分类动力。政府应在体系构建和“无废城市”建设中应发挥引领、保障、培育和兜底功能优势，将部分功能转移给非政府主体。

（王　淳）

【民盟上海市委部分建议】

当前动力电池回收体系面临的挑战及相关建议（摘要）

动力电池是各种电动工具的动力源，但也是固体危险废弃物。新能源汽车产业的高质量发展，极大推动了我国动力电池行业的发展进程。2023年6月2日，国务院总理李强主持召开国务院常务会议时指出，要进一步优化产业布局，加强动力电池系统关键核心技术攻关，健全动力电池回收利用体系，构建“车能路云”融合发展的产业生态，提升全产业链自主可控能力和绿色发展水平。在此背景下，当前动力电池回收体系面临以下一些问题，亟需应对绿色挑战。

动力电池回收体系现状：

1. 国家正积极推动动力电池行业发展。为加强动力电池回收管理，规范行业发展，国家从2012年开始陆续出台了多项动力电池回收相关政策。2018年至今，动力电池回收政策密集出台、进入试点实施阶段，行业规范化进程明显加快。从出台的各项政策可以看出，国家从法规、技术、标准、产业等方面，推动动力电池回收利用，旨在推动行业向规范化、专业化、规模化发展。尤其2021年以来政策加码，2021年“加快建设动力电池回收利用体系”首次写入政府工作报告，发展改革委等多部门印发“十四五”循环经济发展规划的通知，动力电池回收行动是11个重点工程之一。

2. 动力电池回收行业呈现出巨大的市场潜力。2023年1—6月，全国停用新能源汽车21.6万辆，同比增长134.4%。截至2023年6月底，全国累计停用新能源汽车74.6万辆。关于动力电池退役情况，2023年1—6月，全国共生产退役动力电池9.4万吨，同比增长76.6%。2023年1—6月，全国产生的退役动力电池主要集中在广东、北京、山东、河南、浙江等新能源汽车推广力度较大的省市，分别占全国退役总量的31%、6%、6%、6%、5%。预计2023年当年，全国新能源汽车退役量达27.5万辆，动力电池退役量达13.6 GWh（12.1万吨）。2023—2025年期间，全国新能源汽车退役量共计127.3万辆，动力电池退役量63.8 GWh（53.0万吨）。2023—2025年期间，全国退役的动力电池将主要集中在广东、浙江、山东、江苏、北京等省市。

3. 上海高度关注动力电池行业回收体系建设。2023年2月23日，上海市人民政府办公厅印发《上海市“无废城市”建设工作方案》(以下简称《方案》)，方案提出：建设动力电池全产业链溯源和管理回收利用网络，落实汽车生产厂商和动力电池供应商主体责任；拓展废旧动力电池梯次应用，推进退役动力电池循环利用技术、工艺、装备、产业聚集发展。地方政府和各类市场主体发展建设新型储能积极性高涨，为新型储能快速发展注入了活力。但是上海也是动力电池消耗的最大城市，废旧动力电池回收状况对上海建设“无废城市”影响巨大。

动力电池回收面临的新挑战：

1. 目前企业未能主动承担电池回收的责任。我国目前规定了新能源汽车生产企业有动力电池回收的责任，并没有规定动力电池生产企业有直接的回收责任。目前我国在新能源汽车注册登记时，采用整车与动力电池双重编号登记制度，从管理流程上很容易赋予动力电池生产企业这一责任。由于企业未能主动承担回收电池的责任，导致目前电池回收行业鱼龙混杂，不利于废旧电池的利用。

2. 回收企业布局有待完善。截至2023年7月底，累计有162家汽车生产和71家梯次利用企业共设立回收服务网点10344个，已覆盖全国31个省市327个地级行政区。其中，2家及以上企业共同建设的网点2425个，占总量的23.7%。但其回收企业主要集中于广东、江苏、山东等地区。仅广东地区就建设了1062个服务网点，但较为偏远的地区如贵州，仅有209个服务网点。从地理位置来看，服务网点的建设仍集中于我国东部地区，其他地区有待完善。

3. 回收网络建设不足，企业间缺乏合作。近几年，动力电池回收利用网点数量虽然在不断增加，产业链上下游相关企业的参与度也在增强，但产业链上下游信息不对称导致了一系列难题，上游的电池找不到下游的买家，下游的买家也找不到上游的电池，同时还存在交易透明度较低问题。另外，市场机制的成熟度不高，市场尚未形成完善的回收商业运营模式，导致行业缺乏互信机制。

4. 碳核算体系建设亟需完善。8月17日，欧盟官方公示满20天的《欧盟电池和废电池法规》(下称《新电池法》）将正式生效。根据《新电池法》，自2027年起，动力电池出口到欧洲必须持有符合要求的“电池护照”，记录电池的制造商、材料成分、碳足迹、供应链等信息。这将对中国动力电池企业出口欧洲产生重大影响。这意味着，电池出口企业要搜集和计算从上游矿产、材料到电池生产、回收及再利用各个环节的碳排放数据，并进行披露。然而，中国电池企业在全生命周期碳足迹方面的积累薄弱。其难度包括，电池企业要将采矿、正负极材料、电芯等整条供应链上的碳足迹都纳入搜集，还要对每一个环节的碳足迹进行测量和认定，而目前国内既没有非常成熟的数字化工具，又面临着标准数据库不统一、国际互认机制未建立等困难。

5. 动力电池回收行业监管标准有待完善。目前，在标准方面，我国现有的行业标准仅20项，尚不能满足整个动力电池回收利用和梯次利用产业链的要求。

关于动力电池行业建设的若干建议：

1. 合理布局电池回收企业，提高企业回收效率。对于动力电池梯次利用产品，建议多采用“以租代售”模式。这样既便于明确梯次利用产品的安全责任，也便于回收。新能源汽车采用电池租赁和换电模式，也有利于充分利用和回收。同时在全国合理布局动力电池回收企业。包括应该明确动力电池回收企业进入化工园区；鼓励企业在电池拆解、材料回收、再生制造等全链条布局；适当设置准入门槛，要求电池材料循环再生产企业具备一定专业资质。

2. 建立动力电池全生命周期的碳核算体系，加强碳绿色足迹管理。在全生命周期的绿色管理方面，首先要在研发质量保证、原材料和电芯性能测试、供应商来料质量保证、过程质量保证、客户成品质量保证和售后方面都采取措施。核心是利用大数据保障平台，比如在动力电池的安全方面，要从设计、制造、在线检测、运行数据预警、车辆保养和检测、OTA动态管理等方面打造状态评估和安全预警的系统。同时这些数据还可以在车辆保险、交易、梯次利用方面提供强有力的支持。从全生命周期碳管理方面来看，这就涉及自身运营的减排，包括减少化石能源的使用、增加可再生能源的使用、材料循环使用、节能和抵销中和。对于上游的供应链企业，要按照像对上游供应商的质量管理一样，准入审核中要增加“双碳”具体要求，提出具体的评估指标，并进行常态化的评估。在此基础上，需要建立电池碳管理区块链数字化平台。这需要融合物联网、人工智能等科技，实现产业链端到端的全程监控和产业综合管理服务。同时结合碳方法学追踪和管理碳排放，解决产业链及碳排放的可追溯性的问题。此外，政府应大力支持企业或行业引进“碳管理”相关的人才，建立合适的方案，结合我国实际情况进行动力电池的绿色足迹管理。

3. 完善相关监管体系。随着动力电池溯源管理体系的建立及落实，未来动力电池回收行业的监管体系需要更加完善。在已经发布的动力电池产品规格尺寸、编码规则、拆解规范、余能检测等国家标准基础上，动力电池回收利用具体标准的研究和立项工作需要不断推进，从而加快动力电池回收行业的梯次利用、电池拆解指导等规范的确立。同时，随着国家加强对已出台的新能源汽车等有关政策衔接，也需要健全电池回收行业的财税激励等支持政策，这将鼓励更多社会资本投资或设立产业基金，推动动力电池回收关键技术和装备的产业化应用。（吴馨萍）

【民进上海市委部分建议】

关于防治农业领域新污染物的建议（摘要）

农业领域新污染物因其隐蔽性高，具有多种生物毒性，同时具有生物持久性、生物富集性等特性，对生态环境和人体健康构成了危害。以往我国对新污染物的研究大多集中于工业生产领域，对农业领域的管控措施较少。传统农业污染以氮磷为主，污染对象主要为种植物，养殖物较少，而新污染物的主要污染对象为家畜、家禽和水产品。因此，新污染物的防治存在着三个“新”，即新关注、新阶段、新目标。

存在的问题：

1. 农业领域中新污染物来源广泛，对生态系统的危害开始显现。农业领域大量使用的兽用抗生素通过废水排放进入水体环境。数据显示，2013年中国抗生素总使用量约为16.2万吨，其中48%为人用抗生素，其余为兽用抗生素，中国东部的抗生素排放量密度是西部的6倍以上，京津冀海河流域、长江和西江是全国抗生素排放量最大的区域，珠江单位面积中的抗生素含量排名全国第一。中国河流总体抗生素浓度最高达7560纳克/升，平均也有303纳克/升，而意大利仅为9纳克/升，美国为120纳克/升，德国为20纳克/升。与此同时，目前饮用水源的抗生素检测缺位，导致“喝水如吃药”。环境激素中的合成内分泌干扰物主要有增塑剂（双酚A）、除草剂（莠去津、除草醚等）及杀虫剂（狄氏剂和毒杀芬等）等，后两类主要来自农业活动。研究结果显示，长江干流、人口密集地区的此类农药含量显著升高，并与周围企业的污水排放密切相关。研究结果显示，我国近海海水和沉积物中微塑料污染程度处于中低度至中度水平。目前部分国家禁用的POPs共22种，其中9种为农业杀虫剂。我国仅对竹笋中的部分POPs制定了限量值，有些如六氯苯和硫丹尚未制定标准。竹笋在生长过程中会不可避免地吸收环境中存在的有毒有害物质，由于竹笋生产集约化规模加大，此类杀虫剂的不合理使用，导致竹笋中含有POPs残留，给人们健康带来安全隐患。

2. 新污染物防治的制度建设滞后。目前我国缺乏相应的法律法规限制各类新污染物的生产、使用和排放，缺乏农业领域新污染物的产排用标准规范。

3. 环境监测体系建设滞后。我国2002年6月实施的《地表水环境质量标准》（GB3838-2002）中没有“抗生素”相关内容，2022年实施的《生活饮用水卫生标准》的97项指标中对自来水内的抗生素含量和水体抗生素含量都没有相关监测标准。

目前农业领域新污染物的防治形势严峻，亟待建立针对性的污染防治体系。坚持问题导向，加强顶层设计，搭建数据平台，完善监测与评估技术体系。具体建议如下：

1. 将新污染物纳入到农业尾水、农用土壤环境管理标准体系中，加强污水、污泥及畜禽粪便农用土壤环境的管理，建立农业领域新污染物排放的有效监管体系，加大新污染物源头排放的治理。建立覆盖农业领域新污染物全生命周期的法律法规体系，加强新污染物风险防控的法制保障。

2. 结合农业领域中新污染物的特点，研发更精准的检测技术，排查污染物种类并建立清单，对农业领域正在生产和使用的、具有较大潜在环境风险的、可产生新污染物的农产品开展摸底调查。将典型新污染物纳入现有的环境监测系统，建立农业领域新污染物环境健康监测与风险防控大数据平台。

3. 加强农业土壤中抗生素迁移转化的研究，将“土壤—作物—周围水体”作为一个系统，对农业领域中新污染的生态风险进行全面评价，由此制定更加合理的药品使用规范，降低抗生素滥用概率。

（吴耐强）

【农工党上海市委部分建议】

切实筑牢崇明岛水土资源安全屏障的对策建议（摘要）

长江口新桥水道位于崇明生态岛南部，其上承东风西沙水库、横通南支主槽、下接北港河槽，水道尾端为全球最大的河口水库—青草沙水库。新桥水道给崇明岛社会与经济发展提供了极为重要的水运、生态及环境资源，是崇明生态岛的生命水道。然而，受长江入海水沙变异、崇明岛南岸港工建设及河道采砂等影响，新桥水道近期出现复杂而快速的冲刷与淤积转换，河道头部更展现充填萎缩态势。未来随着全球变暖，时有发生的长江极端水文事件将加剧入海水沙变异，可能导致新桥水道河势出现重大变数；已建崇明岛南岸景观大堤通过挤占新桥水道空间加速水道萎缩；新桥水道沿程分布的浅滩与汊道长期游荡不定。崇明岛南岸滩涂资源极可能由淤转冲，新桥水道承载的水资源日趋匮乏，直接危及崇明世界级生态岛社会与经济的长远发展。

存在的问题：

1. 新桥水道动力结构出现异变的新格局。其一是近年来长江频繁遭遇干旱，特别是洪季特枯，如2022年洪季干流水位达到同期百年最低，这在很大程度降低了径流冲刷和增大了河槽涨潮动力；其二是东风西沙水库投入使用，拦截原本由东风西沙北侧潮汐汊道进入新桥水道的水流，进一步削弱径流下泄能力；其三是扁担沙的北移和淤积增强了新桥水道中段涨潮优势和新桥水道下段的落潮优势。上段加强的涨潮动力将加速该区域河槽萎缩，危及庙港和鸽笼港航运；下端加强的落潮动力将加速河槽和边滩冲刷，危及新桥通道稳定及毗邻的青草沙水库岸堤安全；中段因扁担沙动荡不定而严重危及河段船只通航安全。动力结构变异出现的新格局增加了河槽地貌变化的复杂性与河槽水体盐度变化的非规律性，由此构成崇明南部沿岸港口航运安全与取水时间及取水质量难以把控的重大风险。

2. 新桥水道面临河槽容积明显萎缩的新状态。一是新桥水道河槽容积发生明显减少，近二十年河槽上段容积减少44%，由此关联崇明岛居民引水与抽水国计民生的重大问题；二是新桥水道淤积严重，逐渐形成以河道上段为淤积中心的格局，中、下段出现多个淤积厚度超过3米的淤积体，这极可能降低新桥河道的通航承载能力，进而影响崇明岛南部港口贸易的发展；三是受扁担沙淤涨与北移影响，新桥水道深泓线不断向岸移动，河槽断面形态逐渐由宽浅“U”形转为深窄“V”形，进而严重危及南部沿岸淡水水质。

3. 新桥水道北沿滩涂湿地面临恶化的新风险。一是崇明南部潮滩主要依托于新桥水道，以及扁担沙、东风西沙发育而成，但滩涂湿地高潮滩目前几乎全部消失，地貌系统极不完整，严重影响盐沼生态系统健康；二是潮滩湿地宽度狭窄，低潮滩呈现侵蚀迹象，不利于海堤堤脚稳定，明显削弱海堤防洪御潮挡浪的功能，危及崇明岛城市安全；由此导致湿地在未来百年极可能消失，对崇明生态岛以生态为核心的建设征程构成重大威胁。

为此建议：

1. 尽快开展新桥水道水资源变化机制分析，研制河槽有效取水及拦水技术。尽快摸清和阐明新桥水道过境水资源总量和水体盐度变化过程，判别影响新桥水道水资源变化的主控因子，估算崇明南部取水和用水量，研制、设计基于水资源过境的崇明岛快速取水措施、开发拦截和贮存淡水的新技术。

2. 河流—河口统筹，开展新桥水道河势变迁专题研究，研制稳固新桥水道滩—槽快速变迁的工程措施。一是陆海统筹，将河流—河口作为一个系统，开展长江极端水情和新桥水道水沙的关联机制分析，甄别长江入海水沙对新桥水道河势变化的影响贡献；二是分析新桥水道水下浅滩与支汊的冲淤规律，研究稳定浅滩、束缚动荡河槽的工程措施，以维持水道良性发展并保障上游东风西沙水库与下游青草沙水库的供水安全。

3. 尽快开展新桥水道水土利用现状及潜力研究，给崇明生态岛经济与社会发展提供基础支撑。一是尽早摸清新桥水道水土资源开发现状，研究水土资源利用潜力及变化趋势，开展新桥水道水土资源质量的全面体检工作；二是成立新桥水道水土资源的专业管理委员会，结合崇明岛“十四五”规划，综合统筹水土开发方式，提前谋划布局水土未来利用格局，为破解崇明岛水土可持续高效利用与管理重大命题提供重要决策依据。

（张海萍）

【致公党上海市委部分建议】

开展减排降碳协同治理
提升城市环境品质的课题调研（摘要）

上海目前在减排、降碳，协同增效，国家相关政策协同机制与管理模式尚需进一步探索与完善。政府各部门权责关系、利益协调、补偿机制、跨区域协同治理机制有待步调协调一致。企业投入环保产品信心不足，与国家要求落实企业环保主体责任要求机制错位。工业园区化水平低、园区综合环境治理能力机制薄弱。环保产业新技术研发力量和环保精专技人才引进质量、规模有待提升。绿色发展管理机制、理念及公众环保意识，生活和消费方式的绿色化、低碳化转型亟需引导。

为此建议：

1. 将减污降碳纳入生态文明建设、主城区建设等相关考核体系。加快编制减污降碳协同增效实施方案、编制温室气体排放清单，逐步推进区域温室气体排放总量控制制度。将碳排放信息纳入环境信用评价、政府绿色采购体系。

2. 建立健全协同治理的法律法规，确保资金补偿、人才培育、产业帮扶等多方面措施能够有效落地。构建跨区域、跨部门利益协调和补偿机制，加强减污、降碳与生态补偿机制的顶层设计，统筹协调生态补偿基金征收、财政转移支付等政策，科学界定与划分补偿要素、补偿范围和指标体系。

3. 推进企业生态环境信用体系建设，建立企业环境信用评价、环境信用修复、执法正面清单，深入落实企业生态环境保护主体责任。进一步落实好减税降费措施，切实降低民企成本负担。

4. 加快推动新能源、可再生能源技术、分布式能源中心、智能微网、资源回收利用等优势技术示范和推广，增强生态系统碳汇能力。

5. 加快完善落实相关优惠政策，设立环保产业发展专项资金，对使用量大、应用面广、产品质量好、污染减排效果明显、社会影响力大的环保设备和环境友好产品，采取后补贴方式给予资金奖励和分担风险，对新技术、新工艺、首台套等技术推广应用，促进先进环保产品消费，对关键、共性技术的研发应用给予扶持。在更大范围实施能效“领跑者”制度，尽快将“领跑者”能效指标纳入能效标准。

6. 树立全民绿色发展理念加强领导干部碳达峰、碳中和知识学习。广泛凝聚社会绿色共识。倡导绿色生活方式，反对奢侈浪费，鼓励绿色出行、绿色建筑等创建行动，增加社会各界对生态文明理念的理解，让生态文明理念广泛传播。

（沈　凡）

【九三学社上海市委部分建议】

上海现代农业产业园（横沙新洲）
绿色发展的建议（摘要）

《上海现代农业产业园（横沙新洲）发展战略规划（2023—2035 年）》确定了将横沙新洲打造成世界级现代都市生态绿色农业示范区，新时代中国式上海现代化农业园区发展新标杆的总目标。但其所处的长江口生态协同区是河口海洋生态和生物多样性保护的主要承载空间，对维护长江口地区生态平衡至关重要。横沙新洲生态环境敏感脆弱，面临湿地资源保护、区域水环境质量保持等严峻挑战。

存在问题：

1. 农业开发建设与湿地资源保护的矛盾突出。横沙新洲周边生态保护红线及自然保护地密集分布。所处长江口湿地属于亚太候鸟迁徙路线（东线）中段，近十年鸟类种群数量上升。所处长江入海口是长江流域众多大型江海洄游鱼类的重要育肥、产卵场所和洄游通道，生物多样性丰富。作为新淤积成陆区域，呈现典型的湿地生态系统特征，环境敏感脆弱，底线要求高。农业种植和养殖将改变横沙新洲现有陆域生态系统结构，集约化畜禽养殖、水产养殖设施、大棚种植等农业生产将破坏原有湿地植被，侵占鸟类栖息地。

2. 农业面源污染排放风险高。横沙新洲规划43.33平方千米耕地，种植过程需大量施肥，受降雨和灌溉水力驱动，氮磷容易流失直接污染河道水体。耕作初期土壤犁底层还未有效形成，肥料容易下渗污染地下水。集约化畜禽养殖产生的大量粪污就近还田，因新生土地砂性土壤的高渗透性，极易形成液肥渗漏污染地下水。工厂化高密度水产养殖过程中的剩余饵料、排泄物等大量有机污染物，排放负荷高、频次密，对地表水体带来较大的污染威胁。

3. 区域河道水环境功能区达标压力大。横沙新洲区域河道水质大部分指标能达到Ⅲ类，但高锰酸盐指数、总磷和五日生化需氧量等指标处于Ⅳ类，离规划目标确定的Ⅲ类地表水功能区标准有差距。区域地下水水质较差，总体为Ⅴ类。据规划的产业规模测算，极有可能导致陆域内河氮磷负荷超过水环境承载能力，水质达标压力大。

为此建议：

1. 在产业规划布局上，打通生态融合空间带的南北生态廊道，构筑农、林、水、湿复合廊道空间，实现雨水调蓄和削减污染的综合功能，丰富农田生境，强化生物多样性保护。西侧廊道衔接连通横沙乡农田林水生态网络，东侧廊道结合战略预留空间，发挥生态缓冲功能，适度布局林地或人工湿地，确保鸟类栖息地的完整性。严格控制种植业设施大棚规模，尽量规划布置在横沙新洲的中、西部。在规划布局高效工厂化水产养殖模式及养殖废弃物资源化利用基础上，配置大水面自然水产养殖，与农田、林地、生态涵养区等系统有机协调嵌套，有效补充鸟类栖息地。

2. 在农业面源污染综合防治上，规划形成碧珠镶嵌的农田湿地特色景观，在田块中分散镶嵌净化型湿地塘（占农田面积2%以上），建设生态拦截沟渠，在农田—河道之间构建生态缓冲带（宽度30米以上），拦截削减农田面源污染，补充生态空间。遵循“农牧结合、种养平衡”原则，结合种植业规模、结构和布局，按照固体粪和尿污水全部就地消纳模式，科学规划畜牧养殖规模，发展以沼液硝化利用为核心的绿色种养技术，畜禽养殖场与现代化设施大棚嵌套，集成涵盖污水减量、氨与恶臭大气污染控制、固碳减排及液肥高值利用于一体的绿色种养系统，杜绝沼液直接还田渗漏污染地下水。有效衔接工厂化水产养殖、池塘工程化循环水养殖及大水面自然养殖，配置一定比例的养殖尾水湿地生态净化系统，氮磷逐级净化，提升养殖尾水再利用率。

3. 在区域水质稳定达标管理上，在地表水和地下水承载力约束下，科学确定横沙新洲种植业和养殖业类型及规模，强化农业面源污染综合防控，严格控制农业生产引起的氮磷入河负荷，水产养殖尾水排放总氮应达到行业一级标准（3.0 mg/L），农田退水经湿地塘就近分布式处理，氮磷削减率应达到20%以上。高标准规划新建污水处理厂，在一级A排放标准基础上，进一步提高氮磷排放要求。优化完善横沙新洲河网水系，合理规划引排水机制和闸门调度制度，提升区域水动力条件，增强水体自净能力。（李 卿）

【台盟上海市委部分建议】

化工园区企业数字化转型和高质量发展的建议（摘要）

2023年3月，中共中央、国务院印发《数字中国建设整体布局规划》，标志着数字化建设在全国的实施进入崭新时期。数字经济有利于推动各类资源要素快速流通，助力各市场主体的互通融合，加快构筑新型国家竞争力，推动经济高质量发展，为中国式现代化提供新的强大动能。为应对新科技革命带来的机遇和挑战，数字化转型成为各行业企业发展的必经之路。

化学工业是国民经济发展不可或缺的基础产业，具有高资源环境约束、高投资约束等特点。我国作为全球制造中心，化工产业门类齐全，但大多数领域“大而不强”，企业自主创新能力与竞争适应能力不高。未来化工产业将以绿色、安全、高效、可持续为高质量发展的核心目标，数字化转型是保障上述目标得以实现的关键路径；也是释放企业效率潜能，应对全球性竞争和各类不确定因素的必然要求。

化工行业数字化发展现状：

1. 顶层设计引领。目前，关于石化化工行业数字化转型的顶层规划正在不断完善。“十四五”规划中提出，要改造提升传统产业，推动石化行业布局优化和结构调整；深入实施增强制造业核心竞争力和技术改造转型；建设智能制造示范工厂，完善智能制造标准体系。工信部印发的《“十四五”信息化和工业化深度融合发展规划》中提出，到2025年，信息化和工业化在更广范围、更深程度、更高水平上实现融合发展，新一代信息技术向制造业各领域加速渗透，制造业数字化转型步伐明显加快，全国两化融合发展指数达到105。《“十四五”原材料工业发展规划》中提出，促进产业供给高端化、结构合理化、发展绿色化、转型数字化、体系安全化，加速产业转型数字化，加快制造过程智能化，推动工业互联网赋能、夯实数字化基础。《关于“十四五”推动石化化工行业高质量发展的指导意见》中提出，要加快新技术新模式协同创新应用，推进示范引领，强化工业互联网赋能。

2. 化工园区数字化。当前，我国通过“化工入园”来引导化工产业集约化和规范化发展。截至2022年，全国重点化工园区或以石油和化工为主导产业的工业园区共有616家。在管理部门支持下，化工园区不断提升安全监管水平，发展循环经济，由传统人为粗放型管理和过往各自为政的信息化、自动化系统，向智慧园区转型的建设正在全国铺开。智慧化工园区的建设，是以工业互联网、第五代移动通信（5G）、人工智能（AI）等新一代信息技术和智慧应用为支撑，引入系统化管理理念，整合内外资源，系统搭建公共数字底座，实现监测、监控、分析、整合、响应等一体化管理，为园区安全生产与高效管理提供便利保障，同时也为园区化工企业的数字化转型提供基础和示范指引。以在国家级化工区排名中保持领先地位的上海化学工业区为例，正在打造的世界级智慧化工园区将以深度感知、全面互联、智能高效、持续卓越为目标，目前已经形成“一基础”即新一代信息基础设施，“一中心”即大数据决策中心，“三大应用”即智慧生产、智慧政务、智慧服务，“六大应用体系”即智慧安防、智慧环保、智慧物流、智慧消防、危化品全生命周期监管平台以及公共管廊管理，满足园区监管、服务及产业运营需求。

3. 化工企业数字化。园区智慧化可谓行业数字化的1.0版，而化工行业数字化转型的2.0，需要全面推进企业自主数字化建设。企业数字化转型是一个长期的系统工程，其本质是利用新一代信息技术驱动业务、管理和商业模式的深刻变革、逻辑重构和模式创新，从而提升产品和服务的竞争力，培育融合型新业态。企业数字化转型应是一个多阶段螺旋式推进的发展过程，每个阶段目的重点各有不同，通过递进推进数字化基础设施、生产制造数字化、运营管理数字化能力建设，不断培育形成新能力、新模式、新业态。相对于机械、汽车等离散制造行业，化工行业以流程工业为主，拥有良好的自动化与信息化的基础，但数字化、智能化转型起步相对较晚。转型以工艺优化等智能生产、生产计划调度等运营为核心需求，但不同细分行业的工艺流程、核心装置大不相同，数字化转型的实施重点各有区别。基于工业互联网的数字化转型路径基本包括数字化基础设施建设、生产制造数字化和运营管理数字化。数字孪生技术是实现企业数字化转型的重要工具。对于化工行业，数字孪生可以应用于反应生产流程管控，化工企业通过开展过程建模与参数优化、工艺设计仿真、远程监控维护，能够实现反应生产装置的实时映射、工况预警、安全管控与操作优化，提高生产流程的智能化水平，保障生产过程的安全、绿色、高效运行。数字化转型是一个投入巨大，且不断完善的系统工程，而且各细分行业各有差异，因此当前国内有实力推进数字化转型的企业主要集中在行业龙头的大型与超大型企业，且完整示范案例较少，大量中小企业仍处在谨慎摸索和观望的状态。

4. 平台建设。我国“综合型＋特色型＋专业型”的工业互联网平台体系正在不断完善，第三方工业互联网平台企业通过整合信息化资源、完善模式搭建为行业企业实现服务供给，在推进企业数字化转型过程中起到重要作用。目前化工行业平台服务企业主要有四类：一是以中控、和利时、西门子、ABB为代表的装备与自动化企业；二是中石化、中石油等行业龙头企业，将自身数字化转型经验转化为产业链服务能力；三是用友、SAP、Oracle、PTC等软件企业提供的行业数据汇集与处理提升；四是华为、阿里、思科等互联网企业，发挥IT技术优势向制造业服务领域延伸。

化工企业数字化转型中的问题：

1. 底层技术仍然有待突破。工业数字化转型首先以全面、高效、可靠的数字基础设施建设为基础。化工行业因为涉及大量连续性物理化学过程，过程中数据实时采集与汇集尤为重要，这便涉及各种严苛环境下精密传感器与检测传输装置在生产设备中的应用搭建与改造，许多生产环节因采集困难而数据缺失。目前，国内精密传感、检测装置仪器仍然大量依赖外国进口，技术短板亟待补齐。另外未来数字化、智能化工业体系需要庞大的算网算力的支撑，为保障国家工业安全体系，国产芯片制造能力与自主算力供给能力建设将尤为关键。

2. 缺乏系统引领，企业体验受限。目前国内化工企业，尤其是中小型企业仍然缺乏系统清晰的数字化战略引领，前期依赖信息化供应商和园区引导上线的各种信息、监控、业务辅助等各类系统，数据不能有效互通共享，“数据孤岛”林立割裂，影响企业实际中的使用体验，投入产出不明显，从而打击了企业数字化转型热情。亟需强化科学统一的数字化转型规划引领作用。

3. 产业链协同价值尚未充分体现。构建以数字化、网络化、智能化为主要特征的现代供应链，保障国家产业链和供应链安全，已经是两化融合的共识。然而，目前围绕化工产业链，信息平台企业众多，但尚未出现龙头级的协同整合平台，园区、区域及产业链协同平台尚在探索过程中，因此，基于数字融合的新商业模式尚未打通，化工企业赋能感受仍然未体现。

4. 专业人才不足，跨界能力紧缺。当前，大多数化工企业已经逐步意识到数字经济来临的紧迫性，但实施数字化转型过程中最明显的障碍是人才能力的不足。这首先表现在仍有企业主要管理者数字化意识与管理思维的转变不到位；其次，传统信息化仅以IT技术人员为主，数字化转型涉及企业技术工艺、流程管理与运营管理等全方面，既懂信息技术，又熟悉生产工艺与企业管理的跨界人才更加稀缺。

5. 对企业秘密的保护有待完善。化工企业的数字化推进较慢，还有一个重要原因是出于企业技术和商业秘密的考虑。化工行业细分领域众多，技术更迭频繁，工艺技术信息涉及企业核心竞争力而价值巨大，因此数字化建设中，企业出于保密考虑不愿与平台或其他企业进行关键数据的共同开发与共享。

为此建议：

1. 政府将继续加大底层关键技术研发投入。为解决流程制造业数字化转型中基础设施建设受限的问题，一方面，政府应继续加大对精密传感器等数据采集、分析的关键仪器及部件的国产化支持力度，为国产仪器部件的产业化及试用与验证提供奖励，推动精密传感器领域龙头企业做大做强；另一方面，探索工业互联网与人工智能领域的融合发展，尤其要用好举国体制加快推动国产GPU等算力芯片在工业互联网的云端、边缘端的开发与应用，为国内新一代信息技术产业链的协同发展搭建有效路径。

2. 优化财税优惠政策，鼓励企业数字化建设。目前各地对于数字化转型示范企业已有相应奖励机制，建议通过加大对数字化投入税前加计扣除的方式，降低企业转型成本，尤其可对企业结合自身技术特点开展定制化开发的数字化投入进行专项补贴，提高企业推进数字化建设的积极性。

3. 加快完善化工园区服务平台建设。智慧园区系统搭建源自化工园区代表政府部门对于园内企业的监控、监管、督促和服务功能。为改善企业对园区数字化平台的使用体验，迫切需要国内化工园区进一步优化自身服务平台系统，打通功能平台的数据阻隔，实现信息互通共享，同时加快探索区域性供应链服务平台与垂直行业类服务平台的融合协同，让企业通过平台服务早日体验到数字经济带来的供应链再造、商业模式优化等增量价值。

4. 进一步优化人才培训机制。化工行业是典型的技术密集型行业，化工行业的数字化转型对跨界型专业人才提出更大需求，迫切需要高校、科研院所、行业协会、园区、企事业单位等联合协同，通过推广企业管理者再教育、企业工程专家与院校专家双向流动、高校企业联合培养工程研究生等模式，加快探索完善行业数字化专业人才培养与实践体系。

5. 用好社会监督，建立化工园区向社会公开透明机制。为进一步加快化工行业可持续发展，建议国内化工园区在完善智慧园区建设的进程中，探索建立面向社会公众的公开透明机制。通过在园区搭建数字化展厅等方式，让社会民众尤其是周边群众，可以通过信息交互，关键环境指标的公开，感受到现代化工的绿色、安全、智慧的发展现状；同时，合理引入社会监督，可以更快督促园区企业进一步提高安全环保意识，提高数字化转型的紧迫感，更好彰显化工企业社会责任。

6. 强化数字经济时代商业秘密保护。《数字中国建设整体布局规划》中指出，要筑牢可信可控的数字安全屏障。对于技术密集型的化工行业而言，商业秘密往往是企业生命线，而在数字经济时代，企业商业秘密的保护又面临新的挑战，如何将商业秘密合理数字化，同时获得有效的数字安全屏障，将是推进行业数字化的核心课题之一。建议我国加快推进商业秘密保护立法，并将商业秘密的数字安全作为完善当前法律体系的重要环节。

（卢明汇）

节能减排
与低碳发展

节能减排

【完成主要污染物总量减排目标任务】 根据国务院《关于印发“十四五”节能减排综合工作方案的通知》（国发〔2021〕33号）和生态环境部《关于印发2023年上海市生态环境有关指标计划的函》（环办综合函〔2023〕190号），上海市氮氧化物、挥发性有机物、化学需氧量、氨氮四项主要污染物重点工程减排量的“十四五”目标分别为13000吨、9900吨、16300吨和1200吨，2023年度对应目标为累计7800吨、5940吨、9780吨和720吨。

经生态环境部核定，2023年上海市氮氧化物、挥发性有机物、化学需氧量、氨氮等四项主要污染物的累计重点工程减排量分别为19887吨、18276吨、92495吨、9196吨，超额完成年度目标任务。

（屠　骏）

【加强工业重点用能单位日常管理】 2023年，市经济信息化委通过遴选“百家”服务机构，推进“千企”节能挖潜，开展“万项”能效对标，推动工业节能从局部单体向全流程系统节能转变。开展能源审计审核，组织对重点用能单位和绿色低碳服务机构专项培训，跟踪企业能源审计进展情况；优化完善能源审计平台，组织技术力量对企业能源审计在线填报进行全面指导。2023年，组织开展100家企业能源审计和200家企业节能诊断工作，累计挖掘节能潜力96万吨标煤。已落实节能降碳改造措施1200项，实现节能量80万吨标煤。（何哲楠）

【落实固定资产投资项目节能监管】 市经济信息化委对宝武特种冶金有限公司、沪东中华造船（集团）有限公司、宝山钢铁股份有限公司等单位的5个新建、改建、扩建固定资产投资项目开展节能审查。对工业、商业地产、公共设施、数据中心等领域共20个固定资产投资项目进行节能事中事后监管。（何哲楠）

【全面开展节能监察】 全年，市经济信息化委构建节能监察“轴面点网”体系，对绿色标杆单位进行重点监察，对500余家重点用能单位、90余家重点数据中心开展常态化能效监测。其中，按照工信部年度国家工业节能监察任务的要求，对列入名单的23家数据中心、86家工业企业开展专项监察，同时上海在国家基础上再拓展13家工业企业和77家非工业企业。（何哲楠）

【大力推进重点企业清洁生产审核】 全年组织完成审核评估43家、项目验收91家，通过验收的企业共实施1084项方案，带动企业投资4.8亿元，预计实现环境效益：年节能量3.6万吨标煤，减少二氧化碳排放9万吨，节水115.5万吨，减少废水排放12.0万吨，减少COD排放124.9吨，减少VOCs排放124.4吨，减少烟（粉）尘排放757.6吨，减少氮氧化物排放206.6吨，减少一般固体废物产生4542.2吨，危险废物产生1303.8吨。完成朱家角工业园区清洁生产全覆盖目标任务。强化咨询机构、专家和企业内审员队伍建设，全面提升企业审核质量和清洁生产水平。

（何哲楠）

【大力推进合同能源管理项目】 全年，市经济信息化委完成28个合同能源管理项目的补贴申报材料初审和推进工作，其中通过审核项目24个，项目核定节能量10882吨标煤。组织环境保护、节能（合同能源管理）节水项目所得税优惠政策及申报流程专题培训，完成项目申报评估工作。31个项目申报所得税优惠，据不完全统计共减免税收385万元。（何哲楠）

【大力推进工业节能技改】 市经济信息化委围绕“双碳”目标，积极在工业企业开展节能技术改造。通过节能减排和合同能源管理专项资金支持完成“宝钢股份二炼钢转炉LT净化系统改造”等25家企业节能技改项目。（何哲楠）

【积极开展企业能源管理体系建设】 全年，市经济信息化委鼓励年综合能耗在2000吨标煤（含）以上的工业企业，按照《能源管理体系　要求及使用指南》（GB/T 23331-2020）的标准开展能源管理体系认证。完成上海格尔汽车科技发展有限公司等28家企业能源管理体系审核工作。（何哲楠）

【既有公共建筑节能改造】 2023年，市住建委加快既有建筑节能改造步伐。发布居住建筑节能改造技术目录。加快装饰装修工程同步实施公共建筑节能改造政策落地。全年推动落实530万平方米既有公共建筑节能改造，针对不同改造项目特点，对管理要求进行细化深化。（市住建委）

【超低能耗建筑】 2023年，市住建委发布《上海市超低能耗建筑行动计划（2023—2025）》，明确超低能耗建筑主要工作任务和职责分工。依托政策红利，全市超低能耗建筑实现蓬勃发展，全年落实超低能耗项目280万平方米，累计落实1360万平方米，近零能耗建筑落实88万平方米，提前超额完成市政府重点工作目标任务。（市住建委）

【新建建筑可再生能源应用】 2023年，市住建委联合市发展改革委、市规划资源局发布《关于推进本市新建建筑可再生能源应用的实施意见》，提出到2030年，城镇新建建筑可再生能源替代率达到15%，明确新建建筑落实可再生能源应用量和光伏安装面积的双控要求。（市住建委）

【道路照明设施节能改造】 2023年，《上海市道路照明设施节能改造技术导则》印发，指导市区两级道路照明设施管理机构实施节能改造工作开展，全年完成更换LED灯具30.8万盏。（张雪艳）

沪苏湖铁路（陶　磊　摄）

【交通行业用能情况】 2023年，全市旅客发送量24197.93万人次，比上年增长1.8倍；全市交通货物运输总量为153573.79万吨，比上年增长8.6%。全市交通重点用能单位能耗总体呈上升趋势，能耗总量1963.20万吨标准煤，其中国内能耗1089.32万吨标准煤，占总能耗的55.49%，国内能耗较上年同期增长58.25%；国际能耗（含航空、航运）为873.88万吨标准煤，占总能耗的44.51%，国际能耗比上年增长3.43%。单耗呈下降趋势，航空业单耗为4.07吨标准煤/万换算吨千米，比上年下降3.58%；营运船舶单耗为0.033吨标准煤/万换算吨千米，比上年下降了7.43%。（林莉君）

【加强节能减排专项资金保障】 2023年，为做好上海市交通节能减排专项扶持资金项目节能量、替代量的核算工作，市交通委编制形成《上海市交通节能减排专项扶持资金项目节能量、替代量核算技术细则》。开展2023年度上海市交通节能减排专项扶持资金申报工作，经审核，上海冠东国际集装箱码头有限公司等4家企业的4个项目符合补贴要求，共申请补贴资金555.39万元。（林莉君）

【交通污染治理机制体制健全】 3月，实施《上海市船舶污染防治条例》，夯实港口船舶污染防治法制保障；制定《船舶和港口污染防治执法监管检查工作方案》，强化执法检查。4月，启动国Ⅲ柴油货车全市限行，印发《关于调整全市国Ⅲ标准柴油机动车限制通行政策的通告》，加快推进高污染车辆淘汰。印发《长三角区域国Ⅲ柴油货车限行指导方案》，推动长三角协同治理国Ⅲ柴油货车。印发《上海市机场港口非道路污染治理实施方案》，推进非路道污染治理。完成全市第一个专项领域的生态环境警示片的拍摄，强化问题发现整改机制。（林莉君）

【建设完善铁路网】 市交通委持续推进沪苏湖铁路、沪渝蓉铁路、沪通铁路二期、沪杭客专上海南联络线等项目建设，这些项目的建设将进一步优化全市交通运输结构，提高铁路运输的效率和安全性，促进长三角区域互联互通，提升区域经济协调发展水平；此外，外高桥港区装卸线开工进场，建成后将进一步提高港区的装卸效率，为货物的快速进出提供更加便捷的通道，同时，这也将为外高桥港区的经济发展注入新的动力。（林莉君）

【完善内河运输网络建设】 2023年，市交通委完善上海“一环十射”高等级内河航道网络，全市高等级内河航道达标里程超过280千米，为上海的航运事业提供更加便捷和低碳的交通条件。为推进内河航道网络的进一步发展，一些重要的项目正在得到积极的推进。其中，油墩港枢纽段项目建议书获批并完成工可转报，东大盈枢纽段项目建议书获批，青浦段工可获批，为项目的进一步推进打下了坚实的基础。金汇港项目建设书的编制工作在组织进行中，同时，白鹤港区建设的前期工作也在积极推进中，为未来的航运发展做好准备。（彭　鑫）

【大力发展多式联运】 2023年，小洋山北作业区集装箱码头及配套工程、罗泾港区集装箱码头改造一期工程开工建设。大芦线航道整治工程二期、临港集疏运中心（陆域）工程建成完工。2023年全年全市海铁联运累计完成71.86万TEU，同比2022年（57.6万TEU）增长约24.75%，其中芦潮港站完成62.99

万 TEU，同比 2022 年（48.6 万 TEU）增长 29.61%。2023 年，水水中转比例达 57.8%。
（林莉君）

【加强道路货运超限超载治理】 至年底，全市共计完成 252 个点位 669 套称重检测设备的建设安装工作，持续开展各类超载车辆不停车称重检测及违法大件运输车辆的检查工作，并将疑似超载车辆的检测数据移交相关执法部门处置，2023 年，共计推送执法部门 1.54 万件疑似违法超限数据，共处罚 7297 件。（林莉君）

百年公交线 20 路换新车辆
（张　翼　提供）

【加快轨道交通建设】 市交通委推进市域铁路规划建设，上海市域南枫线一期工程工可已批；轨道交通 19 号线、15 号线南延伸、21 号线一期东延伸工可已批复、20 号线一期西段已开工，东段专项规划已报送待批复；开展轨道交通 24 号线、25 号线、26 号线、27 号线、宝嘉线、14 号线西延伸、16 号线提效增能等前期方案研究。（林莉君）

【提升公交服务品质】 市交通委推进轨道交通和公交两网融合，轨交站点周边 50 米范围内有公交服务比例已达 87%。组织开展公交线网优化调整。截至年底共优化 282 条公交线路，其中新辟 27 条、调整 215 条、撤销 40 条。（林莉君）

【提升慢行交通出行品质】 以“宜出行、优品质、高效益”为目标，市交通委与各委办局和各区合力推动全市慢行交通品质提升，打造贴近民心的慢行交通工程。工程重点围绕“网络完善、空间融合、设施提升、创建示范区”四大核心任务，建设、更新、提升一批步行和骑行设施，营造安全畅通、舒适友好的出行体验。完成 220 个慢行交通体验提升项目和 14 个慢行示范区创建。（林莉君）

【加速推进城市公共领域用车全面电动化】 2023 年新投放新能源公交车 1827 辆，累计投放新能源公交车达 1.64 万辆（占比 94%）。目前，全市新能源公交车主要以纯电动车为主、其他燃料新能源车为辅（包含超级电容、插电式混动、氢燃料、双源无轨电车等）。（林莉君）

【推进货运新能源和清洁能源转型】 市交通委更新城市配送小型货运车辆共 2037 辆，均为新能源车辆，新增车辆使用清洁能源比例达到 100%。配合市经济信息化委，完成第二、三示范年度全市燃料电池小型货运车辆专用营运额度（600 辆）评审投放工作。推进全市新能源集卡车发展工作，印发《关于开展上海市新能源换电重卡示范运营线路项目申报工作的通知》，支持有关企业在全市开展新能源换电重卡示范应用，探索合理商业模式，推动全市道路货物运输行业新能源化发展。（林莉君）

【客运新能源车辆应用】 7 月，市交通委会同市发展改革委、市经济信息化委联合发布《上海交通领域氢能推广应用方案（2023—2025 年）》，规范、有序支持氢能在交通领域拓展应用，燃料电池公交车应用规模达到 202 辆。在全市 300 多家省际客运行业企业中，拥有新能源车辆的企业占 62.7%。全行业近 15000 台营运车辆中，采用新能源车辆占比 26%。此外，积极推动省际客运行业发展使用新一代成熟氢能源营运车辆，共完成 19 辆“氢能源”车辆更新。（林莉君）

【加强新能源汽车与燃油小客车管理政策统筹】 市交通委开展交通需求管理政策研究。根据市领导相关工作指示，会同市发展改革委、市经济信息化委、市商务委、市公安局、市司法局和市财政局等部门开展新能源汽车调控措施研究，探索新能源汽车和燃油小客车统筹管理的可行性。（林莉君）

黄浦江边的新能源游船
（杨建正 摄）

【探索推进船舶装备低碳化转型】 市交通委持续推进全市新能源船舶的应用，至年底，新能源客船方面，有 12 艘苏州河游览船、1 艘车客渡船已投入运营。浦江游览 1 艘电动游览船建造完工待投入使用，1 艘浦江游览船已建成待投入运营。上海轮渡 2 艘锂电池电动轮渡船在建，苏州河游览公司 6 艘电动游览船在建。新能源货船方面，有 2 艘混合动力货船投入运营，2 艘 700TEU 集装箱船在建。其他新能源船舶，有 2 艘交通船、2 艘保洁船、1 艘工程船投入运营。此外，还积极建设绿色能源加注中心。上海港 LNG“船到船”加注作业实现常态化，在全国率先拥有国际航行船舶保税 LNG 加注能力。积极开展绿色甲醇加注体系建设，促进上港集团与中远海运、国家电投、中国中检签署《关于开展绿色甲醇产业链建设合作备忘录》，2026 年有望具备为国际海运船舶提供绿色甲醇加注的能力。（林莉君）

【完善充（换）电设施】 年内，市交通委牵头制定《上海市公共停车场（库）充电设施建设管理办法》《上海市居民小区电动汽车充电设施建设管理办法》，市政府连续三年将充电设施建设作为实事项目，市交通委主要推进“新增 1 万个公共（含专用）充电桩”工作有效落地，全市公共充电桩呈快速增长趋势。市级平台已接入公共（含专用）桩 19.6 万根，出租车充电示范站 54 座。全市实现新增公共（含专用）充电桩 5.1 万个，较往年新增量翻番，提前完成年度工作目标。市级公共停车信息平台与市级充电平台的互联互通，并将两个平台数据应用于校核公共停车场库公共充电设施配建达标情况。（张英杰）

【积极探索光伏等可再生能源应用】 市交通委形成 2023—2025 年的子领域光伏发展计划及 16 个区发展任务，推出《上海交通领域光伏应用的实施方案》。年内新增并网分布式光伏项目 31 个，装机容量 18 兆瓦。推进光伏发电在高速公路服务区、收费站、附属设施的应用试点。至年底，嘉浏高速朱桥服务区分布式光伏项目已进场施工；练塘服务区光伏项目已召开启动会，开展备案、接入审批工作；S6 光伏声屏障工程与国网对接，研究项目实施可实施性。（林莉君）

【岸电设施建设情况】 2023 年，上海市实现低压智能岸电桩全覆盖，5 类专业化泊位岸电设施覆盖率达 90% 以上，上海港集装箱码头岸电设施泊位覆盖率达到 100%。针对大部分 600 总吨以下的内河船舶无法使用标准化接插件问题，会同船级社、上海港口协会发布团标《上海港低压岸电船岸对接标准化建设技术规范》，指导码头增加“220 V—380 V”变压转接装置，便利非标船舶使用岸电。完成浦江游览码头岸基充电桩建设，为全市首艘黄浦江纯电动游览船“上海久事”号提供充电保障。发布《上海港提高靠港船舶岸电使用率实施方案的通知》，启动交通、海事联合执法专项行动，推动具备条件的船舶和码头使用岸电成为行业自律。在上海宝山区开展电子交接单制度试点工作，后续将视情况在全港推进电子交接单制度。（张英杰）

【岸电设施使用情况】 2023 年，全市岸电设施使用岸电 5.6 万艘次、接电 58.9 万小时、用电 2476 万千瓦时，全年岸电用电量较上年（1023 万千瓦时）增长 142%。其中 2023 年上港集团集装箱码头使用岸电 2930 艘次、接电 3.2 万小时、用电 1471 万千瓦时，全年岸电用电量较 2022 年（310 万千瓦时）增长 374%。（张英杰）

【新增或更新出租车均为新能源】 出租租赁汽车行业 2023 年全年持续推进行业新增、更新纯电动车，进一步提升全行业营运车辆电动化比例，降低碳排放总量。其中，巡游出租车更新 6457 辆；租赁车新增 4834 辆、更新 8614 辆，合计新增、更新纯电动车辆 19905 辆。（叶　枫）

【持续推进轨道基地光伏创建】 2023 年上海地铁新建的 4 个地铁基地光伏电站全部并网成功。至此，投资运营的分布式光伏电站累计突破 50 兆瓦（MWp）。

这4座新增光伏电站共涉及上海地铁11号线赛车场、3号线江杨北路、5号线剑川路和2号线北翟路4个基地。

（郑 懿）

应对气候变化与低碳发展

【全面推进绿色低碳转型】 2023年，上海市出台《上海市发展方式绿色转型促进条例》。完善“双碳”政策体系，实施碳达峰十大行动，制定适应气候变化行动方案，举办首届中国碳市场大会和上海国际碳中和博览会，推动一批重点领域、重点区域开展低碳零碳负碳技术创新示范试点，实施工业产品全生命周期供应链碳管理，全国碳排放权交易市场碳排放配额累计成交量4.4亿吨，成交额249.2亿元。加快发展绿色能源，新增光伏装机94.6万千瓦。实施新能源车置换和老旧汽车“以旧换新”补贴政策，累计支持5.6万辆汽车置换为纯电动汽车，绿色智能家电消费补贴政策累计惠及27.4万名消费者。制定出台美丽上海建设实施意见，启动第三轮清洁空气行动计划及臭氧、柴油货车攻坚专项行动，完成长江干流沿岸入河排污口整治，开展新一轮雨污混接普查和整治，配合制定《上海市土壤污染防治条例》，全市空气质量指数（AQI）优良率为87.7%，地表水达到或好于Ⅲ类水体比例为97.8%，无Ⅴ类和劣Ⅴ类断面。着力打造绿色生态空间，加快建设环城生态公园带，实施崇明世界级生态岛第五轮三年行动计划，新增各类公园162座、总量达到832座，新增绿地10.44平方千米、绿道231千米、立体绿化43万平方米，森林覆盖率达18.8%。垃圾分类实效持续提升，生活垃圾回收利用率达到43%，“无废城市”建设全面启动。

（编辑部）

【推进废旧物资循环利用体系建设】 10月11日，市发展改革委、市绿化市容局、市商务委、市经济信息化委、市财政局、市规划资源局、市生态环境局联合印发《上海市废旧物资循环利用体系建设实施方案》。实施方案提出将废旧物资循环和高端再制造作为推动城市高质量发展，实现碳达峰、碳中和目标的重要抓手，加快构建“回收体系网络化、分拣中心绿色化、物资回收专业化、利用产业集聚化、交易场景多元化、‘上海再制造’品牌化”的废旧物资循环利用体系，明确到“2025年，全面建立完善的废旧物资循环利用体系，资源循环利用水平进一步提升”的总体目标。实施方案还提出了上海市废旧物资循环利用体系示范城市建设目标指标体系，提出了完善废旧物资回收网络、提高废旧物资回收量、提升再生资源加工利用水平3大类14项具体指标及2025年发展目标。

（摘自2023年10月17日“上海发布”公众号）

【建立健全上海碳普惠体系机制】 9月，上海市生态环境局印发《上海市碳普惠管理办法（试行）》及4个配套政策，明确了上海市碳普惠体系的适用范围、职责分工、业务流程、平台对接、监督激励等内容，规范和指导各参与主体的权利义务，建立了完善的管理流程，为全市碳普惠体系规范有序运行夯实制度基础。

（钱一嘉）

【全国碳市场和上海试点碳市场运行顺利】 全国碳市场方面，2023年上海纳入全国碳市场发电行业23家重点排放单位全部完成第二个履约周期配额清缴；自2021年7月16日全国碳市场上线启动以来，配额累计成交量4.42亿吨，累计成交额249.19亿元。上海碳市场方面，已纳入钢铁、电力、化工、航空、水运、建筑等多个行业300余家企业和1000余家投资机构，2023年新增数据中心和普通货物运输企业2个行业40家企业。首次衔接绿色电力交易市场，创新减污降碳协同机制。所有现货品种累计成交量2.40亿吨，累计成交额42.22亿元。创造了连续十年100%履约率的纪录。

（徐 磊）

【循环经济发展取得新成就】 2023年建成资源化利用项目20余项，总投资超过20亿元，包括上海自立塑料科技有限公司一期年产7万吨高性能PET塑钢带智能一体化生产项目、中冶技术服务公司百万吨级废钢资源加工配送基地等。上海复培新材料科技有限公司等3家企业的产品入选国家循环经济和资源综合利用目录。

（何哲楠）

【推进绿色低碳新技术应用】 2023年，市经济信息化委评选出四十项上海市绿色低碳技术产品，形成了《上海市绿色低碳技术产品名单》，从中遴选出十大绿色低碳创新技术产品。其中，理想万里晖的异质结电池技术填补国内空白，异质结—钙钛矿叠层效率达到33.5%；网宿科技的DLC直接浸没式液冷技术，可以大幅度降低数据中心PUE。组织节能服务公司与重点用能单位开展技术对接活动，推广多项绿色低碳技术。

（何哲楠）

【开展工业通信业碳管理试点工作】 市经济信息化委推进全市工业通信业领域能耗“双控”向碳排放强度和总量“双控”转变，2023年共发布两批次共65个项目工业通信业碳管理试点名单，涵盖产品碳足迹评价与碳标签、数字化碳管理平台、碳管理体系、供应链碳管理、碳标准建设及应用、碳金融产品创新六个领域。

（何哲楠）

【持续深化数字赋绿】 年内，市经济信息化委推动重点领域绿色化数字化协同转型，形成重点行业转型路线图。评选发布首批20个上海市能源“双碳”领域数字化转型示范应用场景名单，打造能源领域数字化转型——工业互联网标杆应用示范。如，国网上海市电力公司的“基于能源大数据的城市‘双碳’监测平台”支撑全市主要碳排放源的可视、可算、可管、可控；上海联联睿科能源科技有限公司打造的上海充换电设施公共数据采集与监测市级平台，已完成与全市所有公共区域内充换电设施的互联互通，已成为上海市规模最大的新能源汽车在线充电平台。在首届“上海国际碳博会”上举办绿色低碳产业发展论坛，紧扣“绿色低碳，数字赋能”主题，各行业代表共同探讨数字化绿色化协同转型发展方案。（何哲楠）

【深入推进绿色制造】 2023年，上海市深入推进绿色制造，评选绿色工厂46家、绿色园区2家、绿色供应链管理企业7家、绿色设计产品5项，培育零碳工厂12家、零碳数据中心2家。遴选绿色低碳技术产品40个，扩大高效节能材料、设备、产品推广应用。开展工业通信业碳管理试点，遴选六大类别共65个项目。遴选“百家”服务机构，推进“千企”节能挖潜，开展“万项”能效对标，完成100家重点用能单位能源审计和200家单位节能诊断审核。评选首批20个能源“双碳”领域数字化转型示范应用场景。（编辑部）

【《上海城乡建设领域碳达峰实施方案》逐步落地】 2023年，市住建委深化顶层设计，在《上海城乡建设领域碳达峰实施方案》基础上，推进各区城乡建设领域碳达峰实施方案编制。各区均已启动编制工作，浦东新区和虹口、黄浦、闵行等区发布实施方案。（市住建委）

【装配式建筑】 2023年，落实装配式建筑2137万平方米，全市装配式建筑超过2.54亿平方米。装配式建筑步入常态化发展阶段，落实比例持续稳定在90%以上，预制构件产能可满足项目建设需求。（市住建委）

【绿色建筑】 2023年，落实绿色建筑4743万平方米，其中二星级以上绿色建筑面积占比约64%，全市累计绿色建筑达到3.76亿平方米。（市住建委）

上海自然博物馆 （陈梦泽 摄）

【建筑垃圾可持续应用】 2023年，市住建委规范建筑废弃混凝土回收利用管理，按季度发布废弃混凝土回收利用管理通报和异常项目清单，提升建筑垃圾资源化利用水平。推进建筑垃圾资源化利用高质量发展，组织编制《建筑垃圾细粉料流态填筑材料技术规范》，拓展工程泥浆、装修垃圾资源化利用产品应用场景。（唐子轶）

【强化交通领域“双碳”治理顶层设计】 2023年，市交通委编制发布《上海市交通领域碳达峰实施方案》《上海市交通领域碳减排三年行动计划（2022—2024年）》《2023年上海市交通领域“双碳”重点工作任务清单》，从远期、中期、近期三个维度对交通“双碳”工作做了系统谋划、全面布局。启动交通领域碳排放统计监测体系研究，组织行业内研究机构及技术企业形成碳排放监测体系工作专班，形成《交通行业碳排放监测体系工作方案》《交通行业碳排放监测体系技术方案》两大构架性文件，并通过走访与调研企业，不断完善两个文件内容，寻求准确核算与实际可操作之间的平衡，为全市交通领域碳排放监测体系建设提供指引。（林莉君）

【积极探索市场化机制】 2023年，市交通委加大碳排放交易在交通运输领域的应用，在航空水运两大领域纳入碳市场的基础上，新增21家普通货物道路运输企业纳入碳排放报告试点。启动低碳出行碳普惠体系建设，与市生态环境局紧密沟通，研究绿色出行碳普惠方法学和管理平台搭建，形成了地铁、公交、共享单车、轮渡四个碳普惠方法学，并与市生态环境局联合发布了上海市碳普惠绿色出行示范场景。（林莉君）

【推进交通基础设施生态建设】 2023年，市交通委在全市范围推进交通基础设施生态建设。提升东方枢纽上海东站绿色低碳目标，实施绿色三星＋超低能耗的设计目标。提高废旧沥青回收利用率，2023年高速公路废旧沥青实现100%回收，降级用在第一等级的道路基层及下面层，部分旧沥青混合料经过处理后应用在上面层，最高掺比达到25%。推广应用节能环保材料、清洁能源和低碳技术，在建立并完善全市交通建设工程装配式和BIM技术应用基础上，推进绿色施工和四新技术在工程建设上的应用。（林莉君）

【积极探索绿色交通建设工程创建机制】 结合《交通领域科技创新中长期发展规划纲要（2021—2035年）》《上海市交通领域碳达峰实施方案》等文件精神，上海市交通建设工程管理中心多次邀请市、区交通建设管理部门，相关行业协会，重大交通工程参建单位代表、各领域绿色低碳专家等80余人次深入研讨，积极探索上海市绿色交通建设工程创建机制。于2023年8月底发布《关于开展上海市绿色交通建设工程创建工作的通知》（沪交建管〔2023〕34号），明确创建工作的组织分工、范围、申报主体、原则、标准和程序等内容，其中创建标准聚焦绿色工程（工程本体）的设计、施工过程中的绿色环保及建成后取得的绿色低碳成果。（樊　欢）

【积极推进绿色交通建设工程创建工作】 9月8日，上海市交通建设工程管理中心召开绿色交通建设工程创建工作宣贯会，邀请行业专家以线上线下方式，全面解读《关于开展上海市绿色交通建设工程创建工作的通知》（沪交建管〔2023〕34号）和绿色交通建设创建标准，市、区交通建设管理部门，相关协会和重大工程参建企业220余人参加培训。11月1日，上海市交通建设工程管理中心召开绿建工程创建工作推进布置会，行业30余家单位（部门）代表参与讨论，结合各家单位项目排摸情况，进行提问解答，明确工作要求，并全面启动申报征集工作。共有31个项目（标段）申报，其中，既有超大工程（东方枢纽上海东站），又有特色工程［静安区垂直掘进（盾构）地下智慧车库新建工程］，具有业态类型全、覆盖范围广（涉及5个新城、临港新片区、小洋山北等）、单位数量多（79家）的特点。（樊　欢）

【推广绿色公路标准】 市交通委持续在全市范围推广《绿色公路技术标准》应用。在S16公路、G15嘉金段、G318公路中段等一批年内重大公路工程新开工项目中普遍运用。开展上海市绿色交通建设工程创建工作和评估工作。根据《绿色交通“十四五”发展规划》，结合全市交通建设行业实际，从“节能、节水、节材、节地、环境保护、科技创新”六个维度，开展绿色交通建设工程评估工作。（彭　鑫）

【持续推进轨道交通低碳节能发展】 市交通委深入贯彻落实党的二十大精神和党中央、国务院关于碳达峰、碳中和的重大战略决策，统筹推进上海地铁绿色发展和碳达峰碳中和行动，根据《中共中央、国务院关于完整准确全面贯彻新发展理念做好碳达峰碳中和工作的意见》《2030年前碳达峰行动方案》及上海市碳达峰碳中和系列政策文件要求，2023年上海申通地铁集团有限公司编制并发布《上海地铁服务“碳达峰、碳中和”国家战略绿色城轨行动方案》，提出“全面建成高品质轨道交通网络，成为绿色出行引领者；积极打造绿色低碳产业体系，成为绿色交通先行官”两大战略目标，以“低碳理念倡导、低碳实践引领、低碳价值共创”为行动路径，并提出了保障行动方案有效落实的6项措施，推动上海地铁向更高层次绿色低碳能级发展。同时，开展地铁碳减排核算方法、节能减排举措、绿色低碳运营相关标准等课题研究。（郑　懿）

【持续推进绿色地铁建设】 上海地铁始终坚守“安全、便捷、高效、绿色、经济”的轨道交通发展定位，坚持以满足人民群众美好出行为指引，以科学降碳为导向，以技术创新与管理赋能为手段，在规划、建设、运营和经营中积极引进、吸收和推广先进节能新理念、新能源、新技术、新工艺、新材料等。按《关于开展上海市绿色交通建设工程创建工作的通知》要求，完成崇明线绿色交通建设工程的申报，在崇明线建设中主要技术措施包括：近零碳车辆基地、灵活编组的列车运行控制示范，高效环控系统，环境智慧监测与管控，隧道、轨道、接触网等设施设备一定周期内免维护、无巡检，绿色施工，土方平衡，车辆采用碳化硅高频辅助逆变器技术、列车轻量化、变频空调技术、LED灯具节能技术。（郑　懿）

【有序推进轨道交通环保专项改造工程】 根据《上海市交通委员会关于2022年度上海轨道交通（环保专项）改造工程实施方案的批复》，上海申通地铁集团于2023年正式启动三项目环保专项改造工程，包括北翟路基地喷漆设备进行废气后处理装置改造、增加水性漆喷涂功能、更换三维工作台、配套土建改造、配套动力照明改造；赛车场基地1台位整车车体表面喷漆设备升级改造，并进行配套土建改造、配套动力照明改造；对20个车辆基地指定股道增设集尘设备，并进行相应土建改造、动力照明改造。（郑　懿）

【扎实做好全国碳市场数据质量管理】 2023年，市减污降碳中心组织全市纳入全国碳市场的电力行业重点排放单位按期完成数据质量控制计划和月度信息化存证信息填报，组织完成年度排放报告填报、核查，指导23家重点排放单位全部完成第二个履约周期配额清缴企业完成履约。组织非发电企业完成年度排放报告填报、核查。（赵　敏）

【全力推进上海市碳普惠工作专项】 2023年，市减污降碳中心完成全市碳普惠管理办法等“1＋4”政策文件编制，组织碳普惠政策解读培训，筹建碳普惠专家库，积极对接交通、能源、废弃物处置、农业等各领域方法学开发过程中的技术咨询和交流，开展低碳出行、低碳用电、光伏发电、纯电乘用车等6个方法学技术审核、专家评审工作。推进碳普惠管理运行平台功能设计和系统建设，保障全市碳普惠工作顺利运行。（赵　敏）

【积极推动减污降碳协同试点】 市减污降碳中心积极落实《上海市减污降碳协同增效实施方案》的任务要求，跟踪推进16个区级减污降碳协同增效任务清单完成情况。做好减污降碳协同工作，组织园区积极申报国家减污减碳协同创新试点，配合生态环境部环境规划院，做好跟踪推进和帮扶指导。嘉定氢能港、金山碳谷绿湾产业园、金山现代农业园区3家园区入选试点名单。（赵　敏）

【推进绿色低碳技术创新和成果转化】 2023年，市生态环境局指导推进上海绿色低碳创新服务基地建设，组织开展上海绿色低碳技术创新大赛。在上海市和福建省三明市相关部门和基地的共同推进下，获首届创新大赛一等奖的上海墨砾新材料科技有限公司和二等奖的纬景储能科技有限公司分别与三明市经济开发区、三明高新区达成合作共识，绿色低碳新项目落户三明。（何宜轩）

【推进绿色项目库建设】 2023年，市生态环境局开展绿色金融评价认证体系及绿色金融绩效评价体系相关工作。围绕上海绿色项目评价认证需求，完成绿色项目入库指引编制工作，形成包括11个大类、39个中类和144个小类的绿色项目认证分类目录和识别技术准则。目录作为绿色项目入库指引，支持上海绿色项目库智慧管理系统1.0版的开发，并启动第一轮绿色项目征集和评估。完成绿色金融绩效评价框架调研和研究。（何宜轩）

【临港新片区正式投运氢能渣土车】 汽车和氢能产业是临港地区重点发展产业，康明斯新能源动力联合陕汽集团针对上海市城市渣土车运输应用场景，开发了31吨氢能渣土车。双方联合浦东地区的渣土车运营企业参加上海市经济信息化委2022年度上海燃料电池示范项目申报，成功中标160台渣土车揭榜挂帅项目。该示范项目在5年运营期间，不仅将实现全程零污染物排放，同时预计可以实现5.28万吨二氧化碳减排，助力国家“碳达峰、碳中和”发展目标。在实现良好社会效益的同时，项目预计实现拉动超过3亿元上海燃料电池汽车产业链产值，以及超过1亿元氢气供应产值。（崔胧匀）

【基本建成绿色金融生态服务体系】 1月，上海银保监局和上海市发展改革委、市经济信息化委、市科委、市生态环境局、市住建委、市交通委、市地方金融监管局八部门，联合印发《上海银行业保险业“十四五”期间推动绿色金融发展　服务碳达峰碳中和战略的行动方案》。

方案提出，到2025年，上海银行业保险业将基本建成与碳达峰相适应的绿色金融生态服务体系，形成一批绿色金融行业标杆；绿色金融综合服务效能不断提升，预计绿色融资余额突破 1.5 万亿元，绿色保险保障金额突破 1.5 万亿元，绿色债券、绿色基金、绿色信托、绿色资管、绿色租赁等业务稳健发展；绿色金融创新能力不断提高，形成绿色金融可复制可推广的上海方案。

方案明确了八个方面三十条重点任务。包括鼓励打造不同层级、专业从事绿色金融业务的银行保险机构；支持银行保险机构在上海设立绿色金融事业部（业务中心）或绿色金融特色分支机构，实行专业团队、专用审批、专项信贷规模、专项考核等专营机制。鼓励银行保险机构加大对重点行业金融支持，支持风电光伏、储能与调峰等新基建发展，加大对新能源项目支持；支持循环产业、循环农业发展；支持创建绿色工厂和工业园区循环化绿色改造；推进绿色交通运输和基础设施建设，支持交通工具低碳智能转型；推动新材料、航空航天、海洋装备等战略性新兴产业与绿色低碳产业深度融合。

（摘自《解放日报》2023 年 1 月 10 日第 2 版）

生态环境质量

环境空气质量

【环境空气质量】 2023 年[1]，上海市环境空气质量指数（AQI）优良天数为 320 天，较 2022 年增加 2 天，AQI 优良率为 87.7%，较 2022 年上升 0.6 个百分点（扣除沙尘异常超标天后 AQI 优良率为 88.2%，同比上升 1.1 个百分点）。其中，优 132 天，良 188 天，轻度污染 41 天，中度污染 3 天，重度污染 1 天，无严重污染天数。

全年 45 个污染日中，首要污染物为臭氧的有 30 天，占 66.7%；首要污染物为细颗粒物的有 11 天，占 24.4%；首要污染物为可吸入颗粒物的有 4 天，占 8.9%。

1. 二氧化硫（SO_2）

2023 年，上海市二氧化硫年均浓度为 7 微克 / 立方米，达到国家环境空气质量一级标准，较 2022 年上升 16.7%。二氧化硫的 24 小时平均第 98 百分位数浓度值为 10 微克 / 立方米，达到国家环境空气质量一级标准，较 2022 年上升 11.1%。近 5 年的监测数据表明，上海市二氧化硫年均浓度均达到国家环境空气质量一级标准，且总体趋势平稳。全市二氧化硫浓度总体较低。

2019—2023 年上海市二氧化硫年均浓度变化趋势图

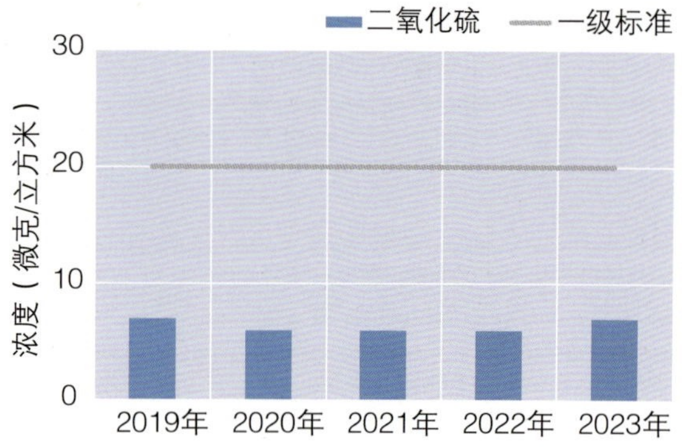

2023 年上海市二氧化硫浓度空间分布示意图

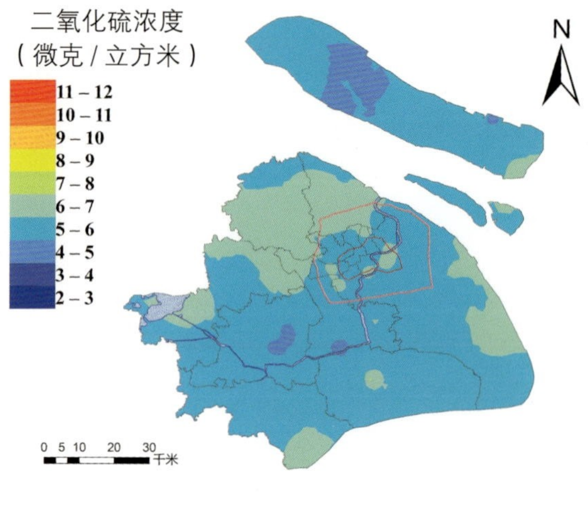

2. 二氧化氮（NO_2）

2023 年，上海市二氧化氮年均浓度为 31 微克 / 立方米，达到国家环境空气质量二级标准，较 2022 年上升 14.8%。二氧化氮的 24 小时平均第 98 百分位数浓度值为 74 微克 / 立方米，达到国家环境空气质量二级标准，较 2022 年上升 23.3%。近 5 年的监测数据表明，上海市二氧化氮年均浓度总体呈下降趋势。全市二氧化氮浓度空间分布总体呈西高东低的态势。

2019—2023 年上海市二氧化氮年均浓度变化趋势图

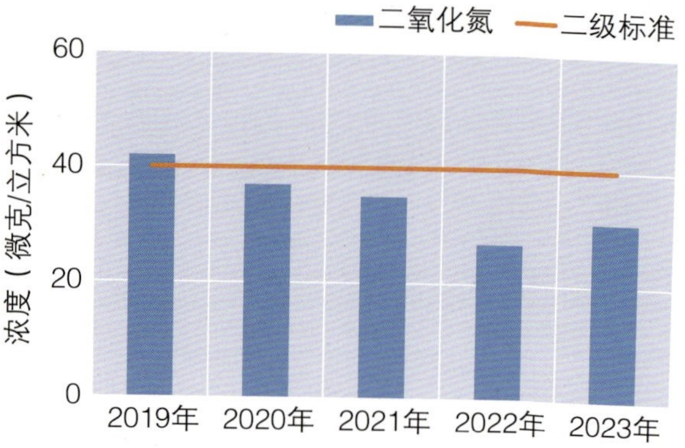

2023 年上海市二氧化氮浓度空间分布示意图

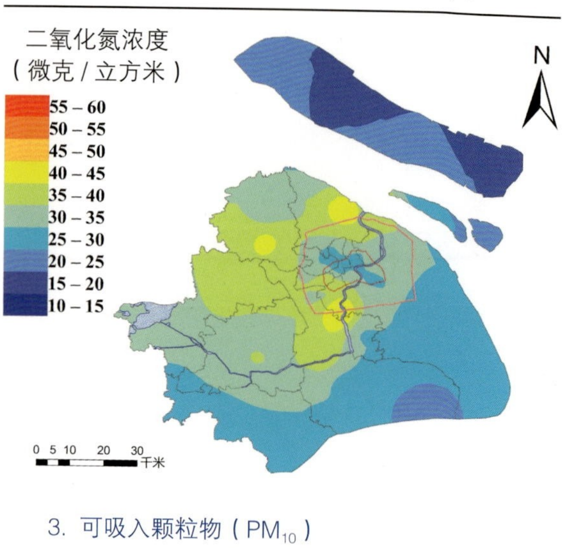

3. 可吸入颗粒物（PM_{10}）

2023 年，上海市可吸入颗粒物年均浓度为 48 微克 / 立方米，达到国家环境空气质量二级标准，较

[1] 2021 年起，环境空气质量自动监测国控点数量调整，因此 2023 年环境空气质量指数（AQI），以及 $PM_{2.5}$、PM_{10}、SO_2、NO_2、O_3、CO 等六项主要污染指标的相关数据与 2021 年和 2022 年可比，与 2020 年及历年已发布数据仅作总体趋势判断，不作绝对比较。

2022 年上升 23.1%。可吸入颗粒物的 24 小时平均第 95 百分位数浓度值为 104 微克 / 立方米，达到国家环境空气质量二级标准，较 2022 年上升 33.3%。近 5 年的监测数据表明，上海市可吸入颗粒物年均浓度均达到国家环境空气质量二级标准，且总体略有波动。全市可吸入颗粒物浓度空间分布总体呈西北高、东南低的态势。

2019—2023 年上海市可吸入颗粒物年均浓度变化趋势图

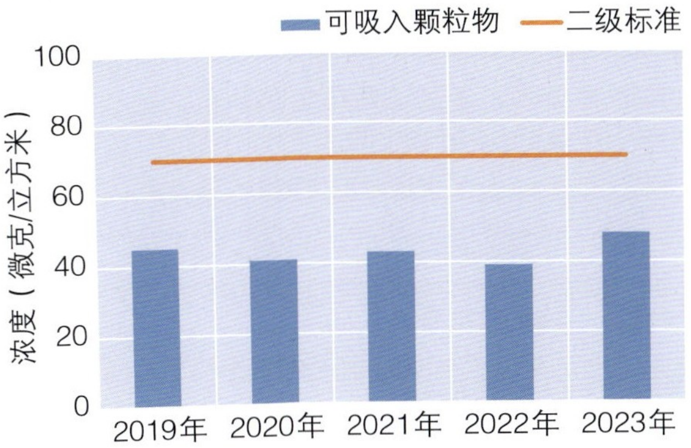

2023 年上海市可吸入颗粒物浓度空间分布示意图

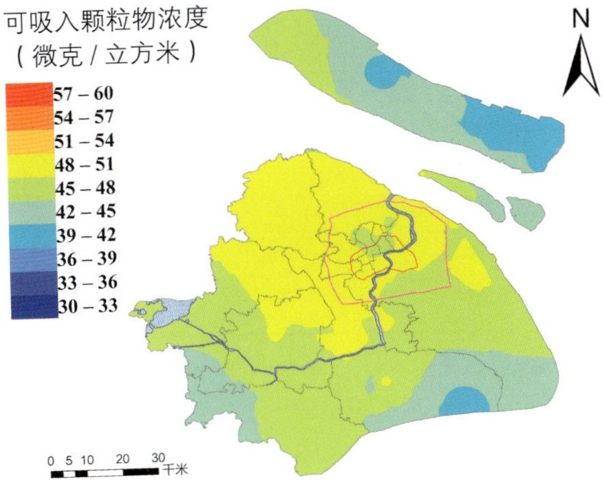

4. 细颗粒物（$PM_{2.5}$）

2023 年，上海市细颗粒物年均浓度为 28 微克 / 立方米，达到国家环境空气质量二级标准，较 2022 年上升 12.0%。细颗粒物的 24 小时平均第 95 百分位数浓度值为 67 微克 / 立方米，达到国家环境空气质量二级标准，较 2022 年上升 17.5%。按月统计，8 月平均浓度最低，为 17 微克 / 立方米；12 月平均浓度最高，为 49 微克 / 立方米。近 5 年的监测数据表明，上海市细颗粒物年均浓度均达到国家环境空气质量二级标准，且总体呈下降趋势。全市细颗粒物浓度空间分布总体呈西高东低的态势。

2019—2023 年上海市细颗粒物年均浓度变化趋势图

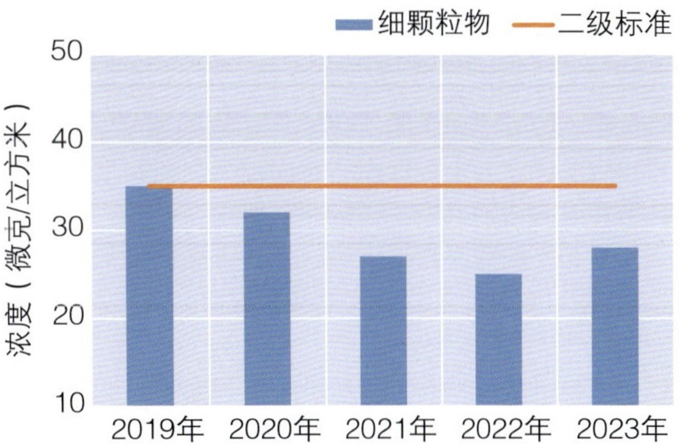

2023 年上海市细颗粒物浓度空间分布示意图

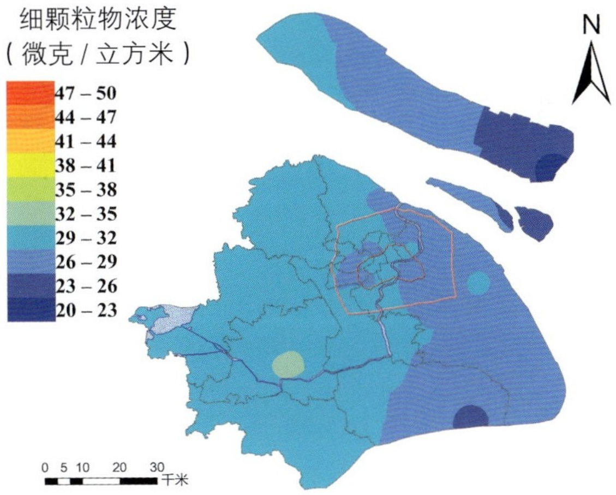

5. 一氧化碳（CO）

2023 年，上海市一氧化碳的 24 小时平均第 95 百分位数浓度值为 1.0 毫克 / 立方米，达到国家环境空气质量一级标准，较 2022 年上升 11.1%。上海市一氧化碳日均浓度全部达到国家环境空气质量一级标准。全市年均浓度为 0.7 毫克 / 立方米，与 2022 年持平。近 5 年的监测数据表明，上海市一氧化碳 24 小时平均第 95 百分位数浓度值总体相对稳定。

2019—2023 年上海市一氧化碳浓度变化趋势图

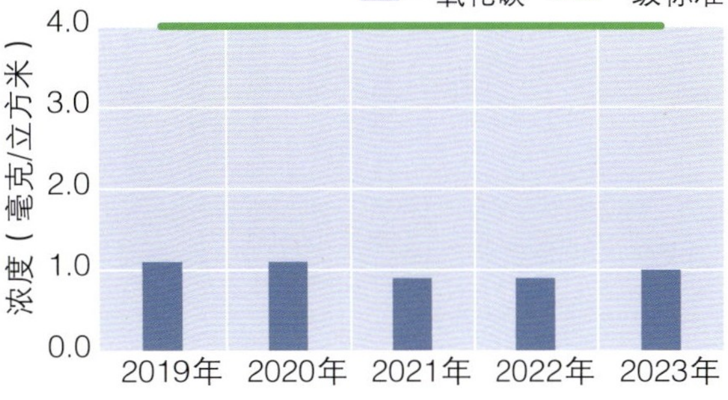

6. 臭氧（O_3）

2023 年，上海市臭氧日最大 8 小时平均第 90 百分位数浓度值为 158 微克 / 立方米，达到国家环境空气质量二级标准，较 2022 年下降 3.7%。臭氧日最大 8 小时平均值达标天数 335 天，达标率为 91.8%，较 2022 年上升 3.0 个百分点。各国控点臭氧日最大 8 小时平均值的达标率为 87.6%—94.2%。

近 5 年的监测数据表明，上海市臭氧日最大 8 小时平均第 90 百分位数浓度值有所波动。

7. 酸雨和道路扬尘

2023 年，全市降水 pH 平均值为 5.58，酸雨频率为 18.8%，较 2022 年下降 8.4 个百分点。近 5 年的监测数据表明，上海市酸雨污染总体呈改善趋势。

2023 年，全市道路扬尘移动监测平均浓度为 94 微克 / 立方米；各区道路扬尘移动监测平均浓度在 86—107 微克 / 立方米之间。

2019—2023 年上海市臭氧浓度变化趋势图

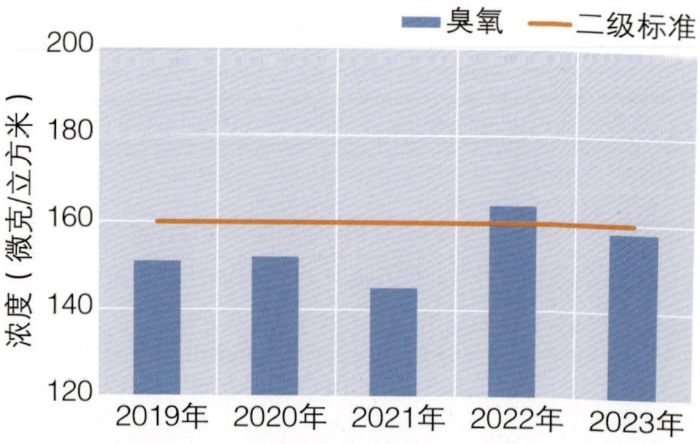

2019—2023 年上海市酸雨频率和降水 pH 值变化趋势图

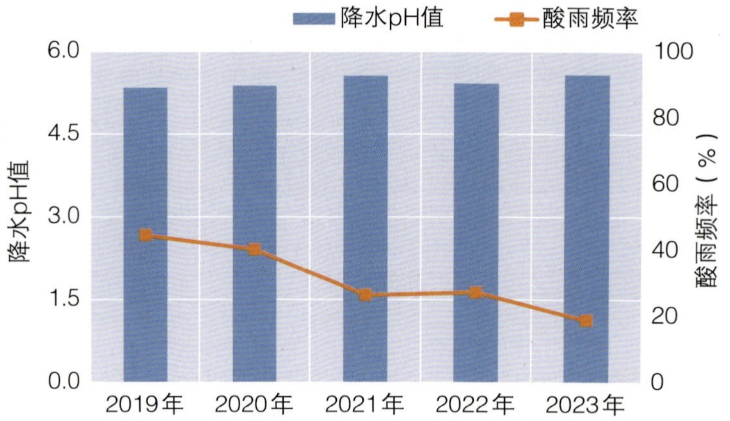

2023 年上海市各区道路扬尘浓度图

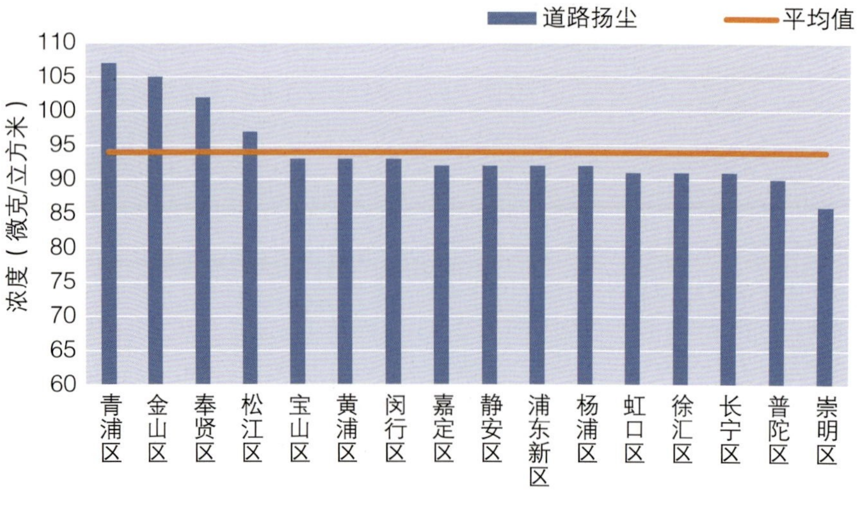

8. 各区环境空气质量指数（AQI）优良率

2023年，上海市各区环境空气质量优良率在83.6%—90.1%之间，平均优良率为86.9%。其中，虹口区的环境空气质量优良率最高，青浦区的环境空气质量优良率相对最低。虹口区、浦东新区、金山区、崇明区、奉贤区、徐汇区、黄浦区和闵行区的优良率高于各区平均优良率。

2023年上海市各区环境空气质量优良率

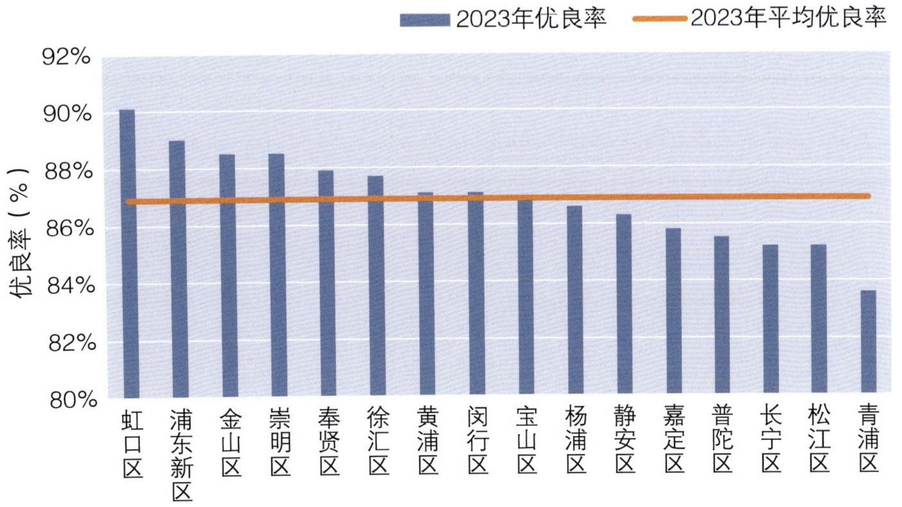

（黄嫣旻）

相关链接

【环境空气质量监测】 上海市环境空气质量监测网络所采用的方法由连续自动监测和连续采样实验室分析两部分组成。监测项目包括二氧化硫（SO_2）、二氧化氮（NO_2）、一氧化氮（NO）、可吸入颗粒物（PM_{10}）、细颗粒物（$PM_{2.5}$）、总悬浮颗粒物（TSP，包括铅）、一氧化碳（CO）、臭氧（O_3）、五项气象参数、硫酸盐化速率、氟化物、道路扬尘颗粒物等17项。其中，二氧化硫、二氧化氮、可吸入颗粒物、细颗粒物、一氧化碳和臭氧等项目为每天向公众公布环境空气质量实时数据和日报的主要项目。降水监测项目包括降水量、pH、电导率、硫酸根（SO_4^{2-}）、硝酸根（NO_3^-）、氟离子（F^-）、氯离子（Cl^-）、铵（NH_4^+）、钙离子（Ca^{2+}）、镁离子（Mg^{2+}）、钠离子（Na^+）和钾离子（K^+）共12项。

环境空气质量例行监测点分为国控点和市（区）控点。其中，环境空气质量国控点19个，市控点35个；降水国控点4个，市控点16个；总悬浮颗粒物测点21个（其中，市控点5个，区控点16个）；铅监测点19个；硫酸盐化速率和氟化物测点各36个；区域降尘监测点17个；道路扬尘颗粒物车载移动监测点位130个。

（黄嫣旻）

地表水环境质量

【地表水环境质量】 2023年[2]，全市主要河湖断面中，Ⅱ—Ⅲ类水质断面占97.8%，Ⅳ类断面占2.2%，无Ⅴ类和劣Ⅴ类水质断面。高锰酸盐指数平均值为3.6毫克/升，较2022年下降5.3%；氨氮平均浓度为0.38毫克/升，较2022年下降9.5%；总磷平均浓度为0.131毫克/升，较2022年下降5.1%。

淀山湖处于轻度富营养状态，综合营养状态指数略有上升。

2023年上海市主要河湖断面水质类别比例图

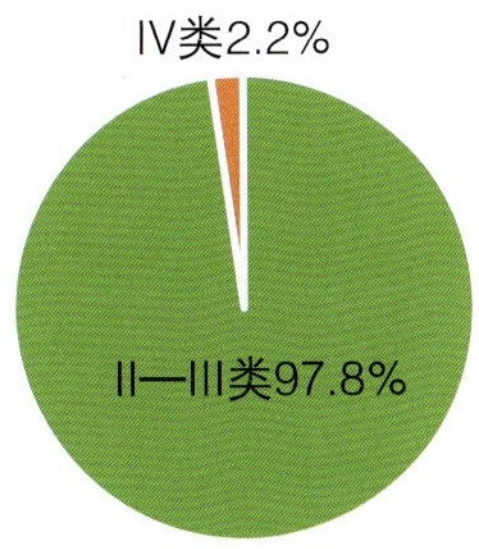

[2] 2021年起，全市主要河湖监测断面数量调整，因此2023年全市高锰酸盐指数、氨氮、总磷等主要指标的相关数据与2021年和2022年可比，与2020年及历年已发布数据仅作总体趋势判断，不作绝对比较。

主要河流水环境质量：

（1）黄浦江

黄浦江6个断面中，1个断面水质为Ⅱ类，5个断面水质为Ⅲ类。主要指标中，氨氮平均浓度下降13.0%，高锰酸盐指数平均值和总磷平均浓度分别上升5.7%和9.7%。

（2）苏州河

苏州河7个断面水质均为Ⅲ类。主要指标中，氨氮平均浓度上升5.0%，总磷平均浓度下降2.7%，高锰酸盐指数平均值基本持平。

（3）长江口

长江口7个断面中，6个断面水质为Ⅱ类，1个断面水质为Ⅲ类。主要指标中，氨氮和总磷平均浓度分别下降7.7%和4.3%，高锰酸盐指数平均值上升9.1%。

2019—2023年上海市主要河流高锰酸盐指数平均值变化趋势图

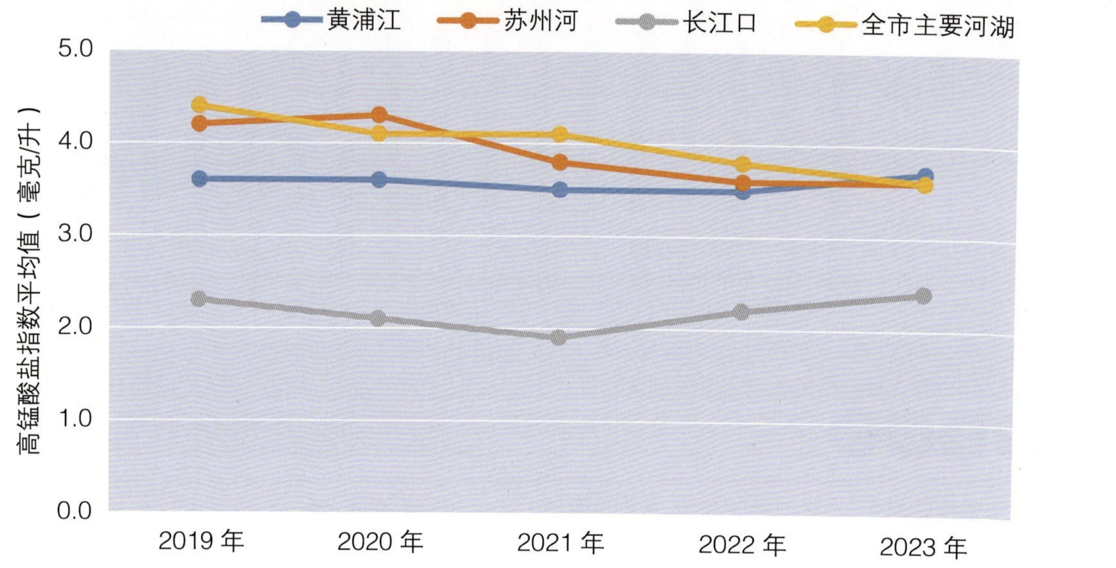

2019—2023年上海市主要河流氨氮平均浓度变化趋势图

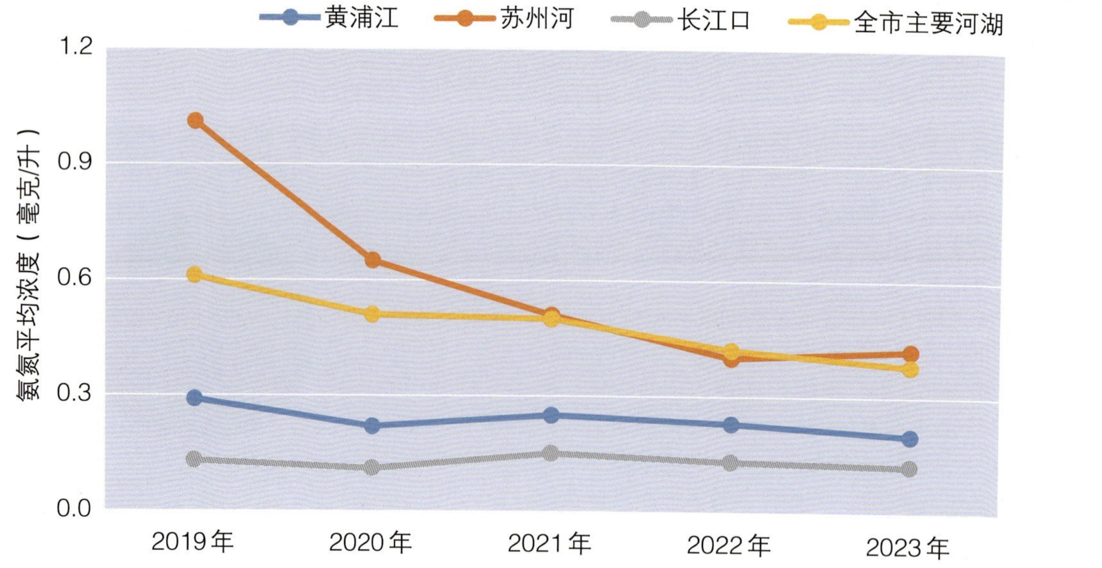

2019—2023年上海市主要河流总磷平均浓度变化趋势图

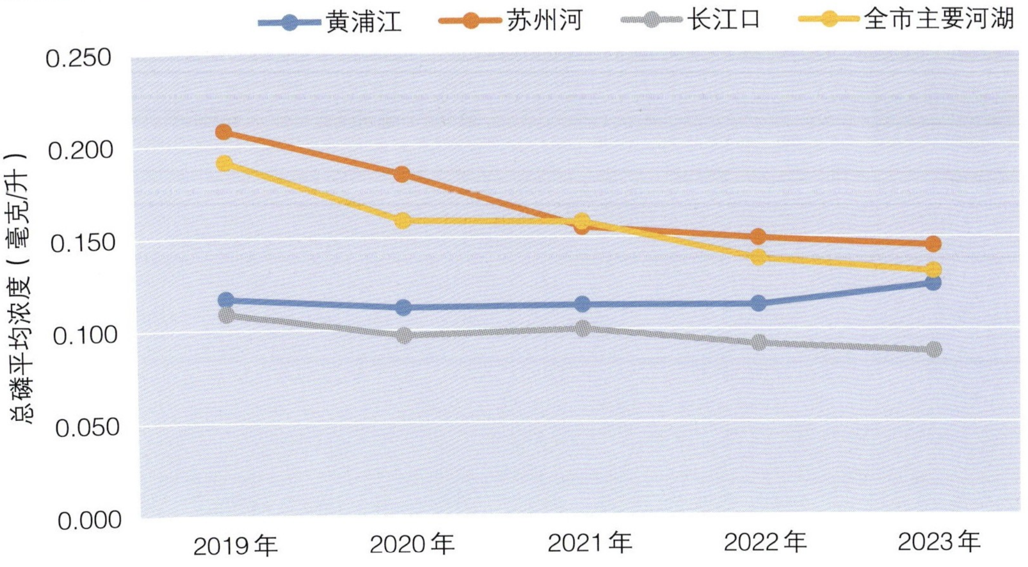

（倪志凡）

相关链接

【地表水环境质量监测】 2023年，上海市地表水环境质量监测以《水污染防治行动计划》《上海市水污染防治行动计划实施方案》、第八轮环保三年行动计划为重点，围绕国家地表水环境质量监测网（国控）、市控、市级和长江经济带等各类断面，继续加强饮用水源地、上游来水、中小河道和底泥监测，持续开展水质自动监测和运维，加强水质自动监测业务化管理，不断完善上海市水环境监测网络，为上海市地表水环境质量评估提供技术依据和技术保障。

2023年，上海市市级以上地表水常规监测断面为40个国控断面、233个市控断面及未纳入国控和市控的其他市级断面，包括黄浦江、苏州河、长江口、淀山湖、饮用水源地、省界来水等断面。

（倪志凡）

【地表水采样频率和监测项目】 根据地表水监测技术规范和不同水质特征及管理要求，2023年，40个国控断面每月监测1次；市控、市级和长江经济带断面每月监测1次；长江吴淞口和竹园2个断面分别在枯、丰、平个水期各监测1次。

上海市地表水水质常规监测项目共24个〔《地表水环境质量标准》（GB 3838-2002）表1〕，其中重点监测项目11个，其中包括：水温、pH值、溶解氧、高锰酸盐指数、化学需氧量、五日生化需氧量、氨氮、挥发酚、石油类、总磷和总氮，淀山湖的必测项目还包括透明度和叶绿素a；一般监测项目13个，其中包括：氟化物、硒、氰化物、砷、汞、铜、六价铬、镉、铅、锌、硫化物、阴离子表面活性剂（LAS）和粪大肠菌群。其他必测项目2项：电导率和浊度。部分断面增测硫酸盐、氯化物、硝酸盐氮、铁、锰、透明度、叶绿素a、亚硝酸盐氮、盐度、硅酸盐等。

上海市主要水体水生生物监测的范围主要包括长江口、黄浦江、苏州河、淀山湖、滴水湖等。监测项目包括浮游植物、浮游动物、底栖动物、着生藻类、着生动物等。

（倪志凡、王　琰）

【太湖流域水质】

1. 太湖水质与营养状态

（1）水质状况

2023年，太湖年度水质类别为Ⅳ类，主要水质指标年均浓度高锰酸盐指数为Ⅱ类、氨氮为Ⅰ类、总磷为Ⅳ类、总氮为Ⅳ类。

2007—2023年太湖水质指标变化情况表

年度	高锰酸盐指数	氨氮	总磷	总氮
	单位：毫克/升			
2007年	5.10（Ⅲ）	0.39（Ⅱ）	0.074（Ⅳ）	2.35（劣Ⅴ）
2011年	4.25（Ⅲ）	0.22（Ⅱ）	0.066（Ⅳ）	2.04（劣Ⅴ）
2012年	4.34（Ⅲ）	0.18（Ⅱ）	0.071（Ⅳ）	1.97（Ⅴ）
2013年	4.83（Ⅲ）	0.15（Ⅰ）	0.078（Ⅳ）	1.97（Ⅴ）
2014年	4.25（Ⅲ）	0.16（Ⅱ）	0.069（Ⅳ）	1.85（Ⅴ）
2015年	4.28（Ⅲ）	0.15（Ⅰ）	0.082（Ⅳ）	1.85（Ⅴ）
2016年	4.55（Ⅲ）	0.11（Ⅰ）	0.084（Ⅳ）	1.96（Ⅴ）
2017年	4.60（Ⅲ）	0.11（Ⅰ）	0.083（Ⅳ）	1.60（Ⅴ）
2018年	4.27（Ⅲ）	0.11（Ⅰ）	0.079（Ⅳ）	1.55（Ⅴ）
2019年	4.48（Ⅲ）	0.08（Ⅰ）	0.087（Ⅳ）	1.49（Ⅳ）
2020年	4.24（Ⅲ）	0.08（Ⅰ）	0.073（Ⅳ）	1.45（Ⅳ）
2021年	3.98（Ⅱ）	0.07（Ⅰ）	0.074（Ⅳ）	1.18（Ⅳ）
2022年	4.01（Ⅲ）	0.07（Ⅰ）	0.069（Ⅳ）	1.22（Ⅳ）
2023年	3.27（Ⅱ）	0.05（Ⅰ）	0.054（Ⅳ）	1.17（Ⅳ）

（2）各湖区水质

2023年，太湖各湖区中，竺山湖年度水质类别为劣Ⅴ类，东太湖和东部沿岸区为Ⅲ类，其他湖区为Ⅳ类。各湖区定类指标为总氮和总磷。

（3）营养状态

太湖营养状态评价依据《地表水资源质量评价技术规程》(SL 395-2007)，评价指标为高锰酸盐指数、总磷、总氮、叶绿素a、透明度五项。2023年，太湖营养状态指数为58.2，为轻度富营养。与2022年相比，五里湖、东太湖、湖心区和南部沿岸区由中度富营养转为轻度富营养，其他湖区保持不变。

（白雪冰）

2010—2023年太湖营养状态指数表

年度	2010年	2011年	2012年	2013年	2014年	2015年	2016年	2017年	2018年	2019年	2020年	2021年	2022年	2023年
营养状态指数	61.5	60.8	61.0	62.1	61.5	61.0	62.3	61.6	60.3	61.7	60.4	60.3	60.7	58.2

（马莎莎）

2. 太湖主要入湖河流水质

2023 年，22 条主要入湖河流控制断面中，达到或优于Ⅲ类标准的有 21 个，占比为 95.5%；Ⅳ类 1 个，占比为 4.5%。与 2022 年相比，达到或优于Ⅲ类标准的断面数量增加 4 个。

3. 省界河流水质

2023 年，太湖流域 34 个省界河流断面，达到或优于Ⅲ类标准的有 33 个，占比为 97.1%，较 2022 年上升 17.7 个百分点。（白雪冰、马莎莎）

海洋环境质量

【海洋环境质量】 2023 年，依据《海水水质标准》（GB 3097-1997）进行评价，上海市海域海水水质有所下降，符合海水水质标准第一类和第二类的面积[3]占 14.4%，符合第三类和第四类的面积占 13.5%，劣于第四类的面积占 72.1%。主要指标中，化学需氧量平均浓度为 1.55 毫克 / 升，无机氮平均浓度为 0.866 毫克 / 升，活性磷酸盐平均浓度为 0.0323 毫克 / 升。主要污染指标为无机氮和活性磷酸盐。

依据《海洋沉积物质量》（GB 18668-2002）和《海水、海洋沉积物和海洋生物质量评价技术规范》（HJ 1300-2023）进行评价，2023 年上海市海域所有站位沉积物中有机碳、硫化物、石油类、汞、镉、铅、砷、铜、铬、锌、滴滴涕和多氯联苯共 12 项指标均符合第一类海洋沉积物标准，沉积物质量综合评价为优。海洋倾倒区内、外沉积物质量状况无明显差异，符合海洋功能区对沉积物质量的要求。

依据《近岸海域海洋生物多样性评价技术指南》（HY/T 215-2017）进行评价，2023 年上海市近岸海域海洋生物物种较少，物种分布较不均匀，生物多样性总体水平一般，指标变化趋势评价级别为无明显变化。长江口生态监控区生态系统处于亚健康状态。

相关链接

【海洋环境质量监测】 根据《2023 年全国海洋生态环境监测工作实施方案》和生态环境部统一部署，上海市“十四五”期间海洋生态环境质量国控点位 61 个，其中 47 个点位为上海市近岸海域海水水质国考点位。水质评价方法为海域污染面积比例法。

海水水质全年开展三期监测，其中春季（4—5 月）和秋季（10—11 月）开展海水常规必测 20 个项目监测，具体指标为：盐度、pH、溶解氧、化学需氧量、活性磷酸盐、亚硝酸盐氮、硝酸盐氮、氨氮、石油类、叶绿素 a、悬浮物质、总氮、总磷、重金属（铜、锌、总铬、汞、镉、铅、砷）。夏季（7—8 月）开展全要素监测，指标按照《海水水质标准》（GB 3097-1997）中全指标进行监测（放射性核素、病原体除外）。

海洋沉积物全年开展一期监测，监测点位 48 个，监测时间为夏季（7—8 月），监测指标包括：总汞、铜、铅、镉、锌、铬、砷、石油类、硫化物、有机碳、滴滴涕（含单体）、多氯联苯（含单体）、pH 值、Eh 和粒度。（韩瑞康）

[3] 2021 年起，海水水质评价方法发生调整，因此 2023 年总体及各海域海水水质的类别占比情况与 2021 年和 2022 年可比，与 2020 年及历年已发布数据仅作总体趋势判断，不作绝对比较。

声环境质量

【声环境质量】

2023 年，根据《环境噪声监测技术规范　城市声环境常规监测》（HJ 640-2012）的评价，上海市区域环境噪声有所上升，道路交通噪声有所改善。

1. 区域环境噪声

2023 年，上海市区域环境噪声昼间时段的平均等效声级为 54.5 dB（A），较 2022 年上升 1.1 dB（A）；夜间时段的平均等效声级为 48.0dB（A），较 2022 年上升 1.2 dB（A）。昼间时段有 93.6% 的测点

2023 年上海市昼间时段区域环境噪声等级分布图

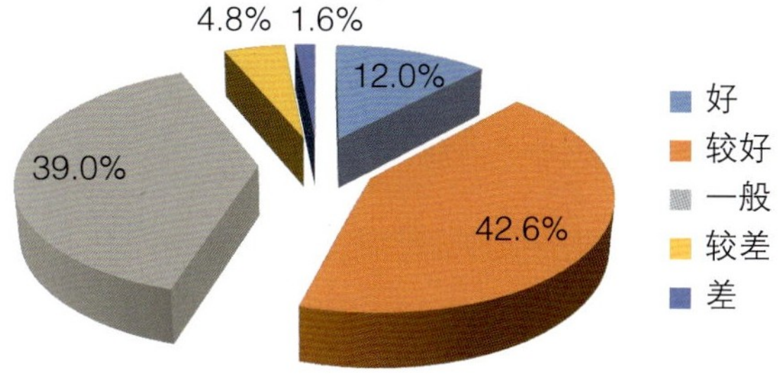

2023 年上海市夜间时段区域环境噪声等级分布图

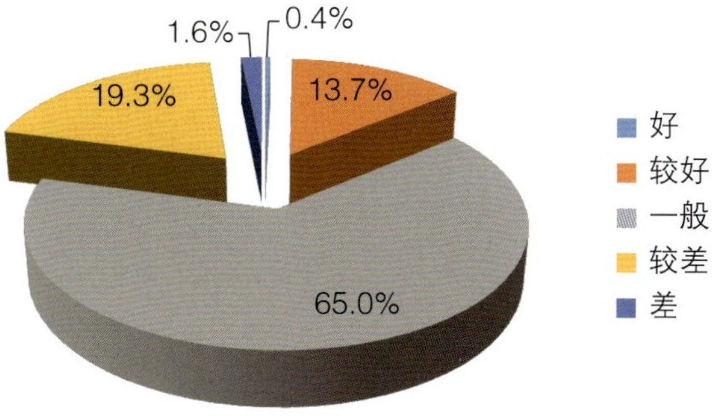

达到好、较好和一般水平，夜间时段有 79.1% 的测点达到好、较好和一般水平。

近 5 年的监测数据表明，上海市区域环境噪声昼间时段和夜间时段均有所波动。

2019—2023 年上海市区域环境噪声变化趋势图

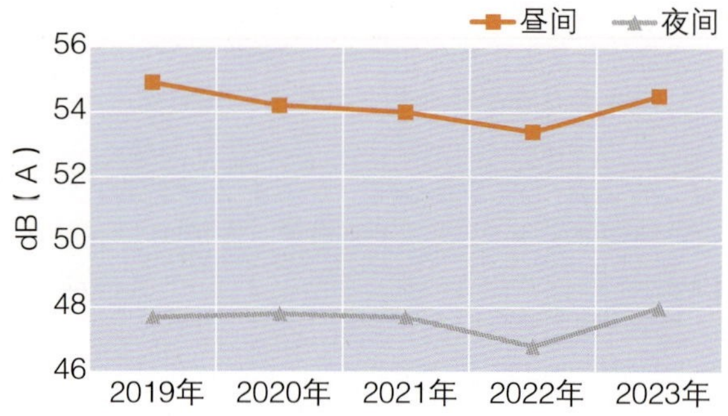

2. 道路交通噪声

2023 年，上海市道路交通噪声昼间时段的平均等效声级为 68.4 dB（A），较上年上升 0.1 dB（A）；夜间时段的平均等效声级为 62.3 dB（A），较上年下降 1.2 dB（A）。昼间时段评价为好、较好和一般水平的路段占监测总路长的 91.1%，夜间时段评价为好、较好和一般水平的路段占监测总路长的 38.7%。

2023 年上海市昼间时段道路交通噪声等级分布图

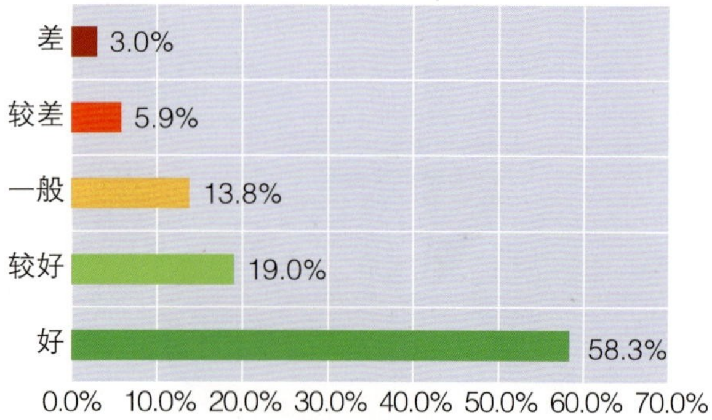

2023 年上海市夜间时段道路交通噪声等级分布图

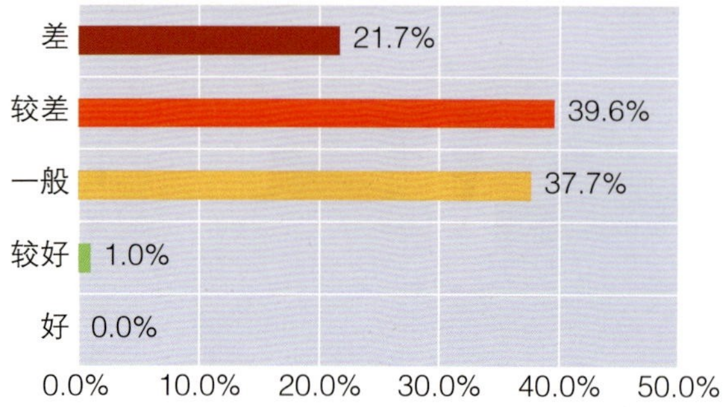

近 5 年的监测数据表明，上海市道路交通噪声昼间时段总体稳定，夜间时段总体呈下降趋势。

2019—2023 年上海市道路交通噪声变化趋势图

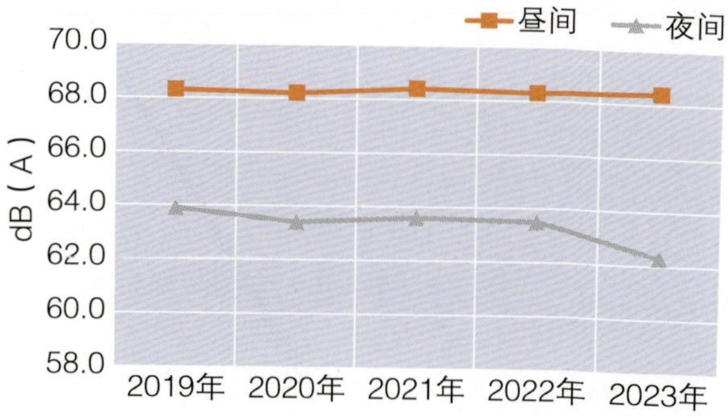

（黄嫣旻）

相关链接

【声环境质量监测】 2023 年，上海市声环境质量监测工作以区域环境噪声、道路交通噪声和功能区环境噪声监测为主。依据《环境噪声监测技术规范　城市声环境常规监测》（HJ 640-2012）的要求，全市共设区域环境噪声监测点 249 个，道路交通噪声监测点 194 个，功能区噪声监测点 52 个。其中，一类功能区 9 个，二类功能区 17 个，三类功能区 15 个，四类功能区 11 个。

各类噪声监测点均按昼间和夜间 2 个监测时段进行监测和统计。（黄嫣旻）

辐射环境质量

【电磁辐射环境质量】

一、电磁环境背景水平

2023 年对全市 10 个监测点［上海动物园、世纪公园、长风公园、共青森林公园、人民公园、奉贤博物馆、嘉定图书馆、青浦工业区、人民广场（商业区）及中远两湾城］的电磁环境水平进行了监测，监测因子包括综合电场强度、工频电场强度和工频磁感应强度，监测结果见下表。

二、电磁辐射设施周围环境中电磁辐射水平

1. 电视调频广播发射塔

2023 年对东方明珠广播电视塔和教育电视台周围环境中的综合电场强度进行了监测，监测结果见下表。

电磁环境背景水平监测结果表

地点	工频（50 Hz）		综合（0.1—3000 MHz）
	电场强度（V/m）	磁感应强度（μT）	电场强度（V/m）
共青森林公园 *	0.689	0.0314	< 0.20
长风公园	0.334	0.0106	0.24
上海动物园	0.293	0.1416	0.59
世纪公园 *	0.169	0.0112	0.64
人民公园	0.148	0.0275	0.53
奉贤博物馆	0.206	0.0119	0.41
嘉定图书馆	0.164	0.0115	0.36
人民广场（商业区）	0.288	0.0491	1.57
青浦工业区	0.326	0.0114	1.22
中远两湾城	0.183	0.1146	< 0.20

注：加 * 为国控点点位。

监测结果表明，与历年监测结果相比，上海市电磁环境背景水平无明显变化。

电视调频广播发射塔周围电磁环境监测结果表

电视塔	测量频段（MHz）	监测范围	电场强度（V/m）
东方明珠广播电视塔	0.1—3000	发射塔一侧 200—1000 m 范围内	1.22—3.49
教育电视台	0.1—3000	大连路 1548 号	1.00—5.77

监测结果表明，东方明珠广播电视塔和教育电视台周围环境中的综合电场强度与历年相比无明显变化，低于中国国家标准《电磁环境控制限值》（GB 8702-2014）中相应频段（30—3000 MHz）规定的电场强度公众曝露控制限值 12 V/m。

2. 中波广播发射塔

2023 年对唐家塔和题桥塔周围环境中的电场强度和磁场强度进行了监测，监测结果见下表。

中波广播发射塔周围电磁环境监测结果表

中波广播发射塔	测量频率（MHz）	监测范围	电场强度（V/m）	磁场强度（A/m）
唐家塔	0.99	源泉路 118 弄	0.010—0.011	0.0004
题桥塔	0.99	发射塔一侧 200—300 m 范围	1.356—2.652	0.0070

监测结果表明，上述 2 个发射塔周围环境中的 0.99 MHz 频率的电场强度和磁场强度均低于中国国家标准《电磁环境控制限值》(GB 8702-2014）中对应频段（0.1—3 MHz）规定的电场强度公众曝露控制限值 40 V/m，磁场强度低于中国国家标准《电磁环境控制限值》(GB 8702-2014）中对应频段（0.1—3 MHz）规定的磁场强度公众曝露控制限值 0.1 A/m。

3. 莘庄卫星地球站

2023 年对莘庄卫星地球站周围环境中的综合电场强度进行了监测，监测结果见下表。

莘庄卫星地球站周围电磁环境监测结果表

卫星地球站	测量频段	监测范围	电场强度（V/m）
莘庄卫星地球站	3 MHz—18 GHz	天线一侧 50—100 m 范围内	0.63—1.83

监测结果表明，莘庄卫星地球站（发射频率 5—6 GHz）周围环境综合电场强度与历年相比无明显变化。

4. 浦东国际机场雷达站

2023 年对浦东国际机场雷达站周围环境中的综合电场强度进行了监测，监测结果见下表。

浦东国际机场雷达站周围电磁环境监测结果表

雷达站	测量频段	监测范围	电场强度（V/m）
浦东国际机场雷达站	3 MHz—18 GHz	机场大道安航路口	0.72

监测结果表明，浦东国际机场雷达站（工作频率 9.17—9.44 GHz）周围环境综合电场强度与历年相比无明显变化。

5. 超高压变电站

2023 年对 220 kV 瑞金变电站、500 kV 顾路变电站、500 kV 静安变电站和 500 kV 三林变电站周围环境中的工频电场强度及工频磁感应强度进行了监测，监测结果见下表。

超高压变电站周围电磁环境监测结果表

超高压变电站	监测范围	监测项目	测值范围
220 kV 瑞金变电站	围墙外 5—10 m	工频电场强度（V/m）	2.272—9.753
		工频磁感应强度（μT）	0.2522—0.4905
500 kV 顾路变电站	围墙外 5—25 m	工频电场强度（V/m）	623—2183
		工频磁感应强度（μT）	0.3462—0.5847
500 kV 静安变电站	变电站上方地面周围环境	工频电场强度（V/m）	0.139—0.688
		工频磁感应强度（μT）	0.0177—0.1104
500 kV 三林变电站	围墙外 5—25 m	工频电场强度（V/m）	421.6—526.2
		工频磁感应强度（μT）	0.6653—0.8445

监测结果表明，220 kV 瑞金变电站、500 kV 顾路变电站、500 kV 三林变电站周围环境和 500 kV 静安变电站上方地面周围环境中工频电场强度低于中国国家标准《电磁环境控制限值》(GB 8702-2014）中相应频段（50 Hz）规定的电场强度公众曝露控制限值 4000 V/m，工频磁感应强度低于中国国家标准《电磁环境控制限值》(GB 8702-2014）中相应频段（50 Hz）规定的磁感应强度公众曝露控制限值 100 μT。

6. 超高压输电线

2023 年对 220 kV 新龙华出线（春申塘沿线）和 500 kV 汾林 5902 线周围环境中的工频电场强度及工频磁感应强度进行了监测，监测结果见下表。

超高压输电线周围电磁环境监测结果表

超高压输电线	监测范围	监测项目	测值范围
220 kV 新龙华线（春申塘出线）	线下 20 m 内	工频电场强度（V/m）	60—1473
		工频磁感应强度（μT）	1.819—2.425
500 kV 汾林 5902 线	线下 30 m 内	工频电场强度（V/m）	200.9—920.1
		工频磁感应强度（μT）	0.4352—0.6436

监测结果表明，上述输电线路周围环境中工频电场强度低于中国国家标准《电磁环境控制限值》(GB 8702-2014）中相应频段（50 Hz）规定的电场强度公众曝露控制限值 4000 V/m，工频磁感应强度低于中国国家标准《电磁环境控制限值》(GB 8702-2014）中相应频段（50 Hz）规定的磁感应强度公众曝露控制限值 100 μT。

7. 磁浮列车示范线

2023 年对磁浮列车示范线龙阳路车站月台处工频电场强度、工频磁感应强度及综合电场强度进行了监测，监测结果见下表。

磁浮列车周围电磁环境监测结果表

地点		工频（50 Hz）		综合（0.1—3000 MHz）
		电场强度（V/m）	磁感应强度（μT）	电场强度（V/m）
龙阳路车站月台，距轨道 3 米处	无车时	0.175	0.0143	0.83
	有车时	0.212	3.671	1.79

监测结果表明，磁浮列车线路在有车和无车时，其周围环境中的工频电场强度低于中国国家标准《电磁环境控制限值》(GB 8702-2014）中相应频段（50 Hz）规定的电场强度公众曝露控制限值 4000 V/m，工频磁感应强度低于中国国家标准《电磁环境控制限值》(GB 8702-2014）中相应频段（50 Hz）规定的磁感应强度公众曝露控制限值 100 μT；综合电场强度低于中国国家标准《电磁环境控制限值》(GB 8702-2014）中相应测量频段（0.1—3000 MHz）规定的电场强度公众曝露控制限值的最小值 12 V/m。

8. 电气化铁路

2023 年对电气化铁路周围环境中的工频电场强度、工频磁感应强度及综合电场强度进行了监测，监测结果见下表。

电气化铁路周围电磁环境监测结果表

地点	工频（50 Hz）		综合（0.1—3000 MHz）
	电场强度（V/m）	磁感应强度（μT）	电场强度（V/m）
华池路 58 弄上海新体育广场内，距北墙约 5 米	9.564	0.3025	0.28

监测结果表明，上海市电气化铁路线路周围环境中的工频电场强度低于中国国家标准《电磁环境控制限值》（GB 8702-2014）中相应频段（50 Hz）规定的电场强度公众曝露控制限值 4000 V/m，工频磁感应强度低于中国国家标准《电磁环境控制限值》（GB 8702-2014）中相应频段（50 Hz）规定的磁感应强度公众曝露控制限值 100 μT；综合电场强度低于中国国家标准《电磁环境控制限值》（GB 8702-2014）中相应测量频段（0.1—3000 MHz）规定的电场强度公众曝露控制限值的最小值 12 V/m。

9. 轨道交通

2023 年对轨道交通周围环境中的工频电场强度、工频磁感应强度及综合电场强度进行了监测，监测结果见下表。

轨道交通周围电磁环境监测结果

地点	工频（50 Hz）		综合（0.1—3000 MHz）
	电场强度（V/m）	磁感应强度（μT）	电场强度（V/m）
轨道交通三号线（中潭路站、镇坪路站之间）	0.247	0.0376	1.36

监测结果表明，上海市轨道交通周围环境中的工频电场强度低于中国国家标准《电磁环境控制限值》（GB 8702-2014）中相应频段（50 Hz）规定的电场强度公众曝露控制限值 4000 V/m，工频磁感应强度低于中国国家标准《电磁环境控制限值》（GB 8702-2014）中相应频段（50 Hz）规定的磁感应强度公众曝露控制限值 100 μT；综合电场强度低于中国国家标准《电磁环境控制限值》（GB 8702-2014）中相应测量频段（0.1—3000 MHz）规定的电场强度公众曝露控制限值的最小值 12 V/m。（温如春、李　辉）

【电离辐射环境质量监测】

1. γ 辐射空气吸收剂量率

在上海市辐射环境安全技术中心、浦东新区临港站、金山区生态环境局及崇明区汲浜现代农业园区环境监测站设置了 4 个 γ 辐射空气吸收剂量率自动在线监测点，2023 年度的监测结果见下表。

γ 辐射空气吸收剂量率连续监测结果（未扣除宇宙射线响应值）

地点	γ辐射空气吸收剂量率（nGy/h）	
	测值范围	平均值
浦东新区临港站	66.1—74.6	70.4
上海市辐射环境安全技术中心	65.5—73.4	67.5
崇明区汲浜现代农业园区环境监测站	80.6—84.2	81.8
金山区生态环境局	71.1—73.5	71.8

在共青森林公园、上海动物园、世纪公园、长风公园、大宁灵石公园、东平国家森林公园、报国寺和人民公园共设置了 8 个 γ 辐射空气吸收剂量率及 γ 辐射累积剂量监测点。其中大宁灵石公园、东平国家森林公园、报国寺和人民公园为国控点。监测结果见下表。

γ 辐射空气吸收剂量率（瞬时）及 γ 辐射累积剂量

点位	γ辐射空气吸收剂量率（瞬时）（nGy/h）		γ辐射累积剂量小时平均测量结果（nGy/h）	
	测值范围	平均值	测值范围	平均值
长风公园	69.8—76.4	73.5	64.0—90.9	78.1
上海动物园	69.5—81.9	72.1	62.1—85.2	75.3
世纪公园	72.9—82.5	76.6	62.6—89.6	79.3
共青森林公园	71.9—86.0	76.3	58.0—84.0	73.6
东平国家森林公园	—	—	68.2—86.6	75.1
大宁灵石公园	—	—	68.1—83.8	75.3
人民公园	—	—	70.9—86.6	79.3
报国寺	—	—	79.7—94.7	86.4

注：γ 辐射空气吸收剂量率未扣除测量仪器的宇宙射线响应。

监测结果表明，2023 年度本市环境 γ 辐射空气吸收剂量率与历年相比无显著变化，处于正常环境水平。

2. 大气中的放射性水平

2023 年度大气监测点设在上海市辐射环境安全技术中心和浦东新区临港。本年度大气中放射性水平监测结果见下表。

大气中的放射性水平

监测项目		地点	范围	平均值
气溶胶	^{137}Cs 活度浓度（mBq/m^3）	上海市辐射环境安全技术中心	（<0.11—1.7）×10^{-3}	2.6×10^{-4}
沉降物	总 α 放射性活度浓度（Bq/m^2·d）	浦东新区临港	0.0834—0.572	0.388
	总 β 放射性活度浓度（Bq/m^2·d）		0.167—1.12	0.718
	^{137}Cs 活度浓度（Bq/m^2·d）	上海市辐射环境安全技术中心	<1.8×10^{-4}	—
降水中氚活度浓度（Bq/L）		上海市辐射环境安全技术中心	<1.2	—
		浦东新区临港	<1.1	—
空气中氚活度浓度（mBq/m^3）		上海市辐射环境安全技术中心	<9.6	—
		浦东新区临港	<27	—

监测结果表明，2023年度上海市大气中放射性水平与历年相比无显著变化，属于正常环境水平。

3. 水体中的放射性水平

2023年度上海市地表水监测点设在黄浦江、青草沙水库、陈行水库、淀山湖、金泽水库和东风西沙水库；海水监测点设在金山区杭州湾近岸和东海南汇嘴；地下水监测点设在静安寺。

监测项目为总α、总β、总U、总Th、^{226}Ra、^{40}K、^{137}Cs、^{90}Sr和^{3}H。监测结果见下表。

水体中放射性水平

水体名称		U（μg/L）	Th（μg/L）	^{226}Ra（mBq/L）	^{40}K（mBq/L）	总α（Bq/L）	总β（Bq/L）	^{90}Sr（mBq/L）	^{137}Cs（mBq/L）	^{3}H（Bq/L）
黄浦江水	测值范围	0.28—0.93	0.154—0.601	6.72—8.36	227—237	0.015—0.050	0.234—0.253	3.6—6.0	<0.067	—
	平均值	0.61	0.378	7.54	232	0.032	0.244	4.8	—	—
淀山湖水	测值范围	0.57—1.18	0.147—0.173	3.73—6.15	184—199	0.019	0.200—0.223	2.7—3.0	<0.063	—
	平均值	0.88	0.160	4.94	192	0.019	0.212	2.8	—	—
青草沙水库水	测值范围	—	—	—	92.6—149	0.019—0.030	0.105—0.177	1.48—1.49	<0.066	<1.1
	平均值	—	—	—	121	0.0024	0.141	1.48	—	—
陈行水库水	测值范围	—	—	—	98.9—147	0.017—0.029	0.139—0.158	2.6	<0.065	<1.1
	平均值	—	—	—	123	0.023	0.148	2.6	—	—
东风西沙水库水	测值范围	—	—	—	101—122	0.019—0.023	0.0999—0.137	1.02—1.16	<0.192	<1.1
	平均值	—	—	—	112	0.021	0.118	1.09	—	—
金泽水库水	测值范围	—	—	—	179—193	0.015—0.024	0.201—0.206	1.9—2.7	<0.190	<1.1
	平均值	—	—	—	186	0.020	0.204	2.3		
静安寺地下水	平均值	0.076	0.135	10.2	67.2	0.033	0.0977	—	—	—
杭州湾海水	平均值	—	—	—	—	—	—	1.2	—	1.36
东海南汇嘴海水	平均值	—	—	—	—	—	—	0.91	—	0.53

监测结果表明，上海市各水体中放射性核素活度浓度与历年相比无显著变化，处于正常水平。

4. 土壤中的放射性水平

在青浦（报国寺）、崇明（东平国家森林公园）、静安（闸北公园）和黄浦（人民公园）共设了4个土壤监测点。监测项目为^{238}U、^{232}Th、^{226}Ra、^{40}K和^{137}Cs，监测结果见下表。

土壤中放射性核素比活度

点位名称	放射性核素比活度（Bq/kg · 干重）				
	^{238}U	^{232}Th	^{226}Ra	^{40}K	^{137}Cs
青浦	46	55	34	5.1×10^2	<0.5
崇明	<32	56	31	6.4×10^2	1.3
静安	<30	53	37	5.6×10^2	<0.7
黄浦	24	42	25	5.2×10^2	0.5

监测结果表明，上海市各区土壤中放射性核素比活度与往年相比无明显变化，处于正常水平。

5. 生物中的放射性水平

2023年在东海设置了1个生物监测点，监测项目为^{90}Sr的比活度，监测结果见下表。

生物中放射性核素比活度

点位	放射性核素比活度（Bq/kg · 鲜）
	^{90}Sr
东海	0.077

监测结果表明，2023年度上海市生物中放射性核素比活度与往年相比无明显变化，处于正常水平。

（曹　娟）

【辐射环境监测】

2023年，上海市辐射环境质量监测根据《全国辐射环境监测方案（2023版）》（环辐监〔2023〕3号）、《2023年度上海市生态环境监测工作计划》（沪环监测〔2023〕21号）和《辐射环境监测技术规范》（HJ 61-2021）要求进行，监测对象覆盖空气、气溶胶、沉降物、水、生物及土壤，监测项目包括γ辐射空气吸收剂量率、γ辐射累积剂量、^{3}H、^{90}Sr、总α、总β、总U、总Th、^{226}Ra、^{40}K、^{137}Cs、^{232}Th、^{238}U、综合电场强度、工频电场强度及工频磁感应强度。

具体监测方案见下表。

2023年上海市辐射环境质量监测方案情况表

环境要素	监测对象	项目或核素	点位数（个）	监测频次	分析测试方法	仪器名称
环境质量监测	空气	γ辐射空气吸收剂量率（连续）	4	连续	《环境γ辐射剂量率测量技术规范》（HJ 1157-2021）	高压电离室
		γ辐射空气吸收剂量率（瞬时）	4	1次/季度	《环境γ辐射剂量率测量技术规范》（HJ 1157-2021）	高压电离室
		γ辐射累积剂量	8	1次/季度	《个人和环境监测用热释光剂量测量系统》（GB 10264-2014）	热释光剂量仪

续表

环境要素	监测对象	项目或核素	点位数（个）	监测频次	分析测试方法	仪器名称
环境质量监测	水汽	^{3}H	2	1—4 次 / 年	《水中氚的分析方法》(HJ 1126-2020)	液体闪烁计数器
	气溶胶	γ 核素	1	1 次 / 月	《环境空气气溶胶中 γ 放射性核素的测定　滤膜压片 /γ 能谱法》(HJ 1149-2020)	高纯锗 γ 能谱仪
	沉降物	总 α、总 β	1	1 次 / 季度	参照《水质总 α 放射性的测定厚源法》(HJ 898-2017) 参照《水质总 β 放射性的测定厚源法》(HJ 899-2017)	超低水平 α/β 计数器
		γ 核素	1	1 次 / 年	《高纯锗 γ 能谱分析通用方法》(GB/T 11713-2015)	高纯锗 γ 能谱仪
	降水	^{3}H	2	1—4 次 / 年	《水中氚的分析方法》(HJ 1126-2020)	液体闪烁计数器
	水	总 U	3	1—2 次 / 年	《环境样品中微量铀的分析方法》(HJ 840-2017 3)	微量铀分析仪
		总 Th	3	1—2 次 / 年	《长江水系放射性水平调查分析方法汇编 N235–二甲苯萃取分光光度法》	分光光度计
		^{226}Ra	3	1—2 次 / 年	《水中镭–226 的分析方法》(GB 11214-1989)	镭–226 测量装置
		^{40}K	7	1—2 次 / 年	《水中钾–40 的分析方法》(GB/T 11338-1989)	原子吸收光谱仪
		^{90}Sr	8	1—2 次 / 年	《水和生物样品灰中锶–90 的放射化学分析方法》(HJ 815-2016)	超低水平 α/β 计数器
		^{137}Cs	8	1—2 次 / 年	《水和生物样品灰中铯–137 的放射化学分析方法》(HJ 816-2016)	超低水平 α/β 计数器
		^{3}H	6	1—2 次 / 年	《水中氚的分析方法》(HJ 1126-2020)	液体闪烁计数器
		总 α、总 β	3	1—2 次 / 年	《水质总 α 放射性的测定厚源法》(HJ 898-2017) 《水质总 β 放射性的测定厚源法》(HJ 899-2017)	超低水平 α/β 计数器
	土壤	^{238}U、^{232}Th、^{226}Ra、^{40}K、^{137}Cs	4	1 次 / 年	《土壤中放射性核素的 γ 能谱分析方法》(GB 11743-2013)	高纯锗 γ 能谱仪
	生物	^{90}Sr	1	1 次 / 年	《水和生物样品灰中锶–90 的放射化学分析方法》(HJ 815-2016)	超低水平 α/β 计数器
	电磁辐射	综合电场强度、工频电场强度、工频磁感应强度	10	1 次 / 年	《电磁辐射监测仪器和方法》(HJ/T 10.2-1996)	综合场强仪 工频仪

续表

环境要素	监测对象	项目或核素	点位数（个）	监测频次	分析测试方法	仪器名称
伴有电磁场或产生电磁辐射的设施周围辐射环境监测	电视调频广播发射塔	综合电场强度	2	1 次 / 年	《电磁辐射监测仪器和方法》（HJ/T 10.2-1996）	综合场强仪
	中、短波广播发射塔	综合电场强度	2	1 次 / 年	《电磁辐射监测仪器和方法》（HJ/T 10.2-1996）	综合场强仪
	雷达站、卫星地球站	综合电场强度	2	1 次 / 年	《电磁辐射监测仪器和方法》（HJ/T 10.2-1996）	综合场强仪
	200 kV 及以上输电线	工频电场强度、工频磁感应强度	3	1 次 / 年	《电磁辐射监测仪器和方法》（HJ/T 10.2-1996）《交流输变电工程电磁环境监测方法》（HJ 681-2013）	工频仪
	200 kV 及以上变电站	工频电场强度、工频磁感应强度	3	1 次 / 年	《电磁辐射监测仪器和方法》（HJ/T 10.2-1996）《交流输变电工程电磁环境监测方法》（HJ 681-2013）	工频仪
	轨道交通	工频电场强度、工频磁感应强度、综合电场强度	3	1 次 / 年	《电磁辐射监测仪器和方法》（HJ/T 10.2-1996）	工频仪 综合场强仪

（曹　娟）

生态环境状况

【生态质量指数】 按照《区域生态质量评价办法（试行）》（环监测〔2021〕99 号）进行评价，2023 年上海市生态质量指数（EQI）[4] 为 47.5，较 2022 年下降 0.1，生态质量评价类别为三类，与 2022 年相同。上海市生态质量基本稳定，生态格局、生态功能、生物多样性和生态胁迫均保持稳定。

2023 年，各区的生态质量指数评价类别为二类至四类，其中，崇明区的生态质量指数评价类别为二类，金山、奉贤、浦东、长宁、宝山等 5 个区的生态质量指数评价类别为三类，其余各区均为四类。各区的生态质量指数评价类别均与 2022 年相同。

（怀红燕）

2023 年上海市生态质量指数分布示意图

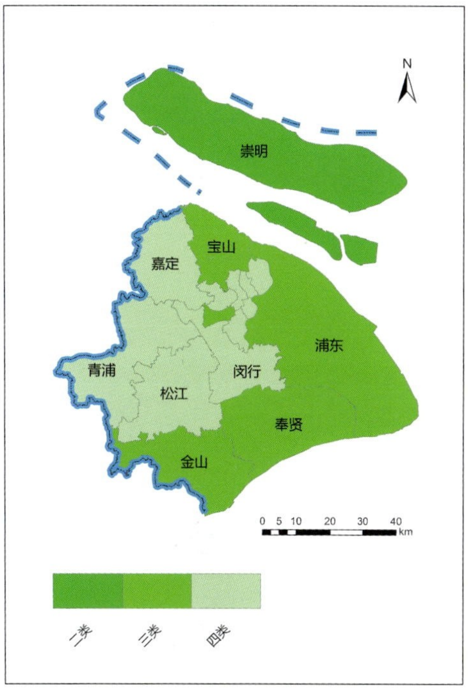

〔4〕2021 年起，生态质量采用生态质量指数（EQI）评价。

上海检察年鉴

环境法治与生态环保督察

政策文件

【生态环境立法】 2023年，推动出台《上海市土壤污染防治条例》，将上海市土壤污染防治实践经验举措予以提炼、固化和完善，形成契合上海实际的机制措施。协同推动出台《上海市健全浦东新区生态环境保护制度若干规定》，助力浦东新区在健全源头预防、过程控制、损害赔偿、责任追究的生态环境保护体系方面加强制度创新。配合市委依法治市办开展地方性法规、政府规章和行政规范性文件全面评估清理工作，完成《上海市扬尘污染防治管理办法》《上海市实施〈中华人民共和国环境影响评价法〉办法》等2部政府规章废止，完成12件行政规范性文件制修订工作。发布《2023年度上海市生态环境局重大行政决策事项目录》，严格依照法定程序开展重大行政决策。 （王暖刚）

【《上海市生态环境保护辅助执法管理规定（试行）》印发】 2023年，根据《中华人民共和国环境保护法》《中华人民共和国行政处罚法》《关于优化生态环境保护执法方式提高执法效能的指导意见》等有关规定，结合上海市实际，市生态环境局制定印发了《上海市生态环境保护辅助执法管理规定（试行）》。本《规定》共分为总则、委托辅助执法、实施辅助执法、纪律及履约评估、附则五个章节，共22项条款。 （徐高田）

【绿化市容领域法制建设】 2023年，完成《上海市野生动物保护条例》制定工作，起草形成《上海市户外广告设施管理办法（修改草案）》。完成《上海市市容环境卫生责任区管理办法》《上海市户外招牌设置管理办法》《上海市崇明禁猎区管理规定》等规章修改工作。开展《上海市古树名木和古树后续资源保护条例》《上海市户外招牌设置管理办法》《上海市环城绿带管理办法》等地方性法规和政府规章的修改调研和《上海市餐厨垃圾处理管理办法》立法后评估工作。 （张李欣）

【修改《上海市原水引水管渠保护办法》】 8月4日，市政府发布《上海市人民政府关于修改〈上海市原水引水管渠保护办法〉的决定》，修改上海市原水引水管渠保护的主管部门、保护范围和控制范围内备案和施工的要求等。 （李晓倩、倪周晶、顾施嘉）

【《关于进一步规范本市生活垃圾焚烧设施协同处置一般工业固体废物环境管理工作的通知》印发】 5月，市生态环境局等部门联合印发《关于进一步规范本市生活垃圾焚烧设施协同处置一般工业固体废物环境管理工作的通知》（沪环土〔2023〕79号），《通知》提出，列入“生活垃圾焚烧设施协同焚烧一般工业固体废物清单”的粮食及食品加工废物、纺织皮革业废物、造纸印刷业废物等11类一般工业固体废物，难以利用的可进入生活垃圾焚烧厂协同处置。（仇　博）

【“无废细胞”建设评估细则印发】 12月，市生态文明建设领导小组办公室印发《上海市“无废细胞”建设评估管理规程（试行）》《上海市“无废细胞”建设评估细则（2023版）》，出台了包括“无废工厂”在内的首批五类“无废细胞”建设评估细则，为工厂、校园、医院、机关、快递网点等积极开展固体废物源头减量、资源循环利用等“无废”实践指明了方向和标准。 （仇　博）

行政执法

【持续开展执法大练兵活动】 2023年，市生态环境局对标大练兵的评分标准及规则及先进省（市）的经验做法，认真对大练兵各项评分细则内容进行再梳理、再分析，划重点，讲方法，首次联合市总工会、团市委、市妇联印发上海市执法大练兵实施方案，组织全市19支执法机构共计95名生态环境执法队员开展执法大练兵技能比武活动，为上海市生态环境领域历年来规模最大、参赛人员最多、科目最丰富的技能比武活动，掀起全市执法“大练兵”热潮，扩大生态环境保护执法大练兵影响力。 （郭雅文）

【强化行政执法履职评估】 2023年，根据《上海市生态环境综合行政执法履职评估办法（试行）》，建立包含10项一级指标、41项二级指标的评估体系，首次对全市18家区级生态环境部门及其执法机构、市环境执法总队开展实地评估，进一步落实生态环境部门及其执法机构责任。建立“三个三”案卷评查体系，严把案件初审、审查和审批三级审核关，构建案件“自评＋稽查＋互评（评查）”的三级监督机制，明确执法人员、法制审核人员和分管领导的三级审核职责。 （姚有为）

【多措并举优化执法方式】 2023年，市生态环境部门健全非现场监管执法体系，强化技术、信息支撑作用，构筑“人防＋技防”的监管执法模式，积极运用无人机、走航监测、遥感，扩大现场检查的范围，不断提高发现环境问题的能力。推进智慧执法平台建设，依托大数据、云计算等技术手段，借助第三方技术、装备等方面优势辅助科学、精准执法，推进形成

市生态环境局执法总队现场检查 （市生态环境局 提供）

超大城市生态环境数字化智慧监管新模式。（姚有为）

【全市环境执法情况】 2023年，上海市生态环境局执法总队组织全市环境执法系统坚持严格执法，查处环境违法行为，推动解决大气、水、土壤等方面突出的环境问题。全市共出动执法人员93827人次，检查企事业单位38028户次，查处违法行为1281件，处罚金额1.07亿元。查封扣押21件，限制生产/停产整治5件，移交公安行政拘留5件，查处涉嫌环境犯罪移交公安追究刑责案件12件。（陈 莎）

【水务海洋执法】 2023年，全市水务海洋执法立案962件，作出决定罚款4838.06万元，同比增长55%、3%。其中，水务执法总队立案366件，作出决定罚款2322.4万元，同比增长66%、28%。

（邓洋洋、倪周晶、顾施嘉）

【河湖执法】 根据水利部《关于加强河湖安全保护工作的意见》，围绕全市河湖水环境保护、水面率提升、水安全保障、水土流失治理等工作加强严格执法。查处非法侵占河湖水域、违法利用占用河湖岸线、侵害水工程、水土保持方案未经报批开工建设等违法行为。6—12月，重点开展河湖安全保护专项执法行动，其间全市立案查处各类水事违法行为124件，罚款402.15万元。（邓洋洋、倪周晶、顾施嘉）

【排水执法】 全年，市水务局开展排水执法工作。10月，制定《本市中心城区沿街餐饮无证排水专项执法工作方案》，对7个中心城区开展无证排水抽查暗访工作，共排查453家排水户，促进沿街餐饮户办理排水许可证；开展排水水质专项执法，对32家工业企业加测一类污染物和重金属等指标；对32家医院开展专项执法；全覆盖处理6批次共81件超期排水许可；检查在建工地215个；开展轨道交通开建工地“三护”行动，全年对23个开工站点开展全覆盖检查。

（邓洋洋、倪周晶、顾施嘉）

【供水执法】 2023年，市水务局开展供水执法工作。加大对临河工程施工擅自取用地表水执法检查力度，立案64件。与供水行业管理部门建立信息共享机制，依法快速查处违法取用地下水案件2件。立案查处东方枢纽上海东站某工地施工损坏供水管案、奉贤原水管渠损坏，以及松江某小区中水系统私接至公共供水管网等4起损坏原水管、供水管要案。立案查处某医院未按要求开展水平衡测试案件1件。首次实现取水、供水、节水三大领域执法事项全覆盖。（邓洋洋、倪周晶、顾施嘉）

【突发环境风险应急执法】 汛期前，生态环境部太湖东海局组织流域四省一市生态环境部门和水利部太湖流域管理局召开2023年太湖流域突发水污染事件联合会商会暨尾矿库污染防治调度会，通报汛期太湖流域片水雨情分析预测情况，交流突发水污染事件应急防控及尾矿库污染防治情况，持续推进跨省流域上下游突发水污染事件联防联控机制落地见效。针对4月10日太浦河部分河段因水体异味对水源地供水造成影响的突发情况，及时派出工作组开展现场调查，指导协调上海市、江苏省、浙江省协同应对，推动事件得到有效应对。赴浙江、福建开展尾矿库环境风险防控督导调研，现场检查尾矿库22座，组织开展尾矿库废水排放和周边地下水、地表水水质监测，采集水样22份，获取监测数据412个。对发现的尾矿库环境风险隐患和监管问题及时通报地方生态环境部门，督促推动落实整改。形成关于浙江省、福建省尾矿库环境风险防控督导调研报告，报送生态环境部固体废物与化学品司。（韩 映）

【太湖流域片水行政执法协同座谈会】 4月21日，太湖流域管理局组织召开太湖流域片水行政执法协同座谈会，共谋进一步加强流域片水行政执法工作的思路措施。会议指出，流域片要主动适应深化行政执法体制改革的新要求，不断提升水行政执法能力和水平，一要加大执法监管力度，健全与综合行政执法部门衔接机制，确保水事违法行为得到及时发现和查处；二要扎实开展专项执法行动，对重点领域、敏感区域组织开展专项执法行动，强化执法威慑；三要加强执法协调联动，完善与公安机关、检察机关、审判机关的协作程序和机制；四要规范水行政执法行为，推进水行政执法“三项制度”深入落实，发挥示范作用；五要强化水行政执法保障，加强执法队伍建设，加快推进“智慧执法”。太湖流域管理局，江苏省、浙江省、上海市、安徽省、福建省，宁波市、厦门市，长三角生态绿色一体化发展示范区青浦区、吴江区、嘉善县及有关省推荐的部分市县水利（水务）局执法机构负责人员代表参加会议。（付丹阳）

公益诉讼

【生态环境与资源保护领域公益诉讼】 2023年，上海市检察机关立案办理环资类公益诉讼案件1743件，其中民事公益诉讼257件，行政公益诉讼1486件；进入诉前程序1425件，其中行政诉前磋商325件，行政诉前检察建议886件，民事磋商27件，民事诉前公告187件；提起民事公益诉讼52件，行政公益诉讼4件。通过扎实办案，共督促清理被污染水域面积3.25平方千米、保护被污染土壤0.22平方千米，督促清除处理违法堆放的各类生活垃圾74703吨、生产类固体废物500834吨，关停和整治造成环境污染的企业353家，向污染企业和个人索赔环境损害赔偿近590万元，涉案野生动物损害赔偿等费用7236万元，助力上海生态之城建设。共有上海市人民检察院第三分院诉宁波某公司等非法进口“洋垃圾”污染环境民事公益诉讼案等7件环资类案件入选最高检、最高法等典型案例。（王玉楠）

【拓展生态环境办案领域】 2023年，市检察院各分院和基层院实现了三级院自办生态环境和资源保护公益诉讼案件的全覆盖。各级院按照最高检“长江船舶污染治理”“高标准农田建设”等公益诉讼专项监督活动要求，办案范围涉及污染大气、水、海洋、土壤污染等传统的环境污染问题，同时各级院也结合上海超大城市生态环境现代化治理的现实情况，办理了噪声污染、光污染、油烟污染等老百姓“家门口的污染”案件。同时，检察机关还积极落实生态文明建设的新任务新要求，探索办理涉及碳排放、外来物种入侵、生物多样性保护、湿地保护等新类型案件，助力答好引领全球环境治理的新命题，办案呈现出领域覆盖广、类型多样化等特点。（王玉楠）

【持续推动长江流域生态环境突出问题整改】 2023年，上海市检察机关从严从实持续推动长江经济带生态环境突出问题的整改，针对2022年涉上海的5个问题，共研判公益诉讼案件线索8条，对7条线索进行立案调查。其中，民事公益诉讼立案2件，1件诉前磋商并经司法确认后结案，1件诉前公告后行政机关介入磋商；行政公益诉讼立案5件，4件经诉前磋商后结案，1件因问题整改销项结案。闵行区院针对黄浦江流域某公司污水排放总砷浓度超标、影响长江水生态环境问题，督促区生态环境局采取行政处罚措施，并要求公司限期整改，推动公司投资1900多万元对北区北排口污水处理设施进行升级改造，该案获评最高检长江经济带生态环境警示片案件典型案例。（王玉楠）

【助推水环境综合治理】 2023年，上海市检察机关积极开展黄浦江、苏州河沿线水环境治理专项监督活动，聚焦“一江一河”及重点河道水质问题，在水污染领域办案257件，制发诉前检察建议142件，诉前公告15件，配合打赢上海水体污染防治攻坚战。针对某犬业公司生活污水和粪便污水直排壕沟、水体异味严重影响黄浦江饮用水源问题，松江区院及时督促职能部门依法履职，督促涉案公司撤离全部犬只，处理污水800吨，外运处置沉积物200余吨。同时与涉案公司进行民事磋商，要求其承担清除污染、修复生态环境等费用20余万元。（王玉楠）

【开展长江船舶污染治理公益诉讼专项行动】 2023年，上海市检察机关在最高检的指挥部署下开展长江船舶污染治理公益诉讼专项监督行动，在船舶非法排污，码头接收、转运、处置污染物不规范等方面加大公益诉讼监督力度，共办案34件，制发诉前检察建议18件，整改完成结案28件。市检一分院根据市检察院交办线索，与崇明区院组成联合办案组，发现4个港口码头存在未依法接收船舶污染物情形，通过诉前磋商督促职能部门履行监督管理职责，推动其中1个码头在重新建设过程中设置固定接污设施，其他3个港口码头也与船舶污染物接收处置企业签订了服务合同，在此基础上推动内河码头建立11个船舶污染物公共接收点。（王玉楠）

【服务保障“长江十年禁渔”】 2023年，上海市检察机关针对使用“电毒炸”“绝户网”等非法捕捞行为，立案办理公益诉讼案件174件，进入诉前程序158件，提起诉讼27件，探索增殖放流、补植复绿、绿色养护、水体清洁等修复措施，追索渔业损失和生态功能损失赔偿金。“最江南”品牌发布一周年之际，青浦区法院举行检察开放日活动，邀请市人大代表、政协委员、“益心为公”志愿者代表及青浦区、嘉善县、吴江区三地检察机关共同参与，在长三角联合生态修复基地增殖放流十万尾鱼。（王玉楠）

【坚决保障农用地安全，守牢耕地保护红线】 上海市检察机关严格执行《中华人民共和国土壤污染防治法》相关规定，组织开展占地毁林（绿）、高标准农田建设公益诉讼专项监督活动，督促职能部门严处破坏耕地、林地等农用地问题，修复生态与保护资源领域同等重视、同步推进，既助力打赢净土保卫战，又守住耕地保护红线，共立案办理相关案件200余件。奉贤区院开发利用农用地资源保护类案大数据监督模型，发现某砖瓦厂非法硬化耕地、长期用于开展“非农化”经营活动并造成环境污染问题，通过召开公开听证会确定相关职能部门职责，督促砖瓦厂拆除地块上的违法建筑，已硬化的土地被重新翻垦，该案获评最高检“耕地保护检察公益诉讼典型案例”。针对钱某某滥伐林木、非法占用林地案件线索，市检察院、市检三分院、青浦区院组建专案组启动公益诉讼程序，于2023年8月15日（首个“全国生态日”）向上海市第三中级人民法院提起民事公益诉讼，在刑事追责的同时，要求相关违法行为人承担民事责任。

（王玉楠）

【加强海洋和湿地生态保护力度】 2023年，以《中华人民共和国海洋环境保护法》修订为契机，上海市检察机关在海上污染防控、陆源污染防控、海洋非法捕捞、非法开采矿产资源、海洋生态保护与修复等多个领域，积极履行公益诉讼职能，促进职能部门、违法行为人有效修复受损的海洋生态环境。市检三分院办理禁渔期在东海水域使用桁杆拖网破坏性捕捞水产品案件，认定上述行为会严重损害水生生态系统的稳定性，提出赔偿生态环境损害费用675万元的诉讼请求，获得法院裁判支持，该案获评2023年最高检、最高法联合发布的海洋自然资源与生态环境检察公益诉讼典型案例。深入贯彻落实《中华人民共和国湿地保护法》，聚焦非法占用滩涂、非法捕捞、破坏湿地资源等多个领域办案，有效促进湿地自然资源和生态环境保护。针对市环保督察反映的某公司非法利用长江滩涂从事水泥预制件生产问题，崇明区院综合运用行政和民事公益诉讼手段，在督促行政机关履行查处职责的同时，通过碳汇机制诉请涉案企业承担造成滩涂和海洋生物多样性损失的民事责任，助力崇明构建世界级生态岛。（王玉楠）

【建立“一江一河”巡回检察机制】 2023年，上海市检察机关加强与生态环境、水务、农业农村等行政机关在线索发现和移送、生态损害磋商、修复执行等方面的衔接力度，形成公益保护合力。主动加强与环保督察、行政执法工作的衔接联动，2023年两次派员参与市级环保督察，对破坏生态环境行为进行专项监督检查，发现公益受损线索。主动对标《上海市“一江一河”发展“十四五”规划》《上海市黄浦江苏州河滨水公共空间条例》等城市发展规划，与“一江一河”办协作，制发《关于印发〈关于建立上海市检察机关“一江一河”公益诉讼巡回检察机制的方案〉的通知》，全市各级法院围绕水环境治理、优秀历史建筑和历史风貌区保护、文物和工业遗产保护等领域，排查公益诉讼案件线索，全方位、多维度打造世界级滨水生态长廊，保障上海“一江一河”民心工程建设。

（王玉楠）

【检察机关协同审判机关共同守护生态环境】 2023年，上海市检察机关不断与审判机关等加强联合调查、案情通报等协调配合制度。市检察院与上海高级人民法院会签《关于民事公益诉讼磋商协议申请司法确认的会议纪要》，规定在民事公益诉讼中，检察机关可以通过“诉前磋商+司法确认”方式明确违法行为人需承担的民事责任，达到既节约司法资源、又为后续赔偿协议的履行提供司法保障的效果。市检三分院与上海海事法院联合制发海洋自然资源与生态环境司法保护白皮书，签订工作备忘录，通过加强检法两家的沟通、配合、协作，探索办案协作、多元修复、资源共享等机制，提高生态环境损害赔偿案件的质量、效率、效果，助力上海现代海洋城市建设。

（王玉楠）

【健全生态环境损害赔偿与公益诉讼衔接制度】 2023年，市检察机关通过会签多部门协作机制、建立工作专班等，为衔接提供坚实制度保障。通过检察机关支持磋商、申请司法确认，用检察力量助力制度实施。通过构建“线索互通—鉴定评估—支持磋商—公众监督—司法确认”生态损害赔偿全流程支持机制，用检察力量激活生态环境损害赔偿制度。针对某公司等偷倒工程泥浆至雨水管道问题，浦东新区院委托鉴定评估机构开展调查后，作为主持方，见证浦东新区生态环境局与赔偿义务人签订生态环境损害赔偿协议，要求三公司共同承担156万元修复费用，并跟进监督修复过程直至工程完工，后检察机关与生态环境部门在案件所在绿地区域，共同打造生态环境损害赔偿修复和检察公益诉讼实践示范基地，为开展替代性修复提供实体平台。该案获评生态环境部第三批生态环境损害赔偿磋商十大典型案例。

（王玉楠）

【2023年度检察公益诉讼典型案例】

上海市人民检察院第三分院诉宁波某公司等非法进口“洋垃圾”污染环境民事公益诉讼案（摘要）

2015年10月，宁波某贸易公司、黄某某、薛某在明知铜污泥系国家禁止进口的固体废物的情况下，通过制作虚假报关单证的方式为郎溪某固体废物处置公司进口铜污泥138.66余吨。上述固体废物被上海海关查获后滞留港区，无法退运，海关代为处置手续繁杂，固体废物持续危害我国生态环境安全。2018年9月18日，上海市第三中级人民法院作出刑事判决书，宁波某贸易公司、黄某某、薛某均因走私废物罪被追究了刑事责任。

上海市人民检察院第三分院（以下简称市检三分院）从刑事案件中获取该线索后，认为涉案固体废物如不进行无害化处置，将会对我国生态环境造成重大污染，遂于2019年4月17日立案调查。立案后，市检三分院邀请司法部司法鉴定科学研究院、华东师范大学生态与环境科学学院专家作为专家辅助人协助办案，证实涉案固体废物存在重大环境污染风险；委托第三方上海固体废物管理中心和上海市价格认证中心评估确定涉案固体废物的处置方式和处置费用；涉案固体废物进口单位在浙江，进口港为上海，加工利用企业在安徽。市检三分院分别走访调查了源头企业、上海海关等多家单位，决定将购买固体废物的郎溪某固体废物处置公司与宁波某贸易公司、黄某某、薛某列为共同被告提起民事公益诉讼，促进固体废物进口的源头性治理。

经民事诉前公告，未有适格主体提起诉讼。市检三分院于2020年6月27日向上海市第三中级人民法院提起民事公益诉讼，要求四被告连带偿付非法进口固体废物的无害化处置费用人民币105余万元。

同年9月6日，上海市第三中级人民法院开庭审理本案，庭审主要围绕以下争议焦点展开：一是各被告是否要承担责任及承担责任的方式。二是本案的处置方式及费用是否合理。市检三分院认为，四被告在明知铜污泥系国家禁止进口的固体废物的情况下，共同商议、分工合作，由郎溪某固体废物处置公司确认进口货物并支付了货款、薛某在境外组织货源、宁波某贸易公司制作虚假报关单证、黄某某负责报关和国内运输，四被告在购买和进口固体废物中均起到不可或缺的作用，应承担连带责任。涉案铜污泥已在刑事案件中予以没收，无法退运，根据相关法规应作无害化处置。上海市固体废物管理中心及价格认定中心均为专业机构，对处置费用做出的意见合法合理。上海市第三中级人民法院当庭作出判决，支持了检察机关的全部诉讼请求。一审判决后，郎溪某固体废物处置公司不服，向上海市高级人民法院提出上诉。

2020年10月20日，上海市高级人民法院开庭审理本案，市检三分院和上海市人民检察院分别派员出席法庭。除了一审争议焦点外，二审还围绕涉案固体废物被海关查扣是否还应承担公益损害责任进行辩论。检察机关认为，对于非法入境的固体废物，即使因被查扣未造成实际的生态环境损害，违法者仍负有消除危险的民事责任。因铜污泥已无法退运，为避免环境污染隐患而需要委托有关专业单位无害化处置，相关费用属于为消除危险而产生的处置费用，上诉人与其他各方应承担连带赔偿责任。判决驳回上诉，维持原判。判决生效后，处置费用得以执行到位，上海海关委托专业单位代为处置了涉案固体废物。

（王玉楠）

上海市松江区人民检察院督促整治小昆山镇垃圾填埋场污染环境行政公益诉讼案（摘要）

上海市松江区小昆山镇生活垃圾填埋场位于黄浦江上游斜塘支流边，所在区域被划入黄浦江上游饮用水水源二级保护区，占地1.67万平方米，2000年投入使用，2010年底停用，累计堆放生活垃圾8.5万吨。2011年封场时仅作简单覆土掩埋，无防渗措施，也无渗滤液导流处理设施。2019年4月，第二轮中央生态环境保护督察指出，该场周边水沟内废水氨氮浓度为143毫克/升，是地表水V类标准71.5倍。水沟与附近河道连通，垃圾渗滤液会影响周边水体，对饮用水水源地产生安全隐患。

本案线索由中央生态环境保护督察办公室向最高人民检察院移送。2020年3月，上海市人民检察院将该案转交上海市松江区人民检察院（以下简称松江区院）办理。松江区院经初步调查查明，松江区小昆山镇人民政府（以下简称小昆山镇政府）负责该垃圾填埋场的整治工作，其虽组织开展了相关工作，但项目招投标及进场施工等实质性工作未如期推进，公益侵害尚未消除。

2020年4月3日，松江区院决定以行政公益诉讼立案。经查，2019年1月和5月，松江区相关职能部门先后函告小昆山镇政府涉案垃圾填埋场存在环境污染隐患。2019年10月，上海市生态环境保护督察整改办就上述问题发出书面通知。2019年10月至11月，小昆山镇政府委托专业单位对堆场及周边环境现状进行监测。同年12月，松江区人民政府要求加快整治力度，进一步明确整治主体责任及整治进度。根据安排，小昆山镇政府应于2020年1月完成整治工程设计并通过环保评审，2020年2月启动项目招投标。但至2020年4月松江区院立案前，整治方案仍未最终确定，相关整治工作亦未能按期推进。对此，松江区院先后三次与小昆山镇政府磋商沟通，详细了解整治工作未能按期推进的原因，督促其及时依法履职，并就开挖整治可能存在二次污染问题建议其完善整治方案。2020年6月24日，松江区院与小昆山镇政府达成由小昆山镇政府按照整治方案确定的时间节点推进落实，开挖清运垃圾过程中重点防治二次污染等磋商意见。

2020年7月至9月，小昆山镇政府组织开挖清运固体废物19.51万吨，规范处置渗滤液2.68万吨，回填土方11.63万立方米。场地平整后，小昆山镇政府会同松江区生态环境局、松江区绿化和市容局等有关职能部门组织专家进行环境检测和工程验收，并邀请松江区院现场“回头看”。经检测，地下水指标数据下降明显，基本达标。目前，该处开展了复绿工程，在原地规划建造了开放式林地，成为周边居民休闲娱乐的活动场所。（王玉楠）

上海市奉贤区人民检察院督促整治某砖瓦厂非法占用耕地资源行政公益诉讼案（摘要）

上海市奉贤区四团镇四团村内一块约3000平方米的耕地，被违法占用从事水泥砖瓦生产加工活动十余年，长期的“非农化”经营导致该地块土地硬化、丧失种植条件。该地块紧邻河道，周边耕地众多、村居密集，相关水泥砖瓦厂未依法采取有效的环保措施，产生扬尘、噪声污染，严重影响周边群众生产生活，群众信访举报不断，相关问题未得到有效解决。

2021年12月以来，上海市奉贤区人民检察院（以下简称奉贤区院）通过上海检察机关公益诉讼全息办案智能辅助系统，陆续发现数十条关于奉贤区四团镇某砖瓦厂占用耕地、噪声扰民、扬尘污染的12345市民举报线索。

奉贤区院经数次勘验现场、走访询问相关人员并调取土地性质和行政执法材料，查明实际经营人杨某自2021年4月起，占用3416.91平方米耕地经营砖瓦厂，未办理相关耕地转用手续、未办理营业执照和环评手续，生产、加工、运输中未采取任何环保措施。在杨某经营前，某建筑材料公司已在案涉地块经营十年，因2020年5月奉贤区生态环境局仅处理环境污染问题，并未解决非法占用耕地问题，导致违法占用耕地和环境污染问题多次返潮。根据《中华人民共和国土地管理法》的规定，奉贤区规划和自然资源局（以下简称奉贤区规资局）对土地违法行为负有监督检查职责；奉贤区四团镇人民政府（以下简称四团镇政府）对辖区内土地负有保护、管理职责。2022年3月15日，奉贤区院以行政公益诉讼对上述单位立案调查。

2022年6月22日，奉贤区院邀请奉贤区政协委员、奉贤区人民监督员、“益心为公”志愿者担任听证员参加本案公开听证会。听证员评议一致认为，案涉地块公益受损根源是相关行政机关未能依法履行土地监管和耕地保护职责，检察机关应依法跟进监督。

2022年6月24日，奉贤区院分别向奉贤区规资局和四团镇政府制发诉前检察建议，建议奉贤区规资局依法履行土地监管职责，及时查处违法占耕行为；建议四团镇政府落实耕地保护主体责任，采取有效措施恢复土地种植条件。8月20日，四团镇政府书面回函表示，已联合相关部门要求违法行为人限期整改，并按计划逐步推进该地块清场、拆违、复耕工作。8月24日，奉贤区规资局书面回函表示，已依法责令案涉砖瓦厂停止违法行为、恢复土地原状，并督促四团镇政府根据整治计划做好违法占用耕地整改工作。

2022年11月29日，奉贤区院跟进监督了解到，案涉砖瓦厂完成清场搬离，地块上违法建筑被全部拆除，已硬化的土地被重新翻垦。2023年2月3日，奉贤区院开展“回头看”的同时召开公开听证会，生态环境保护研究所专家和“益心为公”志愿者全程参与并担任听证员，整改效果得到听证员一致认可。2023年3月，四团镇政府根据听证专家意见，委托专业机构开展土壤和地下水环境监测和检测工作，经检测，案涉地块土壤、地下水各项检测值均符合国家相关标准限值。为规避面源污染等问题，经奉贤区规资局、奉贤区绿化市容局审批，该地块被纳入生态公益林项目，种植工作已完成。

上海市奉贤区是全国农村宅基地制度改革试点地区，相关占用的耕地资源案件较多。奉贤区院根据整治农村乱占耕地建房的相关要求，依托12345市民热线平台、行政执法信息、违法用地图斑等数据，构建奉贤区耕地保护大数据类案监督模型。自2022年6月起至今，依靠该模型推动职能部门保护耕地62766.67平方米。（王玉楠）

生态环保督察

【第二轮市级生态环境保护督察工作】 2023年，为贯彻落实党中央、国务院和上海市委、市政府关于生态环境保护督察的重要决策部署，经市委、市政府批准，全市成立了4个总督察组，分别于6月对长宁、青浦，11月对徐汇、宝山4区开展了为期19天的第二轮市级生态环境保护督察工作。

在本次市级生态环境保护督察中，督察组共调研资料884份，召开座谈会22次，现场检查点位1121个，移交问题线索290项，制作约谈问询笔录35份。（叶嘉程）

【中央生态环境保护督察工作】 第二轮中央督察整改任务共24项，截至年底，全市已完成21项，其余3项正在按序时进度推进。督察组共向上海市交办2481件信访件，督促各有关单位办结2379件，阶段性办结102件。（叶嘉程）

【中央环保督察水务事项整改】 第一轮（2017年）

中央生态环境保护督察由市水务局牵头整改的10项累计完成销号9项。2023年推进中心城区雨污混接和污水溢流问题的整改，该问题整改措施共6项，已完成其中5项。第二轮（2019年）中央生态环境保护督察由市水务局牵头整改的9项累计完成销号7项。2023年推进污水溢流和泵站放江污染两项问题整改。污水溢流问题整改措施共7项，已全部完成；泵站放江污染问题整改措施共5项，已完成3项，推进的2项是中心城区六厂初雨调蓄工程和苏州河段深层排水调蓄管道系统工程试验段。中央巡视和长江生态环境警示片（2019年）反馈的污水溢流问题整改同步推进。2022年长江生态环境警示片披露的“松江污水厂污泥倾倒等相关问题”，于2023年6月底完成整改销号。（杨立新、倪周晶、顾施嘉）

上海市生态环境保护例行督察行前动员培训会现场　（周　敬　摄）

规划与计划

规划及管理

【五个新城规划建设】 2023年，市规划和自然资源局会同五个新城和市相关部门聚焦“一城一中心”“一城一枢纽”“一城一名园”“一城一绿环”建设，深入推进十大专项行动，加快功能集聚和产业发展方面，围绕聚集企业总部、科研创新、要素平台和公共服务四大功能，印发第二批拟向新城导入的功能事项共30项。筑牢交通和生态底座方面，加快松江枢纽、青浦新城枢纽、嘉定东枢纽建设，奉贤新城枢纽建设方案已稳定，轨交15号线南延伸、南枫线一期工程进入建设实施阶段，积极推进约62千米绿环先行启动段建设，开展“大师园及云桥驿站”众创设计。加强“新城之新”示范引领方面，落实新城绿色低碳、公园城市、数字化转型等新标准导则，确定各领域试点区30余个、示范项目70余项，完成各类试点区建设方案编制并加快推进试点项目建设。（符　颢）

【吴淞江-蕰藻浜沿线地区空间规划】 2023年，按照市政府工作部署，市规划和自然资源局会同市交通委、市水务局、城投集团和宝山区、嘉定区、青浦区开展了吴淞江-蕰藻浜航道工程和沿线地区规划研究工作。

规划立足上海城市发展总体格局，强化前瞻性思考，突出集成式设计和整体性推进效应，在确保航道工程顺利实施的前提下，围绕河、堤、岸、腹地空间一体化，统筹沿线地区发展，航道水利工程建设与周边地区发展一并谋划，近期实施与远期预控一并考虑。规划对标国内外最高标准，推动沿线地区资源统筹、城乡融合、转型升级，整体形成一条蓝绿交织、清新明亮、连湖串链、通江达海和水韵特色鲜明、创新功能集聚、滨水活力彰显的上海大都市江南水廊发展带，体现中华风范、江南风光、创新风尚，打造成为“人民城市”理念的最佳实践地、绿色转型发展的集聚区、推进中国式现代化的示范带。（符　颢）

【生态保护红线成果发布】 2023年，市规划和自然资源局会同市生态环境局、市绿化市容局等部门完成全市生态保护红线评估调整工作，成果纳入“三区三线”划定成果。6月，市政府正式发布《上海市生态保护红线》（沪府发〔2023〕4号）。12月，会同市生态环境局、市绿化市容局联合印发《关于印发〈上海市生态保护红线〉划定成果的通知》（沪规划资源总〔2023〕494号），进一步明确生态保护红线日常管理责任分工和要求。（符　颢）

【编制《上海市海岸带及海洋空间规划（2021—2023年）》】 按照自然资源部工作部署，市规划资源局、市海洋局联合组织编制《上海市海岸带及海洋空间规划（2021—2023年）》，经市政府专题会议审议，1月16日，报自然资源部审查，9月12日，自然资源部海洋战略规划与经济司召开规划备案审查工作调研座谈会，12月29日，自然资源部海洋战略规划与经济司函复初审意见。（顾洪祥、倪周晶、顾施嘉）

【多项选址专项规划获批】 市水务局组织编制完成青草沙—陈行连通管工程专项规划，1月30日，获市政府批复，为实现“两江并举”原水格局扣上关键一环；组织编制完成迎宾水厂、闸北水厂选址专项规划，2月18日，获市政府批复，为水厂深度处理改造工程落实用地选址；组织编制完成淀浦河西泵闸选址专项规划，9月27日，获长三角生态绿色一体化发展示范区执委会批复。（顾洪祥、倪周晶、顾施嘉）

【印发《上海市海绵城市规划建设管理办法》】 7月28日，市住房城乡建设管理委、市水务局联合印发《上海市海绵城市规划建设管理办法》，将绿色调蓄设施建设内容和相关指标要求纳入土地出让合同，为推进地块绿色调蓄设施建设提供抓手。（顾洪祥、倪周晶、顾施嘉）

【印发《上海市重要河湖岸线保护与利用规划》】 市水务局按照水利部工作部署，编制完成上海市重要河湖岸线保护与利用规划，经市政府同意，8月18日印发，作为后续涉河项目审批的规划依据。（顾洪祥、倪周晶、顾施嘉）

【太湖流域“十四五”生态环境保护规划】 2023年，生态环境部太湖东海局调度上海市、江苏省、浙江省、安徽省、福建省规划实施进展，梳理辖区内26个地市8项目标指标10项重点任务完成情况。组织赴浙江杭州和嘉兴市，江苏苏州和常州市，福建宁德和泉州市开展规划专题督导调研，针对跨界水体治理、美丽河湖建设、水生态保护修复等重点任务进行深入沟通交流，推动流域规划落地见效。完成浙江和福建省3个美丽河湖申报案例现场核查。指导地方积极参加优秀案例评选，全国第二批38个美丽河湖优秀案例中太湖流域片入选7个。（张玉莹）

【东海海域“十四五”生态环境保护规划】 2023年，太湖东海局持续跟进“十四五”海洋生态环境保护规划落实情况，协助生态环境部开展规划中期评估，核查东海区“十四五”相关重点任务措施和工程项目完成情况。东海区年均优良水质比例同比上升1.2个百分点，达到71.9%。指导地方参加美丽海湾优秀案例评选，赴厦门东南海域等8个美丽海湾入围案例现场进行现场调研，助力4个海湾环评优秀案例。对第一批3个国家美丽海湾优秀案例开展“回头看”调研，协同实施浙江温州沿浦湾美丽海湾“把脉行”帮扶试点。搭建东海区美丽海湾建设交流平台，组织省市两级20多家生态环境部门开展美丽海湾建设交流。

（路博钧）

【太湖流域片水土保持规划编制领导小组会议】 11月13日至14日，太湖流域管理局组织召开太湖流域片水土保持规划编制领导小组会议。按照水利部统一部署，在流域片江苏省、浙江省、上海市、福建省、安徽省水利（水务）厅（局）的大力支持配合下，太湖流域管理局已率先编制完成规划报告。会议充分肯定了规划编制前期工作成效，认为规划编制工作起步早、行动快、谋划深、质量好，规划报告成果符合太湖流域片实际，体现了流域片水土保持特色和高质量发展的迫切需求，有新突破、新亮点，可作为今后指导流域片水土保持治理管理和流域片各省（市）水土保持规划修编或编制的重要依据。流域片各省（市）水利（水务）厅（局）分管领导出席会议并讲话。

（冯昶栋）

环保三年行动计划

【第八轮环保三年行动计划收官】 2023年，在各专项组长单位和相关责任单位的共同努力下，第八轮环保三年行动计划圆满收官。

水专项。建成竹园污水处理厂四期工程。全市城镇污水处理系统功能韧性进一步提升，污水处理率达97.4%。推进天山、桃浦、曲阳等一批污水处理厂初雨调蓄工程，初雨调蓄能力达到48.97万立方米。完成45千米骨干河道综合整治。完成30千米污水收集管网建设。

大气专项。完成石洞口第一电厂等容量煤电替代项目，加快建设上海LNG站线扩建项目。全面完成钢铁行业超低排放改造（累计粗钢1834万吨产能）。实施国Ⅲ柴油货车全市限行政策，淘汰国Ⅲ柴油货车1.1万辆。新能源汽车推广35.4万辆，保有量达到128.8万辆，排名全球城市第一。轨道交通通车运营里程达到831千米，继续保持全球第一。

土壤专项。依托“上海市土壤污染防治综合监管平台”，定期更新建设用地土壤污染风险管控和修复名录，强化部门联动监管，严格建设用地出让、划拨等土地再开发利用准入，保障重点建设用地100%安全利用。全面实施受污染耕地安全利用和严格管控，受污染耕地全部实现安全利用。

固体废物专项。持续推进生活垃圾分类，全市居住区（村）、单位垃圾分类达标率稳定在95%以上，生活垃圾回收利用率达到43%，源头减量率达到4%。建成普陀、闵东生活垃圾中转站设施，全市生活垃圾焚烧能力达到2.8万吨/日，湿垃圾处理能力达到8500吨/日，应急填埋能力5000吨/日，保持原生生活垃圾零填埋。

工业专项。实施市级产业结构调整项目489项，发布一批市级绿色工厂、绿色供应链管理企业。评选发布零碳创建标杆企业和零碳创建企业（园区）名单，树立零碳创建标杆。有序推进金山二工区、星火开发区等重点区域转型升级。

农业农村专项。全市规模化畜禽养殖场粪污处理设施装备配套率达100%。推广农作物缓释肥452平方千米次、侧深施肥176平方千米。农药包装废弃物回收率、主要农作物秸秆综合利用率、蔬菜废弃物综合利用率分别达到99%、98%、85%以上。

生态专项。新增城乡公园162座，各类公园数量达到832座。完成环内楔形绿地建设1.02平方千米，开放59家单位附属绿地。创建命名绿化特色道路16

外滩郁金香绽放

（张　龙　摄）

条。新建绿地10.44平方千米、绿道231千米、立体绿化43万平方米。新增森林超过44.67平方千米，全市森林面积达到1285.2平方千米，森林覆盖率达到18.81%。

气候变化专项。印发《上海市碳普惠管理办法（试行）》，编制《上海市适应气候变化行动方案（2024—2035年）》。深化碳市场建设，纳管企业全部完成各年度碳排放配额清缴，创造连续十年100%履约的记录。扎实稳妥运行好全国碳排放权交易市场，累计成交量4.4亿吨、成交额249亿元。成功举办首届中国碳市场大会。

海洋专项。做好入海排污口排查和“一口一档”管理档案构建与维护，建立健全全市统一的信息化平台，完善建立排污口动态管理台账。完成横沙东滩促淤造地工程、南汇东滩促淤整治工程生态补偿及环保项目。开展长江口-杭州湾海域生态保护红线、自然保护地和海岸线遥感监测及现场巡查监管。

循环经济与绿色生活专项。积极推进市级工业园区“循环化改造”工作，完成4家市级生态工业园区创建。持续推进市级工业园区“循环化改造”工作，推动一批余热利用示范项目。建立上海动力电池溯源平台，基本形成覆盖全市的动力电池回收网络。

制度政策专项。出台《上海市土壤污染防治条例》《上海市野生动物保护条例》。试点开展重点化工园区地下水在线监测。建成土壤污染防治综合监管平台，整合形成国土空间和污染调查“一张图”。

（董美琪）

上海环境年鉴

污染防治与环境整治

污染防治攻坚战

【2023年生态环境保护工作会议】 4月13日，上海市召开2023年生态环境保护工作会议，总结全市2022年生态环境保护工作，部署2023年重点目标任务。副市长刘多出席会议并讲话。

会议强调，要全面落实陈吉宁书记“加快建设人与自然和谐共生的美丽家园，更好满足人民群众日益增长的优美生态环境需要”的工作要求和龚正市长在《政府工作报告》中提出的“着力推动绿色低碳转型，高水平建设人与自然和谐共生的现代化”的工作要求，坚定信心、砥砺奋进，推动上海市生态环境保护工作再上新台阶。

会议要求，一要提高政治站位，增强大局意识，深刻理解和把握人与自然和谐共生的现代化。深刻认识人与自然和谐共生现代化的科学内涵，坚持以人民为中心的发展思想，践行“绿水青山就是金山银山”理念，积极探索人与自然和谐共生现代化的上海路径。二要聚焦重点领域，持续精准发力，扎实推进生态文明建设再上新台阶。立足上海实际加强探索创新和先试先行，高标准谋划好美丽上海建设。以绿色低碳发展倒逼结构调整与优化，积极稳妥推进碳达峰碳中和。发挥龙头带动作用，深入推进长三角区域生态环境保护协作。三要加强对标对表，主动担当作为，持续提升生态环境治理能力水平。树立系统思维，加强统筹谋划，将生态环境保护工作融入经济社会发展大局。坚持问题导向，提升治理效能，坚决抓好突出生态环境问题整改，推动整改落实到位、标本兼治。保持战略定力，严格落实生态环境保护“党政同责、一岗双责”，打造忠诚干净担当的生态环保铁军。

（市生态环境局）

2023年生态环境保护工作会议现场　（陈志毅 摄）

【污染防治攻坚战工作开展情况】 2023年，上海市持续深入打好污染防治攻坚战，加快推动经济社会发展绿色低碳转型，全市生态环境质量总体保持改善，全面完成国家下达的目标任务。在中央对各省市污染防治攻坚战成效考核中，上海被评为优秀，排名全国第一。

蓝天保卫战方面，启动实施新一轮清洁空气行动计划及臭氧、柴油货车污染防治2个专项行动。全面完成VOCs 2.0深化治理，完成治理2400余家。碧水保卫战方面，全面开展入河入海排污口排查整治，修订《上海市饮用水水源保护缓冲区管理办法》，印发实施《上海市深入打好长江保护修复攻坚战实施方案（2023—2025年）》，持续推进杭州湾-金山段“美丽海湾”建设。净土保卫战方面，对273个企业地块开展土壤污染状况调查，开展113家土壤重点监管单位隐患排查“回头看”。制定《上海市新污染物治理行动工作方案》，发布重点管控新污染物地方补充清单。噪声污染防治方面，起草《上海市噪声污染防治行动方案》，印发《〈噪声法〉部分条款部门职责分工方案》，完成新一轮声环境功能区划评估，启动首批27家宁静小区试点。无废城市建设方面，印发《上海市“无废城市”建设工作方案》，制定“无废细胞”建设评估管理规程。启动实施新污染物治理行动方案，初步构建了“筛、评、控、禁、减、治”工作体系。生态建设方面，编制《上海市生物多样性保护战略和行动计划》，加强生态保护红线和自然保护地生态环境监管。

（董美琪）

大气污染防治

【2023年大气污染防治情况】 2023年，上海市细颗粒物（$PM_{2.5}$）浓度为28微克/立方米，全市环境空气质量指数（AQI）优良率为88.2%，出现重度及以上污染天数1天，完成了年度目标要求。

固定源污染控制方面，上海市全面完成VOCs减排量核算核查和补贴审核工作；继续做好VOCs突出问题排查，加强整改问题的调度、跟踪和督促；推广简易VOCs治理设施精细化管理试点；相继启动《大气污染物综合排放标准》《生活垃圾焚烧大气污染物排放标准》《涂料、油墨及其类似产品制造工业大气

上海水晶天 （蒋小威 摄）

【持续开展机动车监督管理】 2023年，市生态环境局持续开展机动车相关监督管理，新车环保一致性检查方面，全市机动车生产企业共26家，抽查15家。抽查本地生产新车车型112个。抽查其他生产、进口、销售企业63家。在用机动车执法检查方面，2023年，通过遥感遥测检测车辆326.3万辆次；通过路检路查和入户检查，检测车辆2.3万辆次，发现超标61辆次，合计处罚1.18万元；机动车定期排放检验机构监督管理方面，全市共有检验机构150家，2023年，开展监督检查253家次，处罚违规检测站18家次，罚款金额296.5万元。 （闻春博）

污染物排放标准》《印刷工业大气污染物排放标准》《工业企业设备与管线组件挥发性有机物泄漏排放标准》5项地标制修订。

移动源污染控制方面，推进实施进一步鼓励国Ⅲ柴油车提前报废补贴实施办法；联合市交通委、市公安局印发《关于调整本市国Ⅲ标准柴油机动车限制通行政策的通告》；正式实施重型柴油车国6b排放标准；正式实施重型柴油车实施污染物排放远程在线监控免于排放检验政策；贯彻落实《机动车排放定期检验规范》（HJ 1237-2021）；开展企业自备油品质量监管检查和督导工作。

消耗臭氧层物质监管方面，上海市认真履行《蒙特利尔议定书》，依据《消耗臭氧层物质管理条例》，持续加强ODS环境管理力度，全力配合国家完成履约目标。通过完善ODS管理组织架构，配置地方政策和管理制度，推进落实相关管理政策法规、加强保护臭氧层的重要意义宣传，实现了ODS全过程闭环管理。 （王　倩、闻春博、陆　华）

【启动实施第三轮清洁空气行动计划】 7月，市政府办公厅印发《上海市清洁空气行动计划（2023—2025年）》，市生态文明建设领导小组办公室印发《上海市臭氧污染防治专项实施方案（2023—2025年）》《上海市柴油货车污染治理专项实施方案（2023—2025年）》，明确未来三年大气污染防治的工作思路、目标指标和任务措施，同步配套印发各项任务清单，进一步明确重点工作任务。新一轮行动计划涵盖能源、产业、交通、建设、农业、社会生活和区域协作七方面任务和保障措施。 （王　倩）

【实施远程重柴车在线监控免检】 2023年，上海市正式实施《关于实施污染物排放远程在线监控重型柴油车免于排放检验的通告》（沪环规〔2022〕11号），对安装污染物排放远程在线监控并联网且稳定达标排放的重型柴油车，在定期排放检验时免于排放检验。全年累计发布14批次免检车辆名单，已有2.32万辆柴油车享受免年检优惠。政策的实施实现了经济效益与环境效益的双赢，取得了良好的社会反响。

（闻春博）

【持续推进国Ⅲ柴油车淘汰】 2023年，上海市持续推进实施《上海市进一步鼓励国Ⅲ柴油车提前报废补贴实施办法》，对国Ⅲ柴油车提前报废继续实施补贴政策，年内办理提前报废申请补贴的国Ⅲ柴油车共3158辆，合计补贴金额8000余万元。3月，上海市交通委、市生态环境局、市公安局联合发布《关于调整本市国Ⅲ标准柴油机动车限制通行政策的通告》（沪交行规〔2023〕2号），决定自2023年4月1日起，全天禁止国Ⅲ柴油货运机动车辆在上海市辖区内的所有道路上行驶。自2024年7月1日起，全天禁止国Ⅲ柴油客运机动车辆在上海市S20外环高速以内的道路上（不含S20外环高速及S20外环高速高架段投影下的地面道路）行驶。 （闻春博）

【加强非道路移动机械监管】 市生态环境局持续加强非道路移动机械监督管理。5月，修订印发《上海市非道路移动机械申报登记和标志管理办法》(沪环规〔2023〕3号),新增汽油发动机和新能源为动力的移动机械和可运输工业设备申报登记要求,进一步加强上海市非道路移动机械环保管理。非道路移动机械一致性检查方面,2023年,本地非道路移动机械生产企业13家,开展一致性检查8家。抽查本地生产机型45台。抽查其他生产、进口、销售企业12家,涉及31个机型。非道路移动机械监管检查方面,2023年,开展非道路移动机械编码登记查验共7403台次,发现271台次不符合要求,合计处罚21.4万元;开展非道路移动机械烟度检测7838台次,发现119台次超标,共处罚31.5万元。 (闻春博)

【持续推进消耗臭氧层物质两项备案制度】 2023年,市区两级生态环境部门依据《消耗臭氧层物质管理条例》,开展了含氢氯氟烃生产、销售和使用备案及工商制冷维修、回收和销毁等经营活动两项备案审核工作。两项备案工作滚动实施9年,备案制度执行情况良好。 (徐高田)

【加强消耗臭氧层物质执法工作】 2023年,为进一步加强消耗臭氧层物质执法工作,严厉打击违法生产、销售、使用消耗臭氧层物质的行为,生态环境执法部门全面开展了专项执法检查,累计出动执法人员373人次,检查企业149户次。针对检查中发现的问题依法依规进行查处,并督促相关企业进行整改。 (陆 华)

【多元化宣传培训提高履约意识】 2023年,市生态环境局结合"六五环境日""9·16国际保护臭氧层日"等举办主题宣传活动,通过线上与线下互动、传统与新媒体相结合等方式,让臭氧层保护宣传走进企业、走进校园、走进社区,进一步提升企业的责任意识,提升公众的保护意识。另一方面,采取专项培训、在线培训等形式,对环保系统相关人员开展相关业务知识和监管执法技能培训,不断提高企业主体责任意识和履约意识,着力推进全市环境质量持续改善。 (陆 华)

【持续开展国Ⅲ柴油车提前淘汰】 3月,市交通委、市生态环境局、市公安局联合发布《关于调整本市国Ⅲ标准柴油机动车限制通行政策的通告》(沪交行规〔2023〕2号),决定自2023年4月1日起,全天禁止国Ⅲ柴油货运机动车辆在本市辖区内的所有道路上行驶。自2024年7月1日起,全天禁止国Ⅲ柴油客运机动车辆在本市S20外环高速以内的道路上(不含S20外环高速及S20外环高速高架段投影下的地面道路)行驶。2022年9月,市生态环境局已会同市发展改革委、市交通委、市商务委、市公安局、市财政局、市机管局等单位联合制定了《上海市进一步鼓励国Ⅲ柴油车提前报废补贴实施办法》,对国Ⅲ柴油车提前报废继续实施补贴政策。2022年9月15日至2023年12月31日,全市办理提前报废申请补贴的国Ⅲ柴油车共3243辆,合计补贴金额9000万元。 (沈 寅)

【进一步加强机动车环保核查管理】 2023年,上海市持续开展新机动车环保一致性核查,全年共计完成78家机动车辆生产、销售企业,合计401个车型(系族)环保一致性核查工作。市、区两级生态环境部门采用遥测、人工抽测等手段对高排放车辆完成监督抽测328.61万辆次,处罚超标车辆59辆,罚款1.18万元。市、区两级生态环境部门全年对150个检测站实施全覆盖抽查,共开展现场检查253站次,处罚违规检测站18家次,罚款金额296.5万元。 (沈 寅、徐 驰)

【进一步加强非道路移动机械环保管理】 5月,上海市生态环境局修订印发《上海市非道路移动机械申报登记和标志管理办法》(沪环规〔2023〕3号),新增汽油发动机和新能源为动力的移动机械和可运输工业设备申报登记要求,进一步加强全市非道路移动机械环保管理。2023年,上海市生态环境部门持续开展非道路移动机械申报登记工作,截至年底,已有9.7万余台机械完成了申报登记和标志领取。全年新增1.4万余台。

全年,生态环境部门对市内20家生产、销售非道路移动机械企业开展了环保一致性核查,总计核查76个机型(系族)。2023年,市、区两级生态环境部门持续加大非道路移动机械的监督检查,重点针对机械申报登记情况、冒黑烟情况和超标情况进行监督、抽测,全年检查非道路移动机械7403台次,发现271台机械未申报或者未贴牌;抽测非道路移动机械7836台次,发现超标排放机械103台次。对未贴牌和超标排放机械合计处罚金额43.9万元。 (沈 寅)

【协作完成第19届亚运会空气质量保障任务】 为落实生态环境部《第19届亚运会、第4届亚残运会环境质量监测和会商预报方案》要求,上海市环境监测中心(上海长三角区域空气质量预测预报中心)全力做好区域空气预测预报和相关保障工作。开发了实时共享接口,实现了上海市54个市控点、3个超级站和4个工业园区站的大气监测数据,以及欧洲中心细网格气象预报和长三角区域空气质量数值模式预报等各类产品实时"落地"亚运会,开展了监测网络质量检查和控制,支撑形成了"天地空"三维精细化保障网。针对亚运会保障需求,对长三角区域预报系统平

国Ⅲ柴油货车限行标志　　（袁　满 提供）

台相关产品进行了部署更新和集成，全力保障相关监测预报数据产品的实时共享和高效应用。

在上海市生态环境局的总体部署和中国环境监测总站的技术指导下，自8月起，积极参与亚运会环境空气质量预报联合会商，启动了长三角区域中长期预测预报会商，每日编写空气质量会商情况报告，跟踪研判上海市和长三角区域空气质量形势变化。保障期间，每日开展监测预报联合会商分析、提前研判杭州及周边区域空气质量形势、潜在污染风险，提出管控建议，组织重点区域走航监测、执法监测，圆满完成第19届亚运会空气质量保障任务。　　（李跃武）

【配合开展高污染车辆限行联合执法检查】 2023年，公安交警部门积极配合市交通委、市生态环境局，依托路面执勤卡点开展联合设卡整治行动，严查严处高污染车辆违反限行规定的行为。其间，对交通、生态环境部门现场认定属高污染车辆的机动车，按照“机动车违反禁令标志指示”进行处罚。同时，根据市生态环境局提供的高污染车辆信息，利用“电子警察”监控设备开展非现场执法。年内，全市共查获高污染车辆“闯禁令”交通违法行为82起。　　（李诗杨）

【配合开展货运车辆遗洒、飘散载运物治理】 2023年，公安交警部门深入推进“减量控大”“砺剑”专项行动，聚焦大型货运车辆“三超一疲劳”、不系安全带、右转未停、闯红灯等易致祸交通违法行为，通过日常严管和集中整治相结合，着力规范大型货运车辆行车秩序。同时，积极配合城管部门开展货运车辆遗洒、飘散载运物联合执法行动，共同推进城市道路环境综合整治。年内，全市共查获货运车辆遗洒、飘散载运物交通违法行为1515起。　　（李诗杨）

【国Ⅲ柴油货车限行标志标牌建设】 2023年4月1日起全天禁止国Ⅲ柴油货运机动车辆在全市辖区内的所有道路上行驶，地面道路限行相关标志设置在上海市域内，在车辆进入上海市域后第一个条件驶离的路口引导车辆驶离上海市域。其中市管国省干线公路共设限行相关标志49块，宝山区共设施限行相关标志24块，崇明区共设施限行相关标志31块，嘉定区共设施限行相关标志42块，金山区共设施限行相关标志193块，青浦区共设施限行相关标志93块。其中高速公路共设置限行相关标志82块。本次合计新增标志514块，拆除原G1503限行国Ⅲ柴油货车相关标志共计428块。　　（袁　满）

【无人机船舶码头巡检】 2023年，市交通委对所有市管辖区易扬尘港口码头作业点位开展“无人机”全覆盖航拍巡查，并组织相关大队开展上户执法检查，共立案查处港口码头扬尘案件8起。　　（刘一鸣）

【“四总队”联合督查】 2023年，市交通委联合市生

“四总队”联合执法　　（刘一鸣 提供）

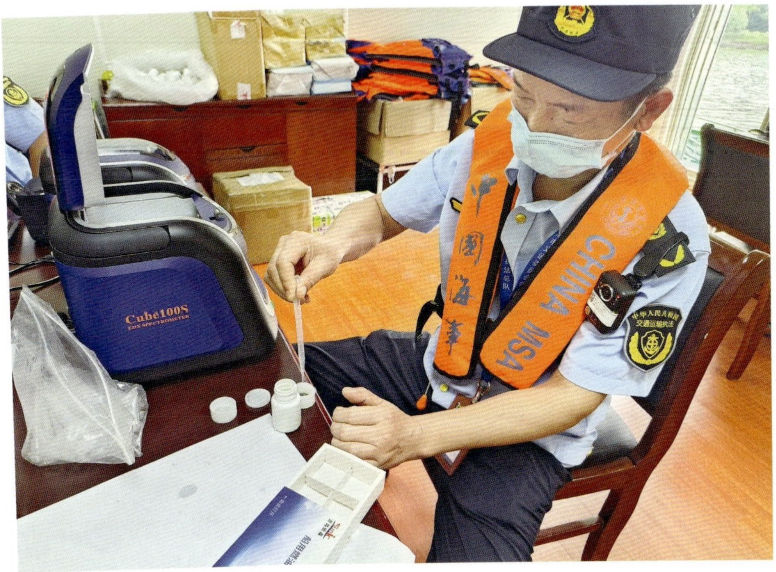

船舶燃油检测
（刘一鸣 提供）

态环境局执法总队、市水务局执法总队、市城市管理行政执法局执法总队共成立“四总队”联合督查组11次，开展港口污染防治联合执法检查，检查港口码头16户次，立案查处港口码头扬尘案件3起。
（刘一鸣）

【船舶燃油抽查】 2023年，市区两级交通执法机构累计开展船用燃油抽样检查7561艘次，立案查处船用燃油含硫量超标违法案件5起，罚款7.4万元，抽样检查合格率为99.9%，航行于上海内河的船舶已基本形成规范使用燃油的习惯。（刘一鸣）

水污染防治

【水生态环境保护】 2023年，全市水生态环境质量稳步提升，考核断面（273个）水质达到或优于Ⅲ类比例为97.8%，较2022年上升2.2个百分点，无Ⅴ类和劣Ⅴ类断面；主要水体生物多样性水平稳定改善，生态系统逐步恢复。

上海市持续统筹推进水生态环境保护工作，市生态文明建设领导小组办公室印发《上海市深入打好长江保护修复攻坚战实施方案（2023—2025年）》《上海市总磷污染控制方案》，市水务局、市生态环境局、市发展改革委联合印发《上海市持续打好“消黑除劣”成效保卫战实施方案》，明确水环境治理总体部署和工作安排。加强水质易反复水体监测监管，跟踪评估重点断面水质达标状况，多措并举推动水质稳定达标；着重关注汛期水质波动，专项开展汛期水质分析通报、整改调度；按期完成上海市水生态环境质量综合监管子系统开发，着力提升水生态环境智慧监管能力；完善本地化水生态评价体系，初步制定上海市水生态分区分类技术方案，并初步构建基于分区分类的水生态健康评价指标体系；优化水生态监测网络，对长江口、黄浦江、苏州河、淀山湖等35个主要水体开展水生态监测评估；推动水生态保护修复落地实施，建立上海市美丽河湖（国控断面所在河湖）保护与建设清单，依托中央水污染防治资金有效开展水生态保护修复项目建设。
（何冰洁）

【饮用水水源地生态保护】 2023年，上海市四大集中式饮用水水源地（长江青草沙、东风西沙、陈行和黄浦江上游金泽）每月水质均达到《地表水环境质量标准》（GB 3838-2002）Ⅲ类及以上标准。

上海市持续加强水源地风险源监管。更新2023年度水源地环境风险企业名录，高风险企业每月检查1次，中、低风险企业纳入随机抽查体系；组织开展水源地排查整治工作，每季度对卫星遥感发现的水源地疑似环境违法问题开展核查，并对问题点位加强后续监管；持续推进水源保护区内入河排污口排查整治工作，并逐步建立长效监管体系。加强水源地规范化建设。推进长江口青草沙、东风西沙、陈行水源保护区边界精准落地工作；持续推进水源地标志牌建设和巡查维护工作。加强水源保护宣传。开展2023年度饮用水水源保护宣传活动，在崇明长兴岛郊野公园举办水源地徒步活动，发布“碧水宝宝”表情包和水源保护宣传短片，设计制作并发放宣传品。（苏平如）

【入河入海排污口排查整治】 2023年，上海市持续推进入河入海排污口排查整治工作。结合主题教育专项整治，市生态环境局制定印发《上海市关于建立动态整治销号制度　强化长江入河排污口长效管理的实施意见》，11月底前高质量完成1467个长江入河排污口整治销号，比国家要求提前两年。市政府办公厅印发《上海市加强入河入海排污口监督管理工作方案》，市生态环境局印发《上海市关于加强入河入海排污口分类整治、动态销号和长效管理工作的实施意见》，充分结合现有工作基础，突出工作重点，统筹节点目标，统一整治标准。截至年底，全市累计完成2.3万千米河湖、海湾岸线的排污口排查，占全市河湖岸线总长75%以上，累计发现各类排污口70万个。其中，流域干流及重要支流、重点湖泊、重点海湾排污口已完成排查溯源及30%整治

任务。（孔维鑫）

【跨界水体共保联治】2023年，上海市充分发挥龙头带动作用，牵头推进跨界水体共保联治。沪苏浙生态环境、水利（务）、两家流域机构、示范区执委会联合印发《长三角生态绿色一体化发展示范区淀山湖、元荡、太浦河（含汾湖）等重点跨界水体联保专项治理及生态建设实施方案》，沪苏生态环境部门签署《沪苏交界地区跨界河湖共保联治备忘录》。沪苏浙生态环境部门深化落实示范区跨界饮用水水源地共同决策、联合保护和一体管控机制，联合建立示范区饮用水水源地生态环境保护共同决策联席会议制度。上海市生态环境局加强总结提炼，《长三角一体化发展国家战略下跨界水体联保共治创新机制研究》获第十四届上海市决策咨询研究成果奖单项奖（内部调研奖）。（蒋　明）

【健全落实河长制湖长制】2023年，市委、市政府主要领导以总河长身份召开全市河湖长制工作大会，全面部署河湖长制工作。市领导深入现场调研巡河8次，作出河湖长制相关批示17次。市河长办组织召开两次主任（扩大）会议，分别部署河湖长制年度重点工作和雨污混接普查和整治工作，各区党政领导召开河湖长制专题会议261次。各级河长湖长累计巡河26.8万人次，发现并解决河湖问题21.7万个。选取典型突出问题，制作河长制工作突出问题典型案例专题片，要求各区总河长及河长办聚焦典型突出问题主动开展自查，举一反三，及时发现各类问题并推进问题整改。持续深化河长+工作机制，2023年实现“河长+检察长”全覆盖，全年立案办理有关诉讼案件334件。青浦区在2021年建立“河长+检察长+警长”工作机制基础上，成立“三长联动工作站”，进一步凝聚行政执法、刑事司法和检察监督部门力量，助力推进生态文明建设。截至年底，全市共有各级党政河长6326名、民间河长18750名、护河志愿者53594名。

2月7日，市河长办印发《河湖水质“红黄蓝”三色管理预警工作体系（试行）》，健全河湖水质监测—预警—评价—考核机制，建立河湖水质“红黄蓝”三色管理预警工作体系。2023年共发出红色预警24次、黄色预警323次。每月对各区河湖水质综合评价进行排名通报。3月30日，市河长办印发《2023年上海市河湖长制工作要点》，明确六个方面13项年度工作任务，深化完善河湖长制，压实河长湖长责任，打好碧水保卫战，持续实现水环境质量稳定改善，幸福河湖持续增多。5月25日，市水务局、市生态环境局印发《关于进一步做好水质易反复水体排查整治工作的通知》，明确水质易反复水体判定标准，由两部门研判的水质易反复水体清单同时在市水务局、市生态环境局官方网站公示，建立销号验收制度，督促相关区整改落实。9月20日，市水务局、市河长办印发《2023年度“河湖长制度及水质综合评价”工作考核细则》，细化考核内容、考核方法和考核程序，并明确考核结果的应用。10月12日，市河长办印发《关于开展河道“盲肠段”排查工作的通知》，要求各区开展河道“盲肠段”（断头浜）排摸，并开展专项整治，分类施策，防止河道“盲肠段”出现水质反复现象。（杨立新、倪周晶、顾施嘉）

【2023年上海市河长办第一次主任（扩大）会议召开】3月28日，市河长办召开2023年上海市第一次主任（扩大）会议。上海市副市长、市副总河长、市河长办主任张小宏出席会议并讲话。张小宏强调，一要提高政治站位，适应发展要求，扎实做好新时代治水管水各项工作。二要坚持问题导向，聚焦重点环节，着力推动水环境治理取得新成效。三要健全体制机制，压实各方责任，合力推进河湖长制工作再上新

泰和污水处理厂扩建工程　（陈梦泽 摄）

台阶。他要求，要切实把思想和行动统一到中央决策部署上来，统一到市委、市政府工作部署上来，推动河湖长制“有名有责”“有能有效”，为建设人民满意的社会主义现代化国际大都市作出应有贡献。

（田　军、倪周晶、顾施嘉）

【长江口咸潮入侵联防保供专题会议召开】 8月22日，2023年长江流域省级河湖长联席会议结束后，上海市副市长张小宏主持召开长江口咸潮入侵联防保供专题会议，联席会议副召集人、水利部长江委主任马建华出席会议并讲话。马建华强调，要充分认识长江口地区供水安全的严峻形势，增强风险意识、忧患意识，树牢底线思维、极限思维；要强化监测预报，强化流域统筹和区域协同，强化管理机制建设，强化基础科学研究，强化供水安全保障，坚持安全第一、预防为主，主动防范化解风险，保障长江口地区供水安全。针对2023年可能发生的咸潮入侵，要保持高度警惕，持续做好监测预报和分析研判，强化流域统筹、区域协同，强化水情、咸情、工情、潮汐、气象信息共建共享，做好水工程科学精细联合调度，全力保障沿线重要城市供水安全，奋力夺取2023年水旱灾害防御工作全面胜利。

（田　军、倪周晶、顾施嘉）

【推进环保三年行动计划水环境保护专项】 2023年是第八轮（2021—2023年）环保三年行动计划水环境保护专项实施最后一年。到实施期末，两项指标目标全部实现，其中，全市城镇污水处理率达到98.4%（预估值，计划为97%以上）；全市农村生活污水处理率达到96.5%（计划为89%）。27项水环境治理与保护工程全部完成节点目标，其中2023年建成7项，推进建设6项。建成的7项分别是竹园污水处理厂四期工程、嘉定区污泥处理处置工程（一期）、竹园—白龙港污水连通管工程、30千米污水收集管网建设、曲阳污水处理厂初雨调蓄工程和40千米骨干河道整治工程。推进建设的6项工程分别是泰和污水处理厂扩建工程、白龙港污水处理厂扩建三期工程、天山、龙华和桃浦3座污水处理厂初雨调蓄工程以及苏州河段深层排水调蓄管道系统工程试验段，6项工程全部完成第八轮节点目标。（杨立新、倪周晶、顾施嘉）

【城镇污水处理】 2023年，上海已建城镇污水处理厂共43座，总处理能力1022.50万立方米/日，共处理污水30.74亿立方米，日均处理842.16万立方米，日均处理量同比增加2.3%，出水化学需氧量、氨氮和总磷平均浓度分别为15.53毫克/升、0.37毫克/升和0.09毫克/升，均优于一级A排放标准。全市城镇污水处理厂化学需氧量削减量77.10万吨（2022年同期为78.55万吨）、氨氮削减量7.86万吨（2022年同期为7.36万吨）、总磷削减量1.10万吨（2022年同期为1.22万吨）。城镇污水处理厂污泥处理设施共13座，总处理规模1716.00吨干基/日，全年实际产生脱水污泥共179.00万吨（43.87万吨干基），日均污泥产生量4904.03吨（1202.01吨干基），每处理万吨污水产生污泥1.43吨干基。焚烧占比100%（独立焚烧66.2%、电厂掺烧23.8%、垃圾掺烧10.0%）。

2023年上海市城镇污水处理情况表

指　标	2022年	2023年	比2022年增长
出水化学需氧量平均浓度	16.20毫克/升	15.53毫克/升	-4.14%
出水氨氮平均浓度	0.37毫克/升	0.37毫克/升	0%
出水总磷平均浓度	0.12毫克/升	0.09毫克/升	-25%
化学需氧量削减量	78.55万吨	77.10万吨	-1.85%
氨氮削减量	7.36万吨	7.86万吨	6.79%
总磷削减量	1.22万吨	1.10万吨	-9.84%
全市产生污泥	164.78万吨	179.00万吨	8.63%
日均污泥量	4514.70万吨	4904.03万吨	8.62%

（陆佳宇、倪周晶、顾施嘉）

【港口污染防治检查】 2023年，市区两级交通执法机构累计开展港口污染防治执法检查3439户次，立案查处港口码头扬尘违法案件65起，罚款118万元；发现并责令改正港口岸电违法行为为23起；应用最新《上海市船舶污染防治条例》，查处港口码头未按规定查看并记录（船舶污染物）接收单证案件4起，罚款0.8万元。（刘一鸣）

【船舶污染防治检查】 市区交通执法机构累计开展船舶防污染检查11052艘次，立案查处各类船舶污染违法案件249起（船舶污染物偷排超排31起），罚款131.4万元。其中，应用最新《上海市船舶污染防治条例》，查处“船舶直接通往舷外的生活污水排放阀门未铅封”案件13起，罚款1.3万元；查处“船舶向禁止排放水域排放含油污水”案件2起，罚款4.7万元。（刘一鸣）

【落实港口船舶污染物接受责任签订接受协议】 2023年，针对部分港口经营企业签订的污染物接收协议中存在一定问题，如协议签订不规范、协议过期未及时续签、协议接收单位缺乏相应资质、协议所含污染物种类不全等，市交通委严格落实港口经营企业船舶污染物接收工作责任，要求港口企业立即开展自查，未签订接收协议的，须及时补签；对已签订的协议严格把关是否符合要求，173家经营单位均签订了有效接收协议。（金　能）

【积极推进全市内河码头环保标准化】 2023年，市交通委督促、指导各区交通港航部门，持续推进全市内河码头提升环保标准化建设工作，参与部分区的现场评估工作，对港口安全、节能环保等部分较难把握的评分项目进行现场指导。截至12月，全市内河码头（含市管）合计260家码头完成标准化改造。（金　能）

【地下水环境质量监测分析】 生态环境部太湖东海局组织开展2023年上海市43个国家地下水环境质量考核点位的采样、监测及质控工作。对采样、测试进行全流程督导及在线检查，保证监测规范性。同时，根据2022年上海市地下水监测数据，及时开展地下水环境质量分析，编制完成年度上海地区地下水环境质量分析报告，科学、准确反映上海市地下水环境质量状况。（申　傲）

【组织开展水功能区考核】 根据生态环境部统一部署，生态环境部太湖东海局组织开展太湖流域和东南诸河水功能区评价考核工作，涉及太湖流域及东南诸河540个水功能区（其中太湖流域313个，浙闽片区227个），编制考核报告，并积极加强与江苏省、浙江省、上海市、福建省、安徽省5省（市）就达标评价结果进行对接，确认最终考核等次，掌握流域片水功能区状况，更好地服务流域水环境保护。（申　傲）

【重大活动水质保障】 进博会期间，生态环境部太湖东海局组织开展太浦河水环境安全风险排查，制订太浦河干流监测方案，以2-EMD、2-EDD、2-MIB、锑4项特征污染物为重点监测指标，开展连续预警监测，强化水源地环境安全风险预警预判，守牢生态安全防线，助力进博会成功举办。（张玉莹、韩　映）

【太湖流域片水污染源排放管控】 2023年，生态环境部太湖东海局强化入河排污口监督管理。规范设置审批制度，编制入河排污口设置审批内部管理制度，赴上海市、浙江省和福建省开展入河排污口排查整治和监督管理现场调研。按季度在全国排污口监督管理信息化平台报送并审核更新入河排污口信息，推动流域各地落实国办实施意见，完成排查整治年度工作任务。组织对上海市排污口排查整治、设置审批及达标排放情况开展抽查抽测。按季度做好黑臭水体日常监管，全年累计对12个城市57个水体开展独立调查，16个问题及时反馈地方并督促整改。完成31家工业园区水污染防治情况调研。督促太湖流域片各地落实补齐医疗机构污水处理设施短板等要求，审核80家医疗机构污水处理问题整改进展信息。（张玉莹）

【水源地生态环境保护与规范化建设】 按照生态环境部工作部署和要求，制定督导工作方案，以水质不稳定达标、水环境问题突出地区及保障杭州亚运会有关的水源地为重点，核实水源保护区划定、立标和问题排查整治等情况。赴流域内上海、江苏无锡、浙江杭州、嘉兴、绍兴、福建漳州等地，通过台账查阅、听取工作汇报、实地查勘等方式，对13个县级及以上城市饮用水水源地规范化建设，10个乡镇级饮用水水源地保护区“划、立、治”工作开展督导。对调查发现的部分水源地保护区存在面源污染、环境保护和管理不到位、环境风险隐患，以及乡镇级饮用水源保护区未完成划定等问题与地方生态环境部门进行了沟通反馈，并推动整改。（张玉莹）

【太湖流域水生态考核试点】 生态环境部太湖东海局组织开展2023年太湖流域水生态考核试点监测、评估、督导帮扶等各项工作。完成春、秋季2轮次太湖、淀山湖-元荡、东苕溪、西苕溪、黄浦江等考核水体39个点位浮游动物群落结构、大型底栖动物物种数、浮游植物、着生藻类等指标的监测，共采集样品540余份。强化全流程质控管理，确保数据规范、有效、可溯，监测鉴定质量均顺利通过总站评审抽查。积极开展太湖流域水生态评估，编制2022

年、2023年太湖流域水生态评估报告，梳理问题清单，并赴上海市等地开展调研帮扶，督促地方因地制宜、扎实开展水生态保护修复工作。顺利完成太湖、淀山湖-元荡水华、水生植被遥感地面核查。做好评分细则宣贯解读，编报《维护水生态系统健康，营造“清水绿岸，鱼翔浅底”的良好生态环境》解读材料并在生态环境部微信公众号发布，组织开展太湖流域水生态考核监测技术培训，不断增进水生态考核社会共识。（申 傲）

【启动2023年望虞河引江济太应急调水】 4月太湖流域降雨量37.6毫米，较常年偏少近五成。4月20日，江苏省人民政府办公厅向太湖流域管理局发函，申请实施望虞河引江济太调水。太湖流域管理局高度重视，迅速商江苏省、浙江省、上海市水利（水务）厅（局）编制《2023年望虞河引江济太应急调水方案》。4月25日8时太湖水位3.11米，为近十年同期最低。根据预测，近期太湖流域无明显降雨过程，预计太湖水位将进一步降低。为保障近期流域供水安全，4月25日太湖流域管理局正式启动望虞河引江济太应急调水。（钱傲然）

【启动2023年冬季望虞河引江济太调水】 10月以来，太湖流域累计降水量55.4毫米，较多年同期偏少超五成，太湖水位呈不断下降趋势。11月27日，江苏省人民政府办公厅向太湖流域管理局发函，申请实施望虞河引江济太调水。为维持太湖冬季水位、促进水体流动保障太湖水源地供水安全，太湖流域管理局高度重视，迅速组织编制《2023年冬季望虞河引江济太调水方案》，征求江苏省、浙江省、上海市水利（水务）厅（局）意见后，于11月29日启动本次引江济太调水。（孙永飞）

【太湖流域调度协调组全体会议】 3月16日，太湖流域调度协调组全体会议在北京召开。水利部党组书记、部长李国英主持会议，水利部副部长王道席、生态环境部副部长翟青、上海市副市长张小宏、江苏省副省长王晖、浙江省副省长李岩益出席会议并讲话。会议强调，要全面贯彻落实党的二十大精神，准确把握太湖流域多目标统筹调度面临的新形势新任务，以“时时放心不下”的责任感，扎实做好各项工作。要坚持流域一盘棋，按照《太湖流域洪水与水量调度方案》，科学实施多目标统筹调度，全力保障流域防洪安全、供水安全、生态安全。要全面检视国务院批复的太湖流域防洪规划实施情况，积极推进治太剩余项目建设，加快完善流域防洪工程体系，扎实做好新一轮防洪规划修编。要充分发挥太湖流域省级河湖长联席会议机制作用，认真落实《太湖流域水环境综合治理总体方案》，有序推进流域水环境综合治理，维护太湖健康生命。要加快构建具有预报预警预演预案功能的数字孪生太湖，提升流域治理管理数字化、网络化、智能化能力和水平。要弘扬流域团结治水优良传统，健全用好调度协调机制，凝聚流域统筹调度合力。发展改革委、生态环境部、住房和城乡建设部、交通运输部、水利部、农业农村部、气象局等调度协调组成员单位有关负责人员，调度协调组办公室有关人员参加会议。（邵潮鑫、杨文杰）

【太湖流域调度协调组办公室第三次全体会议】 5月25日，太湖流域调度协调组办公室第三次全体会议以视频方式召开。调度协调组办公室主任、太湖流域管理局局长主持会议，调度协调组办公室、上海市人民政府，江苏省人民政府、浙江省人民政府、生态环境部太湖流域东海海域生态环境监督管理局有关领导出席会议并讲话，调度协调组办公室、太湖流域管理局有关领导作工作报告。会议强调，各成员单位要按照调度协调组第二次全体会议决策部署，各司其职、密切配合，全力做好有关工作。一要聚焦“四水”安全保障抓调度，二要聚焦硬基础软实力抓建设，三要聚焦河湖生态复苏抓治理，四要聚焦调度重要问题抓研究，努力让太湖更加安澜、更加美丽，助力流域经济社会高质量发展。调度协调组办公室全体成员或代表，太湖流域管理局有关领导出席会议。上海市青浦区、嘉定区，江苏省苏州市、无锡市、常州市，浙江省杭州市、嘉兴市、湖州市等地市（区）水利（水务）局负责人员应邀参加会议。（张 昊）

【2023年太湖流域片省级河湖长联席会议全体会议】 8月10日，2023年太湖流域片省级河湖长联席会议全体会议以视频形式召开。会议深入贯彻习近平生态文明思想和习近平总书记关于治水的重要论述精神，全面落实党中央、国务院决策部署，分析研判太湖流域片河湖长制工作面临的新形势、新任务、新要求，部署下阶段各项工作任务。联席会议轮值召集人、浙江省省长王浩，水利部副部长朱程清出席会议并讲话。江苏省副省长夏心旻、浙江省副省长李岩益、上海市副市长张小宏，以及福建省、安徽省人民政府代表作交流发言。联席会议常务副召集人、太湖流域管理局主要领导主持会议并作工作报告。（王逸行）

【太湖淀山湖湖长协作机制总结会议】 2月6日，太湖流域管理局在浙江省杭州市召开太湖淀山湖湖长协作机制总结会议，总结交流《太湖淀山湖湖长协作机制2022年度工作方案》落实情况，研究谋划下阶段工作，2022年轮值方浙江省河长办与2023年轮值方上海市河长办进行了交接，进一步推动机制走深走实。太湖流域管理局、江苏省河长办、浙江省河长办、上海市河长办有关领导出席会议并讲话，太湖流域管理局和两省一市河长办部门负责人员和有关人员参加会议。（王逸行）

【太湖淀山湖湖长协作机制工作会议】 3月14日，太湖流域管理局在上海市青浦区召开太湖淀山湖湖长协作机制工作会议，进一步研究推进太湖、淀山湖区域和长三角生态绿色一体化发展示范区河湖长制工作，审议机制年度工作方案。与会代表查看了淀山湖、元荡岸线贯通工程现场，考察了示范区规划展示馆，青浦区、昆山市、吴江区、嘉善县等地分别签订了《青昆吴嘉深化联合管护工作协议》《元荡跨界幸福河湖暨国家水土保持示范工程联合创建协议》等共建协议，青浦区介绍了联合河湖长云工作平台阶段成果，示范区执委会介绍了示范区有关工作情况，全体代表共同审议通过了《太湖淀山湖湖长协作机制2023年工作方案》。太湖流域管理局、江苏省水利厅、浙江省河长办、上海市河长办有关领导出席会议并讲话，太湖流域管理局、两省一市河长办、示范区执委会、有关县（市、区）河长办负责人员和相关人员参加会议。（王逸行）

【太湖流域省际边界地区水葫芦联合整治专项行动】 10月17日，太湖流域管理局在上海市青浦区组织召开2023年太湖流域省际边界地区水葫芦联合整治专项行动现场会，座谈交流水葫芦防控经验做法，分析研判近期防控形势，研究部署下阶段防控工作，启动2023年“清剿水葫芦，美化水环境”联合整治专项行动。会议指出，2023年各地继续发扬风格、团结协作、强化联防联控，多措并举，抓早抓小，流域省际边界地区主要河湖水葫芦发生情况明显好于往年。会议强调，要在前阶段防控的基础上，扎实开展联合整治专项行动，坚决守牢关键时期防控底线，积极推进水葫芦资源化利用，努力营造良好舆论氛围。与会代表还现场查勘了省际边界河道水葫芦联合防控情况。江苏省、浙江省、上海市水利（水务）厅（局）、河长办分管领导及相关部门负责人员，长三角生态绿色一体化发展示范区执行委员会、上海市绿化和市容管理局相关部门负责人员，苏州市、湖州市、嘉兴市、青浦区、金山区水利（水务）局、河长办分管负责人员，吴江区、昆山市、南浔区、嘉善县、平湖市水利（水务）局分管负责人员参加现场会。（吴亚男）

【太湖流域省际边界地区水葫芦联合防控现场巡查】 为深入推进太湖流域省际边界地区水葫芦联合防控，美化省际边界地区水生态环境，服务办好第六届中国国际进口博览会，9月26—27日，太湖流域管理局联合江苏省、浙江省、上海市水利（水务）厅（局）、河长办等单位相关部门开展太湖流域省际边界地区水葫芦联合防控现场巡查。联合巡查组沿着青浦、嘉善、金山、平湖、吴江、南浔等省际边界地区，详细查看太浦河上海段、俞汇塘浙江段、胥浦塘、广陈塘、江南运河、頔塘浙江段等省际边界河流水葫芦防控情况，听取地方关于水葫芦生长情势、打捞情况、人员经费投入、跨域联合防控、智慧化防控手段运用、水葫芦处置和资源化利用主要做法、存在问题等情况介绍，并进行现场交流讨论。苏州市、嘉兴市、湖州市、青浦区、金山区水利（水务）局、河长办，以及吴江区、嘉善县、平湖市、南浔区水利局等部门单位有关负责人员参加各自区域内的现场巡查。（陆志华）

【2023年太湖、太浦河重要饮用水水源地供水安全保障座谈会】 5月5日，太湖流域管理局以视频方式组织召开2023年太湖、太浦河重要饮用水水源地供水安全保障座谈会。会议指出，2022年太湖流域管理局及江苏、浙江、上海两省一市有关部门单位坚持以人民为中心，紧紧围绕太湖、太浦河重要饮用水水源地供水安全，团结协作，深入推进水污染防治、水资源配置、监测预警、蓝藻防控、信息共享等工作，有力保障了流域人民饮水安全，为长三角一体化高质量发展提供了坚实的供水安全保障。会议强调，当前流域重要饮用水水源地供水安全保障仍存在风险隐患，要坚持底线思维，未雨绸缪，高质量做好流域供水安全保障工作。要协同推进水源地管理保护，加强供水应急能力建设，扎实做好水量水质监测预警，强化蓝藻水华科学防控，实施流域多目标统筹协调调度，继续发挥好太浦河水资源保护省际协作等机制作用，确保流域重要饮用水水源地供水安全。生态环境部太湖流域东海海域生态环境监督管理局，江苏省、浙江省、上海市，无锡市、苏州市、湖州市、嘉兴市，青浦区、吴江区、嘉善县水利（水务）、生态环境主管部门，太湖、太浦河重要饮用水水源地管理部门及相关水厂代表参加会议。（徐　进）

【2023年太湖流域片重要河湖生态流量保障工作交流会】 2月10日，太湖流域管理局组织召开了2023年太湖流域片重要河湖生态流量保障工作交流会。会议要求，2023年流域片重点河湖生态流量保障工作要锚定“从优到精，提质增效”目标，进一步提升生态流量监管规范化、精细化、智慧化水平，擦亮美丽河湖生态底色。一是做强存量。认真落实印发的生态流量保障实施方案，更加精准、科学、高效地做好重点河湖生态流量监测、预警、调控和监管等工作，完善生态流量保障信息系统功能。二是做优增量。高质量组织完成流域片已建水利水电工程生态流量核定与保障先行先试工作；总

结凝练流域内外经验做法，强化对流域片生态流量保障的指导。三是激活变量。积极打造山区型和平原型河湖生态流量保障典范样本，以点带面，形成规模化效应；探索开展生态流量保障效果评估、生态流量目标与生态保护对象响应关系等前瞻性研究工作。江苏省、浙江省、上海市、安徽省、福建省水利（水务）厅（局）水资源管理部门，国家电网有限公司华东分部，杭州市、丽水市、南平市、宁德市、黄山市水利局，建德市、淳安县、庆元县、松溪县水利局，新安江水电站、庆元县马蹄岙水电有限公司负责人员及代表等参加了会议。（陈俊颖）

【出台太湖流域片河湖生态流量保障指导意见】 12月20日，太湖流域管理局会同江苏省、浙江省、上海市、福建省、安徽省（水务）厅（局）联合印发《关于进一步做好太湖流域及东南诸河河湖生态流量保障工作的指导意见》。《指导意见》指出，要坚持问题导向、系统观念，分区分类施策，加快构建完善河湖生态流量保障目标体系、监测预警体系，打造全链条生态流量监管模式，深化多部门协同联动工作机制，不断提升生态流量保障信息化、智慧化水平和“四预”能力，着力维护河湖生态系统健康生命。《指导意见》提出，到2025年，流域片重点河湖生态流量目标体系基本建成，跨区域跨部门生态流量保障协调机制建立健全，创出一条具有太湖特色的丰水地区生态流量保障工作之路。到2035年，流域片重点河湖生态流量目标体系进一步完善，更好满足人民美好生活需要，流域片全面建成与中国式现代化进程相适应的精准监测、科学预报、高效调度、有序取用、智慧管控的生态流量保障工作体系，重点河湖考核断面生态流量达标率进一步提高。（王潇潇）

【推进太湖流域内生态清洁小流域建设座谈会】 4月13—14日，太湖流域管理局在上海组织召开推进太湖流域内生态清洁小流域建设座谈会。水利部水土保持司有关领导到会指导，太湖流域管理局有关领导主持会议，江苏省、浙江省、上海市、福建省、安徽省（水务）厅（局）有关领导出席会议并讲话。会议强调，一要提高政治站位，抢抓历史机遇，将生态清洁小流域建设作为小流域综合治理提质增效的重要抓手，真抓实干，久久为功；二要加强基础支撑和机制创新，在省级层面持续打造水土保持高质量发展先行试点，在补齐短板、强化部门协同、发挥乡镇政府积极性、社会参与等方面下更大的力气，取得更大的突破；三要做好经验总结和推广，进一步梳理总结生态清洁小流域建设的经验做法，打造更多典型样板，做好更多案例分析，持续发挥太湖流域内生态清洁小流域建设的示范引领作用。太湖流域管理局、四省一市水利（水务）厅（局）水土保持部门、有关县（市、区）典型样板单位、技术支撑单位负责人员和相关人员参加了会议。会议期间，与会代表现场考察了上海市金山区水库村、浦东新区张家浜村、张江镇新丰村3个各具特色的生态清洁小流域，对上海市以生态清洁小流域建设为主要抓手推进绿色城市建设的先进经验做法予以赞扬。（冯昶栋）

【太湖流域片水土流失联防联控联治工作机制】 为强化太湖流域片水土保持工作统一规划、统一治理、统一管理、统一监测，太湖流域管理局与流域片江苏、浙江、上海、福建、安徽省级水行政主管部门达成共识，牵头建立了太湖流域片水土流失联防联控联治工作机制，并于12月19日印发《太湖流域片跨区域水土流失联防联控联治工作机制（试行）》。《工作机制》旨在构建完善流域与区域、区域与区域之间水土流失联防联控联治工作格局，研究部署流域片水土保持重大事项、协调解决重大问题，协同开展水土流失预防保护、综合治理及水土保持监管、监测，推进水土保持规划落实，统筹推进流域区域水土保持高质量协同发展。（冯昶栋）

土壤与地下水污染防治

【土壤污染防治情况】 全年，市生态环境局扎实推进土壤污染防治工作，打好净土保卫战。一是两个安全利用率持续巩固，受污染耕地和重点建设用地安全利用率预计可实现两个100%目标。二是出台《上海市土壤污染防治条例》，为推进土壤污染治理体系和治理能力现代化提供法治保障。三是土壤污染防治先行区建设稳步推进，土壤污染防治综合监管平台投入试运行。四是提前完成优先监管地块年度目标任务，完成重点单位“回头看”，2个源头管控试点项目顺利推进。五是地下水污染防治进一步强化，完成7家危险废物/生活垃圾填埋场和14个园区地下水污染调查。（赵　方）

【地下水污染防治情况】 2023年，市生态环境局进一步强化地下水污染防治。一是完成14个涉化工类、金属制品类行业工业园区地下水环境状况调查评估，进一步摸清地下水污染风险。二是完成97个内部加油站储油罐改造，防止加油站对周边地下水污染风险。三是持续推进全市废弃监测井封井回填，避免地下水串层污染，已累计回填废弃监测井246口。（秦　哲）

【建设用地安全管理】 2023年，市生态环境局会同市规划资源局印发《关于做好本市2023年重点建设用地安全利用率核算工作的通知》，更新《上海市建设用地土壤污染风险管控和修复名》和《上海市地下水污染场地清单》，督促各区规划资源部门严格重点建设用地管理，2023年上海市重点建设用地安全利用率为100%，筑牢土壤污染防治底线。（符 颢）

【开展土地综合整治】 2023年，市规划资源局落实《关于实施全域土地综合整治的意见》(沪府办〔2022〕13号)，锚定落实乡村振兴战略和整体实施规划的总体目标，全力推进“2＋8”全域土地综合整治试点实施，并细化落实自然资源部相关支持政策，研究谋划全市域开展土地综合整治。

一是整治工作初见成效。截至年底，松江泖港和金山廊下2个报国土资源部试点的郊野单元村庄规划和实施方案已经区政府批复，有序推进7类33个单体项目工程实施工作。青浦金泽、奉贤西渡等8个市级试点完成策划、规划设计和实施方案编制。以上10个试点项目初步整合了各类乡村建设项目367个，涉及农业农村、绿化市容、水务等各条线部门，以此带动汇聚各类资金281.2亿元，涵盖财政资金、金融资金、社会资本等；优化耕地和永农布局，整治区域范围内耕地和永农集聚度大幅提升，基本消除2亩以下耕地图斑，落实了一批区域发展和乡村振兴重点项目。

二是细化落实自然资源部支持政策。10月，自然资源部印发《关于支持上海深化自然资源领域改革创新意见的函》(自然资函〔2023〕615号，简称615号函)，同意在上海开展全域土地综合整治试点。11月14日，上海市副市长张小宏在市政府专题会上强调要深入学习“千万工程”经验，用足用好自然资源部支持政策，研究全市域开展土地综合整治的工作方案。根据自然资源部和市政府相关工作要求，市规划资源局细化落实部615号函的支持政策，计划按照“强化战略引领、完善政策机制、分类分层管控、精准计划执行”的原则，研究构建上海特色的全域土地综合整治工作路径。（符 颢）

固体废物与化学品管理

【龚正主持市政府常务会议研究“无废城市”建设】 1月9日，市委副书记、市长龚正主持召开市政府常务会议，强调按照市委部署要求，加快上海“无废城市”建设；推进电子化学品专区高质量发展；持续提升电梯安全保障水平。

会议原则同意《上海市“无废城市”建设工作方案》并指出，要深入贯彻落实党的二十大精神，以“无废城市”建设为切入点，加快探索超大城市可持续发展新范式。要优化完善顶层设计，切实强化工业领域绿色化改造，不断推进建筑垃圾综合利用、海洋生态综合治理，大力发展绿色农业，打造“无废城市”建设样板。要聚焦减污降碳协同增效，强化高位推动、市区联动和市外互动。要进一步强化能力建设，尽快补足处理能力缺口，推进区域固体废物利用处置能力共建共享。要进一步完善治理体系，鼓励企业积极开展绿色创新、推行清洁生产，提升治理能力，依托“一网统管”提升固体废物监管水平。

会议原则同意《上海电子化学品专区三年行动方案（2023—2025年）》并指出，建设电子化学品专区，关乎集成电路产业链韧性和高质量发展。要坚持创新发展，聚焦核心技术的攻关突破，合力打造全流程创新生态。要加强区域联动，紧盯产业发展需要，积极调整专区研发制造细分领域方向，不断完善仓储设施，强化战略储备。要营造良好环境，完善人才政策，加大支持力度，加快打造人才高地。此外，还要强化土地、金融等要素保障，为项目招引、安商稳商提供有力支撑。

会议原则同意《上海市电梯安全管理办法（修订草案）》并指出，上海在用电梯保有量达到30.4万台，持续位列全球城市之首，要进一步强化全链条、智能化管理，不断提升电梯安全保障水平。要压实各方责任，紧盯重点领域，不断加大安全投入、加强督促检查，切实提高安全水平。要提升监管效能，大力推进智慧电梯建设，加强风险监测预警，降低故障率。要强化隐患排查和治理，推动老旧电梯更新、改造和大修。要加强教育引导，强化电梯安全知识的教育与普及，引导公众安全文明乘梯。

（摘自《解放日报》2023年1月10日第2版）

【“无废城市”建设动员大会】 4月24日，上海市召开“无废城市”建设动员大会。会议按照高标准推进“无废城市”要求，部署全域“无废城市”建设工作。副市长刘多出席会议并讲话。

会议要求，要提高政治站位，充分认识开展“无废城市”建设的重要意义；要聚焦目标任务，推动高质量发展、高效能治理；要强化责任落实，形成“高位推动、上下联动、部门协作、齐抓共管”的工作格局。

（市生态环境局）

【生活垃圾分类减量推进工作联席会议】 4月19日，市政府召开市生活垃圾分类减量推进工作联席会议（扩大）会议，分管副市长、市分减联办召集人张小宏出席，市政府副秘书长、市分减联办副召集人主持，市分减联办各成员单位、各区政府、临港管委会及相关单位负责人参加，特邀市人大常委会城建环保委、市政协人资环建委负责人出席。各区分减联办成员单位、区街镇等相关部门负责人在各区分会场参会。（张李欣）

【生活垃圾分类实效和体系建设】 2023年，市绿化市容局加强顶层设计、强化社会动员，垃圾分类长效机制不断完善，资源化利用水平显著提高，末端设施处置能力全面提升，全年可回收物回收量7698吨/日，有害垃圾分出量2吨/日，湿垃圾分出量9443吨/日，干垃圾处置量17264吨/日，湿垃圾分出量基本稳定在干湿垃圾总量的35%。完善可回收物回收体系，建成32座“一区一品”示范型可回收物中转站，全市可回收物回收服务点、中转站基本完成“沪尚回收”视觉标识启用，全市生活垃圾回收利用率达到43%。全市居住区（村）和单位垃圾分类达标率稳定在95%以上。完成521座垃圾房改造和347个垃圾分类精品小区建设，《生活垃圾分类标志管理规范》获评上海市首届地方标准“十佳案例”。

嘉兴路街道住宅区垃圾分类（陈梦泽 摄）

全市共配置372辆可回收物回收车、134辆有害垃圾车、1801辆湿垃圾车及3517辆干垃圾车，巩固1.5万个可回收物回收服务点、205个中转站、14个集散场的可回收物“点、站、场”体系。

全年，市绿化市容局持续推进7座湿垃圾集中设施建设，宝山和浦东海滨项目全面建成投产。全市干垃圾焚烧和湿垃圾资源化利用总能力达到3.6万吨/日，持续实现原生生活垃圾零填埋。完成全市20座中转、处置设施湿垃圾品质智能监控系统安装，初步实现全市各区湿垃圾智能监管。（张李欣）

【垃圾源头减量】 全年，市绿化市容局持续推进可循环快递包装应用试点工作，本市主要品牌寄递企业循环中转袋使用率超过98%。持续落实旅游住宿业不主动提供一次性用品、餐饮服务业限制使用一次性餐具等措施。源头减量率达到4%。（张李欣）

【建筑垃圾、工程渣土管理】 2023年，实现全市220个街镇装修垃圾收运新模式全覆盖，居住区装修垃圾收运单位、收运价格信息“双公示”率达到95%。推广装修垃圾收运线上预约渠道，推出“装修垃圾预约收运”小程序。拓展土方消纳利用渠道，有序开展土方跨省转移利用，全面推进N1库区扩容。会同公安、城管等部门严厉打击建筑垃圾违法违规处置行为，持续加强工程渣土（泥浆）处置管理。完成浦东新区凯拓园林公司毁林等长江经济带生态问题整改。（张李欣）

新式装修垃圾清运车（林 敬 摄）

【船舶废弃物管理】 2023年，市绿化市容局总结“一江一河”水岸区域特点，聚焦滩涂、沿岸聚集垃圾污染重点，以“净滩头”“清弯头”为基础，优化水域保洁监管机制，提升精细化保洁水平，实现黄浦江、苏州河景观水域“水面垃圾零漂浮”。继续落实“源头防、上游控、下游保”的全流域防控措施，按照“市区联手、拦捞结合、关口前移、确保重点”的总体原则，积极“控源头”“捞苗头”“堵田头”，实现黄浦江、苏州河景观水域“水生植物零污染”。（张李欣）

【有序推进固体废物污染防治工作】 2023年，市生态环境局有序推进固体废物污染防治工作。一是“无废城市”建设落地生根。加快无废城市立法，出台本市工作方案，建立工作机制，启动固体废物数字化综合监管平台建设，出台“无废细胞”评估管理规程和5个评估细则。二是持续提升危险废物源头监管能力，对二千余家单位开展规范化环境管理评估。三是

“爱回收”智能回收机　（杨建正 摄）

完善危险废物豁免利用体系，核准豁免利用规模达11.876万吨/年。四是制订医疗废物应急收运处置保障预案并建设电子联单系统，保障全市医疗废物的收运和妥善处置。五是会同绿化市容等部门出台协同处置方案，畅通和规范可燃类一般工业固体废物协同处置渠道。（胡凤燕、李 驰）

【新污染物管理工作】 2023年，市生态环境局全面开展新污染物管理工作。一是制定和实施《上海市新污染物治理行动工作方案》，全国率先发布重点管控清单。二是建立市级跨部门协调机制和专家委员会。三是完成首轮化学物质统计调查，开展饮用水源地、近岸海域等新污染物环境监测和环境健康风险评估。（秦 哲）

【深入推进再生资源回收体系】 市商务委配合市绿化市容局等相关部门，依托再生资源回收与生活垃圾清运“两网融合”为抓手，加快推动再生资源回收利用体系建设。一是完善再生资源回收网络布局，构建可回收物“两网融合”体系。积极配合市绿化市容局深入推进“两网融合”点、站、场建设，以便利居民为原则，结合城市、农村不同特点，合理布局回收交投点和中转站。对已建成的“点站场”进行技术管理升级改造，提高生活垃圾回收资源化利用水平，提升服务能级，积极打造“点站场”建设2.0版本。二是培育可回收物回收主体企业，创新回收模式。培育了一批“互联网+回收”创新模式企业，居民可预约上门回收，实现线下交投与线上预约有机结合，通过智能化回收、标准化运输、专业化分拣，精准对接末端处置企业。爱回收在杨浦区、宝山区、虹口区共铺设了3200台智能回收机。每日回收可回收物超过300吨，其中52%是低价值可回收物品，末端处理的资源化利用率达到了99%。（朱 茜）

【加强危险废物经营单位环境安全管理】 10月，市固化管理中心制定并发布《危险废物经营单位环境安全检查规范》，进一步发挥行业自律，压实危险废物经营单位环境安全主体责任，组织危险废物经营单位开展生态环境领域有限空间隐患自查排摸及火灾等安全隐患排查工作，并抽取企业进行现场复核。（孙诗睿）

【危险废物经营许可证核发情况】 截至2023年底，上海市共有《危险废物经营许可证》持证单位38家，共核发《危险废物经营许可证》42张（含废铅蓄电池区域收集转运试点），年核准经营规模共计161.4万吨和218.5万只（洗桶），其中焚烧处置（含医疗废物）60.8万吨/年、填埋处置23.3万吨/年、物化处置26.0万吨/年、综合利用39.6万吨/年、集中收集11.7万吨/年。（杨立波）

医疗废物收运　（王 盛 摄）

【完成本市首轮化学物质环境信息统计调查】为贯彻落实国家和上海市新污染物治理行动有关要求，市固化管理中心根据国家和本市工作要求，组织开展上海市化学物质环境信息统计调查工作。联合上海交通大学开展培训和审核，累计开展市、区、街镇三级培训40余场次，覆盖7000余人次。经统计，2225家纳入国家调查系统，初步掌握了全市基本信息调查类物质、详细信息调查类物质、重点管控新污染物和公约履约类物质四大类化学物质环境信息。（王顺利）

【消耗臭氧层物质管理工作】2023年，市固化管理中心持续开展ODS备案，淘汰管控ODS物质。“含氢氯氟烃（HCFCs）销售和受控用途使用”“消耗臭氧层物质（ODS）维修、回收和销毁”两项备案共计143家企业通过审核并予以公示。大力开展保护臭氧层的社会宣传，做好制冷维修良好操作的培训工作，总计受众接近1000人次。推进涉ODS企业常态化监管，市区两级部门现场检查企业100余家次。（施珺洁）

【临港新片区全面启动无废城市建设】2023年，临港新片区积极推进落实《临港新片区“无废城市”建设实施方案》，全面启动推进固体废物基础设施建设工作。临港新片区实施方案共设置了50项“无废”指标。截至年底，工业危险废物产生强度、绿色建筑占新建建筑的比例、医疗废物收集处置体系覆盖率等17项已达到目标值。加强生态领域制度化建设，开展2023年度环保领军企业遴选工作，授予特斯拉（上海）有限公司和上海飞机制造有限公司为临港新片区环保领军企业称号。深化环评审批制度改革，研究规划环评标准、排放标准与豁免项目管理衔接，优化排污许可审批工作，提供便捷审批通道。推进万祥园区上海市分类分级、园区集成审核创新试点、国家简易清洁生产审核创新试点创建工作。全国首创环评、水保方案、排污许可、排水许可“两评两证”综合审批改革。试点开展小微企业危险废物收集平台工作，切实解决小微企业的危险废物收运难问题。完成60辆氢能源渣土车推广，累计行驶里程达150万千米。（宋逸豪）

噪声污染防治

【2023年噪声污染防治工作情况】2023年，市生态环境局编制《上海市噪声污染防治行动方案（2024—2025年）》（送审稿），结合规划布局优化加强噪声源头管理，推进噪声污染防治协同联动，印发实施《〈中华人民共和国噪声污染防治法〉部分条款部门职责分工方案》，进一步明确部门分工，分类推进社会生活等4类噪声污染防治。（盛　涛）

【加强规划与噪声源头管理】2023年，上海市在制定或修改国土空间规划、交通运输规划和相关规划及开展规划环评等工作中，结合规划布局优化，将声环境影响及噪声污染防治要求纳入其中，在前期规划层面降低噪声影响；在交通基础设施选线选址及项目环评等相关工作中，考虑距离控制、低噪声路面、声屏障、隔声窗等措施防治噪声污染，并在环评审批中要求严格落实各项措施要求；加强市场监管，市市场监督管理局对吸油烟机等20类家用电器产品噪声开展了监督抽查；在推广先进技术方面，市经济信息化委等部门鼓励建筑工地使用《低噪声施工设备指导名录（第一批）》中涉及的低噪声施工设备，目前已开展2类挖掘机的推广应用。在《关于全面推进美丽上海建设　打造人与自然和谐共生现代化国际大都市的实施意见（送审稿）》中纳入噪声污染防治相关内容。6月，完成上海市声环境功能区划分情况评估工作。（盛　涛）

【加强工业噪声源监管】市生态环境局结合环评审批、排污许可证管理，加强对工业噪声源的监管，对噪声排放超标的工业企业进行立案处罚，帮扶指导、督促排放噪声的相关企业和其他生产经营者落实噪声污染防治主体责任，切实采取减振降噪措施，加强工业园区噪声管控。2023年10家企业因噪声污染受罚，处罚金额36.04万元。9月29日，生态环境部印发《关于开展工业噪声排污许可管理工作的通知》后，上海市共1579家工业企业将工业噪声纳入排污许可管理，其中97家核发排污许可证、1482家开展排污许可登记。（盛　涛）

【建筑施工噪声污染防治】2023年，上海市继续对房屋类建设工地夜间施工实行“做3休1”及当月施工累计不超过12天的总量控制要求，各区生态环境部门开具施工工地夜间施工证明2013次，交通部门开展涉路类工程夜间施工备案86次；加强施工噪声监管与处罚，共处罚案件438件、处罚金额726.14万元；安装噪声自动监测系统，2023年新安装噪声自动监测系统3099套，截至年底合计6071套系统在用。（盛　涛）

【交通运输噪声污染防治】2023年，上海市相关职能部门加强协作，在各自领域开展交通运输噪声污染防治工作。市公安局持续开展道路交通违法行为大整治行动，共查处机动车违法鸣号8905起，其中“电子警察”设备（现有18套）查处机动车违法鸣号

658起；会同生态环境部门，现场查获机动车噪声超标“闯禁”，以及拆除或者损坏消声器、加装排气管237起，其中摩托车160起。市交通委、申通集团、铁路局及各区相关部门针对城市公路、道路、铁路、轨道交通等工程，铺设低噪声路面［沥青玛脂碎石混合料（SMA）路面、高韧超薄沥青路面等］面积214.03万平方米，公路、道路、铁路、轨交的声屏障安装长度分别为19155延米、32793延米、27624延米、23610延米，公路、道路两侧安装隔声窗面积分别为2900平方米、1207平方米，针对飞机噪声安装隔声窗2251平方米。市生态环境局对70条主要道路每月监测2次鸣号率，对机动车和非机动车禁鸣效果的监测已转入常规监督监测。（盛　涛）

【社会生活噪声污染防治】 强化社会生活噪声管控，加强对信访矛盾突出的社会生活噪声源的监督管理，倡导公民通过规约等方式参与环境管理，推进噪声社区自治。2023年全市社会生活噪声处罚案件数51件、处罚金额62.21万元；公共场所新增噪声自动监测设备或显示屏8套。（盛　涛）

【圆满完成“绿色护考”任务】 为维护中高考期间考场及周边良好的复习迎考环境，市生态环境局发布《上海市生态环境局关于2023年高考、中考期间禁止建筑施工作业有关安排的通知》，对高、中考期间的建筑施工作业时间、噪声污染控制和管理提出明确要求，联合市教委、市住建委、市交通委、市公安局、市城管执法局等部门在全市范围内开展“绿色护考”专项行动。全年对中考、高考（春、秋季）、自考、研考、成考、国家司法考试等30余次重大考试实行绿色护考，涉及1420个考点共192.5万名考生。中高考复习迎考期间（考前一周）禁止全市范围内的夜间施工，考试期间考场周边100米范围内禁止从事产生高噪声的施工作业。市、区生态环境部门与教育部门派驻工作人员联合开展绿色护考，生态环境部门与城管执法部门联合组织工地巡查、开展工地噪声夜间执法，快速处置噪声扰考事件，为广大考生提供良好的复习和考试环境。（盛　涛）

【交通噪声和社会噪声的监督管理】 2023年，全市各级公安交警部门持续加强城市主干道、快速路、居民小区等机动车非法改装及噪音扰民行为高发、多发区域的执法管理力度。年内，全市共计查获机动车噪声超标“闯禁令”交通违法行为62起。无相关信访件。（李诗杨）

【机动车违法鸣号执法管理】 2023年，公安交警部门围绕S20外环线以内及其他禁鸣喇叭的区域，持续加大机动车违法鸣号日常严管力度。年内，全市共查获机动车违法鸣号8905起，其中，“电子警察”非现场查获658起。（李诗杨）

【道路噪声污染防治】 2023年，按照市交通委《关于建立健全城市道路交通噪声治理长效工作机制的实施意见》（沪交科函〔2020〕905号），各责任单位认真排查列入2023年整改计划的10项道路交通噪声整治任务，截至年底，完成高速公路9项整改。道路部门会同信访部门，全面梳理排摸道路交通噪声敏感点，按照“涉及热线信访，距离在70米以内，由近到远逐步整治”的原则，排摸制定2024年全市道路交通噪声第四批整治计划4项。（蔡作章）

辐射环境污染防治

【严格开展监督检查】 2023年，市、区两级生态环境部门共开展辐射环境执法检查3184家次，严格落实γ射线移动探伤首次作业现场检查、一类放射性物品启运前的监督检查，开展医疗机构专项帮扶执法，完成辐射类建设项目事中事后及自主验收专项核查、年度评估报告复核及国家库三期升级数据校核，配合生态环境部、工业和信息化部、市场监管总局完成上海市通信基站电磁辐射环境监测核实，与市市场监管局首次联合开展辐射类监测社会化服务机构专项监督检查。从严查处违法违规行为，严格督促企业规范开展辐射安全管理及环保手续履行工作，全年共计作出责令整改133件，立案93件，处罚74件。（贺佳婕）

【强化高风险源监管】 市生态环境局持续加大重点风险源监管力度，发布《关于进一步规范本市高风险移动放射源在线监控工作的通知》及配套团体标准《上海市高风险移动放射源在线监控系统技术规范》（T/SHAEPI008-2023），充分发挥在线监控技术在高风险源管理中的预警和监控作用，推进全市高风险移动放射源管理平台运行深化。组织开展夜间突击检查及高风险源平台使用情况专项调查，重点关注相关单位源库与平台账物一致情况、设备运行情况，抽查探伤作业备案与实际作业情况是否相符等，依托高风险源在线监控平台，提升管理能级，落实企业主体责任，防范环境安全风险。（贺佳婕、陆　静、李　辉）

【积极开展调查研究】 全年完成上海市“十四五”核安全与放射性污染防治规划中期评估，并开展中长期规划研究。加强部市协同、沪滇合作、一线调研，完成上海市水环境中典型人工核素抽样调查、生物医药行业放射性废物管理优化措施研究、上海市核技术利用项目审批审评规范化体系等研究。加强成果转化，印发《上海市放射性废物豁免及解控管理要求（试行）》，规范放射性废物分类处置。（贺佳婕）

【不断完善辐射应急管理体系】 2023年，市生态环境局修订发布《上海市处置核与辐射事故应急预案》，进一步完善部门职责和响应程序。组建第二支辐射应急保障队伍，初步构建政府应急力量为主、社会化力量为补充的辐射安全应急体系；联合海关开展上海口岸核辐射突发事件应急处置演习。完成全市辐射环境监测与应急工作自评估，评估结果表明，全市监测与应急能力基本符合相关要求。护航第六届进博会、第十九届亚运会、第四届亚残运会等重大活动顺利召开。（贺佳婕、曹　娟）

【持续跟踪福岛核污染水排海动态】 2023年，市辐射环境安全技术中心运用核安全工作协调机制，强化风险研判与协调联动，开展全市陆域环境水体、潮滩环境辐射专项调查，做好全市近海海域样品分析及近岸海域海水与海洋生物采样分析。（贺佳婕）

【放射性废物收贮和废物库安全管理】 2023年，市辐射环境安全技术中心全年共收贮放射性废物（源）单位17家次，收贮Ⅳ、Ⅴ类放射源共37枚，收贮放射性废物共318千克。收贮工作过程规范，收贮文件记录完整明晰，国家库收贮信息维护及时。实施城市放射性废物库技防设施常态化维保，维保覆盖脉冲电子围栏、振动报警光纤、红外装置、监控视频等关键设备，确保安防系统始终有效运行。实施城市放射性废物库防汛排水系统维保，确保库区防涝符合要求并有一定冗余。完成城市放射性废物库安防系统反恐达标升级改造并验收通过。（黄　华）

【核技术利用分类分级管理评估】 2023年，市辐射环境安全技术中心分类梳理全市核技术利用单位辐射安全管理工作情况，积极探索对部分低风险活动、较安全行业实施简化管理的思路。按照“减审批、强监管、优服务”的工作理念，提出针对上述情况在许可审批、日常管理、现场监管等方面的优化措施的建议，形成《关于本市核技术利用分类分级管理情况的评估报告》。（陆　静）

【推进核技术利用放射性废物解控】 2023年，市生态环境局印发《上海市放射性废物豁免及解控管理规定（试行）》，指导上海市核技术利用单位履行放射性废物最小化的主体责任，对产生的豁免水平和极短寿命放射性废物依法依规处置，促进全市核技术利用行业健康发展，降低环境辐射风险。

（贺佳婕、张　轶、李　辉）

【持续做好辐射应急工作】 2023年，市辐射安全中心联合上海海关、国核电站运行技术服务有限公司开展上海口岸核辐射突发事件应急处置演习，完成数起疑似放射性物质排查处置。做好应急值守备勤，护航第六届进博会、第十九届亚运会、第四届亚残运会等重大活动顺利召开。（贺佳婕、曹　娟）

重点区域环境综合整治

【金山地区环境综合整治】 2023年是第三轮金山地区环境综合整治的收官之年。完成上海天坛助剂有限公司等4个产业结构调整项目；完成上海石化百吨级高性能碳纤维装置项目等5个产业升级项目；完成上海中石化三井弹性体有限公司火炬系统精细化管理等7个污染治理项目；完成金山区漕泾镇东海港水质提升项目、枫林镇镇村级河道综合治理等2个河道整治项目（约11.3千米）；完成金山区198区域减量化1个区域环境治理项目；完成金山区漕泾郊野公园建设、奉贤区柘林镇楚华路（观工路—科工路）等四条道路绿化建设等18个生态建设项目（新建/提升改造防护林、绿化、公园合计4.62平方千米）；完成漕泾镇农民相对集中居住项目等3个搬迁安置项目；完成金山区新江水质净化二厂二期扩建工程、奉贤区湿垃圾资源化处理中心建设（基本完成土建）等6个基础设施建设项目；完成金山区智慧平台深化建设、奉贤区环保领跑者示范、上海化工区环境综合监管系统数字化转型升级、上海石化探索特征污染立体式和网格化监测等21个能力建设项目。金山地区生态环境显著改善，环境信访投诉持续下降，群众获得感明显提升。（唐　炜）

市重大环境工程建设

【市生态文明类重大项目提前完成】 2023年，全市生态文明类项目累计完成投资152.1亿元，完成年初计划的116.8%，全部项目在11月提前完成年初投资计划。泵站调蓄工程、白龙港污水处理等项目有序推进，超额完成年初计划；迎宾、居家桥水厂等计划外项目年中实现提前开工，贡献实物工作量产值。开竣工方面，白龙港污水调蓄按期开工，原水西环线南段、黄浦江中上游堤防能力提升、横沙浅滩3个预备项目提前实现开工；竹园污水厂四期、污水南干线、竹白连通管3个项目按计划建成，植物园北区提前建

竹园白龙港污水连通管全线贯通　　（市水务局　提供）

成并开园运营。　　（沉　默）

【水务重大工程基本建成情况】 2023年，市水务重大工程基本建成17个子项，参照市重大工程推进项目基本建成2个子项。具体内容详见下表。

2023年市水务重大工程项目基本建成情况表

月份	项数	项目名称
6月	2项	嘉定区污水厂污泥资源化利用项目
		南干线改造工程项目
8月	1项	界河（北横引河—界河北闸）河道整治工程
11月	2项	冬涟河（蓝云港—东港大道南侧630米）河道整治工程
		四滧港河道整治工程
12月	12项	物奉2#雨水泵站新建工程
		保税3#雨水泵站新建工程
		保税4#雨水泵站新建工程
		物奉4#雨水泵站新建工程
		堡镇污水处理厂扩建工程
		新河污水处理厂扩建工程
		青浦区蓝色珠链水环境综合整治工程（一期）
		曲阳污水厂初期雨水调蓄工程
		竹园第一、第二污水处理厂提标改造（升级补量）工程（含调蓄池）
		竹园污水处理厂四期
		竹园白龙港污水连通管工程
		花木1#初雨调蓄池建设工程

2023年参照市重大工程推进项目基本建成情况表

月份	项数	项目名称
10月	1项	上海临港滨海海洋生态保护修复项目
12月	1项	彭越浦泵站修缮工程

（吴天依、倪周晶、顾施嘉）

市容环境卫生整治

【重大活动市容保障】 市绿化市容局以“整洁、有序、温馨、安全、美观”为标准，全力实施环境清洁、难点整治、规范管理、美化提升、示范引领等5大类20项重点工作，推进各委办局及重点企业完成任务74项，各区完成保障任务2439项（整治工程类1994项，管理类445项），完成市级平台各类市容环境问题整改3135项（其中紧逼督办问题503项），圆满完成长三角一体化发展座谈会、国庆、第六届进博会等重要时段和重大活动期间市容环境保障工作。（张李欣）

【景观照明建设】 市绿化市容局编制完成《上海市景观照明规划（2024—2035年）》。完成徐家汇、南京东路、南京西路和小陆家嘴等市级重要商圈，苏州河普陀段、静安段88栋楼宇，以及沿岸昌平路桥等14座桥梁景观照明提升改造。指导“上海静安国际光影节”成功举办。全市高效节能灯具使用率达93%以上。（张李欣）

【市容专项工作】 2023年，全市建成103个“美丽街区”，总数累计达657个，覆盖率约41%。设置优化5339处公共空间休憩座椅，全市已累计完成2.1万余处公共空间休憩座椅优化提升工作。（张李欣）

【市容环境治理】 市绿化市容局推动全域门责管理，组织每月15日“城市环境清洁日”活动，针对接合部、“三无”通道等市容环境问题高发区域，累计实施了121处薄弱区域的市容环境治理。完成了65个撤制镇市容环境治理。开展36个市容环境综合管理达标和示范街镇复查、19个市容环境综合管理达标和示范街镇创建工作。（张李欣）

【户外广告招牌设置管理】 市绿化市容局编制印发《上海市户外广告设施设置实施方案编制导则》《苏州河滨水公共空间户外招牌设置导则》，完成《户外招牌设置技术规范》等3项地方标准修订工作。深化户外广告设施管理，指导16个区和临港新片区完成户外广告设施实施方案编制，支持在重要商圈设置3处新型户外广告。加强户外招牌审批（备案）管理，户外招牌审批（备案）率达到60%以上。持续开展违规户外设施综合治理，市级督办整治户外广告、户外招牌1340块，督促整改违规设置临时户外广告设施7335处（块）。评选40条户外招牌特色道路（街区）。（张李欣）

【水域环境整治】 2023年，市绿化市容局坚持问题导向，综合施策，以“管船头”为原则，积极推进船舶废弃物监管系统使用，利用信息化手段开展检查；会同市交通委、上海海事等相关部门深化联合监管；制作《船民服务手册》等宣传资料，在日常监管工作中进行发放、宣传，不断提升船舶污染物收集效率，全面完善船舶污染物监管体系。（张李欣）

【道路保洁】 市绿化市容局开展常规道路“大清扫、大冲洗”集中行动及城市深度清洁专项行动。创建62个高标准保洁区域，在已建成的208个高标准区

第六届进博会场馆周边铁路沿线绿化　（林　敬　摄）

道路保洁车　　（林　敬　摄）

域展示牌上增加“二维码”扫描功能，实现机扫率100%、冲洗率98%。（张李欣）

【洗车行业管理】 全市清洗场（站）总数3612家，备案率达到93.24%，打造“优+”示范级清洗场站20家；全市节水洗车点位达317个，24小时全天“共享自助洗车”点位达上百处；开展节水洗车宣传活动16场；开展联合执法检查81次；加强车容船貌综合管理机制建设，共监测机动车辆60498辆次，车容车貌整洁率为93.59%。（张李欣）

【环卫公厕】 全年上海市累计新建环卫公厕24座、改建121座，新配建第三卫生间公厕91座，第三卫生间累计建成800余座，配置比例达27%；1059座环卫公厕实行24小时开放，较2022年同期增长逾1倍，另有44座环卫公厕延长开放时间（开放时间超过17个小时）；完成227座环卫公厕适老化、适幼化改造，每个区打造1座样板公厕。（张李欣）

【最美公厕评选】 由市绿化市容局、市文化和旅游局、市精神文明办主办的“2023年寻找上海‘最美厕所’”活动日前揭晓。经过社会推荐、行业申报、市民投票、专家评审等程序，虹口区奎照路公厕、黄浦区广场公园公厕、金山区花开海上太空舱厕所等30座厕所当选2023年上海“最美厕所”，古楼公路转角公厕、长宁新页书房非遗主题馆盥洗室、曹家渡绿岛公厕等10座厕所当选2023年上海“特色厕所”。（张李欣）

嘉定区远香湖路塔秀路南东侧公共厕所　　（孙中钦　摄）

【渣土车抛洒滴漏污染路面整治】 为了进一步遏制渣土车抛洒滴漏污染路面行为，减少土方车对环境和道路的污染和破坏。全市交通部门在入口收费站开展对满载土方车开展查验工作的试点。嘉定、宝山区域自2023年9月开始至2024年1月，对4轴无重量货车进行拦截查验，共发现渣土车8647辆，其中劝返、自行撤离8553辆，现场通知执法部门处理67辆，车辆闯关27辆。（蔡作章）

上海环境年鉴

生态环境建设与保护

城市生态建设

【海绵城市建设】 2023年，市住建委完善海绵城市建设管控机制，统筹推进“+海绵”项目建设落地，全年城市建成区新增57.7平方千米，达到海绵城市建设要求，建成100余个海绵示范工程项目。（王　烨）

【绿化林业建设概述】 2023年，上海市绿化林业建设成效显著，全年新增森林面积45.2平方千米，全市森林面积达到1285.2平方千米，森林覆盖率18.81%。环城生态公园带加快建设，绿色空间稳步拓展，绿地开放共享全力推进，绿化“四化”(绿化、彩化、珍贵化、效益化）水平稳步提高，道路绿化景观全面提升。新建绿地10.44平方千米、绿道231千米、立体绿化43万平方米。完成生态公益林抚育任务23.33平方千米，建成61个开放休闲林地。（张李欣）

【绿地建设】 2023年，上海市扎实推进绿地建设，全年共新建绿地10.44平方千米。如以“上海大花园”为总体定位、聚焦华东地区植物区系特色的上海

上海植物园北区　（林　敬 摄）

植物园北区，以近“零碳公园”为主题、采用近自然的植物配置方式营造区域小气候的普陀区李子园公园等。（张李欣）

【绿道建设】 2023年，上海市超额完成“建成绿道200千米”任务目标，全年共完成231千米建设任务。杨高南路绿道、鼎源路绿道、彭越浦楔形绿地绿道、北翟路绿道、杨高中路绿道、蒲汇塘绿道、李家浜绿道等绿道已建成并对外开放。（张李欣）

静安区彭越浦边的绿道　（蒋小威 摄）

【新建改建口袋公园】 2023年，全市将“新建改建60座口袋公园”列入市政府实事项目，全力推进口袋公园建设。全年建成86座绿化景观面貌良好、基础配套设施完善、主题特色突出、服务功能多样的口袋公园，超额完成既定目标。全市口袋公园已达265座。（张李欣）

【环城生态公园带建设】 2023年，市绿化市容局推进环城生态公园带建设。年内，印发《外环绿带及沿线地区慢行空间贯通专项规划》。新建环内楔形绿地面积1.02平方千米，建成开放11座环上公园，建成8座外环绿道驿站，新增14千米外环绿道，打通8处绿道断点。编制完成《环新城森林生态公园带规划及建设导则》，50.5千米环新城绿道和3.76平方千米环新城森林生态公园带建设项目启动建设。吴淞江生态间隔带已纳入虹桥国际商务区及周边地区空间战略研究，并启动规划编制。“绿心公园”临港顶科公园基本建成，松江新城中央公园（思贤公园）一期启动建设。（张李欣）

【绿化“四化”建设】 市绿化市容局按照公园城市建设要求，依托“常态花卉项目”，重点在口袋公园、绿道等建设及绿化特色道路创建等项目中推广应用“四化”新优植物，包括风雨兰、玉簪、鸢尾系列等宿根地被，紫薇、月季“地铺玫瑰”、金陵黄枫、圆锥绣球等花灌木。（张李欣）

【绿化特色道路】 市绿化市容局按照绿化、彩化、珍贵化、效益化建设目标，按照《上海市绿化特色道路评定办法》要求，打造"两季有花、一季有色"的道路绿化特色景观，每年在全市创建一批绿化特色道路，2023年，共创建绿化特色道路16条。

2023年上海市绿化特色道路名录

序号	行政区	道路	道路起讫	道路长度/米	特色植物
1	静安区	光复路	长寿路桥—普济路	500	巨紫荆、红枫、青枫、杜鹃
2	徐汇区	零陵路	漕溪北路—天钥桥路	700	月季、杜鹃、紫薇
3	长宁区	古羊路	伊犁南路—姚虹路	500	娜塔栎、福建山樱花、茶梅、杜鹃
4	普陀区	桃浦西路	连亮路—环镇南路	500	银杏、天鹅绒紫薇、红花檵木
5	杨浦区	江浦路	杨树浦路—昆明路	1700	三角枫、紫薇、杜鹃、火焰南天竹
6	虹口区	天宝路	临平路—虹关路	500	榉树、北美海棠、杜鹃、红花檵木
7	浦东新区	盛夏路	金秋路—银冬路	1100	无患子、黄金楸、穗花牧荆、八仙花、紫娇花、百子莲
8	浦东新区	凌河路	利津路—杨高路	900	巨紫荆、红叶石楠、红花檵木、杜鹃
9	宝山区	尚北路	潘广路—福双路	500	榉树、红花檵木、海棠、八仙花
10	闵行区	联航路	浦星公路—恒南路	550	榉树、红花檵木、紫薇
11	嘉定区	环城路	嘉罗公路—横沥河	950	青枫、美人茶、兰花三七
12	青浦区	漕盈路	盈绿路—淀山湖大道	500	榉树、月季（丰花月季、树状月季）、束花茶花
13	松江区	人民北路	新松江路—思贤路	1100	玉兰、垂丝海棠、杜鹃、红花檵木
14	奉贤区	金海公路	东方美谷大道—曲水河桥	650	娜塔栎、红花檵木、风雨兰、西府海棠
15	金山区	龙航路	海丰路—海盛路	500	榉树、穗花牡荆、美人蕉
16	崇明区	富民沙路	新盟路—东江路	1000	八仙花、墨西哥鼠尾草、火焰南天竹、茶梅、紫薇、金叶串钱柳

（张李欣）

【申城落叶景观道路】 2023年，全市"落叶不扫"景观道路为41条。自2013年起，上海市道路保洁和垃圾清运行业开始打造落叶景观道路，徐汇区余庆路、武康路率先尝试对部分落叶道路"落叶不扫"，成为申城一道独特风景，受到许多市民点赞。2014年，全市落叶景观道路增至6条，2015年增至12条，2016年增至18条，2017年增至29条，2018年增至34条，2019年增至42条，2020年为41条，2021年为41条，2022年为45条。

2023 年上海市落叶景观道路

序号	行政区	路段名称	起点	终点	拟开展时间	主要树种
1	青浦区	华乐路	青湖路	盈港东路	11 月 17 日—11 月 30 日	银杏
2	徐汇区	桂江路	百花街	桂江路桥	11 月 17 日—12 月 20 日	无患子
3		田林路	虹漕路	桂箐路	11 月 17 日—12 月 15 日	白蜡
4	奉贤区	年丰路	金海公路	望园南路	11 月 17 日—11 月 25 日	银杏
5		南奉公路	古华路	南桥城乡路	11 月 17 日—11 月 25 日	北美枫香、银杏
6	闵行区	南辅路	莘东路	莘凌路	11 月 17 日—11 月 30 日	栾树
7		莘凌路	莘沥路	莘谭路	11 月 17 日—11 月 30 日	银杏
8		元江路	昆阳路	曙光路	11 月 17 日—11 月 30 日	银杏
9		江桦路	浦星公路	浦锦路	11 月 17 日—11 月 30 日	悬铃木
10		联航路	浦星公路	浦鸥路	11 月 17 日—11 月 30 日	银杏
11		北江洲路	浦申路	浦瑞路	11 月 17 日—11 月 30 日	银杏
12	金山区	金一东路	沪杭公路	新城路	11 月 17 日—11 月 30 日	悬铃木
13	虹口区	四平路	海伦路	大连路	11 月 17 日—11 月 30 日	银杏
14		安汾路	南泗塘河	逸仙路	11 月 17 日—11 月 30 日	银杏
15		溧阳路	四平路	四川北路	11 月 17 日—11 月 30 日	悬铃木
16	长宁区	新华路	淮海西路	定西路	11 月 17 日—11 月 30 日	悬铃木
17		龙溪路	虹桥路	剑河路	11 月 17 日—11 月 30 日	无患子
18		湖南路	华山路	兴国路	11 月 17 日—11 月 30 日	悬铃木
19		天中路	长宁路	天山路	11 月 17 日—11 月 30 日	银杏
20		芙蓉江路	长宁路	天山支路	11 月 17 日—11 月 30 日	悬铃木
21	黄浦区	思南路	复兴中路	建国中路	11 月 17 日—11 月 30 日	悬铃木

续表

序号	行政区	路段名称	起点	终点	拟开展时间	主要树种
22	松江区	袜子弄	中山中路	乐都路	11月26日—12月16日	悬铃木、枫杨树
23		园中路	南青路	思贤路	11月26日—12月16日	悬铃木、银杏
24		文诚路	园中路	人民路	11月26日—12月16日	悬铃木、银杏
25		谷阳南路	松汇中路	中山中路	11月26日—12月16日	悬铃木
26	浦东新区	寿光路	利津路	五莲路	11月26日—12月16日	悬铃木
27		陆家嘴西路	明珠环岛	滨江大道	11月26日—12月16日	悬铃木
28		碧云路	云山路	黄杨路	11月26日—12月16日	悬铃木
29		柳杉路	花木路	张家浜桥	11月17日—12月1日	悬铃木
30		乳山路	桃林路	源深路	11月26日—12月16日	悬铃木
31	普陀区	花溪路	桐柏路	枫桥路	11月27日—12月15日	悬铃木
32		桐柏路	枣阳路	梅岭南路	11月27日—12月15日	悬铃木
33		兰溪路	枣阳路	花溪路	11月27日—12月15日	悬铃木
34		水泉路	富水路	新村路	11月27日—12月15日	重阳木
35	宝山区	宝泉路	四元路	龙镇路	12月1日—12月15日	悬铃木
36		罗芬路	国际会议中心	美兰湖路	12月1日—12月15日	银杏
37		庆安路	四元路	安家路	12月1日—12月15日	悬铃木
38	杨浦区	国晓路	江湾城路	淞沪路	12月1日—12月15日	银杏、鹅掌楸
39		清波路	江湾城路	政和路	12月1日—12月15日	栾树
40	静安区	巨鹿路	常熟路	富民路	12月1日—12月15日	悬铃木
41		运城路	广中西路	宜川路	12月1日—12月15日	悬铃木

（张李欣）

第六届进博会绿化景观布置　（董　俊　摄）

【花卉景观布置】 市绿化市容局做好迎国庆和第六届中国国际进口博览会全市绿化景观保障工作，重点区域绿化主题景点和花坛花箱布置亮点纷呈，花卉布置量900万盆以上。（张李欣）

【城乡公园体系】 2023年，上海市新增城乡公园162座，全市各类公园数量达到832座，其中城市公园477座、口袋公园265座、乡村公园89座、主题公园1座。（张李欣）

【公园24小时开放】 2023年，市绿化市容局印发《上海城市公园实行24小时开放的管理指引（试行）》，全市265座口袋公园、89座乡村公园已全部实行24小时开放，292座城市公园实行24小时开放。（张李欣）

【公园主题活动】 上海市积极拓展公园主题功能，将“公园+”活动拓展至全市16个区的57座公园，黄浦“环复兴公园艺术季”、静安上戏“公共文化校地共建基地”、共青森林公园“体育嘉年华”、上海古猗园“非遗主题打造”等公园主题功能拓展已形成长效机制，公园文化品牌逐渐形成。举办“公园+科普——来吧！葩科！”系列活动260余场，打造首批4个“公园+科普”示范区。（张李欣）

【城市树木管理】 2023年，市绿化市容局发布《古树名木和古树后续资源死亡树体处置指导意见》。完成15个技措项目点的140株古树名木复壮、设施维护与生境改善、45个古树名木生长势与环境监测点维护、210株古树名木病虫害治理、121株古树名木健康评估。完成市级古树园建设1个、区级古树园建设2个，指导推进嘉定、黄浦等6个区级古树园建设项目。落实“随申码”深化拓展项目，完成市政府“一物一码”场景试点建设任务。完成全国绿委“双百古树”的推荐，宋庆龄故居香樟古树群成功入选全国100个最美古树群。（张李欣）

【树木工程中心建设】 市绿化市容局围绕高度城市化环境下树木健康与安全风险，探索运用多源遥感解析、环境特征感知、机器深度学习等方法，重点开展“基于无人机辅助决策的古树保护技术研究”等前瞻性技术研究，完成上海市古树名木无人机检测与测绘、城市树木常见病虫害AI识别与监测、口袋公园生态（降温）服务等研究，提升了绿化数据采集效率和准确度，加强了绿化营建与养护的监测、诊断、预判等管理效能。第三代生态栽植模块系统及其工程化安装技术在上海植物园北区扩建、世博文化公园建设等工程中得到示范应用，取得良好的经济效益和社会效益。树木工程中心与佛罗里达州立大学、复旦大学、同济大学

“公园+科普——来吧！葩科！”活动现场　（林　敬　摄）

地开放59处，其中改造成口袋公园13个、开放附属绿地面积41.6万平方米、拆除围墙1980米。271座城市公园向游客开放共享草坪等空间，总面积500多万平方米。（张李欣）

杨浦区古香樟树 （林 敬 摄）

【“林长制”工作】 2023年，市绿化市容局印发《上海市标准化乡镇（街道）林长制办公室创建工作方案（试行）》《上海市林长制办公室组织架构和组成人员的通知》《2023年上海市林长制考评办法》《上海市林长制约谈办法（试行）》等文件，加强督导考核，开展通报约谈。全面落实林长制巡查制度，开展数字化平台建设，开发“沪林通”巡林小程序，提高巡林效率。（张李欣）

等高校开展合作，推进树木生态种植工程技术、城市树木安全与风险管理等项目的落地实施。（张李欣）

【市民绿化活动】 2023年，上海市持续推进市民绿化节活动，开展园艺大讲堂、绿化大篷车、流动花市等系列活动近千场，取得良好的社会效应。持续打造绿化认建认养捐赠平台，线上市民群众认建认养参与率不断提高。全市已建成市民园艺中心106座，会同新闻晨报共同举办第一届“晒出你家的春天！——上海最美窗阳台（露台、庭院）”评选活动。（张李欣）

【绿地开放共享】 2023年，市绿化市容局印发《上海市单位附属绿地开放共享建设技术导则》《上海市单位附属绿地开放共享实施办法》，完成单位附属绿

【森林资源管理】 2023年，市绿化市容局推进崇明区和奉贤区创建国家森林城市，组织专家对两区编制的《国家森林城市建设总体规划》进行评审并将批复稿报送国家林草局。上海辰山国家植物园列入国家植物园候选名单。（张李欣）

【林业灾害防控】 2023年，市绿化市容局强化森林火灾和有害生物预警、监测与巡察，建成森林防火监测预警系统。组织重大林业有害生物监测防控，抓好以美国白蛾为重点的有害生物防控工作，布设3418只美国白蛾诱捕器，全年共完成防治作业面积418.4平方千米次。（张李欣）

第九届上海市民绿化节开幕式现场 （林 敬 摄）

【“安全优质信得过果园”创建】 自2011年上海市林业部门启动“安全优质信得过果园”创建工作，2023年，全市“安全优质信得过果园”已达106家，分布在全市9个郊区，统一使用专用“安全护盾”标识（logo）和果品安全追溯系统。（张李欣）

【推动临港新片区“公园城市”建设】 临港新片区依托“一湖两带、三楔多点”的空间格局，以创“公园城市”为抓手，统筹生态空间建设，2023年新增绿地0.7平方千米，新增立体绿化

南汇嘴生态园 （李思辰 提供）

4万平方米，新增两座社区公园、一座口袋公园、开放三处附属绿地，年内落实新增造林空间1.81平方千米。新建绿道25千米，推进海港大道、东大公路、东西引河沿线等四条林荫景观道建设，全面践行空间复合理念。以保护生物多样性为核心定位，建成南汇嘴生态园——赤风港湿地（中心）项目，打造成为环境友好、生物友善的临港本土生命地标。 （李思辰）

【**临港新片区推进生态空间开放共享**】 2月，临港新片区制定并发布了《关于临港新片区滴水湖核心片区绿林空间进一步向社会开放的指导意见》，旨在以创建“公园城市”为抓手，推动滴水湖核心片区绿林空间开放共享。通过带运维管理方案实施养护招标的方式明确滴水湖核心区绿地的管养主体，围绕社会、生态、经济三重管理目标，从特色化经营、重点化改造、一体化运维三个方面，研究制定综合管养运维方案和景观提升实施方案，促进政企联合、互利共赢。推进“开放单位附属绿地+公园”“街角路口+公园”“乡村郊野+公园”“生态林地+公园”等方式，以构建15分钟社区生活圈为标准，促进生态价值高效转换，生态效益充分彰显。

（李思辰）

农业农村生态环境保护

【**持续深化农村环境整治**】 市生态环境局印发《关于分解下达2023年和2024年农村环境整治任务目标的通知》（沪环函〔2023〕116号），向各相关区部署农村环境整治任务。对2023年完成农村环境整治的村庄组织开展区级自评和市级核查。强化农村生活污水处理设施监管，构建生态环境部门、水务部门和设施管理单位三方合作、“市、区、镇”三级联动的出水水质监测管理体系。与市水务局共同研究制定全市农村生活污水资源化利用、生态管控和现状评估等工作。 （周佳俊）

【**加强养殖业污染防治**】 市生态环境局组织完成《畜禽养殖业污染物排放标准》（DB 31/1098—2018）实施情况评估，并开展标准修订工作，已完成公开征求意见进入专业审查阶段。牵头编制上海市畜禽养殖污染防治规划，组织指导各区规划编制工作；出台《水产养殖尾水排放标准》（DB 31/1405—2023），开展标准宣贯并研究相关监督管理措施。

（周佳俊）

【**推进农业面源污染治理监督指导**】 市生态环境局印发《平原河网地区农田面源污染监测技术指南（试行）》并组织开展培训。以4个市级农田污染试点监测点位为基础，建立健全监测评估方法，推动9个涉农区全面启动农田面源污染跟踪监测和评估工作。会同市农业农村委、市水务局和市规划资源局联合印发《关于进一步加强本市农业面源污染治理的通知》。与市水务局等部门联合印发《关于进一步做好保障农业灌溉水水质工作的通知》。 （周佳俊）

【**推进化肥农药减量**】 2023年，围绕市“十四五”乡村振兴规划，市农业农村委持续推进化肥农药减量工作。全市绿肥、深耕面积113万亩，推广应用商品有机肥30万吨，农作物配方肥211万亩次，缓释肥68万亩次，完成年度推广缓释肥50万亩次的任务。落实农业农村部化肥减量增效示范行动项目，试点示范施肥“三新”技术6万亩，测土配方施肥技术覆盖率保持在90%以上。组织开展设施菜田水肥一体化新技术试验示范，全年推广面积2.7万亩。持续推进绿色防控，全市建立水稻绿色防控示范面积35万亩，专业化统防统治覆盖率保持在70%以上。综合应用杀虫灯、性诱剂、色板、食诱剂、防虫网等绿色防控技术，完成蔬菜绿色防控面积10.4万亩。扎实开展绿色种养循环农业试点工作，完成年度粪肥还田20万亩。据市统计局统计，2023年全市化肥（折纯）、农药使用量分别为6.44万吨和0.23万吨，分别比上年下降1.8%和0.3%。 （陈建芳）

【蔬菜废弃物综合利用】 2023年，市农业农村委继续通过设施菜田建设等方式推进蔬菜园艺场废弃物处理能力建设，推动废弃物综合利用和净菜上市。推广4种蔬菜废弃物资源化利用模式，积极用好茭白秸秆处理的政策，为蔬菜废弃物综合处理提供了有效途径。继续推进废旧农膜的集中回收工作，基本形成了回收公司+乡镇集中回收点的集中回收模式，并对其中地膜回收工作给予一定的补贴，据统计，2023年全市农膜回收量7723.9吨，回收率99.9%；其中地膜回收量1294.5吨，回收率99.5%。（孙延东）

【推进乡村振兴示范村和美丽乡村示范村建设】 2023年，市农业农村委会同市各相关部门、涉农区，接续推进乡村振兴示范村和美丽乡村示范村建设。2023年，乡村振兴示范村共完成建设项目542个，引入市场主体229个，在示范村创建过程中，继续落实“不策划不规划、不规划不设计、不设计不施工”的工作要求，注重发挥农民主体作用，加强条线建设项目资金整合，着力推进乡村公共基础设施和生态环境建设，着力推进现代设施农业和乡村产业融合发展，着力推进示范村片区化打造。截至年底，全市已建成112个乡村振兴示范村，在优化农村人居环境、彰显江南特色风貌、推动农业提质增效、营造共建共治共享治理新格局、构建集体经济壮大和农民增收平台等方面，发挥了典型示范引领作用。

按照“美在生态、富在产业、根在文化”的建设主旨，推进美丽乡村示范村创建，经各涉农区申报、专家评审、市级部门审核，浦东新区合庆镇朝阳村等48个村获评2023年度上海市美丽乡村示范村。通过美丽乡村建设，村容风貌明显提升，农村宅前屋后面貌焕然一新，村内道路管护有力。各村公共服务设施配置到位，社区事务受理、党建、卫生、文化等站点齐全。为民服务水平得到进一步提升，老年助餐、日托等服务覆盖面不断扩大。编印“美丽家园”地图第四版、画册第八辑、“讲好示范村故事”系列报道，强化示范村宣传推介。（李珍珍）

【开展农村人居环境优化工程】 2023年，根据市委新一轮民心工程决策部署，市农业农村委会同市相关部门按照《中共上海市委办公厅 上海市人民政府办公厅印发〈上海市农村人居环境优化提升行动实施方案〉的通知》（沪委办〔2022〕17号）要求，细化形成2023年度农村人居环境优化提升工程任务清单，明确五大类16项重点任务，锁定533个年度建设项目。市、区两级强化政策指引、落实项目资金、加快实施推进、加强督导检查、推动长效管护，如期完成农村人居环境优化提升工程既定目标任务，乡村环境风貌明显改善、公共基础设施进一步配置到位、农民群众满意度持续提升。上海市质协用户评价中心对100个村开展了村民满意度调查，累计访谈1289人，超过97%的村民对本村环境情况表示“非常满意”或“较为满意”，整体满意度较高。奉贤区南桥镇和青浦区金泽镇被中央农办、农业农村部评为2023年全国村庄清洁行动先进县（乡镇）。（林　啸）

【推进秸秆综合利用】 2023年5月，市农业农村委编制下发了《关于印发〈上海市2023年秸秆综合利用实施方案〉的通知》，启动全市秸秆资源台账建设工作，确定浦东新区为秸秆综合利用重点区，着力提升秸秆饲料化、基料化、燃料化利用能力，制定秸秆综合利用考核指标，并纳入全市“乡村振兴考核”。继续做好全市秸秆综合利用补贴政策的执行工作，全年中央、市、区累计下达补贴资金2.12亿元。开展秸秆资源台账建设，按时完成了数据的采集、录入、审核和上报。经统计，全市2022年各类产生秸秆的农作物播种面积1027.73平方千米，秸秆产生量82.44万吨，秸秆可收集量60.68万吨。主要作物品种为水稻、玉米、小麦等，其中，以水稻秸秆为主，利用量达到52.36万吨，全年农作物秸秆综合利用率稳定在98%以上。（郑　楠）

【农业标准化生产基地建设和农产品质量安全监管】 2023年，市农业农村委紧扣乡村振兴战略和都市现代绿色农业建设总体要求，在坚守农产品质量安全底线的同时，深入开展农产品“三品一标”四大行动，以提升农产品品质、增加绿色优质农产品供给为主攻方向，为农业高质量发展打下坚实基础。稳扎稳打“守底线”。2023年全市地产农产品定量检测34310批次，合格率99.5%；累计开展农兽药残留快速检测105万批次，合格率100%。深化区级农产品质量安全检验检测机构能力提升三年行动，嘉定区被农业农村部认定为2023年县级农产品质量安全检测能力建设典型样板。推进食用农产品“治违禁、控药残、促提升”三年行动，全市2286名监管人员累计完成日常巡查41851场次。实施承诺达标合格证亮证行动，全市5761家主体开具合格证244.92万张、附带合格证上市的农产品156.58万吨。松江区、青浦区被农业农村部命名为第三批国家农产品质量安全县。守正创新“拉高线”。2023年全市有效期内绿色食品企业1138家，产品2403个，获证产量160.81万吨，占地产农产品总产量31.8%。实施绿色优质农产品基地建设行动，组织完成4000余条信息采集，实行基地目录制管理，累计建设700平方千米种植、44平方千米水产养殖和125家畜禽养殖绿色生产基地，创建松林猪肉、马陆葡萄、金山蟠桃3个国家现代农业全产业链标准化示范基地。《用“五良”机制赋能“品质”

现代农业设施　　（市农产品质量安全中心 提供）

提升，着力增加农产品高质量供给》被农业农村部评为2023年全国农产品“三品一标”典型案例予以推介。（楼甜甜）

【水生生物资源监测】 2023年，市农业农村委对长江口、近海、内陆水域水生生物资源和栖息地持续开展环境监测，充分获取水生生物资源的分布和变动及水域生态环境变化的基础数据，为长江大保护等工作提供重要的本底数据和政策依据。一是推进监测全覆盖。在上海市长江口、近海、黄浦江等渔业水域内设置各类型、不同功能的监测站点，年均开展监测200余航次，采集分析水文、水质、生物数据2万余个，全面调查水生生物多样性、资源状况、栖息地环境质量。二是开展多方面的监测调查。监测内容主要包括浮游生物、仔稚幼鱼、底栖动物等水生生物资源，以及长江口水文、水质、底泥等栖息地环境要素。

2023年监测结果显示，长江上海段鱼类的种类数和资源量较禁捕前均有所增加，刀鲚资源恢复效果明显，仔稚幼鱼平均资源密度逐年增大，水生生物完整性指数多项指标计算结果均有向好趋势。4月，长江口发现一头出生不久的长江江豚幼豚，长江口长江江豚种群数量及其栖息范围不断扩大。（黄凯元）

【推进畜禽粪污资源化利用】 2023年，市农业农村委加强和生态环境部门联动，开展环保隐患排查和畜禽粪污资源化利用计划台账检查；推进编制《畜禽养殖污染防治规划》、修订《畜禽养殖业污染物排放标准》；加强畜禽粪污资源化利用计划和台账管理，进一步提高上海市畜禽粪污资源化利用的规范化、标准化水平。开展规模养殖场2022年度畜禽粪污资源化利用信息填报。举办畜禽场养殖废弃物资源化利用技术培训班。开展绿色种养循环农业试点，推动粪污就地就近还田利用，全市规模化畜禽养殖场粪污处理设施装备配套率达100%。“猪场废弃物源头减量关键技

崇明光明农发集团跃进基地的晒麦场　　（杨建正 摄）

术”入选农业农村部推介发布的2023年农业主推技术（畜牧类）。（顾建华）

【持续推广绿色农机化新装备新技术】 2023年，市农业农村委持续推广绿色农机化新装备新技术，有效减少农药、化肥用量，降低农业面源污染。制定上海市提升机械化种植质量工作方案，扎实推进机械化种植质量提升工作，全市机械化种植结构得到进一步优化。强化政策支持，鼓励农民购买和使用侧深施肥装备、自走式喷杆喷雾机和植保无人驾驶航空器等装备，推进粮油作物高性能播种机优机优补工作。发挥示范点辐射带动作用，持续推广侧深施肥和高效植保技术。加大新装备新技术的宣传和操作培训力度，市、区两级农机部门通过现场会、培训班等形式，加强现场示范演示、推广，开展机手操作技能培训，提高机手用新机、新技的水平，确保侧深施肥和高效植保取得良好实施效果。2023年全市拥有侧深施肥装置484台（套），全市实施水稻侧深施肥作业面积达176平方千米；全市拥有自走喷雾机311台，拥有植保无人机517台，自走喷雾机、无人机植保应用覆盖率达81.1%，超额完成预定目标。（田青霄）

【农村生活污水治理】 2023年，市水务局在提前完成水系统治理“十四五”规划农村生活污水治理率90%目标任务基础上，完成465座农村生活污水处理设施提质增效工程。组织2023年农污设施运维管理市级巡查项目，监督各区落实整改工作，开展第一阶段农污治理评估工作。制定印发《上海市农村生活污水治理设施编码导则》《上海市农村生活污水治理设施标志设置导则》，提升农污管理能力和水平。探索农污资源化利用，会同多部门联合出台《上海市农村生活污水资源化利用的实施意见》，会同市发展改革委联合推进农污设施用电优惠电价执行。（邓继军、倪周晶、顾施嘉）

【生态清洁小流域建设】 2023年，市水务局持续推进生态清洁小流域建设，完成20个生态清洁小流域示范点选树。结合新城“蓝网绿脉行动”，推进五个新城17个生态清洁小流域项目建设，完成70千米年度河湖整治任务。持续推动面上建设，全年启动治理面积占“十四五”规划治理面积比例80%，完成治理面积50%，创造平原河网地区生态清洁小流域治理新典范，打造高品质全域生态清洁小流域建设样板。8月18日，浦东新区以“社会主义现代化建设引领下的生态清洁小流域建设”为主题举办2023年水务科技论坛，市水务局有关领导出席并发表演讲。9月26日，市水务局印发《上海市生态清洁小流域建设指南》，科学指导和规范上海市生态清洁小流域建设。10月18日，中国水土保持学会小流域综合治理专业委员会举办《生态清洁小流域建设技术规范》实施座谈会，市水务局有关领导受邀参加并发表演讲。11月6日，通过建设管理考评及效果评估，认定2022年各区完成的15个生态清洁小流域治理单元为生态清洁小流域市级示范点。12月1日，《中国水利报》专版刊登《上海：打造高品质全域生态清洁小流域建设样板》，展现上海市生态清洁小流域的建设成效。12

浦东新区张江镇　（浦东新区 提供）

月6日—8日，第四届中国水土保持学术大会在福州召开，市水务局有关领导受邀参加并发表主旨演讲，《上海市生态清洁小流域建设规划》荣获第四届中国水土保持学会优秀设计奖一等奖。12月29日，浦东新区张江镇、青浦区被水利部认定为“国家水土保持示范县”，崇明区瀛东村生态清洁小流域、闵行区獬豸村落生态清洁小流域、奉贤区庄行镇郊野公园生态清洁小流域、宝山区罗泾镇长江口生态清洁小流域被水利部认定为“国家水土保持示范工程”。

（徐明杰、倪周晶、顾施嘉）

【水土保持工作】 2023年，市水务局推进市政府重大行政决策《上海市关于加强新时代水土保持工作的实施方案》编制工作。5月，印发《上海市生产建设项目水土保持全过程管理工作指南》。9月，印发《上海市2023年度水土保持目标责任考核工作方案》。11月，完成“上海市贯彻落实《关于加强新时代水土保持工作的意见》配套政策研究”1个政策课题和“上海市生产建设项目水土保持设施验收成果编制指南”1个标准化课题研究。12月，根据水利部和上海市水土保持信息管理系统统计数据及各区上报的自评报告和支撑材料，采取定量与定性分析相结合方法集中进行量化打分，完成2023年度上海市水土保持目标责任考核。

全年，市水务局加强人为水土流失监管工作。3月15日，印发《上海市2023年度水土保持监督检查工作计划》和《关于开展2022年生产建设项目水土保持监督检查工作的通知》，全年派出502人次，对202个在建项目开展现场检查（其中市级项目175个，区级现场抽查项目27个），对49个已验收报备项目开展核查（其中市级项目22个，区级项目抽查27个）。6月，印发《上海市水务局关于落实上海市生产建设项目水土保持信用监管“两单”制度的通知》。7月7日、9月13日、10月23日，按照水利部和上海市关于2023年度遥感监管工作计划，下发3批疑似违法违规项目图斑855个，督促各区水务局、临港新片区管委会落实违法违规项目查处整改工作。（赵　杰、倪周晶、顾施嘉）

【持续强化耕地和永久基本农田保护】 2023年度，上海市采取有力措施全面实行国土空间用途管制制度，以国土空间规划为依据，落实最严格的耕地保护，牢守202万亩耕地保护红线（含1000平方千米永久基本农田）。一是守牢压实耕地保护责任。加快健全以党政领导负责制为核心的耕地保护和粮食安全责任体系，组织开展耕地保护和粮食安全年度责任目标考核，实行一票否决、终身追责。二是坚决遏制耕地“非粮化”“非农化”。对于涉耕问题图斑开展规划、管理、监测、执法等多部门协同处置，创新形成超大城市耕地保护网格化、全覆盖、智慧化管控机制，探索使用“耕保码”“铁塔监测”“电子围栏”等智慧监管工具，加强“一地一码”精准管理。三是开展上海市耕地资源质量调查评价工作。全面掌握全市年度内耕地现状变化，建立耕地资源质量分类监测数据库，形成耕地资源质量分类年度更新与监测分析报告。

（符　颢）

【扎实推进农村乱占耕地建房专项整治工作】 按照中办、国办专项整治试点工作要求，市规划资源局全力推进剩余未处置非住宅项目的处置，对照“一案一策”持续推进处置整改。2023年度上海市共处置非住宅类（含产业类和公共管理服务类）存量问题164宗，涉及占耕面积0.37平方千米，涉及永久基本农田96400平方米。截至年底，累计全市共处置非住宅类（含产业类和公共管理服务类）存量问题9614个，占全部两类存量问题总数9628个的99.9%，涉及占耕面积15.42平方千米（占总量的99.8%），涉及永久基本农田3.84平方千米（占总量的99.9%）。

（符　颢）

【启动耕地占补平衡专项整治工作】 按照自然资源部专题会议及《耕地占补平衡专项整治方案》要求，对照六方面整治任务，市规划资源局共排查用地图斑及审批项目14672个，其中，违法建设占用耕地图斑2488个、补充耕地项目12124个、增减挂钩项目60个。共计发现问题图斑、项目2724个，主要涉及占而不补、补充耕地质量不高两类情况。截至年底，共计整治问题512个，涉及耕地面积1091.2亩。同时，结合本次专项整治和横沙三期耕地占补平衡指标报部入库工作开展专题研究，进一步完善上海市耕地占补平衡管理制度。

（符　颢）

【临港新片区打造现代科技农业“新样板”】 2023年，临港新片区持续推动现代科技农业发展，结合高标准农田建设，在东滩万亩良田东南片区打造首个无人农场项目，项目建设面积2.04平方千米。项目建成后利用现代遥感技术、信息技术、自动化技术等与传统农业种植相结合，实现农业无人化、自动化、智能化的生产操作管理方式。通过卫星、无人机遥感、物联网等对气象、土壤、长势信息和农作物病虫草害开展实时动态监控；通过无人车实现农业生产资料运输和仓储的无人化作业；通过水稻种植灌溉智慧化，对比未使用区域节水30%以上；同时通过无人施用种子、农药和化肥等，实现化肥、农药的高效施用，施用精度在95%。建立一套智慧农业体系，完成“耕、种、管、收”所有农业生产和管理任务，不仅可以实现农业生产高度规模化、集约化、工厂化，而且可以有效改善农业生态环境，使传统农业成为具有高效率的现代产业，形成可复制可推广的成功经验，为上海现代科技农业高质量发展奠定坚实基础。（顾　超）

生物多样性保护

【全面启动生物多样性保护重点任务】 市生态环境局组织制订《上海市生物多样性保护战略和行动计划》（2024—2035 年）。印发《〈关于进一步加强生物多样性保护的实施意见〉职责分工表》，推动相关部门和单位形成工作合力，切实提高生物多样性保护能力和管理水平。编制《上海市生物多样性调查评估工作方案》，推进全市生物多样性本底调查和评估，组织上海市生物多样性调查与评估技术研讨会。（龚　珑）

【完善生物多样性保护工作机制】 市生态环境局启动全市生物多样性体验中心试点建设，上海植物园、环城生态公园带徐汇华泾段、长宁区新泾镇等 3 家单位纳入首批试点建设单位。上海植物园等 8 家单位成立迁地保护联盟，协同推进重要物种、生物资源的迁地保育和保存繁育。起草《长三角生物多样性专家委员会章程》，加强长三角生物多样性保护协作。（龚　珑）

【加强生物多样性保护宣传】 市生态环境局举办 2023 年上海市国际生物多样性日主场活动，政府部门、司法机关、科研院所、高校、企业和社会组织等近 200 人出席活动，新华社、《解放日报》等多家主流媒体报道。组织开展全市生物多样性优秀案例征集活动，遴选并表彰 9 个具有影响力、示范性的优秀案例，其中 1 个案例入选生态环境部生物多样性优秀案例。在“上海国际自然保护周”“上海保护野生动物宣传月”期间，组织开展“从上海到青海：同引一江水，共抓大保护”生境课堂专场活动，提高全社会对生物多样性保护关注度。（龚　珑）

自然生态保护

【强化生态保护红线和自然保护地生态环境监督执法】 市生态环境局会同市绿化市容局、市农业农村委、市水务局、上海海警局联合开展上海市“绿盾”自然保护地强化监督工作，组织对全市 4 处自然保护区开展现场监督检查，加强自然保护地生态环境监管。开展生态保护红线季度遥感监测，并核查疑似人类活动点位。配合市绿化市容局开展违规侵占国家湿地公园等自然保护地问题排查整治专项行动。加强九段沙、崇明北沿、北湖等重点区域互花米草治理的监督。（钟旖珺）

【提高生态保护红线和自然保护地监管水平】 6 月，上海市政府发布《上海市生态保护红线》，落实严守生态保护红线的管理要求和责任体系。市规划资源局、市生态环境局、市绿化市容局联合印发《关于印发〈上海市生态保护红线〉判定成果的通知》。市生态环境局开展首次生态保护红线年度保护成效评估。配合市绿化市容局做好自然保护地整合优化工作，《上海市自然保护地整合优化方案》已报国家林草局、自然资源部、生态环境部。（钟旖珺）

【加强环保用微生物菌剂环境安全管理】 市生态环境局组织开展环保用微生物菌剂重点使用单位和场所抽

2023 年上海市国际生物多样性日主场活动大合影　（市环境保护宣传教育中心　提供）

样评估，修订完善《上海市环保用微生物菌剂环境安全评价公示制度》，委托市环保产业协会组织专家评审并完成两批次公示。开展两期专题培训，指导各区加强监督管理能力，提升企事业单位合规守法水平。

（周佳俊）

【深入推进崇明世界级生态岛建设】 市生态环境局全力推进崇明世界级生态岛建设第五轮三年行动计划牵头项目。正式启动“守护湿地生态系统”项目并印发实施方案，率先启动崇明岛生物多样性调查工作。指导崇明区编制密织生态监测网络项目方案；配合做好生态岛 GEP 核算体系及保育生态沃土等项目；指导崇明区开展生态文明建设示范区的创建；配合市发展改革委出台《促进崇明世界级生态岛建设发展专项支持政策》。

（钟旖珺）

【开展国土空间生态修复工作】 市规划资源局组织完成《上海市国土空间生态环境基底调查研究》《国土综合整治项目区生态修复监测评估研究》《国土综合整治区生态修复后评估研究》等科研项目。通过开展生态修复全过程评估，搭建生态监测评估网络，开展珍稀物种就地保护、生境营造等一系列国土空间生态修复研究，不断探索超大城市高密度人居环境下人与自然和谐共生的可持续发展生态之城构建路径。在开展奉贤区西渡国土综合整治区生态基底调查时，上海市地矿集团与上海自然博物馆团队共同发现了一种珍稀古老的蕨类植物——柄叶瓶尔小草（Ophioglossum petiolatum Hook），该物种在上海市乃至长三角地区，从未被记录过，是上海市蕨类植物新记录物种。瓶尔小草属植物对生境有特殊的要求，此次发现证明上海有适宜瓶尔小草生存繁殖的稳定生境，丰富了上海地区植物谱系，彰显了上海生态城市建设的重要成果。

（符　颢）

【国家林草局领导调研辰山植物园】 12 月 12 日，国家林草局领导率队一行 6 人，在市绿化市容局主要领导的陪同下，就上海辰山国家植物园创建工作开展调研。国家林草局有关领导充分肯定了辰山植物园开园十余年来在区域植物类群收集、数字化保护技术开发、新型科普形式探索、药食同源植物的可持续利用与成果转化等方面取得的特色成果。国家林草局有关领导对上海辰山国家植物园的创建工作给予了充分肯定，并指出辰山植物园园区规划水平高、现代化特色突出，已具备一流的园林园艺水平，并在专业化、智能保育与开发利用、科普宣教等方面走在全国前列，创建优势明显，但也存在因为建园时间短而带来的短板问题并提出工作要求。

（张李欣）

【湿地保护修复】 2023 年，市绿化市容局完成湿地生态综合监测，全市国土“三调”口径湿地总面积为 727 平方千米。顺利完成崇明东滩申遗国际专家现场考核评估，积极推动崇明区创建第三批国际湿地城市。加强湿地保护修复，编制并获市政府办公厅印发实施《上海市互花米草防治专项行动实施方案（2023—2025 年）》，累计完成互花米草除治面积 10 平方千米。

（张李欣）

辰山植物园

（陶　磊摄）

【推进申报世界自然遗产实地评估迎检工作】 2023年，崇明区推进申报世界自然遗产实地评估迎检工作。一是持续提升科普教育基地功能，1—4号馆栈道平台和馆内展陈内容全面更新。完成大堤外海漂垃圾清理工作，共清理泡沫、毛竹等海漂垃圾7728平方米。二是精心设计并提交迎检路线方案，细化迎检方案，对各种细节反复推敲确认，确保迎检工作万无一失。三是在宣传策划上，确保迎检路线宣传标语、标识标牌等完成安装，并符合迎检要求。同时做好媒体宣传及社区宣传，提升认知度。四是开展企业、中小学、志愿者代表等相关方的培训，并精心部署中兴镇富圩村的访谈活动，确定访谈人员名单和发言稿内容。5月6日至7日，中国黄（渤）海候鸟栖息地（第二期）上海崇明东滩候鸟栖息地实地评估工作圆满完成。（贲前方、施闻君）

【提升规范化管理水平】 2023年，崇明区持续完善基础设施建设，提升规范化管理水平。一是做好年度城市维护资金项目的组织实施，完成生态修复区围外互花米草灭除4.43平方千米，生态修复区围内海三棱藨草维护面积1.67平方千米，芦苇刈割1.7平方千米。二是积极推进中央财政林业改革发展资金项目的开展。完成上海市崇明东滩鸟类国家级自然保护区白头鹤栖息地适宜性保护与修复（一期）项目、崇明东滩湿地生境管理及环境整治项目。三是按照2023年度生境管理计划，将实施内容分类分量安排到年度的维护项目中，建立专业工作组，将责任落实到人。四是稳步推进现有信息系统软硬件的日常运行和维护保养等各项工作，将各类静态数据通过图形化、标准化方式形成一张可叠加多业务图层的数字地图，在同一套数据标准与坐标体系内实现高效交流。重点推进出入口车辆放行管理服务应用升级开发综合管理软件及配套服务器升级两项工作，底层平台及配套硬件已初步建设完成。（贲前方、施闻君）

【提升科研管理和监测能力】 2023年，崇明区不断提升科研管理和监测能力，推动精细化运作。一是开展湿地生态系统监测，加强生态修复与栖息地管理工作。全年共组织调查19次，记录到水鸟103种405725只次。开展繁殖水鸟调查8次，共记录到16种水鸟在区内繁殖。开展水鸟环志及鸻鹬类卫星跟踪监测，共环志38种1026只鸻鹬类，环志水鸟共有31种240只次在8个国家的27个地区内被目击。积极开展潮间带监测和水域监测工作，全年完成水域监测2次，浮游动物监测4次，底栖、鱼类及修复区地理信息监测各2次，植被和地貌监测各1次。二是积极推进在研项目和新项目的申报。开展完成上海市2021年度“科技创新行动计划”社会发展科技攻关项目——长江河口湿地鸟类多样性维持及生态调控关键技术研究与示范项目的研究工作；开展年度北港北沙考察，完成湿地地形、水环境等的联合调查。三是加强科研管理工作，对科研项目管理制度和科研共享协议进行修订，调整年度野外工作计划表和样地信息表的内容，并新制作野外标识标牌100块。四是根据监管区域地形地貌变化和野生动物分布规律，共制定47个疫源疫病监测防控控制点、监测线路总长131.9千米，覆盖监管区总面积的16.4%。全年共出动监测人员3600余人次，监测里程6万余千米，监测到水鸟71种、累计259万余只次。（贲前方、施闻君）

【依法巡护管理　筑牢安全防线】 2023年，崇明区强化监管，依法巡护管理，筑牢安全防线。一是依托信息化手段，进一步加强保护区巡护监测管理。全年共开展陆域巡护2400次，12000人次，20万千米；发现违法捕捞7次，9人次；劝离游客1128次，11447人次；劝离垂钓188次，345人次；劝离采摘捡拾等其他入区196次，3007人次；清理网具20次，89条。二是完善多部门联动工作机制，加强南部实验区游客管理。全年组织相关座谈会3次，参加联合普法活动、司法咨询会议3次，编报年度普法工作总结1篇，禁捕工作三年总结1篇，长江禁捕专项整治行动月调度表10张，涉水自然保护地禁捕情况数据表10张，非法进入保护区半月统计表20次，配合上海市农业农村委员会执法总队“使命2023”第3次联合执法行动完成行动报表。（贲前方、施闻君）

【提升科普服务能力】 2023年，崇明区发挥科普阵地重要作用，提升科普服务能力。一是进一步完善运营团队建设，加强与阿拉善SEE东海项目中心、红树林基金会管理服务团队的沟通，在讲解服务、后勤保障、车辆运营、安全工作等方面规范有序管理，全力提升科普教育基地服务能力。二是以世界湿地日、文化与自然遗产日、爱鸟周等为契机，全年共组织主题日活动17次，其中线下活动15场，受众9350人次，线上直播活动2场，受众37.6万人次。三是以清洁湿地品牌项目为抓手，推进志愿者服务工作。以清洁湿地项目为载体，组织长安福特、迪士尼中国、长江商学院、海洋湖沼学会等企业单位的1432名志愿者参与了21场清洁湿地企业CSR活动，共清理垃圾超过1.8吨。（贲前方、施闻君）

【提升对外影响力】 2023年，崇明区讲好东滩故事，提升保护区对外影响力。一是充分挖掘保护区特色资源，通过鸟类环志、东滩物种故事、彩沙讲堂等特色固定栏目向公众普及湿地及物种保护相关知识。东滩保护区公众号的影响力和传播力在局内排名有显著提升，微信推文《再创新高！崇明东滩黑脸琵鹭最新记录 134 只》《崇明东滩环志大滨鹬"AK2"于马来西亚被目击》分别被央视新闻、澎湃新闻、环球网资讯等主流媒体转载，线上访问量超 10 万。二是继续借助中国长江、沿海湿地保护网络，进一步加强和国家林草局、GEF 中国水鸟迁徙路线保护网络、黄渤海候鸟保护地的联系，开展实地考察学习与交流讨论，不断提升栖息地保护管理能力。（贲前方、施闻君）

【继续推进社会公众参与自然保护区管理模式的探索】 2023 年，崇明区继续与阿拉善 SEE 东海项目中心、红树林基金会等机构共同举办"崇明东滩滨海社区观鸟生活节"，在保护区进行越冬鸟类同步调查公民科学活动的同时开展迁徙鸟类调查监测、保护以及相关的专业内容培训，活动通过媒体、公益机构、KOL 及私域等进行多维度传播，创造全国影响力，触及人群达数百万。加强与世界自然基金会、GEF 项目办等联系，积极参加公益机构在各保护地组织的学习交流论坛，提升在保护区湿地清洁、自然教育、社区发展等方面的合作质量。（贲前方、施闻君）

野生动植物保护

【常规专项监测】 市绿化市容局开展水鸟同步调查、绿（林）地鸟类调查、两栖类和兽类监测等陆生野生动物常规监测项目，2023 年度共记录到野生鸟类 303 种 816769 只次，两栖类 1 目 3 科 6 种 9810 只次，兽类 5 目 8 科 9 种。（张李欣）

【野生动植物许可】 全年，市绿化市容局持续做好野生动植物资源管理工作，全市办理各类野生动植物资源人工繁育、经营利用许可 362 件。（张李欣）

【野生动植物执法监督】 全年，市绿化市容局扎实开展"2023 清风""网盾"等专项行动，各野生动植物保护执法联席部门在专项行动中共查办案件 496 起，同比增长 74%，收缴野生动物 6 万余只（头、尾），没收追缴违法所得 56.92 万元，处以罚款（金）188.93 万元。联合上海市第三中级人民法院等八部门共同签署《行民刑案件衔接机制工作备忘录》。与市公安局警航队对上海各类自然保护地开展空中执法巡航，努力构建"水陆空"一体监管模式。联合公安机关共同查办"2.6"特大野生动物非法贸易案。（张李欣）

海洋生态保护

【扎实推进入海排污口排查整治】 2023 年，市生态环境局建立市区两级多元联动机制，积极推进重点海湾排污口排查整治。建立健全全市统一的信息化平台，更新完善排污口动态管理台账。按照全口径全覆盖，有口皆查、应查尽查的要求，完成沿海各区海岸带区域入海排污口排查溯源工作，共发现 68 个入海排污口。所有排污口均无设置不合法不合理情况，污水排放符合相关排放标准，无需整治，47% 的排口已按相关要求在排污口附近设置标志牌。（赵诗媛）

【加强对入海河流污染治理】 2023 年，上海市切实改善入海河流水质，持续开展长江（徐六泾断面）总氮总磷污染物入海通量跟踪监测评价。加强对入海河流污染治理，8 个省控及以上河流入海断面水质达到Ⅱ—Ⅳ类。加强国控入海河流总氮治理与管控，印发《金汇港总氮污染治理与管控"一河一策"方案》《南竹港总氮污染治理与管控"一河一策"方案》和《龙泉港总氮污染治理与管控"一河一策"方案》。（赵诗媛）

【梯次推进美丽海湾建设】 2023 年，市生态环境局强化美丽海湾整体布局，对标美丽海湾建设标准，编制完成《上海市美丽海湾建设总体方案》。印发《杭州湾-金山段美丽海湾保护与建设一湾一策》和《金山区杭州湾海域综合治理攻坚战实施方案》，按照"一带、两区、三岛"的美丽海湾建设思路组织落实，打造产城融合型美丽海湾。（赵诗媛）

世纪公园鸟类保护区的戴胜鸟 （杨建正 摄）

【有序实施岸滩环境整治】 2023年，市生态环境、水务、绿化市容三部门联合印发《上海市长江口-杭州湾近岸海域岸滩垃圾清理工作方案》，推进建立长江口-杭州湾近岸海域岸滩垃圾监管处置工作的长效机制，提升近岸海域岸滩垃圾监管处置能力，实现岸滩垃圾水岸联动清理常态化。同时对海岸线开展现场检查，评价各点位岸滩垃圾污染程度，定期形成工作简报并通报各相关区和相关单位，保持岸滩干净整洁。 （赵诗媛）

【推进重点海域综合治理】 2月和12月，市生态环境局组织召开长江口-杭州湾海域综合治理攻坚战工作推进会议，每季度末月调度各项重要任务和重点工程措施实施进展、存在问题及困难和阶段性成果等情况，及时掌握攻坚战工作进展情况。实施方案的11项重点任务全面实施，各项工作进展顺利，57项重点工程措施中已完成23项，攻坚战实施以来共出台法律、规范性文件、方案等20余项，初步统计投入资金360亿元。 （赵诗媛）

【近海海域碳汇调查】 2023年，完成盐沼湿地、淤泥质海滩生态系统和海洋生物碳储量及典型盐沼区域碳通量调查评估，编制形成上海近海海域碳汇资源调查评估报告，初步摸清上海海洋碳汇资源本底情况。 （申可玥、倪周晶、顾施嘉）

【海域海洋观测与调查】 2023年，市水务局完成岸基、海岛、海底、浮标和地波雷达等自动观测站的全年观测数据采集，获取风、浪、流、温、盐、深等实时数据1600万组。6月—7月，完成海洋水文基础数据收集综合调查，首次覆盖上海市全海域，获取潮流、气象、温盐沙、沉积物、海况等共计30余种要素20余万条数据，丰富上海海域的海洋动力环境基础信息库，为海域科学管理积累第一手宝贵资料。 （王晓璐、倪周晶、顾施嘉）

【陆源污染监管】 生态环境部太湖东海局开展攻坚战区域入海排污口排查整治工作情况调研，收集、汇总地方入海排污口排查信息，建立东海区入海排污口台账。制定年度入海排污口监管计划和细化实施方案，组织实施南通、上海、嘉兴等7个城市的入海排污口排查结果现场核查，完成工业排污口、城镇污水处理厂排污口和水产养殖入海排污口等135个重点入海排污口巡查抽测。跟踪指导地方海水养殖尾水排放标准编制，开展海水养殖监管调研，了解掌握东海区省市海水养殖生态环境监管动态。 （路博钧）

【长江口-杭州湾综合治理攻坚战】 针对攻坚战区域“1＋6”城市面临的实际问题，生态环境部太湖东海局组织省、市两级帮扶组主动对接驻点省份和城市，了解地方需求、确定帮扶计划。每季度调度各地攻坚战工作进展及阶段性成果，第三季度在宁波开展现场调研和交流。按照入海河流总氮管控意见要求，开展宁波甬江、奉贤金汇港、南通掘苴河等河流全域独立调查。紧盯沿海城市行政区域内国控入海河流总氮浓度反弹问题，组织帮扶组推动6个城市的总氮治理与管控工作，指导“一河一策”方案编制、评审和备案，9条纳入国家考核的入海河流均已印发实施方案。全年开展现场调研、对接交流、技术培训等驻点帮扶1071人次，攻坚战区域水质优良比例为49.9%，高于2025年36.2%的目标要求。 （路博钧）

【海洋生态环境问题调查核查】 生态环境部太湖东海局实施东海区2023年第一季度海岸带生态保护监管现场核查，对发现的19处滨海湿地内存在占用大陆自然岸线、海洋生态保护红线等情况进行现场核查和无人机航拍取证。赴江苏南通、上海奉贤开展2023年第二、三季度近岸海域生态环境突出问题现场调查和指导帮扶。常态化开展东海区海漂垃圾治理调查督导，跟踪掌握辖区内海洋垃圾现状和沿海治理情况。 （路博钧）

【海洋工程和海洋倾废审批与监管】 生态环境部太湖东海局支持服务长江口深水航道、洋山深水港、舟山铁矿石基地、厦门机场等重点工程实施。组织开展福宁湾等4个倾倒区选划行政协调、选划报告编制，完成285个站位废弃物特性和成分检验项目公开征集、合同签订与验收等技术性服务工作。依法受理废弃物海洋倾倒申请550余份，签发许可证510余份，批准倾倒量1.79亿方；受理和批复含油钻井泥浆和钻屑排放申请48件，批准泥浆排放量4750立方米、钻屑1.917万立方米；备案溢油应急计划4份。强化监督检查，会同中国海警局直属第二局对3座油气平台开展现场环保检查；开展岱山终端环保检查及2022年度海洋石油勘探开发溢油风险排查“回头看”检查。 （路博钧）

【海洋环境风险防范和“桑吉”轮事故索赔】 9月，生态环境部太湖东海局与中海油上海分公司签订战略合作协议，谋划共建海洋生态环境应急基地和应急实验室。与上海海警局达成联合监管执法、信息交流共享、应急船舶保障等事项合作协议。同交通运输部长江口航道管理局、中国海警局东海分局等部门单位建立应急和执法协作机制。定期向海警机构推送倾废许可信息、钻井泥浆和钻屑排放审批信息，回复协查信息。持续跟进“桑吉”轮碰撞燃爆事故海洋生态环境损害索赔诉讼进展。 （路博钧）

上海环境年鉴

环境管理

行政管理

【推进生态环境损害赔偿】 市生态环境局持续推进生态环境损害赔偿制度化、规范化和常态化。在《上海市健全浦东新区生态环境保护制度若干规定》《上海市土壤污染防治条例》等地方立法中对生态环境损害赔偿作出规定；研究制定《上海市生态环境损害赔偿工作实施细则》，进一步完善本市生态环境损害赔偿制度体系；组织多部门共同开展案件线索排摸搜集，建立重大案件线索跟踪督办机制，启动生态环境部下达的第四批线索清单核查办理工作；组织开展上海市第二批生态环境损害赔偿典型案例征集评选活动，充分发挥典型案例的示范引导作用；与上海市第三中级人民法院、浦东新区政府在金海湿地公园共建生态环境司法保护基地，共同打造集野生动植物资源保护、生态环境修复、生态法治教育宣传为一体的生态环境保护实践平台。 （丁学沪）

【动态调整生态环境监督执法正面清单】 根据《上海市生态环境监督执法正面清单管理办法》，市生态环境部门组织各区生态环境局把控执法正面清单纳入质量，编制各区执法正面清单初稿，根据纳入条件对各区初稿进行质量检查，通过市生态环境局官网向公众征求对执法正面清单的意见，并于2023年“六五环境日”公布最终结果。自2021年管理办法印发以来，现共有三批次235家正面清单企业，每批次有效期三年，有效期内主要以非现场执法方式对正面清单企业开展检查。 （王　婧）

【完成企业生态环境信用评价】 2023年，市生态环境局贯彻落实市政府办公厅《关于推行市场主体以专用信用报告替代有无违法记录证明的实施方案》的要求，在生态环境领域积极拓展信用报告的应用。深化长三角区域环境信用建设合作，按照《2023年长三角区域生态环境信用合作重点任务清单》，开展排污企业环境信用信息归集，强化第三方机构信用管理。组织各区生态环境局开展“2022年度上海市企事业单位生态环境信用评价工作”，信用评价结果已经局长办公会审议通过，评价结果将与执法正面清单、“双随机、一公开”等制度相结合，推行差异化执法，提高执法精准性、有效性。 （王　婧）

上海化工区应急处置综合演练 （张　龙　摄）

【开展行政处罚结果信用修复】 国家发展和改革委《失信行为纠正后的信用信息修复管理办法（试行）》自2023年5月1日起施行，规定行政处罚信息最短公示期为三个月，最长公示期为三年。市生态环境局根据最新要求继续完善生态环境领域信用修复工作，向上海市公共信用信息服务中心申请使用修复信用电子专用章，进一步加快企业信用修复办理的速度。2023年，全市生态环境部门共处理企业生态环境信用修复申请337件，其中同意修复198件、不予受理34件、拒绝修复105件。 （王　婧）

【开展生态环境应急演练】 重点聚焦“找空间、定方案、抓演练”三项任务，组织开展2023年上海市突发环境事件暨南阳实践应急演练桌面推演，市生态环境局、市环科院、崇明区生态环境局、崇明区水务局、新乡镇人民政府、南通市生态环境局等10余家单位参演。演练全面检验上海市和南通市环境应急预案的可操作性和有效性，进一步强化参演各单位的生态环境应急响应、协调联动、应急处置、应急监测和综合保障水平，提升跨流域、跨部门突发水污染事件应对能力。 （钱文戎）

【妥善处置生态环境应急事件】 2023年，市生态环境局持续组织开展全市突发环境应急事件风险隐患排查及生态环境领域安全生产隐患排查工作。认真做好应急值守，共接到各类突发环境事件报警120件，所

有报警事件均根据现场处置规范进行妥善处理，未对周边环境造成影响。（钱文戎）

【推进上海强制性清洁生产工作】 2023年，市生态环境局发布年度强制性清洁生产名单，全市列入强制性清洁生产审核企业162家。（沙剑波）

【推动生态环境科技创新平台建设】 8月，国家环境保护新型污染物环境健康影响评价重点实验室顺利通过生态环境部组织的验收。重点实验室面向我国新污染物环境健康管理科技需求，在新污染物的检测与识别技术、生物毒性与生态风险、人体暴露特征与健康效应、削减与预警技术和健康风险干预策略等领域形成了一批重要成果，为国家和地方生态环境保护政策制定、环境管理提供了重要技术支撑。（沙剑波）

【推进第三方治理服务平台建设】 2023年，市生态环境局优化上海市企事业生态环境服务e小二平台和长三角示范区生态环境第三方治理服务平台建设和运维，完成e小二平台移动端开发工作并纳入随申办公共服务内容。“环境e小二”平台年度访问总量近10万。示范区生态环境第三方治理服务平台年度访问量近20万，在库供应商9314家，各类需求用户1000余家。（沙剑波）

【推进生态环境与健康管理试点】 2023年，市生态环境局结合“健康上海”健康环境促进专项行动年度工作任务，持续推进环境健康管理试点工作，组织开展空气污染健康暴露评价和监测网络优化、环境健康风险试点调查与评估、环境与健康素养监测评估与提升等工作，为探索超大城市生态环境与健康管理路径提供技术支撑。（黄丽华）

【加强生态环保科研项目管理】 2023年，市生态环境局完成62项科研项目综合绩效评价、7项在研重大项目中期检查；围绕生态环境保护重大战略和重点任务，编制2024年局科研计划。进一步完善科研项目全过程管理，项目申报全面纳入“一网通办”，优化完善局科研项目管理信息系统。（黄丽华）

【加强科研项目成果总结和凝练】 2023年，市生态环境局推进科研项目成果在局内电子政务平台共享，编制完成2022年度《上海市生态环境局科研项目成果汇编》。2022年科研成果支撑形成规划文本和管理文件12份、编制标准规范和指南导则19份、提交政策建议专报15份；建立技术方法13项、开展中试示范2项；申请专利（软件著作权）5项、获得专利授权3项、发表论文31篇、撰写专著2部。组织开展3场上海市生态环境领域重点科研方向交流研讨会，研究探讨生态环境领域科技支撑需求和重点研究方向。（黄丽华）

【推进科研项目专家库建设】 2023年，市生态环境局完善科研项目专家库专家增补和信息更新，新增应对气候变化与低碳、新污染物治理与环境风险防范、环境经济与金融类等领域专家。至年底，科研项目专家库共计有555名专家。（沙剑波）

【开展上海市功能区声环境质量监测站点清单编制工作】 根据生态环境部《“十四五”噪声污染防治行动计划》，以及中国环境监测总站《关于加强噪声监测工作的意见》等相关要求，市生态环境局组织各区，对全市功能区声环境质量自动监测站点全面开展规范性评估核定工作，编制全市功能区声环境质量监测站点清单，从现有站点中优化选取27个作为评价全市功能区声环境质量的自动监测站点，统一纳入国家声环境质量监测站点管理，并实现和国家生态环境监测系统联网。选取的站点在规范性、代表性等方面均符合国家相关标准和技术规定要求，且1—4类功能区监测站点比例与对应的功能区面积比例基本匹配。站点覆盖了全市16个区，其中浦东新区3个，闵行区、宝山区、嘉定区、金山区、松江区、青浦区、奉贤区、徐汇区、杨浦区各2个，其他区各1个。（黄蕊珠）

【推进落实重点时段环境空气质量监测保障工作】 2023年，为贯彻持续改善全市环境空气质量的要求，探索开展监测数据的深度挖掘应用，市生态环境局组织各区梳理全市重点区域餐饮源、汽修行业、停车场、生产型企业、加油站、储油库等废气排放源，建立污染源信息库并在信息化平台上实现动态更新功能，通过空气质量自动监测网络开展高值热点筛查和污染溯源，进一步完善秋冬季节环境巡查与综合整治工作，支撑全市污染物排放控制和生态环境执法工作。（黄蕊珠）

【提升水源地环境预警和污染溯源能力】 2023年，市生态环境局在金泽水源地上游安装致嗅物质在线监测设备和在线水质荧光指纹预警溯源设备，补强水源地致嗅物质的监测能力不足的短板，提升了藻类代谢物、工业特征污染物等安全风险的响应速度，为全市饮用水安全提供了更完善的技术支撑。（王鸣轩）

【三省一市签署监测机构监管信息共享备忘录】 为落实《关于推进社会信用体系建设高质量发展 促进形成新发展格局的意见》等文件精神，推动建立长三角区域社会生态环境监测机构环保信用监管信息共享机制，统一区域社会生态环境监测机构环保信用评价指标体系，促进生态环境监测市场健康发展，助力长三角一体化高质量发展，上海市生态环境局、江苏省生态环境厅、浙江省生态环境厅、安徽省生态环境厅联合签署《建立长三角区域社会生态环境监测机构环保信用监管信息共享机制备忘录》，建立长三角区域社会生态环境监测机构环保信用监管信息共享机制，促进监测机构监管信息共享和监管协作。（屠　骏）

【探索运维记录电子化，提升自动监控数据质量】 市生态环境局印发《上海市生态环境局关于开展本市固定污染源自动监控设施运维记录电子化工作的通知》（沪环监测〔2023〕167号），督促全市200余家自动监控系统运维机构、1000余家涉自动监控排污单位如实填报、确认电子化运维记录，进一步完善固定污染源自动监控设施运维监管，落实排污单位自行监测的主体责任，规范固定污染源自动监控运维机构的服务行为，强化固定污染源自动监控全过程、全链条、全环节监管。（王大为）

【加强监测预警，不断提高公众生态环境满意度】 2023年，在上年指标体系的基础上，结合国家生态环境满意度问卷及上海市特色，新增了饮用水水质满意程度、建筑垃圾规范化收集、“无废城市”建设宣传满意程度、土壤环境质量情况等指标。抽取样本6618个，采用计算机辅助电话调查（CATI）方式，对空气质量、水环境质量、声环境质量、固体废物土壤与卫生绿化、生态环境、绿色生活方式等6个维度21项指标的调查结果显示，2023年，全市公众生态环境满意度综合得分为81.65分，较2022年提高了0.29分，为近年来最高值。

从6个维度来看，绿色生活方式分值最高，为88.78分。固体废物土壤与卫生绿化次之，为82.69分，水环境质量为81.79分，生态环境为80.94分，空气质量为77.57分，声环境质量仍为最低，为76.80分，但较2022年大幅上升6.81分。

从21项评价指标来看，12项指标高于综合得分，9项指标低于综合得分；分值排名前3项的指标为生活垃圾分类意识、未向河流湖泊随意排放污水情况、节约用电用水意识，分值分别为96.10分、96.09分、85.22分；分值排名后3项的指标为河流湖泊水质状况、建筑施工扬尘控制效果和饮用水水质情况，分值分别为74.11分、74.99分、75.18分。（王秀臣）

【持续深化环评与排污许可改革】 6月，市生态环境局印发《关于优化建设项目新增主要污染物排放总量管理　推动高质量发展的实施意见》（沪环规〔2023〕4号），提出了包括优化总量控制实施范围、优化新增总量削减替代实施范围和动态确定削减替代比例、优化新增总量削减替代豁免政策、扩大削减替代来源获取途径等措施，进一步健全与生态环境质量持续改善相适应的总量管理制度。

完成生态环境部环评与排污许可制度衔接改革试点，7月发布《关于开展排污许可与环境影响评价制度衔接工作的通知》，在全市推出环评与排污许可证“两证合一”审批，重构环评与排污许可制度审批流程，推进两项制度从项目审批到事中事后监管的全面融合，全市共办理“两证合一”审批项目80余个，使“开工即投产”成为可能，助推项目快速投产见效。出台浦东排污许可分类管理名录，对33个行业管理级别进行优化调整，进一步探索提升固定污染源分类管理精细化水平。

11月，印发《关于深化环评制度改革　支持中国（上海）自由贸易试验区临港新片区高质量发展的若干意见》（沪环规〔2023〕9号），充分发挥临港新片区制度改革先行先试作用，在优化区域准入管控、专项支持重点行业发展、提升项目环评效能、强化综合服务、鼓励先试先行五个方面提出了11条支持政策。

12月，印发《上海市“智造空间”生态环境保护指引》，对“智造空间”的楼宇建设和改造提出了通用性的环保指引，对建设项目提出了生态环境准入要求和负面清单，对排污单位提出了生态环境保护要求，对全市主导行业项目提出了分类环境管理指导要求，全面支持“轻生产、低噪声、环保型”项目上楼。

12月，会同浙江省生态环境厅、江苏省生态环境厅，以及长三角示范区执委会联合印发《关于进一步深化长三角生态绿色一体化发展示范区环评制度改革的指导意见》（浙环发〔2023〕44号），提出了探索开展环评备案制、拓展建设项目环评告知承诺项目类别范围等措施。（陈　为）

【“三线一单”生态环境分区管控】 2023年，市生态环境局完成上海市生态环境分区管控与国土空间规划衔接评估国家试点工作。充分衔接国土空间规划、最新法律法规和相关政策、“十四五”规划计划，完成2023年度生态环境分区管控成果动态更新，形成新一轮环境管控单元和生态环境准入清单更新成果。完成新一轮重点管控单元（产业园区）规划环评跟踪评估，发布2023版规划环评和项目环评联动园区名单，全市联动园区扩大到59家（占比55%）。（陈　为）

【环评审批保障】 2023年，全市共审批建设项目环评文件2062个（报告书项目111个，报告表项目

1951个），其中告知承诺制项目635个。

市生态环境局落实重大工程环评审批“绿色通道”机制，对重大工程实行环评审批容缺受理、技术评估提前介入、公示和审批同步开展、总量全市平衡等优惠举措，推动重大工程高效落地。推出“全程帮办”服务，全程指导项目环评文件编制和环评公参工作，快速完成项目审批。协调保障漕泾综合能源中心二期、轨道交通19号线工程等191个2023年度重大项目全部完成环评手续。（张　钰）

【排污许可证管理情况】 2023年，市生态环境局贯彻全面实施排污许可制。推进排污许可动态全覆盖，2023年共办理排污许可证相关审批4400余次。截至年底，全市共有持证单位4805家，排污登记单位4.2万家。

推进排污许可提质增效。3月分别印发2023年度排污许可证质量审核工作、执行报告检查工作的通知。完成对全市2022年下半年和2023年上半年首次申请、重新申请或变更排污许可证的常态化质量抽查，两次共抽查250张。组织全市完成国家许可证质量和执行报告检查“双百”任务，共审核1372张排污许可证质量，实现已核发许可证质量审核三年全覆盖目标；实现2022年度排污许可证年度执行报告4598份提交率100%目标，完成环境治理业等七个典型行业全部268家和其他行业762家的执行报告规范性审核。

推进构建以排污许可制为核心的固定污染源监管制度体系。10月，修订出台《上海市固定污染源生态环境监督管理办法》，进一步完善分级分类监管、明确部门职责分工、细化监管内容和监管频次、优化监管方式。12月，修订出台《关于进一步完善本市固定污染源重点污染物许可排放量核算规则的通知》，细化许可排放量核算原则，明确核算范围，完善核算方法。推进固定污染源综合监管平台建设和应用，持续开展固定源信息库动态更新，已入库4.8万家排污单位；实现固定污染源信息线上分类查询统计，市级层面实施监管、监测和执法“三监联动”线上运行。5月印发《关于加强排污许可证持证单位排放口二维码标识牌立牌管理的通知》，进一步明确排放口二维码标识牌立牌及管理要求，通过“一网通办”新增立牌信息超1万个。（潘宏杰）

【不断优化辐射政务服务】 2023年，市生态环境局审批辐射类建设项目环评22件、辐射安全许可证230家次、放射性同位素转让299件，办理放射性同位素与射线装置豁免确认33件，办理各类核技术利用相关事项备案1235份。依托大数据平台实现各类辐射安全管理通知与提示的精准推送，完成政府规章、规范性文件、行政备案与公共服务事项清理评估，编制政务服务事项、中介服务事项指南清单。印发《上海市销售、医疗使用Ⅲ类射线装置辐射安全许可行政审批告知承诺办法（试行）》，简化低风险类辐射安全许可审批流程。（贺佳婕、陆　静）

【印发《关于进一步加强本市防震减灾救灾工作的实施意见》】 市自然灾害防治委员会印发《关于进一步加强本市防震减灾救灾工作的实施意见》。《实施意见》由总体要求、主要任务和保障措施三部分组成，部署了12项重点工作任务，涉及16个区、34个部门的工作职责。

《实施意见》对未来10年上海市防震减灾救灾工作进行了全面部署，为进一步健全上海市防震减灾救灾体制，实现地震监测预报预警、地震灾害风险防治、地震应急响应、长三角区域合作、地震科技创新、全社会防范化解地震灾害等能力实现跨越式发展奠定了坚实基础。（蔡　俊）

【第一次自然灾害综合风险普查数据与成果共享三方协议签订】 为进一步推动第一次全国自然灾害综合风险普查成果应用，根据《上海市第一次自然灾害综合风险普查数据与成果共享管理办法》，3月，市地震局与市住房和城乡建设管理委员会、市自然灾害防治委员会办公室签订了第一次自然灾害综合风险普查数据与成果共享三方协议。协议进一步规范了上海市第一次自然灾害综合风险普查数据与成果共享工作，明确了数据与成果共享使用各方的权利和义务，实现了承灾体单体普查数据在市级单位间的共享，为开展上海市地震灾害风险区划、地震灾害隐患评估与普查成果应用奠定了基础，将对第一次自然灾害综合风险普查工作顺利开展起到积极的促进作用。（蔡　俊）

【多方联动持续推进房屋设施抗震设防信息采集工作】 为贯彻落实地震易发区房屋设施抗震设防信息采集和动态更新的有关工作要求，市地震局联动多部门共同发力，全面部署、持续推进信息采集工作。一是调整市区两级工作机制，召集各区应急局开展培训，明确各区应急局属地化信息审核任务和技术要点。二是联动卫生、教育、交通、电力等部门，进一步推动市级医院、交通、电力企业等信息下沉至属地填报，完善自下而上、逐级审核机制。三是注重信息采集质量，针对系统升级、信息批量导入等问题，指定专人不间断开展信息市级审核工作，提升信息精准度。

据统计，2023年信息采集工作数量已超过前两年总和，并且扩充了地道、危化品库房等不同信息种类。下一步，市地震局将不断提升信息采集工作质量，持续摸清全市地震灾害风险底数，服务韧性城市建设。
（蔡 俊）

【临港新片区持续加强海绵城市建设全生命周期管理】 2023年，临港地区是上海唯一一个国家级海绵城市建设试点区。在顺利完成试点建设后，临港新片区多措并举，以海绵城市建设全生命周期管理为重点，系统化全域推进海绵城市建设，为上海全市推进海绵城市建设打造示范引领标杆。临港新片区建立了完善的海绵城市规划建设管控制度体系，将海绵城市建设标准和要求纳入各类工程规划、设计、审批、施工和验收环节。出让项目在出让征询阶段、划拨或改扩建项目在设计条件征询阶段全面核提海绵城市建设要求；在设计方案征询阶段同步进行海绵城市技术审查；将海绵城市内容纳入工可和初步设计专家评审；对于完成施工许可的项目，每年定期开展海绵城市施工图抽查工作；在项目施工前组织进行海绵城市施工图交底；在项目施工时进行现场巡查和指导；对完工项目进行海绵城市设施验收评估；对已竣工项目的海绵设施运维状况进行巡查。临港新片区通过持续加强海绵城市建设全生命周期管理，有效提升海绵城市建设质量。
（贾 斌）

行业管理

【推动市生态环境统计年报数据真准全快】 根据国家统一部署，市生态环境局加强组织领导，及时印发文件，落实企业与各级生态环境部门数据质量主体责任，倒排时间节点，推进排放源统计年报、季报和生态环境管理统计年报按时报送。重视全员培训，加强帮扶指导和经验交流。开展环统业务知识的集中测评，以测促学、以学促用，切实提高工作人员的业务工作能力水平。开展多层次审核，严把数据质量关。加强名录库比对核实，严格筛选调查对象，确保应纳入尽纳入。加强对企业佐证材料的收集与审核，做到统计数据的可溯源和可复核。完善审核小程序工具，开展随报随审，提高审核效率。对市管企业和重点大企业开展一对一逐项指标的审核，对全市汇总数据，强化与宏观数据、生态环境业务数据的分析比对，确保全市生态环境统计数据质量。生态环境部综合司印发《2022年度排放源统计年报工作总结》（工作简报第11期），对上海等10个省市进行了通报表扬。

2022年，对全市重点工业企业、集中式处理处置单位逐家调查，共发表调查3571家单位的污染治理和排放状况，其中工业企业3479家，污水处理厂46家，生活垃圾处理场13家（含餐厨垃圾集中处理厂4家），危险废物处理厂33家。发函商相关委办局及局有关处室提供了农业源、生活源、机动车源等宏观数据，对各部门、各处室提供的相关数据，按照国家要求进行了排放量核算。2022年，全市主要污染物排放情况：废水中化学需氧量排放量77527.09吨、氨氮排放量2658.17吨、总氮排放量27215.45吨，总磷排放量667.32吨。废气中二氧化硫排放量6707.59吨、氮氧化物排放量125531.32吨、颗粒物排放量8295.14吨、挥发性有机物排放量71423.10吨。
（王秀臣）

【水利行业管理】 2023年，市水务局开展《上海市河道管理条例》修订调研和自然（低）水位运行研究，制定提升河湖水动力管控能力研究工作方案。开展全市幸福河湖指标体系研究，编制完成《上海市幸福河湖建设评估办法》。2023年，静安、长宁、闵行、青浦、金山等区获得2022年度河湖管理养护考核优秀等次。全市持续强化河道管养专业巡查，累计抽查河湖3.1万千米，发现问题2.9万处。结合河长制“周暗访、月通报、季约谈、年考核”工作要求，对河湖突出问题进行通报，共通报突出问题277个。加强村级河道水质监测，累计监测5万个水质代表断面，无劣Ⅴ类水质。成立护河志愿者总队，开展“沪水骑手”巡河护河公益行动，15万名从业人员共同参与。开展水葫芦等有害水生植物整治及打捞拦截设施布设工作，全市累计打捞水葫芦13.9万吨。开展河湖管理养护问题有奖举报工作，共受理河湖管理养护问题市民举报线索2605个，核实属实线索2017个，并全部完成整改，发放奖励金9.65万元。
（金叶汶、倪周晶、顾施嘉）

【市环境监测中心通过检验检测机构资质认定复评审暨持证上岗考核】 6月27日至29日，国家资质认定环保评审组和国家持证上岗考核组对市环境监测中心进行了为期3天的资质认定复评审和持证上岗考核。现场评审过程中，专家评审组按照《检验检测机构资质认定能力评价检验检测机构通用要求》（RB/T 214-2017）、《检验检测机构资质认定 环境监测机构评审补充要求》《生态环境监测技术人员持证上岗考核实施细则》等相关规定要求，通过查阅资料、提问座谈、现场查看、考核试验等多种形式相结合的方式，全面核查了上海市环境监测中心的组织机构、场所环境、仪器设备、人员配备及管理体系运行等情况。现场抽取了水和废水、环境空气和废气、土壤和水系沉积物、噪声等10个大类中的82个项目83个方法进行考核，对质量管理体系的符合性、运行的有效性和申请复审的检测能力进行了评审。

经专家组认定，本次资质认定复评审申报的10大类268个项目363个方法全部通过评审，10名授权签字人均获批准，人员持证上岗申报的32人6个大类69项82个方法127项次均通过考核。

（胡晓兰）

【市环境监测中心通过实验室认可复评审】 12月2日—3日，中国合格评定国家认可委员会（CNAS）专家组对上海市环境监测中心进行了实验室认可复评审。

评审组依据《检测和校准实验室能力认可准则》（CNAS-CL01：2018）及微生物、化学检测领域相关认可准则应用说明等，通过文件审查、常规试验、盲样考核、现场演示和提问、记录查阅、设备设施核查等方式，对上海市环境监测中心实验室的环境条件、仪器设备、检测能力和质量管理体系运行情况进行了全面的评审。评审组专家一致认为，上海市环境监测中心实验室整体布局合理，管理规范有序；仪器设备经过检定/校准及确认，维护保养较好；监测人员专业素质和技术水平较高；管理体系文件的完整性和协调性较好，质量监控措施健全。

（胡晓兰）

上海市环境监测中心顺利通过实验室认可复评审　（赵莉华　摄）

【2023年度市环境监测系统技能竞赛】 6月13日，由市生态环境局主办，市环境监测中心承办，宝山钢铁股份有限公司、市环境保护产业协会协办，以“磨砺监测尖兵，锻造先锋铁军”为主题的2023年度市环境监测系统技能竞赛在宝钢股份有限公司举行。市生态环境局领导出席开幕仪式。来自市、区环境监测机构的17支代表队、80多名选手参加了技能竞赛“大比武”。本次技能竞赛包含废气中颗粒物采样、无组织臭气浓度采样、废水采样和pH值监测三项内容，主要考查参赛选手对现场采样和监测全过程掌握情况和熟练程度。通过本次技能竞赛，一是全面检验了全市环境监测队伍的现场监测综合能力，二是充分展示环境监测队伍作为环保铁军先锋队的精神面貌，三是推动全市环境监测系统形成钻研技术、比学赶超的良好氛围，推进生态环境监测高质量发展。

（晏立衡）

【成立市生态环境保护标准化技术委员会】 5月，在市生态环境局、市市场监督管理局共同指导下，市环境保护产业协会经前期筹备、报批等，完成市生态环境保护标准化技术委员会筹建工作，并经报批审核将秘书处设在协会，主要负责市生态环境保护领域标准起草和技术审查等工作。

（王一和）

【推进行业标准有序发展】 2023年，市环境保护产业协会共推动团体标准项目30项，其中发布标准12项，涉及水质监测、大气监测、低碳社区和实践区创建、固体废物、危险废物、物理污染防治等。立项标准11项，涉及环责险、“双碳”、VOCs治理、绿色建筑等。预研标准7项，涉及无废城市、新污染物、异味控制等。

（王一和）

上海市环境监测系统技能竞赛　（赵莉华　摄）

【举办行业培训】 市环境保护产业协会通过线上直播与线下培训相结合的方式，搭建环保行业学习交流平台，促进专业技能提升。2023年，协会共开展线上培训46场，线下各类培训及活动24场，累计培训近10万人。主要培训内容包括：危险废物规范化环境管理、排污许可证执行报告填报、上海碳普惠管理办法解读等。

全年配合开展执法普法培训11场，主要涵盖环境信访、连续监测、餐饮油烟管理、噪声管理等内容，紧贴企业知法守法的诉求和期盼，积极回应企业关切，持续跟踪生态环境领域热点，有效提升执法工作效能，提升企业法治意识和守法能力。配合开展市人社局急需紧缺人才培训项目——“高标准推进无废城市建设”专题研讨班，组织全市生态环保领域中青年专业技术骨干（含企业）学习研讨交流，加强专业技术人才队伍建设。（王一和）

质量管理

【地方环境标准管理】 2023年，市生态环境局发布《水产养殖尾水排放标准》和《扬尘在线监测技术规范》2项地方标准和《固定污染源废气 氯气的测定 离子色谱法》《环境空气气态污染物（SO_2、NO_2、NO、O_3、CO）传感器法自动监测系统技术要求及检测方法》《工业园区挥发性有机物传感器法网格化监测技术规范》3项长三角区域统一标准并组织进行宣贯培训。

6月14日，市生态环境保护标准化技术委员会正式成立。牵头组织制定的长三角一体化标准《制药工业大气污染物排放标准》获得首届上海市地方标准“十佳案例”称号。（周 蓉）

【水库标准化建设】 6月，供水管理事务中心编制《上海市水库工程标准化管理工作手册示范文本》，为水库标准化管理应用和实施提供保障。12月，供水管理事务中心组织开展陈行水库和东风西沙水库工程标准化管理考核工作。围绕水库工程状况、安全管理、运行管护、管理保障和信息化建设五大方面，针对工程运行维护、管理制度建设、应急预案演练和隐患排查落实情况提出对策建议，经专家组综合评定，2座水库均达到市级评价标准。

（吉方圆、倪周晶、顾施嘉）

【《排水系统数学模型构建及应用标准》发布】 7月11日，市住建委发布上海市地方标准《排水系统数学模型构建及应用标准》（DG/TJ 08-2430-2023），该标准由市水务规划院、市排水管理事务中心主编。项目经深入调查研究，总结上海实践经验，在参考国内外相关标准基础上，形成适用于上海排水系统数学模型分类分级体系，提出模型构建与运行维护全流程技术要求，为提高排水数学模型构建与应用质量和效率，开展排水系统“厂、站、网”一体化运行监管平台模型建设提供技术标准基础。

（金巍良、倪周晶、顾施嘉）

【《城镇供水厂泥渣处理处置技术规范》发布】 9月22日，《城镇供水厂泥渣处理处置技术规范》（DB31/T 1432-2023）正式发布，自2024年1月1日起施行。12月13日，市供水管理事务中心召开地标宣贯会，对全市各供水厂泥渣处理处置工作加强指导。

（吉方圆、倪周晶、顾施嘉）

【《工业园区空气污染自动监测技术指南》发布实施】 7月1日，由上海市环境保护产业协会归口的团体标准《工业园区空气污染自动监测技术指南》（T/SHAEPI007-2023）（以下简称“指南”）正式发布实施。该指南由上海市环境监测中心牵头，联合上海大学、中国环境监测总站、中国环境科学研究院、市环境科学研究院、华东理工大学和浙江、江苏、安徽、广西四省（生态）环境监测中心，以及天津市生态环境科学研究院、中国科学院合肥物质科学研究院、中国科学技术大学、上海交通大学、南京科略环境科技有限责任公司等10余家环境监测与科研单位作为主编，30余家环境监测仪器设备研发和服务团队参与编制，包括上海化学工业区在内的5家长三角区域重点产业园区是本标准的首批承诺执行单位。

指南规定了工业园区空气污染自动监测的监测体系、数据审核、数据统计、污染预警、评价的要求，是国内首个针对工业园区特征污染物监测网络从建设到应用全流程，系统回答“做什么、怎么做、怎么用”的标准化文件。指南的内容具备可操作性和前瞻性，针对不同行业类型、不同管控目标和应用场景、不同监测技术适用性，给出了详细的监测方法和监测项目选择列表，在兼顾空气质量监测评价、污染特征监测溯源、应急监测等日常工作场景的同时，展望未来减污降碳、协同减排背景下的监测需求，将指标分为基础性和扩展性两类，为园区监测网络的顶层设计提供了有益参考，并首次提出了不同类型监测站点的选址原则和方法。指南将为长三角区域乃至全国大型工业园区特征污染物监测网络规范建设与运行提供有益参考。（车 祥）

环境信息化建设与运用

【环境监察执法信息化建设】 2023年，全市环境执法人员登录使用市生态环境局环境监察移动执法系统 935424 人次，制作执法笔录 41346 件，其中总队登录使用 11692 人次，制作执法笔录 2616 件。

（顾荣辉）

【推动医疗废物电子联单试运行】 2023 年，为进一步提升医疗废物收运处置信息化管理能力，市固化管理中心研究提出在医疗废物信息化平台基础上，以收运计划为纽带，推进电子联单自动生成、交接数据确认、签收入库、处置日报等医疗废物收运处置全流程数据实时监管模式，并于 11 月上线医疗废物电子联单试运行。（张　明）

【推动危险废物电子标签全面应用】 为贯彻落实《危险废物识别标志设置技术规范》《危险废物贮存污染控制标准》等新要求，2023 年 6 月在上海市危险废物管理信息系统上线电子标签二维码统一赋码和扫码跟踪功能，搭建物联设备接入信息系统的联调联试平台，先后通过两轮意见公开征求，在 12 月制定发布了《上海市危险废物管理信息系统支持物联设备接入技术要求（第一版）》，初步实现以二维码贯穿重点监管单位每一包危险废物的称重实时归集和全过程可追溯管理。（丁多霖）

【绿化市容信息化建设】 行业内 18 项政务服务事项全部实现"智慧好办""在线帮办"，全程网办率达到 90% 以上。梳理 31 项事中事后监管事项，形成"两张清单"（风险清单和责任清单），开发"互联网 + 监管" App 系统和行业信用数据库，行业政务服务闭环管理机制框架基本形成。搭建"环城生态公园带数字化监管平台"，构建林长制"1 + 2 + 5"平台架构，率先完成全市 1557 株古树名木和 236 株古树后续资源的赋码和轻应用上线工作。持续推进标准化项目管理，发布 9 项地方标准。全年更新新能源环卫车 448 辆，推进 60 辆氢燃料电池渣土车试点应用。（张李欣）

【提升水务工程智慧监管水平】 市水务局完善升级重大工程建设管理平台（建管平台）信用记录模块功能，实现与市水务安质监站质量安全监督管理平台（监管平台）不良信用信息数据对接。水务建设工地依托"重大工程建管平台""安全质量监督管理平台"监管系统，开展无人机巡查、视频点名、人脸考勤、云上督查，加强上海水务建设工程项目建设管理；吴淞江新川沙泵闸枢纽、淀山湖一期等重大工程逐步实现水务工程全生命周期的 BIM 技术与数字孪生的深度融合，实现 BIM 模型与现场安全监督检查问题挂接建设，实现水利单元工程线上无纸化验评模块开发与应用。

（吴天依、倪周晶、顾施嘉）

【持续推进两个 MaaS 建设】 2023 年，上海市出行 MaaS 在国内率先整合政务随申码与公共交通乘车码，在实现公共出行"一码通行"基础上，上线"免申即享"，为 6 类特定人群提供便捷免费乘车。推出"单日票""单日票同乘人"及满 70 元九折优惠等便民措施。在临港新片区推出"定制班线、一票通用、联程日票"等多样票制服务。

集运 MaaS 建设实现国际集装箱运输全链条的业务融合，推动一门式查询、一站式服务、一单制协同、一体化监管。基本实现国际集装箱运输进出口流程的 32 个节点箱货车船跟踪数据一门式查询，上线上港集团业务范围电子提货单 EDO、设备交接单 EIR 等功能。中远海运牵头扩大多式联运"一单制"应用范围，东方丝路落实中欧班列运单"提单化"和"一单制"试点，交通银行开展基于电子提单流转的银行金融服务方面综合应用试点，上海港港域数字孪生试点全面启动。（俞婷莉）

【信息化手段提高交通执法效能】 市、区两级交通执法机构运用内河智能卡口系统、视频监控平台等信息化手段，提高执法效能，共立案查处船舶未采取覆盖措施违法案件 42 起，罚款 42.9 万元。（刘一鸣）

【流域涉水信息共享】 根据《长三角生态绿色一体化发展示范区重点跨界水体联保专项方案》要

上海公交站点

（张　翼　提供）

求，生态环境部太湖东海局积极落实太湖流域水环境信息共享平台牵头单位责任，梳理多方数据共享清单，在信息平台共享了包括省界河流、湖泊、入太湖主要河道，以及太湖流域沿长江、沿杭州湾和环太湖在内的 79 个国控断面水质监测数据，并做好每月及时更新，强化流域水生态环境监测信息沟通和共享。（申 傲）

【2023 年太湖流域水环境综合治理信息共享工作座谈会】 12 月 15 日，太湖流域管理局以视频会议形式召开 2023 年太湖流域水环境综合治理信息共享工作座谈会。会议总结了自 2019 年 5 月签订合作备忘录以来，太湖流域水环境综合治理信息共享机制工作成效。会议指出，深入推进长三角一体化发展对跨界水体共保联治提出了新的更高要求。太湖流域水环境综合治理信息共享是长三角一体化跨界水体共保联治的首批典范，被誉为“长三角水协作信息联通的首次破冰”，成绩取得来之不易。会议要求，各成员单位要持续巩固信息共享成效，按照“建好平台、用好数据”要求，不断提升信息共享的时效性，持续扩大应用领域，加强数据挖掘分析，提升平台综合服务效能，为长三角一体化更高水平的生态环境共保联治提供支撑。生态环境部太湖流域东海海域生态环境监督管理局，长三角区域合作办公室，长三角生态绿色一体化发展示范区执行委员会，江苏省水利厅、生态环境厅，浙江省水利厅、生态环境厅，上海市水务局、生态环境局相关部门负责人员及有关人员参加会议。（吴亚男）

科学与技术

环境政策与规划研究

【重大专项研究】 2023年，上海市生态环境科研工作紧紧围绕污染防治攻坚、应对气候变化、生态保护与修复等生态环境保护工作重点领域，组织开展45个局科研项目研究。其中重点开展"实施第九轮环保三年行动计划重大问题研究""基于'三水统筹'的上海市水生态环境保护实用技术研究""崇明北港北沙新生湿地演变与保育对策研究"等重大项目研究。

（黄丽华）

【推进青年科研项目】 为鼓励青年科研人员自由探索，培养青年人员独立主持科研项目、进行创新研究的能力，2023年，市生态环境局围绕基层环境治理重点难点问题，聚焦环境监测、水环境治理等领域，立项支持20项青年科研项目。同时，组织开展2022年度青年科研项结题验收暨成果交流会，完成了上一年度20项青年科研项目的验收评审，"上海郊区过氧乙酰硝酸酯（PAN）污染特征及输送规律研究"等10个项目被评为"优秀"。（黄丽华）

【上海"四化"生态网络空间区划及其系统构建关键技术研究与示范】 该项目由上海市园林科学规划研究院承担，2023年2月2日通过市科委验收。项目根据任务书要求，先后完成上海"四化"生态空间建设综合评价体系和生态网络建设评价体系各1套，编制《上海"四化"生态空间建设功能区划实施方案》1套，编制上海"四化"生态空间服务功能供需关系格局可视化图集1套，编制《上海市公园绿地建设"四化"技术导则》《上海市开放休闲林地建设技术导则》《典型"四化"生态空间质量提升技术指南》《高质量"四化"生态网络布局与系统构建模式导则》共4份，提出高质量"四化"生态网络布局与系统构建模式6个，并依托虹桥商务区、黄浦滨江公共空间、青浦生态林地、世博文化公园，三林楔形绿地和崇明开心农场开展"四化"生态空间建设关键技术研究与集成示范，示范面积达15.32平方千米。在项目执行期间，累计申请发明专利13项，实用新型专利6项，外观设计专利1项，获得软件著作权9项，发表期刊论文56篇（其中，SCI论文14篇），出版专著3部，完成被行业主管部门采纳的咨询报告4份，培养省部级人才3人、青年科研骨干、硕博士研究生24人。

（王　薇）

【世界级生态岛生态道路建设技术研究与集成应用示范】 该项目由上海市市政工程建设发展有限公司承担，2023年2月28日通过市科委验收。项目结合国内外生态道路发展趋势及崇明世界级生态岛的建设愿景，建立了包含生命友善、人文关怀、环境友好和低碳减排生态道路四个方面的评价指标体系库；形成了生态道路的设计、施工、运维和环境监测等全寿命周期的成套建设技术，构建了世界级生态道路的技术体系。在项目执行期间，申请发明专利8项（其中授权2项），完成导则3件，形成工程技术指南5项，培养硕士及以上人才3人。

（王　薇）

【上海"四化"生态空间联动管控对策研究】 该课题由上海市环境科学研究院承担，2023年2月2日通过上海市科学技术委员会绩效评价。该课题任务基于上海市"四化"生态空间布局优化、功能提升与保障完善的总体目标，梳理了上海"四化"生态空间管控现状及问题；基于"四化"生态空间生态系统服务评价结果，提出了上海"四化"生态空间分级管控方案，进一步明确了分区域、分领域、分阶段的"四化"生态空间联动管控及其配套机制的优先战略与实施路径。

（苏敬华）

【移动源立法及基于典型点位的污染成因诊断与精细化管控措施研究】 该项目为市生态环境局重大科研项目，由上海市环境科学研究院承担，项目研究时间为2021年6月—2023年5月，于2023年9月7日通过专家验收。

项目主要研究内容为开展上海市环境空气质量评价点大气污染特征分析，综合利用污染源调查及不同观测手段初步探索典型点位 $PM_{2.5}$ 和 NO_x 的污染来源及成因分析，开展国内外移动源立法经验的调研，综合评估移动源相关法律资源及相关立法申请论证，形成了相关立法调研报告，该项目跟踪分析了2022年度上海市空气质量改善情况，梳理了社会经济变化、减排措施实施、大气污染物排放水平变化，评估了"行动计划"常态措施、秋冬季大气污染攻坚措施等实施和气象因素对空气质量改善的贡献。形成了研究报告、支撑编制并完成2022年度上海市应急减排清单、《上海市空气重污染专项应急预案》修订稿、《清洁空气行动计划（2023—2025年）》文本和项目清单建议稿、《上海市燃煤发电机组环保排序办法》修订稿。编制完成《上海市机动车和非道路移动机械排气污染防治条例（草案立项申请稿）》《上海市进一步鼓励国Ⅲ柴油车提前报废补贴实施办法》《关于实施污染物排放远程在线监控重型柴油车免于排放检验的通告》和《实施污染物排放远程在线监控重型柴油车免于排放检验技术要求（试行）》《上海市移动源环境管理年报》。（王　倩、鲁　君）

【上海大气臭氧前体物来源评估及 VOCs 等重点污染物管控策略研究评估及 VOCs 等重点污染物管控策略研究】 该项目为市生态环境局重大科研项目，由上海市环境科学研究院承担，项目研究时间为 2021 年 6 月—2023 年 5 月，于 2023 年 9 月 27 日通过专家验收。该项目通过分析上海市臭氧和前体物（NO_2 和 VOCs）时间和空间变化特征，梳理历年大气污染减排措施，评估各项措施的有效性，总结上海市臭氧污染治理经验。模拟从 2013 年到 2020 年上海臭氧浓度变化的关键因子贡献，定量分析历年气象和减排对臭氧波动影响。基于走航和 VOCs 空间采样，识别上海 VOCs 排放空间热点，总结现阶段还面临的问题，提出具有空间差异性的活性物质管控建议。针对上海市 VOCs2.0 推进过程中发现的源头替代、无组织监管、治理设施管理方面的痛点，通过国内外政策、标准、案例的广泛调研，结合应用示范和管理经验，挖掘并总结科学高效、成熟可行的 VOCs 深化减排技术和监控技术，提出保障措施建议。依托项目编制完成上海市地方标准二项：《设备泄漏挥发性有机物排放控制标准（送审稿）》《挥发性有机物更换式活性炭治理设施运行管理技术要求（送审稿）》。

（严茹莎）

【长三角一体化背景下的养殖业精细化管理技术研究】 该项目由上海市环境科学研究院承担，2023 年 10 月 25 日通过上海市生态环境局组织的验收。项目按照深入打好农业农村污染治理攻坚战的总体要求，基于长三角区域一体化发展、长江经济带生态环境保护等规划需求，开发了 1 套粪污资源化还田利用全过程监控及预警系统，并搭建了资源化还田利用数据远程传输监控平台，监控参数涵盖沼液施用量、降雨量、液位变化情况等参数，实现粪污资源化利用的规范性监管；开展水产养殖业污染物排放标准研究，结合水产养殖历史监测数据及持续跟踪监测数据，形成了《水产养殖尾水排放标准》及其编制说明，并在 2023 年 6 月 30 日发布，为区域农业生态环境保护提供有力保障。

（郭春霞）

【基于智慧科技的生态环境创新执法及信用管理分级分类监管机制研究】 该项目由上海市环境科学研究院牵头负责，2023 年 11 月 3 日通过市生态环境局组织的验收。项目按照合同要求完成了智慧科技的生态环境创新执法研究、环境信用管理分级分类监管机制研究、产业园区环境治理市场机制创新研究；通过广泛调研，提出了《上海市生态环境非现场执法管理办法（试行）(建议稿）》《上海市生态环境非现场执法监管技术应用指南（建议稿）》《上海市生态环境行政处罚程序规定（建议稿）》《上海市生态环境综合行政执法履职评估办法（试行）》《上海市生态环境综合行政执法履职评估试点工作实施方案》，以及试点区评估报告、《上海市生态环境行政执法目录清单实用手册（建议稿）》《上海市生态环境行政执法典型案例集》《上海市生态环境监督执法正面清单管理办法》《上海市企事业单位生态环境信用评价管理办法（试行）》。研究成果对生态环境综合行政执法、环境信用及产业园区现代环境治理体系工作提供了重要技术支撑。

（周　铭）

【高质量发展背景下上海市环境经济形势跟踪评估及环保财政投入效率模拟优化】 该项目由上海市环境科学研究院承担，2023 年 11 月 14 日通过上海市生态环境局组织的验收。项目基于“全球经济下行”“疫后恢复”“转型压力增大”等背景下上海面临的主要经济社会和环境问题分析，研究建立了高质量发展视阈下环保财政投入效率的综合评价框架，多维度评价全市环保财政投入效率及其影响因素，从“保稳”“开源”“优化”“整合”多角度，研究提出了提升上海市环保财政投入效率，以高水平保护促进高质量发展的重点举措。在此基础上，针对典型环保政策开展了经济社会和环境综合效益分析，分别形成《上海环境经济形势季度分析报告》《上海环境经济形势年度分析报告》《上海市环境经济形势分析专题报告》和《高质量发展背景下上海市环境经济形势跟踪评估及环保财政投入效率模拟优化研究报告》。研究成果为全市进一步推动财税政策、绿色金融支持工具更好衔接，充分发挥环保财政投入的引领和撬动作用，助推经济社会高质量发展提供了有力的技术支撑。

（李月寒）

【构建超大城市现代环境治理体系　推进实施综合评估和集成示范支撑技术研究】 该项目由上海市环境科学研究院牵头，南京大学环境规划设计研究院集团股份公司等六家单位共同承担，2023 年 11 月 14 日通过上海市生态环境局组织的验收。项目按要求完成了上海市现代环境治理体系综合评价体系的构建及跟踪评估，针对生态环境领域财政事权和支出责任、生态环境保护督察、环保“领跑者”和环境污染责任保险等现代环境治理体系关键制度政策开展了深入研究，编制形成《上海市生态环境领域市区财政事权和支出责任划分改革实施方案》《上海市生态环境保护督察五年工作规划》《上海市环保“领跑者”制度实施方案》《上海市环境污染强制责任保险制度实施方案》等建议稿。同时，开展现代环境治理体系试点及推进机制研究，完成《上海市现代环境治理体系试点示范项目实施指引》，并以奉贤为研究对象，开展了现代环境治理体系的集成示范方案研究，形成了环保“领跑者”制度试点、环评审批制度“放管服”改革、第三方环保服务模式的创新集成应用、绿色金融、街镇环境治理综合管理有效模式等一批实践成果。（周晟吕）

环境管理关键技术研究

【崇明岛生态产品总值（GEP）核算关键技术研究与示范】 该项目由上海市环境科学研究院承担。我国发布了《关于建立健全生态产品价值实现机制的实施方案》，明确了一系列重点任务。生态产品价值核算是其中的关键环节，已成为该领域的研究热点。国家发展改革委等部委出台了核算规范，各地积极实践，提出了各自的核算方法体系。但在实际应用中，存在核算指标不统一、评估模型不一致、数据采集不规范、定价机制差异大等问题。本研究围绕世界级生态岛建设和发展需求，基于崇明岛生态系统特征，建立生态产品目录清单，构建崇明岛生态产品总值（GEP）核算指标体系，筛选核算指标评估模型；提出本地化参数观测体系，构建基础数据库，开展崇明岛 GEP 试点核算，建立数据规范和技术流程；在生态岛碳中和示范区建设目标下，探索与温室气体自愿减排机制相衔接的碳汇生态产品价值实现路径，建立崇明岛碳汇资产开发与管理示范平台，为我国生态产品价值实现提供创新实践。（王　薇）

【危险化学品集聚区在线监测预警装备与智能化应急救援关键技术及应用】 该项目由中国科学院上海高等研究院承担，2023 年 3 月 8 日通过市科委验收。项目面向集聚区危险化学品在线高灵敏监测、低误报预警与点面检测结合的需要，项目基于感知分析研判一体化理念和手段，研究了危险化学品智能管控与应急救援策略及标准化方法；研究了光、电、声等多技术交叉融合的固定与移动在线监测方法；研制了网络化高灵敏在线固定监测与适合危险化学品环境应用的远程操控移动监测与应急的设备样机；研发了应急智能化研判原型系统，实现在固定园区中危险化学品气体监测报警、浓度显示、态势分析等功能，开展了应用示范，获得用户认可。相关成果可为实现危险化学品动态智能管控与应急救援提供有利参考支撑。（王　薇）

【危险化学品云数联动智能实时管控技术研究与示范】 该项目由上海市安全生产科学研究所承担，2023 年 3 月 14 日通过市科委验收。项目面向危化品储存环节智能感知和数字化监管需求，构建了危化品区域布局优化模型，研制了综合信息采集智能终端装置原型样机，开发了一套服务危化品仓储安全监管的云数联动实时管控的智能方案。相关成果经在宝武碳业科技股份有限公司和上海昌宝物资有限公司 2 个危化品仓库进行系统部署应用示范，验证了危化品仓库数据采集、传输、分析、预警系统的技术有效性，形成了一套用于危化品仓储云数联动实时管控的智能系统，推动了危化品安全监管数字化赋能，提升了区域危化品安全管控水平，具有广阔的应用前景。在项目执行期间，累计申请发明专利 4 项，获得软件著作权 1 项，制定地方标准 1 项，发表科技论文 8 篇，培养硕士研究生 2 人。（王　薇）

【危险化学品运输安全智能监测与综合管控技术】 该项目由同济大学承担，2023 年 3 月 23 日通过市科委验收。项目针对危化品运输全过程风险监管困难等问题，通过对危化品运输典型事故案例分析，对三类典型危化品运输事故进行了仿真模拟，构建了风险指标体系，提出了应急资源优化方法，研发了危化品运输车辆安全预警装备和管理平台，对降低危化品道路运输风险、提升城市运行安全水平具有积极意义。至年末，相关成果已成功应用于 6000 余辆危化品运输车辆，并在其中 100 辆危化品运输车辆安装了安全预警装备，取得了良好的使用效果。在项目执行期间，累计申请国家发明专利 5 项，发表论文 8 篇，培养硕士研究生 6 名、博士研究生 4 名，培养工程师 5 名、高级工程师 2 名。（王　薇）

【生活垃圾分类全过程环境卫生风险防控关键技术及应用示范】 该项目由同济大学承担，2023 年 2 月 28 日通过市科委验收。项目围绕生活垃圾分类全过程环境卫生风险防控关键技术及应用示范，结合上海市 15000 个居住小区垃圾分类实效调查成果，研究提出了生活垃圾分类投放方式、容器配置、收集运输等预控技术方案；应用相关模型实现敏感与非敏感人群关键风险识别；根据垃圾房内恶臭气体特征系统监测和季节特征，分析不同生活垃圾种类和干预前后垃圾及其气溶胶病原微生物滋生、生长、繁殖和衰亡规律，提出了适用于生活垃圾分类投放环节应急响应、环境卫生等级评价、不同暴露风险等级风险管控技术体系；开发的微酸性电解水消毒除臭技术装备，经第三方检测，消毒除臭效果达到项目任务书指标要求。目前，相关研究成果已推广应用于上海市黄浦区、虹口区等多个区的老公房、新建高层、别墅区、学校、医院等 300 余处；开展了多种形式的生活垃圾分类环境卫生教育示范和科普讲座，提高了作业人员、普通人群、大中小学学生的风险防范意识。在项目执行期

垃圾分类设备 （蒋小威 摄）

【城市道路绿化复合生态效益提升与景观营建关键技术研究与示范】 该项目由上海市绿化管理指导站承担，2023 年 3 月 31 日通过市科委验收。项目聚焦道路绿化树种单一、景观同质化程度高、地下生境胁迫等难点问题，开展了行道树复合生态效益评价、新优特色树种筛选引种、种植设计优化、道路景观提升、精细化管养等技术创新，形成了适合上海超大城市道路绿化建设管理需求的一体化技术体系。相关技术成果应用于南京路步行街东拓工程、中共一大会址景观更新工程、广中路等城市绿道建设、中国国际进口博览会景观保障等重点工程建设。 （王 薇）

间，申请专利 3 件，发表论文 10 篇，提出环境卫生管理手册 / 方案 2 份、风险防控技术建议方案 4 份，培养硕博士研究生 8 名、技术骨干 5 名。 （王 薇）

【河道水环境质量提升技术集成研究与示范】 该项目由上海市环境科学研究院承担，2023 年 3 月 28 日通过市科委验收。项目围绕上海市河道水质提升技术难点，研究突破市政排水大混接点荧光溯源筛查、河岸直接排污口筛查、管道通沟底泥精准清掏、排水管网控污优化运行、管网混接污水就地处置、泵站排口应急防控、LID 技术筛选组配和效益评估、藻菌共生光合生物处理水产养殖废水和藻类快速检测与抑制等 9 项水环境治理关键技术，经第三方检测或专家鉴定，各项技术指标均达到项目任务书指标要求，研究成果具有显著创新性。同时，项目还开展了河道污染源和环境生态调查、河道水生态系统健康评估、河长制巡河、区域水系智能化水质优化调度管理、河流污染治理工程绩效评估指标和河道生态系统管理养护等 6 项河道水质提升运行管理技术，构建了通沟底泥精准清掏实控管理系统、人工强调控河网区域智能化水质优化调度管理和水生态系统评价软件系统等 3 个智能化管理平台，均达到项目任务书指标要求，可有效助力全市河道水质运行管理能力水平的提升。目前，项目已在宝山区罗店镇域内建成了水环境质量提升技术集成示范基地，示范区域内河道水质得到全面提升，相关研究成果推广应用于水污染防治行动计划、长江大保护、长三角一体化示范区等系列国家重大战略。在项目执行期间，申请专利 33 件，发表论文 67 篇（其中，SCI 论文 36 篇），编制技术指南 1 项，制定技术规程 7 项，培养硕博士研究生 35 名。 （王 薇）

【“一带一路”沿线国家绿色技术相关法律政策和技术标准的比较研究】 该项目由上海科学技术交流中心承担，2023 年 3 月 29 日通过市科委验收。项目完成了“一带一路”沿线 6 个国家截至 2022 年初的绿色技术相关法规政策、标准文件、合作案例等的梳理、对比和解读，提出了风险防范建议，形成指导手册和案例分析报告，依托绿色技术信息平台增加了“法律与标准”模块，构建了包含国家概况、法律法规、技术标准、典型案例等信息的数据库，收储可视化信息 200 余项，实现了研究成果的可查可用。在项目执行期间，累计发表论文 8 篇，培养技术经纪人 2 名、EATNS 注册碳管理师 2 名、高级工程师 2 名。 （王 薇）

【超大型城市多维智慧能源网关键技术研究与示范】 该项目由上海申能能源服务有限公司承担，2023 年 3 月 31 日通过市科委验收。项目开展了多维能源智慧感知与链路技术研究和设备研发、能源大数据融合及诊断技术研究、用户侧用能行为分析及负荷预测模型研究、区域能源协同控制的多目标优化运行技术研究，开发了区域能源的智慧管理平台，依托上海新虹桥医学中心分布式能源站完成了多维能源数据管理、需求侧环境数据管理、智能运维与设备安全管理等三个专业场景的应用示范，并结合示范开展了多维能源智慧产业的商业模式研究。在项目执行期间，累计申请发明专利 7 项、软件著作权 4 项，发表论文 10 篇，培养研究生 6 名。 （王 薇）

【大空间建筑智能环控综合节能技术研究及应用示范】 该项目由上海电器科学研究所（集团）有限公

司承担，2023年5月23日通过市科委验收。项目形成了智能控制模型、节能策略、节能管控平台等创新性成果；通过环控系统可预测的智能决策实现动态响应，降低了建筑物环控系统的能耗，形成可推广的基于大数据智能决策的建筑环控系统节能技术，可广泛应用于交通枢纽、商业建筑、学校、医院等重要建筑内；项目基于形成的节能算法及能源管理平台，实现了在浦东机场局部空间的综合节能应用示范。在项目执行期间，累计申请发明专利3项，登记软件著作权2项，发表论文7篇，培养硕士研究生6名。（王　薇）

崇明区西沙湿地　（董　俊 摄）

【崇明世界级生态岛生物多样性优化构建与生态产业发展实践路径】 该项目由华东师范大学承担，2023年10月30日通过市科委验收。项目开展了绿地、林地、湿地、农田生态系统生物多样性现状调查与分析、生态产业相关调查和资料收集，构建了生物多样性与生态产业综合数据库；制定了适宜崇明岛的生态系统服务功能评价技术规程，分析了近10年崇明岛生态系统及其服务功能变化特征，提出了崇明岛生态产业发展的路径及生态产品价值实现机制，并绘制了崇明生态产业专题地图；构建集成了崇明岛生物多样性多项优化适宜技术体系；开展了林地（庙镇）、绿地（明珠湖）、湿地（西沙湿地公园）、农田（三星镇西新村上海瀛西果蔬专业合作社）生物多样性优化构建示范区建设。（王　薇）

【城市餐饮油烟污染治理案例分析及治理模式研究】 该项目由上海市环境科学研究院承担，2023年2月10日通过生态环境部环境规划院组织的验收。项目通过定向征稿、公开征稿和实地调研相结合的方式，收集全国各地在餐饮油烟治理与监管方面的做法与经验，经过一轮初选，两轮专家评审，四轮修改，最终筛选出做法经验典型且有一定参考借鉴和推广价值的案例，完善后汇编形成《城市餐饮油烟污染治理案例集》。同时，基于收集的案例和实地调研结果，从法规政策、科技支撑、部门协作、社会共治、创新机制等方面对各地治理模式进行归纳，并提出城市餐饮油烟污染治理的对策建议，形成《城市餐饮油烟污染治理案例分析及治理模式》研究报告，研究成果对于中国城市餐饮油烟污染治理和管理模式具有重要的实际参考价值和指导意义。（林子吟）

【长三角区域河口生态环境评估及协作机制优化研究】 该项目由上海市环境科学研究院联合中国环境科学研究院和上海环境保护有限公司共同承担，并于2023年10月13日顺利通过了上海市生态环境局组织的专家验收会验收。项目团队经过为期两年的研究圆满完成了各项既定任务，在长江河口水环境质量评价，以及长三角区域环境保护协作机制优化方面取得了较好的研究成果。项目重点针对长江河口区环境评价管理复杂问题，综合考虑物理—生物因子，以河口区底栖生物，优势种生物分布，以及河口盐度分布相结合的方式划分了长江河口混合区范围，研究明确了长江河口混合区范围水环境评价指标和阈值，首次提出了水环境分区综合评价方法，能更精确地反映上海市近岸海域水环境质量状况。借鉴国际河口海湾生态环境评价方法成果，重点参考澳大利亚生态健康监测计划方法，提出综合考虑水质，以及生物健康两类一级指标、6项二级指标、19项三级指标的河口生态系统健康评价指数EEHI，基于EEHI指数评价了长江河口区生态系统健康水平，评价结果表明长江口生态系统健康状态总体为一般，呈缓慢好转趋势。此外，项目基于长三角区域生态环境保护协作机制成效和历程的回顾总结，结合国内外先进经验，从生态环境全要素协作共享、区域协调立法和区域环境考核、政府主导＋第三方参与等制度化、多元化角度提出长三角生态环境协调机制优化建议，为解决重点突出跨界问题制度建设提供了方向和依据。本项目研究成果可为上海市生态环境保护管理政策制度制定提供

决策依据。（王　彪）

【上海城市水生态分区分类方法及评价技术研究与试点应用】 该项目由上海市环境科学研究院承担，2023年10月13日通过上海市生态环境局组织的验收。项目主要围绕国家针对"十四五"和中长期水环境治理和水生态改善的目标，系统回顾分析了全市水生态状况，构建了水生态监测网络体系；同时结合国家及全市水生态精细化管理需求，提出了服务于水生态评价的全市水生态分区分类方法；进一步调研国内外已有水生态评价方法和标准规范，基于分区分类结果，构建了适用于不同区域各类型水体的水生态评价方法体系，明确了各项指标权重、获取方法及赋分标准等，并选择典型水体开展了现场调查监测和试点评价，有效推动了全市水生态保护管理工作体系的构建。（谭　娟）

【上海市生物多样性监测评估体系及关键技术研究】 该项目由上海市环境科学研究院承担，2023年10月24日通过上海市生态环境局组织的验收。项目系统回顾分析了全市生态系统空间格局及生态系统服务历史变化，以植物资源为代表分析了全市生物多样性区系及空间分布，识别了全市生物多样性保护面临的问题和挑战；基于全市生态系统特征及生物多样性保护重点方向，聚焦生物多样性维持功能重要区和城市重要战略发展区，构建了全市生物多样性监测体系，提出了构建原则、思路和具体设计，明确了监测指标和监测方法等。选择全市重要生态系统——水生生态系统为代表，提出以底栖动物完整性和水生态健康为代表的水生生态系统质量评价方法，针对淀山湖开展了试点监测和评估，支撑长江流域水生态考核评估工作。（谭　娟）

【上海郊区河道富营养化与消毒副产物分布特征与管控对策研究】 该项目由上海市环境科学研究院承担，2023年10月30日通过上海市生态环境局组织的验收。项目按合同要求开展了上海市郊区典型河段的现状调查分析，评估郊区河道富营养化水平的时空分布特征，并编制了1项郊区河道富营养化控制方案，为全市水源地藻华风险控制提供了技术路径；针对疫情防控新形势下的消毒副产物环境污染风险问题，以主要水源地为重点，开展水体典型消毒副产物调查监测与生态风险评估，提出了1套消毒副产物优控清单及水质基准建议值，为全市饮用水水源管理保护及相关标准的修订提供了支撑；编制了1项水源地消毒副产物风险管控方案，为全市饮用水安全风险防控提供决策依据。（陈小华）

【绿色农业产地环境土壤质量提升关键技术集成示范】 该项目由上海市环境科学研究院承担，2023年11月21日通过上海市农业农村委组织的验收。该项目围绕粮田、设施菜田、果园绿色农业发展，因地制宜构建了上海市农产品绿色生产基地土壤质量评价体系与评估方法，并在全市典型农产品绿色生产基地进行示范应用，为客观反映绿色农业方式对土壤质量的提升效果提供科学依据；集成示范了主要农产品绿色生产关键技术，形成了一系列成体系、可复制的绿色农业产地环境土壤质量提升技术规程；研究制定了农产品绿色生产基地管理体系和绿色农业生产模式综合效益评估体系，为全市农产品绿色生产基地建设提供可行路径。项目研究成果对于全市绿色农业产地环境土壤质量提升和管理模式优化具有重要意义。（曹　燕）

其他科技成果研究与应用

【地下空间工程环境低影响高效节能施工技术研究与示范】 该项目由华东建筑设计研究院有限公司承担，2023年2月16日通过市科委验收。项目通过理论分析、试验研究、设备研制和工程实践，研发形成了地下空间开发中适用不同工程需求的系列环境低影响、高效节能施工新技术。主要创新成果包括：（1）研发了静钻根植桩成套新技术。揭示了上海典型地层条件下静钻根植桩的承载变形特性，提出了适用上海典型地层的分析与设计方法及关键施工技术，自主研制了施工深度可达80米的SDP110型静钻根植桩钻机，率先在上海地区开展了新技术的示范应用。（2）研发了免共振微扰动沉桩成套新技术。基于三维流固耦合数值模拟和现场试验精细化量测揭示了免共振沉桩环境影响机理，提出了不同形式钢（管）桩的分析与设计方法及关键施工技术，自主研制了HV55RF型高频免共振施工设备。（3）研发了预制组合构件地下连续墙成套新技术。提出了组合型钢水泥土搅拌墙分析与设计方法及关键施工技术，实现了50米深锁扣型钢的高效插入；提出了预制混凝土构件水泥土搅拌墙（TAD工法）分析与设计方法及关键施工技术，研制了大深度预制墙抱压插入施工设备，实现了31.5米深高强预应力预制墙的高效施工。（4）研发了压入式沉井成套新技术。揭示了压入式沉井施工环境影响机理，提出了敏感环境下沉井压沉微扰动控制方法及关键施工技术，自主研制了压沉法智能控制成套施工装备，已获得全国行业和上海市高新技术成果转化认定。目前，项目已自主研制成套施工设备4套，发表学术论文27篇，申请专利30项（其中获授权发明专利7项、实用新型专利5项），取得软件著作权2

项，编写国家学会标准3项、上海市标准4项、企业标准1项，编写著作2部，形成上海市级工法1项、企业级工法1项，并培养了一批中青年技术带头人。

（王　薇）

【纳米光催化自清洁环保涂层材料示范与应用】 该项目由中国科学院上海硅酸盐研究所承担，2023年4月13日通过市科委验收。项目揭示了改性rGO/TiO_2、RE掺杂TiO_2材料对VOCs降解性能影响规律；优化了复合涂层组分、微观结构、涂覆工艺，研制了一系列具有自清洁、环境空气净化、抗菌抗病毒的环保涂层产品，相关性能符合考核指标要求；建成了200吨/年产量的生产线1条，在上海自然博物馆进行了自清洁涂层的外墙涂敷等示范工程，联合Akzonobel（多乐士）功能涂料集团进行功能涂料配方的应用开发和性能评价，实现涂层示范应用面积近100万平方米，示范区的臭氧O_3和氮氧化物NO_x浓度同比明显降低。在项目执行期间，累计发表SCI论文16篇，申请中国发明专利5项，实用新型专利3项，发布纳米自清洁涂料技术企业标准1项，培养研究生8名。

（王　薇）

【装配式韧性建筑防震理论及可恢复技术研究】 该项目由同济大学承担，2023年4月26日通过市科委验收。项目完成装配式韧性建筑韧性综合评价方法，给出具体评价流程和指标；完成新型建筑体系及关键技术研发，形成创新装配式韧性建筑体系3个；完成装配式韧性建筑数字孪生系统和全寿命智能健康监测系统研究；完成新型装配式韧性建筑设计方法研究，给出具体设计参数和指标，并实现工程应用转化。项目建成位于浙江海盐的总建筑面积约18000平方米的装配式韧性建筑示范基地1项，引领了国内装配式韧性建筑研究与工程应用。在项目执行期间，累计申请/授权国家发明专利9项，编制国家技术标准1项，发表高水平期刊论文27篇，培养博士研究生4名、硕士研究生7名。

（王　薇）

【基于健康建筑的高品质室内环境营造技术研究及应用示范】 该项目由上海世博发展（集团）有限公司承担，2023年6月2日通过市科委验收。项目以提升建筑的健康性能为目标，结合上海市重大工程新开发银行总部大楼的建设需求，系统性地开展高品质室内环境营造技术研究，建立了基于健康建筑的高品质室内环境指标体系，形成了基于高性能健康建材应用的室内污染物浓度控制技术，创新了高品质室内热环境、光环境和声环境营造关键技术及设备，研发了高品质室内环境关键性能测评技术，并在具体工程项目中予以应用，为类似高品质健康环境项目建设提供了有益探索和示范。在项目执行期间，累计申请专利11项（其中授权专利6项，申请发明专利5项），开发软件并获得软件著作权4项，开发新产品/新装置4项，编制标准4部（其中2部已颁布实施），形成室内环境性能评估体系1项，编制技术指南1部出版专著1部，发表论文15篇，录用论文1篇，示范工程新开发银行总部大楼获得健康建筑三星级设计标识、绿色建筑三星级设计标识、LEED铂金级认证，培养研究生1名、青年骨干5名。

（王　薇）

【面向城市有机更新的建筑节能新材料及应用技术研究与示范】 该项目由上海市建筑科学研究院有限公司承担，2023年6月29日通过市科委验收。项目揭示了建筑外保温系统耐久性失效机制，建立了无损与微损、定性与定量相结合的检测技术体系，开发了高性能高耐久A级防火保温板、气凝胶改性介孔型A级防火保温板、自洁净热反射涂层材料、透明/非透明超柔韧型复合材料等新材料，建立了多层次有机更新技术体系，为上海市城市有机更新领域的建筑节能系统安全、耐久、品质提升提供技术保障。在项目执行期间，累计申请发明专利12项（已授权5项）；培养博士后2名、博士2名、硕士研究生6名、青年技术骨干10名；研编地方标准2部、企业标准5部；发表论文15篇（SCI收录4篇、EI收录8篇）；完成2条示范生产线（年产能达到250万平方米）；完成示范工程9项，总建筑面积50万平方米以上，成果推广新增产值1.3亿元以上。

（王　薇）

【基于农田土壤修复改良的农业废弃物再利用关键技术研究与示范】 该项目由上海市环境科学研究院承担，2023年1月11日通过市科委验收。项目针对水稻秸秆缠绕紧实、易堵塞问题，攻克了水稻秸秆干法厌氧发酵原料预处理技术，集成了1套防缠绕和堵塞的水稻秸秆干法厌氧发酵进料方法及操作工艺。同时，项目采用农作物秸秆干法厌氧发酵产物沼渣研制了4个高品质有机质（肥）产品，建立了6个沼渣有机（质）肥产品示范应用基地，在水稻、蔬菜等经济作物上示范应用面积达到了0.38平方千米次；研发了轻中度重金属Cd污染土壤修复改良技术，取得了良好的修复效果。目前，项目成果已在青浦现代农业园区农业废弃物处理中心得到示范应用，农业废弃物日均处理规模≥10吨/日，形成了《基于秸秆干法厌氧发酵的农业废弃物资源化利用技术指南》和《高附加值有机类肥料产品生产管理规程》，构建了集原料收集储运、干法厌氧发酵处理、沼气发电能源利用、沼渣高品质有机质（肥）产品开发于一体的经济、高效及产业化技术体系。

（王　薇）

【特色夏花木本植物选育与应用关键技术研究】 该项目由上海辰山植物园承担，2023年3月30日通过市科委验收。项目建立了上海适生夏花木本植物资源数据库，包含304个种（品种）；筛选出特色夏花木本植物8种47品种，繁殖生产优质种苗63.97万株；在适生夏花木本植物种质资源库构建、综合筛选及种质创新、高质量快速成苗的标准化生产、精细化管养等技术方面取得创新并显著成果，相关技术成果在上海及浙江得到推广应用；选育的新优夏花木本植物品种及配植模式在特色街区、上海世博文化公园等地建成4个新优夏花木本植物应用示范点，示范面积7380平方米。在项目执行期间，申请国家发明专利3项，申请国家植物新品种保护权8件，发表论文5篇，编制八仙花等工厂化生产技术规程（草案）和栽培养护技术规程（草案）各8项、穗花牡荆和醉鱼草的花期延迟技术标准（草案）2项，完成编著初稿1件，培养研究生3名。 （王　薇）

【上海城镇污水处理厂污泥原位减量、绿色高效焚烧、灰渣资源化利用技术研究与应用示范】 该项目由上海城投污水处理有限公司承担，2023年3月31日通过市科委验收。项目通过对污泥协同焚烧工况下的烟气组分和污染物的排放浓度进行分析，研究了污泥掺烧对锅炉燃烧的影响规律，据此对不同环节进行技术优化，保证燃煤电厂对污泥特性的适应性与掺烧过程的稳定性，提出燃煤电厂掺烧污泥的绿色高效评价指标体系和评价方法；结合国家对城镇污泥资源化的要求和趋势，从污泥焚烧残渣的安全性评估、资源化利用等方面展开了研究工作。全面分析了污泥焚烧残渣与粉煤灰的化学组分特征和污染特性，系统探讨了将污泥焚烧残渣制备水泥原料铁质校正料、水泥混合材、混凝土掺合料等一系列建材的技术可行性，并详细评估了污泥焚烧残渣制备水泥熟料及水泥混合材的长期稳定性及环境毒理学效应；通过对比不同工艺所烧制陶粒的物化性质，解决了制备工艺及最佳原料配比的技术难点，形成了基于污泥焚烧灰渣的陶粒制备方法和技术；对陶粒资源化利用过程中的重金属浸出情况及复配肥料缓释效果进行评估，形成了基于污泥焚烧灰渣的陶粒资源化利用技术。目前，项目针对上海市污水处理厂污泥绿色处理处置的技术需求和发展方向，从污泥原位减量、污泥绿色高效焚烧、污泥焚烧灰渣资源化利用方面组织开展示范，在金山廊下污水处理厂内建设了污泥原位减量处理技术应用示范点；在竹园污泥处理厂建成了日污泥处理规模超70吨的污泥干化载气余热利用技术应用示范点；在石洞口污水处理厂建成了累计大于100米掺配污泥焚烧灰渣的道路示范段；在上海宝宁环保科技公司建立了大于50吨/日的污泥焚烧残渣加工成水泥及混凝土辅助材料产品的应用示范，示范装置及产品年销售产值高于50万元。 （王　薇）

【滨海区域臭氧与细颗粒物污染形成机制及协同控制技术与应用示范】 该项目由华东理工大学承担，2023年5月19日通过市科委验收。项目构建了滨海区域环境立体观测网络，建立了滨海区域的气象和环境观测数据集，形成了滨海区域 O_3 和 $PM_{2.5}$ 综合立体观测网络技术规范和协同防控技术更新技术规范；通过观测和模拟，建立了滨海区域 $PM_{2.5}$ 和 O_3 与前体污染物非线性响应关系及关键条件、海陆风结构与 $PM_{2.5}$ 和 O_3 的非线性关系，研究了对滨海区域臭氧的贡献；完善了滨海区域主要大气污染物排放清单，探索了固定源VOCs排放源谱的动态化技术方法，更新了氯化学反应机制，并研发出一套可直接用于空气质量模型耦合的非均相界面反应模块。目前，项目已成功建立了滨海区域大气污染物动态源谱库，进行了空气质量模型的多维校验，形成了滨海区域 $PM_{2.5}$ 和 O_3 污染防控技术路径与方案，并开展了夏季杭州湾和中心城区 $PM_{2.5}$ 和 O_3 协同防控示范。在项目执行期间，累计发表高质量论文52篇，出版著作1部，编制发布相关标准和规范7项。 （王　薇）

【上海典型场地有机物污染快速检测评估技术及示范】 该项目由上海大学承担，2023年5月22日通过市科委验收。项目研制出了一套可用于场地挥发性/半挥发性有机污染物快速实时检测的膜进样光电离便携式质谱仪器，有关性能指标达到或部分优于任务书原定考核指标。同时，项目还构建了规范化的场地有机污染物快速检测评估技术方法体系和土壤监测管理、现场采样、数据分析评估等全流程应用平台，并开展了相关示范验证，编制了《PID现场快速检测技术指南（建议稿）》和《地块土壤中挥发性有机污染物快速检测技术规范（建议稿）》两份文件。在项目执行期间，累计申请发明专利8件，发表专业论文10篇，培养硕博士研究生12名。 （王　薇）

【高风险有机污染场地高效热脱附技术及智能化装备研发与集成示范】 该项目由上海市环境科学研究院承担，2023年5月25日通过市科委验收。项目针对高风险有机污染土壤修复技术与装备的瓶颈问题，开展有机污染物热脱附强化作用机制研究，构建针对不同有机污染物种类的热脱附技术体系，集成研发多段式异位热脱附技术装备、集中燃烧式原位热脱附技术装备和模块化尾气净化技术装备。相关技术成果已在宝山、长宁、静安等区域的典型有机污染场地开展应用示范。在示范应用验证基础上，项目还编制了异位/原位热脱附技术工艺应用指南，形成产业化应用推广模式，为上海乃至我国的污染土壤修复行业发展、核心装备国产化和产业化应用推广提供科技支撑。在项目执行期间，累计申请发明专利9项、实用新型专利8项，发表科技论文9篇，研发完成技术装备/工艺4套、智能化控制系统1套，开展完成应用示范3项，编制技术应用指南（建议稿）2套，培养研究生5名。（王　薇）

【城市建筑面源VOCs减排的饰面净化材料开发及工程应用】 该项目由上海三瑞高分子材料股份有限公司承担，2023年6月28日通过市科委验收。项目围绕市政建筑面源VOCs减排需求，开发提升饰面砂浆施工性能、力学性能、耐久性等饰面砂浆关键技术问题的核心助剂，系统集成兼具VOCs减排和净化功能的建筑饰面砂浆新技术，取得主要成果包括：（1）研究了低VOCs矿物基建筑饰面砂浆配方设计方法，开发了抗泛碱饰面砂浆配方，形成了1个饰面砂浆的核壳结构乳液产品、1个低VOCs矿物基建筑饰面砂浆系列产品和3个饰面砂浆固体聚合物分散剂；（2）开发了2个光催化纳米氧化钛材料和1个VOCs降解净化涂层产品，实现空气净化的表面功能化水性涂层设计及制备，形成了VOCs降解净化功能的矿物基饰面砂浆应用技术体系，并形成工程示范。（王　薇）

【湿垃圾处理衍生品质量管控和检验技术及应用示范】 该项目由上海环境卫生工程设计院有限公司承担，2023年7月3日通过市科委验收。项目建立了湿垃圾原料及厌氧/好氧处理等衍生品特性基础数据库1个，分析了上海市二次衍生品质量现状；开发了酶预处理强化水解、生物炭强化种间电子传递等产沼高效强化技术；形成沼渣“有机絮凝剂+无机助凝调理剂+二效干化机”组合脱水工艺，实现含水率＜45%；开发了菌剂复配、辅料调理、机械辅助生物等强化堆肥技术，突破了湿垃圾堆肥产品深度腐熟瓶颈；构建了基于热化学转化制备的生物炭吸附重金属和废气的技术，探索了沼渣高值化利用方向；优化形成了湿垃圾衍生品中病原菌、抗性基因及宿主微生物分析方法和微塑料提取及表征方法。研究成果可为湿垃圾资源化利用水平提升提供技术支撑。同时，项目完成了400余吨湿垃圾衍生品规模化深度堆肥中试，建立了二次堆肥产品的农/林业示范应用，示范面积超0.25平方千米次，系统开展了湿垃圾衍生品的农/林业应用系统性效果评价和风险分析，为湿垃圾衍生品农/林应用提供了支撑。在项目执行期间，累计申请发明专利8项，发表论文18篇，形成企业标准2项，编制技术规范2项，培养博士1名、硕士6名，研究员、副研究员各1名，高级工程师4名。（王　薇）

【城市生态廊道农林湿复合生态功能构建技术及应用示范】 该项目由华东师范大学承担，2023年9月25日通过市科委验收。项目在生态廊道评估、农林湿复合生态廊道功能提升等方面取得技术突破，完成多项创新型成果。在上海市廊下郊野公园、漕泾郊野公园开展技术示范，建成复合生态廊道技术核心示范区面积共0.29平方千米。本项目成果指导建成了城市生态郊野示范区，属地生态环境质量得到了显著提升并推动了当地社会经济发展；项目技术成果推广应用于奉贤西渡街道、金山廊下镇等，有力支撑了各地生态修复工作的开展。（王　薇）

【大洋性渔业资源开发关键技术研究】 该项目由上海远洋渔业有限公司承担，2023年4月4日通过市科委验收。项目完成了海空一体化的鱼群侦察新技术，研发了基于遥感的鱼群侦察技术1项、基于声学的鱼群探测新技术1项，研制了鱼探仪数据采集终端设备1台。完成了船—陆低温冷链储运与品质动态监控技术，获得不同冷藏温度下水产品货架期预测模型2个，冻藏水产品270天保持1级鲜度，研制了船载冷舱无氨氟蒸发无相变载冷剂制冷工艺1项，开发全程品质监控装备1台，研发了可4小时保持配送品−10 ℃以下的低温配送箱1个。研发了基于大数据、物联网Ⅰ的全球渔海况渔业资源信息服务与决策系统。项目研发的鱼群侦察新技术和服务决策系统于2022年1月—6月在上海金优远洋渔业公司“沪渔961”和“沪渔962”两艘渔船开展示范运行，与2021年同期相比，两艘渔船产量增加1483.27吨，增长43.4%，利润增加0.31亿元。船—陆低温冷链储运与品质动态监控技术在上海金优远洋渔业公司和上海水产集团龙门食品有限公司进行示范应用，累计示范渔获223吨，示范效果良好。在项目执行期间，累计获得发明专利15件、实用新型专利8件、软件著作权27件，发表论文42篇，培养高级工程技术骨干3人、硕士研究生8名、博士研究生3名，培育鱼群侦察新技术、水产品加工、人工智能渔业学科研团队3支。（王　薇）

【深海矿产资源开发关键技术】 该项目由上海交通大学承担，2023年9月21日通过市科委验收。项目开展了深海采矿装备关键技术、多功能采矿船设计技术、高扬程大颗粒矿浆泵、采矿管道升沉运动补偿技术、海底采矿作业路径规划和大颗粒矿石输送中继舱设计等研究，全面完成了任务书批复所规定的研究内容和考核指标。其中，主要性能指标如下：（1）提出了深海重载作业采矿车优化集成设计方法，研制了深海多金属结核采矿车样机“开拓一号”，最大行进速度1.21米/秒，并于2021年8月2日在南海西沙海域实现了1305米水深海试，水下平均定位精度达到±0.78米；（2）研制了一种大功率矿浆泵原理样机，实测最大流量达480立方米/小时，扬程达102.8米，输送矿浆体积浓度10%，输送固体颗粒粒径50毫米，干矿产能51吨/小时；（3）设计了一型满足多金属结核、富钴结壳和多金属硫化物开采的多功能深海采矿船总体方案，最大作业水深6000米，矿物最大储量5.8万吨，具备DP3动力定位能力，设计航速不小于13节；（4）提出了一套500吨主—被动重载升沉补偿器设计方案，升级改造了升沉补偿原理验证装置一台，控制残余运动在10%以内；（5）完成了海底采矿作业路径规划方法研究，提出了地形自适应变分辨率点云地图生成及交互式扩展可通过性分析方法，完成陆上算法验证；（6）设计了一种触底式履带走行中继舱总体方案，设计作业水深3000米，矿物处理量20立方米/小时，舱容量10立方米。在项目执行期间，累计申请发明专利24件（其中授权10件），授权实用新型专利8件，登记软件著作权7件，发表论文46篇，形成科技报告29份，培养研究生19名（其中博士生7名），并形成规模100余人的从事深海采矿关键技术和装备研究的研发队伍。（王　薇）

【制药废水末端治理关键技术研究及应用示范】 该项目由上海上药杏灵科技药业股份有限公司承担，2023年2月24日通过市科委验收。项目围绕制药废水零排放的目标，识别了银杏酮酯制备工艺废水中关键性污染物质，开展了制药废水预处理、厌氧强化、深度处理关键单元技术，形成了制药废水末端治理成套技术，并在上海市青浦区上药杏灵进行了为期一年的应用示范，出水水质稳定达到相关排放标准削减30%污染排放量的目标，探索了“技术+金融+工程”的模式，形成了一套可复制的绿色金融推广方案。在项目执行期间，申请并授权国家发明专利2项，发表SCI论文8篇，中文核心论文1篇，培养国内外优秀专业技术人才2人，培养硕士生2名、博士生1名。（王　薇）

【超低能耗互联网数据中心节能关键技术研究与示范】 该项目由上海市建筑科学研究院有限公司承担，2023年2月28日通过市科委验收。项目完成了小压缩比下高效制冷机组的设计技术和互联网数据中心精细化高效运维技术等5项新技术的研究；建立了互联网数据中心的新型高能效环控系统，全年综合能效比6.01；开发了互联网数据中心节能精细化管控平台，接入面积7.9万平方米；完成了新建数据中心示范项目3项、既有数据中心改造1项，实现环控系统节能41.33%。同时，在项目推进过程中还创立了绿色技术评估体系与绿色金融相结合的新模式。在项目执行期间，申请专利5项（其中发明专利3项），申请软件著作2项，发表论文10篇（其中核心期刊5篇），编写《上海市超低能耗互联网数据中心节能技术指南》1份、上海地方标准4项（均已发布），培养专业技术人员6名（其中正高级工程师2名、高级工程师4名）。（王　薇）

【基于绿色技术应用价值的智能评估系统构建】 该项目由绿技行（上海）科技发展有限公司承担，2023年3月16日通过市科委验收。项目研发了绿色技术应用价值评估标准及主要投资模式，完成了绿色技术智能评估系统和智能投资系统及大数据平台建设，开发了绿色技术应用价值评价和投资模块，构建了基于人工智能的绿色技术项目分析评估系统，为绿色企业投资风险评估开发模型提供了参考依据，同时提高了模型的实用性。在项目执行期间，申请实用新型专利2项，获软件著作权1项，培养博士生3名、硕士生6名。（王　薇）

【国Ⅵ油品升级装置废水绿色减排与全过程控制技术研究及应用示范】 该项目由华东理工大学承担，2023年3月17日通过市科委验收。项目研制了酸烃破乳聚结分离装备，开发了聚结吸附耦合干式分离绿色工艺，提出了异质纤维结构化设计准则，替代了杜邦工艺碱水洗流程。依托上海石化40万吨/年硫酸烷基化装置，完成了国Ⅵ油品升级装置废水绿色减排及全过程控制技术工程示范，使得上海石化40万吨/年硫酸烷基化装置不再需要排放含盐废水，为国际最大规模硫酸烷基化装置的首套应用；每年节省碱液1680吨，减少浓硫酸消耗3200吨，不再产生水处理成本，可产生综合经济效益760万元/年。目前，相关成果已在上海石化40万吨/年和天津石化30万吨/年Dupint硫酸烷基化装置中实现工业应用。经中国石化联合会批准，成立“物理分离及资源化工中心”；与上海灿越化工科技有限公司成立“研发中心”。在项目执行期间，申请中国发明专利17项（已授权7项），发表论文10篇（其中SCI论文7篇），申报标准2项（已实施1项），参与编撰《碳四烷基化技术》专著1部，培养博士后2名、博士2名和硕士12名。（王　薇）

【高新区VOCs近零排放关键技术研究及应用】 该项目由上海浙容化工科技有限公司承担，2023年4月27日通过市科委验收。项目针对仓储或实验室的VOCs的净化，设计与制备了TiO_2基光催化剂，开发了低浓度VOCs光催化净化装置，在上海市松江区泰坦科技公司的实验室完成通风排放系统尾气治理，处理风量为2000立方米/小时，经上海轻洲环保科技有限公司检测，废气中的非甲烷总烃入口浓度153.27毫克/立方米，出口浓度1.36毫克/立方米；针对高新园区化工企业高浓度VOCs净化，开发了广谱、高效的稀土复合贵金属整体式催化剂，在上海华谊新材料有限公司丙烯酸生产装置完成了5个月的工业性能评测，床层温度低于300℃时，非甲烷总烃排放浓度从4800—5500毫克/立方米降低至20毫克/立方米以下，去除效率高于99%。目前，该催化剂于2022年2月—9月开展了净化风量为80000—100000标准立方米/小时的工业示范应用，尾气排放满足《石油化学工业污染物排放标准》(GB 31571-2015)的要求。在项目执行期间，累计申请发明专利6件，发表论文19篇。（王　薇）

【电镀工业园区绿色减排全过程控制关键技术研究及应用示范】 该项目由上海交通大学承担，2023年5月17日通过市科委验收。项目研发了电镀含铜废水、含镍废水和含铬废水的在线分离原位回用技术，开发了3套装备并在上海金厦实业有限公司的电镀生产线进行示范应用；经具有资质的第三方监测，漂洗废水回用率达到90%，重金属回用率达到95%以上，外排水重金属指标符合《电镀污染物排放标准》(GB 21900-2008)表3标准，处理成本降低70%以上。同时，项目还提出了电镀废水"原位分离、在线回用"绿色金融方案。成果对于推动电镀工业的发展和重金属污染源头控制具有重要意义。在项目执行期间，累计申请专利3项，发表论文2篇，培养研究生3名。（王　薇）

【基于直流微网技术的智慧建筑能源系统应用示范】 该项目由上海交通大学承担，2023年12月16日通过市科委验收。项目开展了智慧建筑直流微电网故障电流抑制与直流拉弧检测技术和智慧建筑直流微电网运行控制与优化调度研究，研制了30千瓦六端口电能路由器装置。相关成果已成功应用于直流智慧建筑示范工程。在项目执行期间，累计申请发明专利16项（其中授权1项），发表SCI论文3篇、EI论文12篇，制定上海市节能环保服务业协会团体标准《智慧建筑直流能源系统应用技术规程》1件（已颁布实施），培养博士生2名、硕士生15名。（王　薇）

【空间太阳堆电源技术】 该项目由上海空间电源研究所承担，2023年3月20日通过市科委验收。项目研制了太阳能聚集器及支撑展开机构、高温热转换—储能器、布雷顿热电转换系统及变配电系统等样机，空间太阳堆电源地面输出功率8.3千瓦＞6.5千瓦；太阳堆热源出口温度1204开尔文≥1200开尔文；太阳堆热源光热转换效率78%≥65%；热电转换效率26.1%≥25%。建立了一套太阳能高温热转换—储能器低损失设计方法，提出了管腔式吸热器腔体结构与腔内光场分布之间作用机制；提出了套筒式吸热—储热—换热样件结构，解决了单一结构难以同时实现负载供电与能量存储的问题，攻克了套筒式吸热—相变储热—高强度换热样件制备工艺难点；建立了基于转速和温度复合控制的闭环布雷顿热电转换系统高效变负荷功率调节方法，解决了高速气浮转子稳定运行问题；提出了分时多级功率调控技术，满足瞬态性负载功率快速变化要求。相关成果应用前景广阔：在空间应用上，可提供一种新型空间高功率能源供给与高温处理平台，与不同载荷舱结合，用于小行星和彗星拦截、高低及地月轨道间往返运输；在地面应用上，可提供一种家庭或小型社区地面电热联合供给解决方案，其能量来源于太阳能，属于可再生能源，符合碳达峰碳中和要求；在海洋应用上，布雷顿热电转换系统产品还可用于水面舰船、潜艇、海岛等领域的能源供给系统。在项目执行期间，累计申请专利7项，发表论文5篇，培养硕士研究生2名、博士研究生1名。（王　薇）

【兆瓦级先进燃气轮机研发】 该项目由新奥能源动力科技（上海）有限公司承担，2023年3月29日通过市科委验收。项目完成了兆瓦级燃气轮机设计体系建设和分布式能源系统的运行仿真平台搭建，建成了核心机核心零部件加工和总装测试能力，开发了发电机组的整机集成和控制保护程序，建设了高精度和高可靠性的兆瓦级燃机核心机试验台，形成了设计、生产、测试全体系开发平台；研制了具有自主知识产权的兆瓦级小型燃气轮机发电机组，完成了整机启动、加载、满载、排放调试、72小时试车等试验，在标准进气条件下，发电功率为1580千瓦，发电效率为32.67%，满足任务书考核指标要求。在项目执行期间，累计申请发明专利19项、实用新型专利12项，其中授权共13项；发表学术论文15篇；培养研究生和技能人才共18名。（王　薇）

【智能节能型电力绿色质量补偿装置的研制及在虹桥临空区域分布式风光接入中的应用】 该项目由国网上海市电力公司承担，2023年6月30日通过市科委验收。项目研究了基于电网电力绿色质量的综合优化控制技术，研制了智能节能型电力绿色质量补偿装置和区域能源互联网电力优化展示软件，并在上海市同仁医院实际应用。在项目执行期间，申请发明专利2项，发表论文2篇。（王　薇）

【基于实际路况的燃料电池汽车测试与验证技术研究】 该项目由上海机动车检测认证技术研究中心有

限公司承担，2023年5月19日通过市科委验收。项目完成车用燃料电池堆的振动耐久性试验技术研究报告1份；完成燃料电池2000小时发动机耐久性能试验、整车6万千米耐久试验并出具试验报告2份；开发燃料电池汽车动力系统硬件在环测试平台，达到了燃料电池电堆仿真极化特性曲线在工作区间内与实验结果误差≤5%的要求，燃料电池动力系统硬件在环实时仿真步长=0.01秒；建成集成数据采集和分析的数据中心1个，建立实际路况下燃料电池系统数据分析模型，完成数据分析报告1份。在项目执行期间，申请专利2项，发表学术论文7篇，发布团体标准4项，培养硕士研究生2名、工程师4名。（王　薇）

【单堆130千瓦氢燃料重卡在宝钢基地可靠性、适应性验证及示范应用】 该项目由上海杰宁新能源科技发展有限公司承担，2023年6月30日通过市科委验收。项目研制了150千瓦和167千瓦燃料电池堆，体积比功率达到3.72千瓦/升；完成了系统集成和整车开发，系统体积比功率630瓦/升、最高效率57.13%；进行了大功率燃料电池堆的可靠性和耐久性测试评价及研究，根据整车实际运行数据推算，燃料电池堆预测寿命可达10573小时；分析研究氢燃料电池重卡全生命周期碳足迹；建立了数据采集分析中心，实现了122台重卡的接入示范运营。在项目执行期间，累计申请发明专利16项，申请实用新型17项，发表论文5篇，培养研究生3名、专业人才3名。（王　薇）

【UNDP燃料电池城市公交客车运营关键技术研究】 该项目由上海申沃客车有限公司承担，2023年4月26日通过市科委验收。项目完成了6辆燃料电池城市公交客车的商业化运营和保障，采集了车辆运营过程中的各类数据，进行了运营管理、运营保障规范、关键零部件失效、客车技术经济性、公交运营模式等专业性分析与研究，围绕公交运营状况，构建了一套适合于公交运营的《燃料电池城市公交客车运营管理指南（试行）》；研究车辆远程监控、运营管理数据，根据整车、氢系统、燃料电池、动力电池的采集数据需求，编制发布了《DB31/T 1313-2021燃料电池汽车及加氢站公共数据采集技术规范》；研究燃料电池公交客车的运行数据，建立了以数据驱动的燃料电池寿命预测自学习模型，并完成了燃料电池城市公交客车运营关键技术研究。在项目执行期间，登记软件著作权3项，发表论文1篇。（王　薇）

【公交车退役动力电池评价及综合利用关键技术研究】 该项目由上海动力储能电池系统工程技术有限公司承担，2023年4月27日通过市科委验收。项目开展了退役电池健康状态评估技术和残值分析、性能测试方法、储能梯次利用工程方法研究及应用示范、处理处置技术研究，退役电池梯次利用性能、安全、寿命综合评价规范研究等工作，完成了基于电池电化学机理模型和数据驱动的推移电池梯次利用残值评估方法、基于不同应用场景的推移电池梯次利用的通用经济性评价，退役电池贮存、评价、再生利用安全性，西安仓快速评测筛选方法等关键技术研究，建成基于楼宇电力储能的120千瓦时梯次利用应用示范1个、工业园区380千瓦时储充微网应用示范1个、低速无人驾驶电动地盘10辆。在项目执行期间，申请发明专利8件，登记软件著作权3项，发表论文5篇，形成地方标准1项、团体标准3项、企业规范2项，并建立动力与储能检测实验室和退役动力电池性能检测实验室1个，培养相关方向研究生5名。（王　薇）

【大功率千吨级高能超级电容新能源船舶设计研发及应用示范关键技术研究】 该项目由中国船舶重工集团公司第七一一研究所承担，2023年6月2日通过市科委验收。项目完成了大功率千吨级高能超级电容新能源车客渡船的研制，已投入运营，各项指标达到任务书的要求。通过直流固态断路器的研制、超级电容短路瞬间电源模型研究，以及纯超级电容直流网络的选择性分析研究，突破了基于超级电容的直流组网保护技术，完成船用超级电容综合直流电力系统研制，实现实船应用。通过超级电容失效机理及船舶适应性研究，研制出符合任务书指标要求的船用高能量超级电容器单体及系统。通过不同识别技术的对比研究，结合柔性对接技术的应用，突破了高效冷却技术，研制大功率液冷自动对接充电装置。相关技术指标均满足任务书考核指标要求。在项目执行期间，累计申请专利13项（其中发明专利8项、实用新型专利5项），登记软件著作权5项，发表论文22篇（其中SCI/EI论文19篇），制定标准3项（已发布1项）。（王　薇）

【淀山湖蓝藻水华暴发主要因子识别及蓝藻监测的分子生物学方法研究】 该项目由青浦区水文勘测队承担，10月27日通过市水务局验收。项目收集整理近20年淀山湖气象、水质、蓝藻等数据，在20年趋势分析及应用NMDS分析空间差异性开展时空特征基础上，以蓝藻密度为自变量，气象、水质因子为因变量，应用Spearman相关性分析和RDA方法进行相关性分析，分析淀山湖蓝藻水华主控因子，量化淀山湖蓝藻水华变化驱动因素贡献比例及其不确定性，研究表明总氮、氨氮、水温，以及电导率对淀山湖蓝藻密度影响最大。针对近年来蓝藻种群掩体及优势种变化趋势，开展淀山湖藻类分子生物学鉴定方法研究，基于测序技术的eDNA监测技术将有效补充传统藻类监测手段，为准确有效判断淀山湖藻华特征提供技术支撑。

（金巍良、倪周晶、顾施嘉）

【上海市海洋空间资源承载力评价指标库研究】 该项目由市水务规划院承担，10月31日通过市水务局验收。课题探析海洋空间资源承载力基本理论，确定研究理论依据、构建概念模型、创立概念集合（外延）、界定概念内涵和系列海洋空间资源承载力定义；确立海洋空间资源承载力在海洋领域承载力中领属者地位；建构上海市海洋空间资源承载力评价综合指标库。研究成果具有一定理论和现实价值。

（金巍良、倪周晶、顾施嘉）

【基于碳达峰碳中和行动的上海海洋碳汇发展策略研究】 该项目由上海市水利工程设计研究院有限公司、市海洋管理事务中心承担，11月16日通过市海洋局验收。该项目在梳理国内外海洋碳汇研究成果基础上，基于上海地区海洋生态本底现状调查，分析上海海洋碳汇主体构成与时空分布，研究不同海洋固碳增汇技术在上海适用性与可行性，对不同碳汇主体增汇潜力进行评估，提出上海海洋碳汇发展策略。

（金巍良、倪周晶、顾施嘉）

【城市供排水系统全链条碳排放评估与碳减排对策研究】 该项目由上海城市水资源开发利用国家工程中心有限公司、市排水管理事务中心、市供水管理事务中心与上海城投水务（集团）有限公司共同承担，11月16日通过市水务局验收。项目针对我国供排水规模大幅增加及国家实现碳中和目标需求，开展上海城市供排水系统全链条碳排放评估，在调研上海供排水系统碳排放情况基础上，构建适用于供排水系统各关键环节的碳排放核算方法及全链条核算体系，分析并提出碳减排对策，为上海市水务行业推动实现“双碳”目标提供技术支撑。

（金巍良、倪周晶、顾施嘉）

【上海滩涂治理评价及新技术应用研究】 该项目由上海市水利工程设计研究院有限公司承担，11月20日通过市水务局验收。项目调研国内外滩涂治理情况，针对全市滩涂治理工程建立评价指标体系，开展效益评价；分析典型工程实施对滩涂资源影响，提出适宜生态修复技术，为全市沿江沿海区域滩涂治理提供技术参考。

（金巍良、倪周晶、顾施嘉）

【横沙浅滩保护治导线方案研究】 该项目由市水务规划院承担，11月27日通过市水务局验收。项目调研治导线规划研究进展，分析横沙浅滩现状及演变趋势，构建长江口杭州湾二维水动力模型，研究横沙浅滩治导线布置方案，经综合比选提出横沙浅滩治导线推荐方案。项目成果为支撑《长江口综合整治规划修编》提供科学依据，完成《横沙浅滩保护治导线方案研究》报告1份。

（金巍良、倪周晶、顾施嘉）

【大治河东闸外移方案评估研究】 该项目由市水务规划院承担，11月27日通过市水务局验收。项目分析南汇东滩现状及演变趋势，建立二维水动力模型，开展大治河东延伸段走向分析和大治河东闸外移选址分析等研究工作，综合比选东闸外移后大治河东延伸段走向，提出大治河东闸外移推荐方案。项目成果为大治河东闸外移工程实施提供技术支撑。完成《大治河东闸外移方案评估研究》报告1份，发表论文1篇。

（金巍良、倪周晶、顾施嘉）

【高品质饮用水智慧管理关键技术研究】 该项目由上海城市水资源开发利用国家工程中心有限公司、市供水管理事务中心和东华大学承担，11月28日通过市水务局验收。项目基于上海超大城市高品质饮用水建设和运维特点，开展国内外城市高品质饮用水现状调研及上海市高品质饮用水智慧管理关键技术研究，凝练总结高品质饮用水示范区运行优化技术、水龄控制、智慧化泵房建设、全链条水质监控等多个关键技术，提出高品质饮用水建设及运行优化方案。项目对于推动高品质饮用水建设和运维规范化、精细化和智慧化发展具有指导意义，成果为高品质饮用水全流程智慧管理提供依据，保障城市供水系统安全运行。

（金巍良、倪周晶、顾施嘉）

【上海市供水输配系统运行安全指数研究】 该项目由上水奉贤有限公司、市供水调度监测中心和华东师范大学共同承担，11月28日通过市水务局验收。课题依托现有研究成果，结合上海市供水输配系统特点，调研国内外安全评估理论与方法，从管网水质、输配布局、调度运行、应急处置、运维管控五个维度分析供水输配运行安全主要因素，筛选确定46个影响供水输配运行安全主要指标，确定指标权重，构建供水输配系统运行安全指标体系，建立上海市供水输配系统运行安全指数与评价标准，实现供水输配系统在线实时动态评估，综合应用指数分析评价、研判预警和运行指导，为供水输配系统监管评价提供量化标准和依据，为全市供水系统安全运行提供技术支撑。

（金巍良、倪周晶、顾施嘉）

【河道水环境质量提升技术集成研究与示范】 该项

目由上海市环境科学研究院牵头承担，2023年3月28日通过上海市科学技术委员会组织的验收。项目按合同要求完成了水环境治理关键技术研发，根据示范区内不同区域污染情景特征，筛选集成突破和成熟应用技术，建成陆域控源、水域水质稳定提升的技术集成示范等研究工作。项目共计突破市政大混接点荧光溯源筛查技术、河岸直接排污口筛查技术、管道通沟底泥精准清掏技术、混接污水就地处置技术、泵站排口应急防控技术、LID技术筛选组配和效益评估技术、藻菌共生光合生物处理水产养殖废水技术、排水管网控污优化运行技术、藻类快速检测与抑制技术等9项水环境综合治理关键技术，构建示范区通沟底泥精准清掏实控管理系统、人工强调控河网区域智能化水质优化调度管理平台、水生态系统评价软件系统平台等3个智能化管理平台，制定《上海中小河道环境生态调查规程（建议稿）》《河道污染治理工程绩效评估规程（建议稿）》《河道水生态系统管理养护规程（建议稿）》《河道直排口筛查技术规程（建议稿）》《河长制巡河技术规程（建议稿）》《河道污染源调查技术规程（建议稿）》《管网水力优化调度技术规程（建议稿）》等7套技术规程，形成1套上海市河道水质提升技术集成筛选标准，在宝山区罗店镇域内建成水环境质量提升技术集成示范区，实现全示范区内消除劣Ⅴ类水体，形成可复制可推广的河道治理模式。项目研究成果已推广应用于水污染防治行动计划、长江大保护、长三角一体化示范区等国家重大战略，成为运用科技推动河道水质提升目标的有力推动点。 （朱　环）

【氨基酸及其对映体对污泥厌氧消化产甲烷的影响及作用机制研究】 该项目由上海市环境科学研究院承担，2023年2月14日提交国家自然科学基金委员会验收。项目按任务书要求完成了各项研究目标和考核指标，建立了氨基酸对映体的测定分析方法，能够实现十几种氨基酸对映体的分离、定性和定量分析。采用碱处理方式对污泥进行预处理，对氨基酸及其对映体的产生和分布进行了测定，并利用产甲烷模型和相关性分析探究了氨基酸对映体对污泥基质和模式底物厌氧消化产甲烷的影响规律。在机理研究方面，对氨基酸及其对映体对厌氧消化产甲烷各个过程和关键催化酶的影响进行了探究，并对相关微生物菌群结构进行分析，考察其对氨基酸对映体的响应规律。基于项目研究结果，共发表SCI论文4篇，中文核心期刊2篇，申请发明专利1项。研究结果为污泥厌氧消化的调控提供了新的思路和依据。 （刘　辉）

【农业废水的资源化利用与高蛋白饲料产品开发】 该项目由上海市环境科学研究院承担，2023年3月31日通过国家科技部综合绩效评价。项目针对中希两国养殖业废弃物资源化效率低和养殖业饲料蛋白质来源缺乏等问题，开展不同代表性养殖废水的经微藻转化为高蛋白饲料的高值化利用生物技术研究。本项目系统地探索了关键性技术问题，包括：优化养猪废水发酵产酸过程中的关键运行参数，实现废水中有机物高效转化为挥发性脂肪酸，大肠杆菌等致病菌有效灭活；筛选小球藻作为优势藻种，并优化藻菌共生的兼养培养体系，提高小球藻的生长上限。基于上述研究，构建厌氧产酸和微藻培养联合工艺，养猪废水中污染物均能有效去除，并且小球藻生长良好。项目以江苏启东某养猪场作为中试基地，开展了微藻复合饲料开发和饲喂试验研究。收获的微藻生物质中蛋白质占比达52.4%，并且符合饲料卫生标准GB 13078-2017中对饲料原料的各项指标要求。饲喂试验结果表明，将微藻以20%的比例替代原饲料中的大豆原料开发微藻复合饲料，与饲喂原饲料的空白组相比，微藻复合饲料饲喂的猪仔生长良好，无病理，且肉质中微量元素的含量较高，初步证明了基于农业废水开发高蛋白微藻饲料产品的可行性。项目的实施促进了中希双方在农业废弃物高值化利用和微藻生物技术开发方面的合作，促进了科研队伍的培养，有利于扩大中国在相关技术领域的国际影响力，促进双方国民经济和社会发展。 （刘　辉）

【源分离水冲式厕所系统与黄水、褐水资源化关键技术研发】 该项目由上海市环境科学研究院承担，2023年3月23日通过国家科技部综合绩效评价。项目按任务书要求完成了褐水共发酵堆肥技术（固液分离＋生物质＋堆肥）、黄水固体复合肥技术（纳滤膜浓缩－太阳能蒸发－固体复合肥）的研发；形成重力收集源分离节水厕所关键技术体系1项；开发了黄水资源化设备（固体复合肥）1项；主编了《源分离水冲式厕所系统建设与运行导则（征求意见稿）》，参编《乡村厕所技术与设备指南（水冲式厕所篇）（征求意见稿）》；基于研究成果发表论文3篇，申请发明专利2项；并与上海市浦东新区新丰村开展相关技术与设备的应用示范。研究成果为源分离黄水和褐水资源化回收技术的推广提供了技术支撑。 （刘　辉）

【湿地生态系统生态产品价值核算方法及案例研究】 该项目由上海市环境科学研究院承担，2023年11月23日通过上海市统计局线上评审。本研究以崇明岛湿地生态系统为研究对象，建立了全市湿地生态价值核算基础数据库，并在国家《生态产品总值核算技术规范（试行）》的基础上进行细化优化，形成了符合上海市湿地生态系统的核算方法体系，完成了崇明岛湿地生态产品价值试点核算工作，提出了相应的配套机制和政策建议。项目成果为落实国家统计局关于生态产品总值试算工作提供科技支撑，实现对现有规范的技术完善，提升技术方法的科学性和操作性。（苏敬华）

【重点农业源氨与恶臭监测减排技术及BVOCs排放特征研究】 该项目由上海市环境科学研究院承担，2023年10月25日通过上海市生态环境局组织的验收。本项目按合同要求，开展上海市典型畜禽养殖业恶臭与氨污染排放特征研究，通过研发生物滴滤氨氮硝化装置，形成规模化猪场主要环节氨与恶臭减排技术一套，利用硝化液回冲棚舍模拟试验对养殖棚舍的氨减排效果进行评估。通过对全市各典型植被区域内大气BVOCs浓度进行周年期采样检测，掌握了全市BVOCs排放活动强度及季节性变化特征，建立了一套上海市农业及天然源BVOCs动态排放清单，并初步评估了其减排潜力及对O_3生成的影响。（倪远之）

【在线轨道阱质谱技术的开发及在大气高含氧有机分子测量中的应用】 该项目为中国博士后科学基金项目，由上海市环境科学研究院承担，项目研究时间为2022年8月—2023年8月，于2023年8月20日通过专家验收。项目主要研究内容为通过超高分辨率轨道阱质谱技术和在线电离/进样技术的耦合，实现高含氧有机分子的实时测量和准确识别；通过对测量系统电离效率和传输效率的表征，发展一套适用于高含氧有机分子的定量方法；选取中国典型地区——上海，开展高含氧有机分子的外场观测，建立典型地区的质谱库数据，通过表征高含氧有机分子的日变化趋势、洁净天气与污染天气下的浓度差异，结合同一地点不同季节、不同地点同一时段的高含氧有机分子特征对比，量化表征不同大气环境下高含氧有机分子和VOCs及超细颗粒物浓度的关系，为不同大气环境下的二次有机气溶胶形成机理研究提供准确可靠的量化数据。（陆轶群、陈明华）

【典型天然气燃烧源HONO排放特征及影响因素研究】 该项目为中国博士后科学基金项目，由上海市环境科学研究院承担，项目研究时间为2022年8月—2023年11月，于2023年11月30日通过专家验收。探明HONO的未知来源是当前大气化学领域的前沿热点，但当时天然气燃烧过程中的HONO排放特征及其影响因素尚不清楚。另外由于HONO本身活性和水溶性强且寿命短，无法直接使用原位测量方法进行表征。鉴于此，本研究研发了基于分流稀释的HONO和NO_x燃烧源原位测量系统，识别并确定了采样系统内非均相反应对HONO原位测量不确定性的影响及不同现场测试条件的修正因子。应用该系统完成各类典型（普通型、冷凝型、低氮型、冷凝低氮组合型）家用燃气热水器烟气排放原位测量实验，首次获取了城市地区燃气源HONO逐秒排放特征和排放因子，并分析了不同工况、季节和燃烧工艺对HONO和NO_x排放的影响，揭示了燃气热水器由高温燃烧驱动NO均相生成HONO的反应机制，同时识别了燃烧负荷是影响燃气源HONO排放的主要因素。研究强调通过优化现有燃烧技术来控制热力型NO_x排放，可以在减少HONO排放方面产生更大的协同效应。相关成果已在《环境科学与技术》（*Environmental Science & Technology*）上发表。（丁　祥）

【上海精细化天然源挥发性有机物（BVOCs）排放清单的建立及对城市空气质量的影响】 该项目为中国博士后科学基金项目，由上海市环境科学研究院承担，项目研究时间为2022年8月—2023年11月，于2023年11月30日通过专家验收。项目主要研究内容为在日益严峻的臭氧污染背景下，当前针对上海城市地区BVOCs排放的演变趋势及其对空气质量的影响。本项目选取上海为研究对象，融合多源数据建立植被精细化数据库；考虑城市热岛的影响，并引入能准确刻画城市尺度气象要素的城市冠层方案（WRF/UCM），提高城区温度的模拟精度；研究植被增多、城市热岛对城市地区BVOCs变化趋势及对臭氧生成的影响，为城市地区空气质量精细化管理提供科学依据。该项目已经完成全部研究任务，已结题，发表SCI论文2篇。（王燕宇）

【基于热脱附—全二维气相色谱/质谱定量大气中等和半挥发性有机物新方法】 该项目为上海市科委项目科学仪器创新类项目，由上海市环境科学研究院承担，研究时间为2021年11月—2023年10月，2023年12月通过上海市科学技术委员会的验收。本项目针对一维气相色谱分析技术，对高度复杂的有机组分不能实现分离，影响准确定量I/SVOCs的总浓度水平。项目在实验室已有TD-GC/MS分析系统上拓展TD-GC×GC/MS应用功能，建立了基于气流调制的TD-GC×GC/MS定量大气中I/SVOCs新方法，实测分析了上海中心城区I/SVOCs的分布特征。分析结果与已有的研究具有可比性。采样期间，T-I/SVOCs（total-I/SVOCs）的浓度水平变化较大，且呈现明显的受早晚交通高峰期间排放影响的双峰特征，平均浓度水平远高于白天和夜间。从组成分布特征来看，UCM部分对T-I/SVOCs的贡献为55%，可识别物种为45%，主要包括烷和烯烃类、多环芳烃和硝基多环芳烃类、单环芳烃类、含卤素-I/SVOCs和O-I/

SVOCs。相比一维 GC/MS 的研究结果，可识别物物种增长 40%。该项目已经完成全部研究任务，发表 SCI 论文 1 篇，授权专利 2 项，软著 1 项。（李英杰）

【基于高分辨率质谱联用技术研究城市大气反应性有机物污染特征及其 SOA 生成贡献】 该项目为市科委自然基金项目，由上海市环境科学研究院承担，项目研究时间为 2020 年 7 月—2023 年 6 月，于 2023 年 12 月 20 日通过专家验收。项目围绕光化学污染期间大气 SOA（二次有机气溶胶）估算与其关键前体物溯源难题开展研究，基于高分辨率质谱联用技术，以上海污染大气为研究对象，集成超高分辨率飞行时间质谱和气相色谱质谱联用技术，开发了挥发态及中等挥发态 ROG 全谱（C_2—C_{20}）组分的同步在线测量方法；基于超高分辨率飞行时间质谱和热脱附质谱串联技术，开发了 SOA 示踪组分及其他颗粒态有机组分的在线测量技术，开展了有机颗粒物在线热脱附技术（Charon）对温度的敏感性研究，结合传统热脱附质谱串联技术评估了基于超高分辨质谱在线测量有机颗粒物组分方法的适用性。基于 ROG 及 SOA 示踪组分同步测量结果，优化了 ROG 转化生成 SOA 的定量关系，实现了烟雾箱模拟获得定量关系的本地化校验。以烟雾箱实验参数最为丰富的芳香烃 SOA 为例，开展了芳香烃及其 SOA 示踪组分的同步在线测量实验，评估了烟雾箱实验 SOA 产率在环境大气中的适用性，建立了环境大气 ROG 生成 SOA 的本地化定量关系。以上海城市大气为例，选择城区、港区及化工区三个功能区开展了外场综合观测实验，分析了城市大气 ROG 污染水平及组成特征，量化了不同组分对 SOA 的贡献，识别了城市大气 SOA 关键前体物名录。研究结果是现有 SOA 来源研究体系的有益补充，可为城市大气 $PM_{2.5}$ 污染防控及 ROG 精准减排提供重要技术支撑。（王红丽、高雅琴）

风力发电模型

（陈梦泽 摄）

【破解生态修复的“梦境”之困】 复旦大学生命科学学院通过构建和分析包含 64 个国家、2594 组实验的全球动物消费者效应数据库和全球植物互作与恢复数据库，在全球尺度上系统研究了植食动物对植被恢复的下行效应、调控因素及管理措施，为何时、何地、如何管理下行效应以提高植被恢复的成效提供了新见解，为破解生态修复的“梦境”之困提供了新思路。研究成果发表于《科学》(*Science*)，并被选为封面论文和亮点研究。（贺伟伟）

【提出中国加速发展光电和风电、实现 2060 年碳中和目标的最优路径】 复旦大学环境科学与工程系、IRDR 国际卓越中心基于高时空分辨率的地球智能信息数据系统，构建了 2021—2060 年期间中国使用大规模太阳能光伏和风能电厂替代化石燃料的优化模型，提出了低成本且高效用的能源转型方案，为我国“碳中和”目标下能源转型提供了科学建议。研究成果发表于国际著名期刊《自然》(*Nature*)。（贺伟伟）

科研学术活动

【第 109 期院士沙龙：韧性城市——“双碳”驱动下的城市基础设施建设与高质量发展】 “韧性城市”是指在面临灾害和风险时具有耐受、适应和快速恢复能力的城市，拥有高韧性的城市生命线系统和基础设施体系是建设韧性城市的基础和前提。为了提高城市规划、建设、治理水平，加快转变超大特大城市发展方式，实施城市更新行动，推动韧性城市建设，第 109 期院士沙龙“韧性城市——‘双碳’驱动下的城市基础设施建设与高质量发展”于 3 月 18 日在上海举行，徐祖信、彭永臻、王复明、马军等院士，上海市科技工作党委主要领导、上海市科委、上海市政工程设计研究总院有关领导及来自上海市政院、同济大学、建工集团、复旦大学、上海交通大学等单位的代表出席沙龙。

会上，徐祖信院士作了题为“上海苏州河水环境综合治理技术创新和机制创新”的报告，详细介绍了苏州河通过系统治污、协同调控、混合控制等方式解决黑臭脏问题，并在全国率先示范应用“河长制”的成功经验。彭永臻院士的报告“关于我国城市污水处理排放标准的思考与建议”系统分析我国城市污水排放标准中所存在的未因地制宜制定规划、污水处理标准与地表水环境标准存在差异等问题，提出修订并建立合理的排放标准、加强国家和地方监管部门联合整治等建议。王复明院士在题为“地下工程水灾变防控技术的发展与‘工程医院’共享平台建设进展”的报告中深入阐述了“工程医院”的建设背景和进展，以应对城市更新过程中面临的地下管道渗漏、污水处理效率低下、路面塌陷等工程灾害病害问题。马军院士作题为“碳中和愿景下城市供水系统绿色低碳发展对策与技术研究进展”主题报告，重点分析气候变化与城市高速发展对饮用水源水质构成的潜在影响，提出了从城市群和流域尺度加强水源保护的政策建议，及发展低能耗高级氧化技术，将氧化、吸附、催化、膜分离有机结合的创新技术路线。四位院士的精彩报告为“双碳”目标下提升城市基础设施韧性，高质量发展韧性城市提出了真知灼见。

上海市科技工作党委主要领导在致辞中指出，上海是一座矢志攀登科技高峰的创新之城，人才是上海最核心的资源。举办论坛，就是要搭建一个院士专家与青年科技人才交流的平台，帮助青年人快速成长。上海将一如既往地大力支持人才成长，全力建设世界一流的科研平台、产业平台、合作平台，为广大人才打造施展才华、实现价值的舞台，让上海成为天下英才的筑梦之地、逐梦之城、圆梦之都。（王　薇）

【第七届全国水处理与循环利用学术会议在同济大学举行】 4月14日—16日，第七届全国水处理与循环利用学术会议在上海举行，由中国环境科学学会水处理与回用专业委员会、同济大学、清华苏州环境创新研究院、环境模拟与污染控制国家重点联合实验室、污染控制与资源化研究国家重点实验室联合主办。来自全国高等院校、科研院所、环保企业和管理部门的专家学者1300余人参加会议。（贺伟伟）

【IE expo China 2023环博会——长三角噪声管控技术论坛召开】 4月19日，由上海市环境保护产业协会、上海市环境保护产业协会物理污染防治专业委员会、上海城市环境噪声控制工程技术研究中心共同主办，中贸慕尼黑展览（上海）有限公司协办，上海市环境科学研究院、中国声学学会环境声学分会、全国声学标准化技术委员会、上海市环境科学学会、上海市声学学会支持举办的“IE expo China 2023环博会——长三角噪声管控技术论坛”在上海新国际博览中心召开。本届论坛主题为“城市声环境质量改善中的绿色科技驱动力”，与会专家学者围绕长三角区域不同城市噪声管控经验、声学创新发展、新型声学材料与技术的研发与应用等内容作报告。来自全国各地科研院所、高校及噪声管控领域的相关主管部门，企事业单位、行业组织等百余名专家学者、管理人员与技术人员参加了本届论坛，聚焦新形势下区域噪声管控问题、机遇与挑战，和与会专家开展了深入交流。（储益萍）

【IE expo China 2023环博会——新形势下环评与排污许可工作展望技术论坛召开】 4月19日，由上海市环境科学学会主办，环评与排污许可分会承办的“新形势下环评与排污许可工作展望技术论坛”在上海新国际博览中心召开。与会专家学者围绕“北京市街区层面控制性详细规划的环境影响评价政策与实践”“浙江省排污权有偿使用和交易试点经验介绍”“江苏省工业园区污染物排放限值限量管理工作框架设计及实践”“上海市环评与排污许可制度衔接试点研究”等主题作了现场报告。来自全国各地各级环境管理部门、高等院校、企事业单位、行业组织等150余名代表共聚一堂，就环评和排污许可管理前沿研究等议题和与会专家进行热烈讨论和交流。（王慧玲）

【2023年度上海院士中心咨询项目启动会召开】 4月20日，上海院士中心2023年度咨询项目《典型钢铁企业碳排放核算体系及方法研究》《“双碳”背景下污染场地修复策略与技术发展前景研究》启动会在上海大学环境与化学工程学院举行。

会上，《典型钢铁企业碳排放核算体系及方法研究》《“双碳”背景下污染场地修复策略与技术发展前景研究》两个项目分别汇报了研究目标、研究内容、推进计划及预期成果。与会专家认为，项目研究方向均符合国家和上海有关碳达峰碳中和的重大战略部署，建议项目组通过实地走访调研，切实了解行业、企业在推进碳达峰碳中和过程中遇到的瓶颈与问题，以问题为导向开展项目研究并提出科学、前瞻、可行的具体建议，为相关部门制定相关政策提供决策参考及理论依据。

来自上海大学、上海应用技术大学、宝钢股份有限公司、宝武集团环境资源科技有限公司、上海吴淞开发建设有限公司、上海院士中心的专家学者共计10人参加了会议。（王　薇）

【上海市交通工程学会协办SNEC第五届国际氢能与燃料电池技术及应用（上海）论坛】 SNEC第十六

届（2023）国际太阳能光伏与智慧能源（上海）大会暨展览会于2023年5月24日—26日在上海新国际博览中心举行。本届大会除开幕式和主题论坛外还有全球绿色能源与光伏金融峰会、石墨烯前沿应用技术高峰论坛、能源互联网技术与应用高峰论坛等。本次大会暨展览会汇聚了全球行业领袖、科学研究所的学者、专业人士4000余人。参展商超过3100家，注册观众超过50万人。

上海市交通工程学会作为大会特邀协办单位参与组织的氢能与燃料电池技术及应用论坛以“赋能‘绿氢’，助力碳中和”为主题，围绕氢能全产业链，包括制、储、运、加、用与燃料电池系统的研发制造和应用为议题，展示由“绿电”转为“绿氢”的技术路线与最佳解决方案，推动氢能及燃料电池在交通运输、便携式发电、储能发电等领域的广泛应用。

与会专家嘉宾围绕“绿氢技术与产业发展、氢能基础设施与氢安全、氢能综合利用与发电技术”三个主题进行分享。20多位行业专家学者发表了精彩主题演讲。300多位业内人士参加了此次论坛。

（王　薇）

【上海交通大学大师讲坛】 上海交通大学依托“大师讲坛”平台将大师“请进来”，让学生与业内学术大师广泛、深入开展创新交流、增强创新意识、激发创新思维、提升创新能力，用一流学术文化涵养一等学子。5月24日，中国科学院生态环境研究中心研究员、大气污染防治专家、中国工程院院士贺泓做客第184期大师讲坛的现场，作题为“环境催化及环境效应”的报告。5月29日，中国科学院院士、国际地球化学协会会士、中国地质大学（武汉）校长王焰新院士做客第186期大师讲坛，作题为“健康地学研究趋势分析”的报告。6月25日，中国科学院院士、世界科学院（TWAS）院士、国家自然科学基金委功能介孔材料基础科学中心首席科学家赵东元院士做客上海交通大学第190期大师讲坛，作题为“化学与未来介孔材料”的报告。12月4日，生态环境学家、中国科学院院士、发展中国家科学院院士朱永官应邀做客第205期大师讲坛，作题为“由砒霜引出的故事”的报告。

（贺伟伟）

【第110期院士沙龙：合成生物学赋能临床医学】 为进一步探讨在人工智能和大数据等技术的推动下，合成生物学该如何充分发挥和融合上海在生物医药、化学合成等领域的优势和基础，加速创新技术从实验室到医药行业的应用，形成系列原创性思想、变革性实践、突破性进展、标志性成果，第110期院士沙龙“合成生物学赋能临床医学”于5月29日在院士之家举行，杨胜利、丁奎岭、邓子新、贾伟平、施剑林、朱美芳等院士，上海市科委有关领导及来自上海交通大学、复旦大学、第九人民医院、华山医院、宝藤生物、天壤智能、国泰君安、科创投等高校、医院及企业代表出席沙龙。

会上，杨胜利院士作了题为“合成生物学”的报告，简要回顾了生命科学及合成生物学的发展历程，介绍了目前合成生物学在药物研究、农业生产、临床医学、环境治理等领域中的应用。杨胜利院士指出，合成生物学是实验科学、预测科学和工程科学完美的融合，上海应该利用学科优势大力推进其发展。丁奎岭院士在《跨越化学与生物的合成科学》的报告中介绍了合成科学在推动人类文明进程中发挥的作用，随着化学和生物学领域的发展与技术进步，化学合成和生物合成之间出现由点到面的快速融合和相互促进的趋势，为合成科学带来了前所未有的创新机遇，上海要发挥自身优势，以分子创制为导向，以合成化学与合成生物学为纲，突破传统的学科研究范式，拓展合成科学发展新空间。

市科委领导在讨论中指出，对于合成生物学未来的发展，上海有着很好的综合性学科基础，这不仅仅是单一学科的发展，也是包括生命科学、材料科学、化学、临床医学等多学科的发展。如何将现有资源优势发挥协同效应，做好创新领域布局，是上海目前面临的巨大挑战。做好顶尖人才的服务及引进工作，搭建更完善的基础平台，解决底层技术的布局，做好综合性研究平台建设，数据库的建设，都是当务之急。针对目前所面临的问题，上海将进一步融合各方面优质资源，凝练目标方向，聚焦重点难点，逐一突破，更好地推动学科发展。邓子新、贾伟平、施剑林、朱美芳等院士也分别就合成生物学在各自领域内的应用前景及发展趋势提出了真知灼见。与会院士专家们一致认为，要完成合成生物学的各项使命，一定要鼓励多学科交叉，发挥上海在学科基础上的引领作用，开拓合成生物学的应用场景，积极推动合成生物学从研发到产业化的过程。下一阶段上海将进一步强化顶层设计，整合力量、协同发展，营造良好创新创业生态，打造具有全球影响力的合成生物学创新高地、人才高地和产业高地。

（王　薇）

【上海市植物病理学会2023年学术年会暨植物抗病免疫理论与实践国际学术研讨会】 6月9日—12日，由上海市植物病理学会主办，中国科学院分子植物科学卓越创新中心、上海交通大学农业与生物学院和《分子植物》期刊共同承办，上海市现代种业协同创新中心和上海交通大学植物细胞发育与未来种业学科创新引智基地协办的上海市植物病理学会2023年学术年会暨植物抗病免疫理论与实践国际学术研讨会在上海举办。本次大会以“抗病免疫引领绿色农业可持续发展”为主题，吸引了来自全国50多家大专院校、科研单位与市植物病理学会会员共360人参加。

开幕式上，中国科学院院士、中国科学院分子植物卓越创新中心主任韩斌研究员，中国工程院院士、中国植物保护学会理事长、宁波大学陈剑平教授，中国工程院院士、贵州大学校长宋宝安教授，以及来自上海市农业农村委、上海市农业技术推广服务中心、上海植保学会、上海交通大学农业与生物学院和上海市植物病理学会的有关领导分别致辞。

本次研讨会除了宁波大学陈剑平院士、贵州大学宋宝安院士、英国塞恩斯伯里研究所Sophien Kamoun教授、美国加州大学河滨分校Hailing Jin教授、德国马克斯普朗克植物育种研究所Jane Parker教授和西湖大学柴继杰教授等发表学术报告外，来自四川大学、上海交通大学、四川农业大学、南京农业大学、浙江大学、吉林农业大学、福建农林大学、西北农林科技大学、中国科学院分子植物卓越创新中心、吉林大学、中国水稻研究所的植物抗病免疫学领域的学者20余人分别围绕植物抗病性、病原菌致病机制、植物免疫调节和绿色生物农药等方面研究进展作了特邀报告。

此次会议还特别邀请了12名青年学者（博士后和博士生）通过口头报告，18名青年学生通过墙报形式展示了相关领域的研究进展。此次学术研讨会涉及最新学术前沿研究成果，在绿色抗病育种和绿色农药研发等方面取得重大突破，为参会的植物病理学科技工作者提供了新理论、新技术、新成果交流平台。

（王　薇）

【第九届场地修复论坛召开】 7月27日—28日，上海市环境科学研究院（国家环境保护城市土壤污染控制与修复工程技术中心）、上海市环境保护产业协会、上海建工环境科技有限公司共同主办的“第九届场地修复论坛”在上海星河湾酒店召开。来自中国科学院相关研究所、生态环境部直属院所、相关高校和省市科研院所，以及土壤修复领域的相关主管部门、企事业单位、行业组织等单位的300余名专家学者、管理人员和从业人员共同探讨污染场地治理修复领域发展。

本届论坛以“科技赋能新时代场地修复行业高质量发展”为主题，会上专家学者围绕“行业政策法规解读及地方管理经验交流”“国家重点研发计划研究进展交流”“风险管控与修复创新模式与工程技术实践案例”和“土壤地下水评估调查与修复创新实践”等议题做了40多场主题报告。来自北京、上海、广东、江苏、浙江、云南等省市环境管理技术支撑单位的代表，分别介绍了所在地区土壤污染防治行动计划、地方技术标准、先进管理制度等方面的最新动态和实践经验；行业优秀企业和研究院所的专家学者围绕土壤污染风险管控和治理修复技术研发、模式探索、设备集成等主题分享了研究成果和应用案例。

（陈端伟）

【“长三角一体化背景下区域‘双碳’协同路径与机制研究”专题研讨会召开】 2023年7月31日，中国工程科技发展战略上海研究院2022年度软科学研究项目“长三角一体化背景下区域‘双碳’协同路径与机制研究”专题研讨会在上海交通大学碳中和发展研究院召开。会议由项目负责人黄震院士主持。

会上，项目组介绍了课题研究背景、开展情况，汇报展示了主要研究成果及咨询建议。与会专家对项目阶段性成果进行了充分的讨论，并提出意见建议，包括拓展碳达峰碳中和协同路径、优化长三角地区协同机制、进一步丰富项目研究成果及完善咨询建议等。

来自上海交通大学、国家电网华东分部、国家电网上海市电力公司、华东电力设计院有限公司、北京电力交易中心市场交易三部、市发展改革委长三角一体化发展处、上海院士中心、上海研究院等单位的专家出席本次会议。

（王　薇）

【第十一届长三角空气质量管理技术研讨会成功举办】 8月31日—9月1日，第十一届长三角空气质量管理技术研讨会在上海召开。本次研讨会由亚洲清洁空气中心和上海市环境监测中心合作主办，上海交通大学与上海市环境科学学会承办，聚焦“长三角区域空气污染物精细化监测管控与温室气体监测”主题，邀请国内外专家从管理和技术层面分享碳污协同减排、温室气体排放监测网络设计与数据应用、臭氧防控策略与实践、污染物精细化监测与管控等方面的先进做法与经验。

研讨会上，来自国内外的24名各领域专家及部门代表作了精彩发言，117名来自苏浙沪皖26个地市及北京、江西、辽宁、广东、四川各省市的环境管理、监测与科技人员线下与会。参会人员围绕臭氧防控技术、碳监测、重大活动和应急调控这三项主题开展分组讨论，共同交流会议心得启发，并就江苏和上海臭氧污染变化形势、碳污同源清单编制、温室气体监测网络设计与应用、亚运会及进博会等重大活动保障监测预警做了技术分享。全国14个省市的在线观众通过微信小程序、PC端浏览器观看研讨会直播，累计中文观众访问量4858人次、英文观众累计访问量898人次、2362次转发分享会议动态、

2112次点赞。（车　祥）

【太湖流域水治理重点实验室工作座谈会】 9月7日，水利部太湖流域水治理重点实验室工作座谈会在无锡召开，太湖流域管理局主要领导主持会议，南京水利科学研究院、无锡市人民政府等有关领导出席会议。会议听取了重点实验室工作汇报、近年太湖蓝藻水华及藻类结构变化原因分析专题汇报，围绕重点实验室下阶段工作重点、太湖蓝藻防控等方面工作进行了讨论和研究部署。会议要求，要围绕太湖蓝藻水华及藻类结构方面组织开展跨行业研讨交流，深化蓝藻水华防控措施研究；要继续凝练学科特色，进一步开展太湖流域水治理重大任务攻关，加强成果转化；要统筹重点实验室运作，重视成果发布，丰富行业内外交流，搭建有影响力的浅水湖泊治理学术交流平台，进一步提升太湖流域水治理科技支撑。太湖流域管理局、江苏省水利厅、南京水利科学研究院、无锡市人民政府有关部门、单位代表参加会议。（杨　斌）

【太湖蓝藻水华及藻类结构变化专题研讨会】 10月29日，为深入探讨太湖蓝藻水华减少、局部湖区丝状蓝藻增加的原因，深化太湖蓝藻研究，太湖流域水科学研究院、太湖流域水治理重点实验室、太湖流域水文水资源监测中心（太湖流域水环境监测中心）在无锡召开太湖蓝藻水华及藻类结构变化专题研讨会，从太湖蓝藻水华及藻类结构变化入手，多角度、全方位交流了太湖蓝藻水华演变和富营养化湖泊生态环境方面最新科研成果。与会专家代表从近年来太湖水质状况、物理生境因子情况、水生生物群及渔业资源动态变化等方面，深入分析2023年太湖蓝藻强度明显减小的原因，探讨东太湖藻类优势种发生变化原因，丝状蓝藻的致嗅原理，剖析2-甲基异莰醇产嗅源等。国内湖泊水生态研究领域的专家学者，江苏省、浙江省、上海市水利（水务）厅（局）有关部门、环太湖城市水利（水务）局负责人员，太湖流域水科学研究院各发起单位、南京水利科学研究院、河海大学、上海勘测设计研究院有限公司有关专家和代表，太湖流域水治理重点实验室负责人员和学术骨干参加了会议。（杨　斌）

【全球清洁生产大会在上海举办】 11月9日至12日，全球清洁生产大会（Global Cleaner Production Conference，GCPC）在上海举办。本次大会由爱思唯尔集团与复旦大学联合主办，聚焦于清洁生产领域相关的前沿科学知识，旨在探讨如何将“污染预防”和“生命周期思想”等原则融入实践，以支持全球可持续发展目标。本次大会共有来自38个国家和地区的学者参会，100余位学者作了口头学术报告。（贺伟伟）

【“极端气候常态化背景下长三角智慧优质水网建设战略研究”项目召开推进会】 12月26日，2023年中国工程科技发展战略上海研究院“极端气候常态化背景下长三角智慧优质水网建设战略研究”项目推进会在华东师范大学举行。项目组介绍了上海市水资源现状与问题，详细阐述了项目研究目标、研究思路、主要研究内容与研究计划，并针对研究目标提出了长三角智慧优质水网风险超限感知与分析系统研制要点及上海市新水源地建设战略。

与会人员就项目研究的顶层设计思路、目标、任务、重点、实施策略及任务分工进行了充分研讨。专家建议，加强对现有智慧水网的潜力及其空间分布的调研，重点关注极端气候变化背景下水资源优化配置与水源保障，围绕水网建设现状与长三角区域一体化发展规划，推动智慧水网构建。（王　薇）

科技奖励

【环保科研获奖】 2023年，上海市环境科学研究院牵头完成的“上海高水平推进‘双碳’目标的关键问题研究”“上海市浅层地下水污染防控策略研究”分获第十四届上海市决策咨询研究成果奖一等奖和二等奖，参与完成的“餐废油脂生物柴油制备及车用关键技术”“建筑室内空气污染控制关键技术研究及规模化应用”分获2022年度上海市科技进步奖一等奖、二等奖。上海市环境监测中心参与的“橡胶工厂废气收集净化与监测管控关键技术研究应用”获2022年度上海市科技进步奖二等奖。（黄丽华）

【上海市获得国家环境保护科学技术奖获奖项目】 12月，根据《环境保护科学技术奖励办法》的规定，环境保护科学技术奖励委员会批准59个项目获2023年度环境保护科学技术奖，其中，上海市1个项目获得一等奖，4个项目获得二等奖。

2023年上海市获得国家环境保护科学技术奖获奖项目

获奖等级	项目编号	项目名称	完成单位
一等奖	KJ2023-1-04	城市和区域机动车排放控制智慧决策关键技术及应用	清华大学、中国环境科学研究院、交通运输部规划研究院、中国汽车技术研究中心有限公司、北京市生态环境监测中心、上海市环境科学研究院、北京思路创新科技有限公司
二等奖	KJ2023-2-08	核电厂实时风险监测评估和管理技术研究及应用	生态环境部核与辐射安全中心、苏州热工研究院有限公司、上海核工程研究设计院股份有限公司、中国核电工程有限公司、江苏核电有限公司
	KJ2023-2-34	生活垃圾焚烧飞灰解毒调控与建材化利用关键技术及应用	中国环境科学研究院、上海大学、中国建筑材料科学研究总院有限公司、浙江京兰环保科技有限公司、天津壹鸣环境科技股份有限公司
	KJ2023-2-39	工业源挥发性有机物精细化监管关键技术及应用	江苏省环境科学研究院、中国科学院合肥物质科学研究院、江苏省生态环境监测监控有限公司、上海市环境科学研究院、江苏远世景环保科技有限公司
	KJ2023-2-43	低纬度高原湖泊湖滨区水质提升与系统修复关键技术及应用	中国环境科学研究院、中国科学院水生生物研究所、中交上海航道勘察设计研究院有限公司、北京师范大学、云南省水利水电勘测设计研究院

（王一和）

资源保护与利用

可再生资源开发利用

【资源综合利用率持续增长】 2023年，市经济信息化委聚焦大宗工业固体废物、工业再制造、再生资源利用，通过技术创新、标准引领、示范推广等方式，进一步提升资源循环化利用水平。2023年全市一般工业固体废物综合利用率为94.9%，比上年增长0.8个百分点。全市冶炼废渣、粉煤灰、炉渣、脱硫石膏等大宗工业固体废物综合利用率99.2%，连续5年保持在99%以上，处于全国领先水平。（何哲楠）

【积极推广余热余冷资源利用】 市经济信息化委评选2023年上海市余热利用十大优秀案例。举办余热技术应用及产业发展推进会，推动一批余热利用示范项目落地。开发上海市余热资源信息共享服务平台。4月，上海LNG接收站“基于IFV的冷能发电装置”项目并网测试成功，实现上海LNG冷能利用“零”的突破，填补国内LNG冷能发电的空白。（何哲楠）

【加强资源综合利用行业规范管理】 市经济信息化委提高上海市资源综合利用水平，组织推进2家废旧动力蓄电池、1家废塑料、1家废钢综合利用企业入选工信部规范企业名单。（何哲楠）

【推进动力电池梯级利用和回收处理体系建设】 市经济信息化委聚焦生产者责任延伸、溯源机制、准入管理等，研究制定相关政策，编制相关建设规范、技术规范和标准。积极推动新能源汽车企业加快建立动力电池回收服务网点，基本形成覆盖全市的电池回收网络。目前在上海建立并上报工信部的暂存性电池回收服务网点有476个，建成8个第三方集中型存储网点，完成动力电池溯源管理平台二期建设，建成梯次利用拆解组装试验线和无害化拆解分离平台。（何哲楠）

【再生资源回收利用情况】 截至2023年12月，上海市再生资源行业回收备案企业共7598家。据行业统计，全市回收企业2023年共回收各类再生资源826.54万吨，其中废钢铁436.14万吨、废有色金属57.23万吨、废塑料70.25万吨、废纸134.54吨、废玻璃67.6万吨、废纺织品14.56万吨、废木17.97万吨、报废汽车14.97万吨、电子废弃物7.63万吨、其他再生资源5.65万吨。（朱 茜）

【采用再生资源材料的人行道建设】 3月，市交通委发布《人行道品质提升技术指南》，在进行人行道品质提升过程中，宝山区、普陀区采用废旧钢渣加工的透水人行道板砖，提高人行道砖强度、摩阻力、透水性。徐汇区在人行道基层采用废旧人行道砖破碎材料。奉贤区在航塘公路采用拆除的桥梁混凝土构建破碎材料、道路铣刨旧沥青混合料等试点全再生道路，

五角场商圈的可回收物精细化分类试点系统（杨建正 摄）

对比使用新料的情况可减少35%碳排放量，并采用高强度PC砖代替原石人行道砖降低对原石的开采。（林莉君）

土地资源保护与利用

【全面推进国土资源利用分析评价】 市规划资源局紧紧围绕上海市土地管理年度目标和重点项目安排，聚焦上海市国土空间保障情况、土地资源高质量利用情况、耕地保护情况、生态空间保护情况和违法违规用地情况，进一步发挥国土资源利用状况分析评价对土地利用现状变化的合法性、合规性、合理性诊断作用，切实牢守资源保护底线。全年组织开展了2022年度国土资源利用状况分析评价与2023年第一、二、三季度国土资源利用状况分析评价工作，为上海市国土空间用途管制、低效建设用地减量化、土地高质量利用、耕地保护，以及疑似违法违规用地处置等工作

开展提供了积极有效的决策支撑。（符　颢）

【联动开展森林湿地专项调查】以2022年度“三调”变更数据为基础，按照自然资源部、国家林草局《关于开展2023年全国森林、草原、湿地调查监测工作的通知》要求，市规划资源局会同市绿化市容局开展2023年上海市林地、湿地专项调查工作，按要求对林地、湿地数据进行审核，将林地统一到年度变更调查的数据基准上，为切实履行统一行使全民所有自然资源资产所有者职责、统一行使所有国土空间用途管制和生态保护修复职责提供基础保障。（符　颢）

松江泖港湿地

（陶　磊摄）

地质资源保护与利用

【加强地质灾害防治顶层设计】2023年，市规划资源局对地质灾害防治工作开展系统评估，形成《地面沉降防治工作评估报告》《突发性地质灾害防治工作评估报告》，通过评估总结了经验、分析了问题、明确了下阶段工作方向。修订了《上海市地质灾害危险性评估管理规定》，在聚焦管控好风险程度较高的特定项目的同时，适度简化实施流程、进一步优化营商环境。（符　颢）

【持续有效控制地面沉降】2023年，市规划资源局持续有效控制地面沉降。一是完成沉降控制目标。发挥地面沉降防治工作协调制度作用，完成了地面沉降防治年度计划各项任务。2023年全市地下水开采量74万立方米，同比增加14万立方米；回灌量1512万立方米，同比减少38万立方米。全市平均沉降5.1毫米，同比减少0.5毫米，连续第15年将全市平均地面沉降控制在6毫米以内。

二是提升综合防治能力。完成《上海市“十四五”地面沉降监测网络完善工程可行性研究报告（初步设计深度）》和《上海市“十四五”地面沉降监测站完善工程可行性研究报告（初步设计深度）》报批。迁建分层标组1组、基岩标1座、地下水位监测井2口。

三是推进长三角地区地面沉降联防联控。召开了2023年度长三角地区地面沉降防治省际联席会议，沪苏浙皖三省一市自然资源主管部门签署了新一轮《长三角地区地面沉降防治区域合作协议》，《长三角地区地面沉降防治规划（2021—2035年）》通过专家论证。（符　颢）

【强化突发性地质灾害防治】2023年，市规划资源局强化突发性地质灾害防治。一是突发性地质灾害防治成效显著。研究制定了《上海市突发性地质灾害防治管理工作规则》，印发了上海市突发性地质灾害防治年度工作计划和汛期工作方案。2023年，上海市受到了“杜苏芮”“卡努”等多次强台风事件影响，因防范得当，全年未发生崩塌等突发性地质灾害，未造成人员和财产损失。二是加强部门协同和市区联动。市规划和自然资源局会同市应急管理部门开展“1+3+N”的地质灾害年度、汛期和短临会商研判，开展汛前、汛中和极端天气隐患点专项巡查4次（234人次），与气象部门联动发布地质灾害防治工作提示15次。三是持续提升隐患识别和监测预警能力。全年在松江区开展六处崩塌隐患区域精细化调查，新建崩塌普适性自动化监测点1处。（符　颢）

【有序开展基础性地质调查与评价】2023年，市规划资源局开展了重点地区地质资源环境调查评价、重点地区地质环境监测预警及地面沉降精细化管控、上海市区域地壳稳定性调查与评价等基础性地质调查与评价项目。推进了横沙地质专项和基础监测研究，组织编制了《加强长江口横沙地区战略保护和基础监测研究地质专项工作方案》。完成了全市和南汇新城不同比例尺地质构造调查。完成闵行区幅1∶5万地质资源环境调查评价、青浦新城地下空间资源精细化调

查评价、金山重点地区陆海一体地质资源环境调查评价、临港及临近区域的微动勘查。（符　颢）

【系统推进浅层地热能调查与评价】 2023年，市规划资源局完成《浅层地热能管理与技术评估报告》，总结了2009年以来浅层地热能调查评价、规划和监测等方面的进展，明确上海市浅层地热能应用应当稳妥有序推进，并以地质环境安全为工作底线。新增南汇新城、长三角一体化示范区2处区域监测站点，逐步完善了上海市浅层地热能监测网络；完成44个监测网点的动态监测和日常维护。将地热能资源开发利用信息平台融入自然资源"一张网""一张图"。（符　颢）

【持续强化地质环境监测与保护】 2023年，市规划资源局持续强化地质环境监测与保护。一是开展地面沉降及地下水日常监测，完成中心城区面积水准测量2308千米、重点规划区沉降监测512千米、分层标组沉降测量1598千米；完成地下水位人工监测3662井次、地下水质样品测试115套；完成顾村、曹路地下水人工回灌试验场水质样品取样测试20套。通过监测和分析，编制了地面沉降月报、季报，定期研判发展态势。二是开展重大市政工程设施沿线地面沉降监测预警，完成沿线海塘沉降监测302千米、磁浮沿线沉降监测45千米，持续开展重大市政工程设施沿线差异沉降风险提醒。（符　颢）

节水型社会建设

【取水量、用水量、自来水供应情况】 2023年，全市取（用）水总量73.27亿立方米，按取水水源分，地表水取水量73.08亿立方米、地下水取水量0.01亿立方米、其他水源取水量0.19亿立方米。各类用水详见下表：

2023年上海市取（用）水情况表

指　标	2023年绝对值（亿立方米）	比上年增长（%）
用水总量	73.27	−4.55
其中：火电工业用水	25.99	−1.14
一般工业用水	8.63	0.35
城镇公共用水	10.23	9.77
居民生活用水	13.95	−3.79

截至2023年底，上海有自来水厂40座，总供水能力1248.5万立方米/日，其中市属供水企业供水能力794万立方米/日、郊区供水企业供水能力454.5万立方米/日。全市供水管线总长度40437千米。2023年，全市自来水供水总量为29.55亿立方米，比上年增长1.09%；售水总量为24.37亿立方米，比上年增长2.03%。（其中市属供水企业供水总量18.80亿立方米，比上年下降0.21%，售水总量15.83亿立方米，比上年增长0.42%；郊区供水企业供水总量11.33亿立方米，比上年增长3.24%，售水总量9.12亿立方米，比上年增长4.77%。）其中工业用量为3.99亿立方米，比上年增长0.68%；居民生活用量为11.52亿方米，比上年下降2.94%。

全市日均供水量812.27万立方米，其中中心城区514.33万立方米、郊区297.95万立方米，日均供水量较2022年（802.10万立方米）上升1.27%，中心城区供水量较2022年（515.29万立方米）下降0.19%，郊区供水量较2022年（286.81万立方米）上升3.88%。全市供水服务压力231千帕（2022年230千帕），供水服务压力合格率99.34%（2022年99.32%），分别较2022年上升0.43%与下降0.02%，满足97%考核要求。全市供水水质综合合格率99.97%，管网水7项、出厂水9项、出厂水43项、出厂水扩展项合格率全部达标，分别为99.96%、100%、100%、100%。按地标统计：全市供水水质综合合格率99.93%，管网水7项、出厂水9项、出厂水49项、出厂水非常规项合格率全部达标，分别为99.92%、100%、99.99%、100%。开展全市二次供水监督抽查，对1222个点位开展采样监测（其中120个点位开展18项指标全分析监测，1102个点位开展8项指标监测），按地标统计，抽检合格率为99.92%。

（吉方圆、陆志惠、倪周晶、顾施嘉）

【节水型社会（城市）建设】 2023年，上海市新增141个节水型居民小区（包括19个节约用水示范小区及122个节水型小区）、941个节水型生活服务业单位（包括199个节约用水示范机关、130个节水型机关、89个节约用水示范事业单位、132个节水型事业单位、60个节约用水示范学校、277个节水型学校、6个其他示范单位、48个其他节水型单位）、163家节水型工业企业（包括28家节约用水示范企业及135家节水型企业）、2个节水型工业园区、1个节水型服务业园区、6个节水型农业灌区。

（何文杰、吉方圆、倪周晶、顾施嘉）

【节约用水日常管理】 截至2023年底，上海市累计建成3467个节水型小区，580家节水型工业企业，2477个节水型生活服务业单位（包括1012个行政机关，600 个事业单位，747 个学校，39 个医院及 79 个其他单位），32 个节水型工业园区，7 个节水型农业灌区，以上数据含示范（标杆）企事业单位。推进七大高耗水行业节水型企业建设工作，高耗水节水型企业建成率达 100%。推进两大污水片区节水工作，完成 29 家大用户节水型企业创建工作，两大污水片区节水型企业创建率达 80.6%。对非居民超定额累进加价工作进行指导和监督，全年对 6423 家用水单位开展主动服务，开展节水监管 675 家（次）、督查 69 家（次），查找问题，督促落实各项节水措施。有序推进 2023 年度水平衡测试工作，截至 12 月底，完成水平衡测试备案 430 家。推广“合同节水”+“智慧节水”管理，全年开展 46 个合同节水管理项目，年节水量 28.5 万立方米。4 月，首批“节水惠”贷款合同签订，共发放贷款 5468 万元。

（吉方圆、倪周晶、顾施嘉）

【太湖流域节水型社会建设调研】 2023 年 3—4 月，太湖流域管理局赴江苏省、浙江省、上海市开展节水型社会建设调研，调研期间，调研组现场查看了涵盖农业、工业、城镇节水领域，覆盖灌区、企业、公共机构等多家节水载体，座谈听取了取用水单位关于节水工作的介绍，详细了解了节水管理、节水制度、节水技改、节水宣传教育等相关工作成效和经验做法。调研组与省市县节水管理部门围绕《指导意见》实施、节水制度标准体系建设、重点领域节水、节水载体建设、节水市场和宣传教育、存在问题及意见建议等内容进行交流研讨，并就进一步推动实施《指导意见》、发挥长三角生态绿色一体化发展示范区机制创新和改革集成效应、强化农业节水减排、大力推进再生水利用配置试点建设、培育打造高水平节水标杆、探索开展节水综合效益分析评估、强化节水科技创新、积极引导节水公益宣传，以及充分发挥节水协调机制作用等提出了意见建议。江苏省、浙江省、上海市水利（水务）厅（局）及相关地方水行政主管部门负责人员参加调研。

（陆志华）

【取水许可和节约用水法规政策培训】 为增进全社会爱水惜水护水意识，2023 年 3 月 27 日“中国水周”期间，太湖流域管理局面向直接发放取水许可证的取水单位以视频方式开展取水许可和节约用水法规政策培训，推动落实“节水优先”方针，维护流域良好取用水秩序。培训会上，太湖流域管理局水资源管理处解读了《太湖流域管理局单位 / 个人取用水行为事中事后监管实施方案》，通报了 2022 年取用水行为事中事后监管，以及取水计量和取水用途专项监督检查情况，提出了取水许可证有效期届满申请延续取水工作要求，介绍了政务服务申请端操作要领。水资源节约与保护处针对取用水管理中涉及的节水评价、计划用水、用水定额管理、节水载体申报等节水工作提出了具体要求，推动各取水单位精打细算用好水资源，建设节水标杆单位和水效领跑者。培训还集中解答了取水单位在取用水管理工作中遇到的共性问题。太湖流域管理局发放取水许可证和审批取水许可的 47 家取水单位共 130 余名代表参加培训。

（孙　志）

上海环境年鉴

环保产品与市场

环保标志产品、绿色食品、优质农副产品

【上海市通过中环协（北京）认证中心环保产品认证名录】 2023 年，上海市共有 50 家企业的 81 项产品获得了中环协（北京）认证中心颁发的中国环境保护产品认证。

2023 年上海市通过中环协（北京）认证中心环保产品认证名录

序号	产品名称	获证单位	证书编号	有效期
1	高锰酸盐指数水质在线自动分析仪	上海泽铭环境科技有限公司	CCAEPI-EP-2023-002	2026-01-02
2	扬尘在线监测系统	因士（上海）科技有限公司	CCAEPI-EP-2023-007	2026-01-02
3	废气非甲烷总烃连续监测系统	上海北分科技股份有限公司	CCAEPI-EP-2023-026	2026-01-09
4	静电光解复合式餐饮业油烟净化设备	普恩富特（上海）环境科技有限公司	CCAEPI-EP-2023-064	2026-02-12
5	微型环境空气质量（PM_{10}、$PM_{2.5}$、SO_2、NO_2、O_3、CO、TVOC) 监测系统	上海北分科技股份有限公司	CCAEPI-EP-2023-065	2026-02-13
6	噪声扬尘在线监测系统	上海龙象环保科技股份有限公司	CCAEPI-EP-2023-076	2026-02-13
7	化学需氧量（COD）在线自动监测仪	上海博取仪器有限公司	CCAEPI-EP-2023-096	2026-02-26
8	多参数在线自动分析仪（pH、电导率、溶解氧、浊度、温度）	上海博取仪器有限公司	CCAEPI-EP-2023-101	2026-02-26
9	pH 在线自动分析仪	上海博取仪器有限公司	CCAEPI-EP-2023-102	2026-02-26
10	微型环境空气质量（$PM_{2.5}$、PM_{10}、SO_2、NO_2、CO、O_3、TVOC）监测系统	上海速跃自动化仪表有限公司	CCAEPI-EP-2023-137	2026-03-07
11	烟气（SO_2、NO_x）排放连续监测系统	上海北分科技股份有限公司	CCAEPI-EP-2023-161	2026-03-15
12	挥发性有机化合物光离子化在线监测系统	上海麦越环境技术有限公司	CCAEPI-EP-2023-162	2026-03-15
13	微型环境空气质量（$PM_{2.5}$、PM_{10}、SO_2、NO_2、CO、O_3、TVOC）监测系统	上海麦越环境技术有限公司	CCAEPI-EP-2023-163	2026-03-15
14	环境空气非甲烷总烃连续自动监测系统	上海朋环测控技术股份有限公司	CCAEPI-EP-2023-167	2026-03-15

2023 年上海市通过中环协（北京）认证中心环保产品认证名录 续表

序号	产品名称	获证单位	证书编号	有效期
15	总磷水质自动分析仪	哈希水质分析仪器（上海）有限公司	CCAEPI-EP-2023-187	2026-03-22
16	总氮水质在线自动监测仪	哈希水质分析仪器（上海）有限公司	CCAEPI-EP-2023-188	2026-03-22
17	湿式光解复合式集烟罩餐饮业油烟净化一体设备	上海斯熠环保科技有限公司	CCAEPI-EP-2023-189	2026-03-22
18	机械光解复合式集烟罩餐饮业油烟净化一体设备	上海斯熠环保科技有限公司	CCAEPI-EP-2023-190	2026-03-22
19	电磁流量计	上海光华仪表有限公司	CCAEPI-EP-2023-191	2026-03-22
20	总氮水质自动分析仪	上海泽铭环境科技有限公司	CCAEPI-EP-2023-196	2026-03-22
21	一体化污水处理设备	上海海德隆流体设备制造有限公司	CCAEPI-EP-2023-237	2026-04-02
22	餐厨垃圾处理设备	上海斯熠环保科技有限公司	CCAEPI-EP-2023-253	2026-04-06
23	静电式餐饮业油烟净化设备	奉净（上海）通用风机有限公司	CCAEPI-EP-2023-290	2026-04-19
24	扬尘噪声在线监测系统	上海联岑信息科技有限公司	CCAEPI-EP-2023-299	2026-04-20
25	水质在线分析仪（氨氮）	捷意贸易（上海）有限公司	CCAEPI-EP-2023-350	2026-05-08
26	机械湿式复合式集烟罩餐饮业油烟净化一体设备	艾尔沃克环境（上海）有限公司	CCAEPI-EP-2023-360	2026-05-16
27	扬尘噪声在线监测系统	上海爱启环境技术工程有限公司	CCAEPI-EP-2023-368	2026-05-21
28	饮食业油水分离器	上海富溢厨房设备有限公司	CCAEPI-EP-2023-380	2026-05-25
29	静电光解复合式餐饮业油烟净化设备	上海雪聚环保设备有限公司	CCAEPI-EP-2023-381	2026-05-25
30	电磁流量计	上海肯特仪表股份有限公司	CCAEPI-EP-2023-408	2026-05-30
31	静电光解复合式餐饮业油烟净化设备	上海蓝谦环保设备有限公司	CCAEPI-EP-2023-418	2026-06-04
32	机械静电光解复合式餐饮业油烟净化设备	晟洲环保科技（上海）有限公司	CCAEPI-EP-2023-422	2026-06-04
33	餐饮业油烟浓度在线监控仪	上海叶榕环保设备工程有限公司	CCAEPI-EP-2023-433	2026-06-08

2023 年上海市通过中环协（北京）认证中心环保产品认证名录

续表

序号	产品名称	获证单位	证书编号	有效期
34	静电光解复合式餐饮业油烟净化设备	上海叶榕环保设备工程有限公司	CCAEPI-EP-2023-434	2026-06-08
35	餐厨油水分离器	上海叶榕环保设备工程有限公司	CCAEPI-EP-2023-435	2026-06-08
36	废气非甲烷总烃连续监测系统	上海何如自控技术有限公司	CCAEPI-EP-2023-437	2026-06-08
37	静电光解复合式餐饮业油烟净化设备	浩盾通风设备（上海）有限公司	CCAEPI-EP-2023-447	2026-06-08
38	扬尘噪声在线监测系统	上海安力康科学仪器有限公司	CCAEPI-EP-2023-498	2026-06-15
39	高锰酸盐指数水质自动分析仪	上海泽铭环境科技有限公司	CCAEPI-EP-2023-503	2026-06-18
40	氨氮水质自动分析仪	上海泽铭环境科技有限公司	CCAEPI-EP-2023-504	2026-06-18
41	油污水分离装置	上海骏越工贸有限公司	CCAEPI-EP-2023-511	2026-06-19
42	噪声扬尘在线监测系统	上海卫东信息科技有限公司	CCAEPI-EP-2023-616	2026-07-10
43	COD 锰法水质在线分析仪	哈希水质分析仪器（上海）有限公司	CCAEPI-EP-2023-657	2026-07-20
44	扬尘噪声在线监测系统	上海筑仓环保科技有限公司	CCAEPI-EP-2023-702	2026-08-01
45	六价铬水质自动监测仪	哈希水质分析仪器（上海）有限公司	CCAEPI-EP-2023-717	2026-08-03
46	微型空气质量（PM_{10}、$PM_{2.5}$、SO_2、NO_2、O_3、CO、TVOC）连续监测系统	上海蓝丰信息科技有限公司	CCAEPI-EP-2023-720	2026-08-07
47	扬尘在线监测系统	上海双犇自动化工程有限公司	CCAEPI-EP-2023-739	2026-08-10
48	总氮水质在线自动监测仪	哈希水质分析仪器（上海）有限公司	CCAEPI-EP-2023-745	2026-08-13
49	总磷水质在线自动监测仪	哈希水质分析仪器（上海）有限公司	CCAEPI-EP-2023-748	2026-08-13
50	静电光解复合式餐饮业油烟净化设备	上海紫悠环保科技发展有限公司	CCAEPI-EP-2023-769	2026-08-15
51	静电式餐饮业油烟净化设备	上海紫悠环保科技发展有限公司	CCAEPI-EP-2023-770	2026-08-15
52	一体化餐饮业油水分离器	上海紫悠环保科技发展有限公司	CCAEPI-EP-2023-771	2026-08-15

2023年上海市通过中环协（北京）认证中心环保产品认证名录 续表

序号	产品名称	获证单位	证书编号	有效期
53	环境噪声自动监测仪	因士（上海）科技有限公司	CCAEPI-EP-2023-781	2024-07-25
54	微型环境空气质量（PM_{10}、$PM_{2.5}$、SO_2、NO_2、O_3、CO、TVOC）监测系统	上海腾滔科技有限公司	CCAEPI-EP-2023-812	2026-09-03
55	静电光解复合式餐饮业油烟净化设备	上海富溢厨房设备有限公司	CCAEPI-EP-2023-816	2026-09-04
56	餐饮用油水分离器	上海成意企业发展有限公司	CCAEPI-EP-2023-825	2026-09-04
57	静电光解复合式餐饮业油烟净化设备	上海成意企业发展有限公司	CCAEPI-EP-2023-838	2026-09-05
58	塑烧板式除尘器	上海超高环保科技股份有限公司	CCAEPI-EP-2023-839	2026-09-05
59	扬尘噪声在线监测系统	上海腾滔科技有限公司	CCAEPI-EP-2023-840	2026-09-05
60	总磷水质自动分析仪	上海泽铭环境科技有限公司	CCAEPI-EP-2023-867	2026-09-10
61	水质五参数（pH、电导率、浊度、溶解氧、温度）自动分析仪	上海科泽智慧环境科技有限公司	CCAEPI-EP-2023-926	2026-10-06
62	高锰酸盐指数自动分析仪	上海科泽智慧环境科技有限公司	CCAEPI-EP-2023-927	2026-10-06
63	氨氮水质在线自动监测仪	哈希水质分析仪器（上海）有限公司	CCAEPI-EP-2023-936	2026-10-07
64	烟气（颗粒物）排放连续监测系统	上海旭能电子科技有限公司	CCAEPI-EP-2023-939	2026-10-07
65	静电光解复合式餐饮业油烟净化设备	上海先净环保设备安装工程有限公司	CCAEPI-EP-2023-940	2026-10-07
66	总磷水质在线自动监测仪	哈希水质分析仪器（上海）有限公司	CCAEPI-EP-2023-962	2026-10-12
67	静电光解复合式餐饮业油烟净化设备	上海富茵环保科技有限公司	CCAEPI-EP-2023-1005	2026-10-18
68	烟气（SO_2、NO_x）排放连续监测系统	上海华川环保科技有限公司	CCAEPI-EP-2023-1007	2026-10-18
69	机械静电光解复合式餐饮业油烟净化设备	上海新华净环保工程有限公司	CCAEPI-EP-2023-1029	2026-10-23
70	化学需氧量（CODcr）在线自动监测仪	上海科泽智慧环境科技有限公司	CCAEPI-EP-2023-1042	2026-10-25

2023 年上海市通过中环协（北京）认证中心环保产品认证名录

续表

序号	产品名称	获证单位	证书编号	有效期
71	烟气（颗粒物）排放连续监测系统	上海北分科技股份有限公司	CCAEPI-EP-2023-1057	2026-11-01
72	水质五参数（pH、溶解氧、浊度、电导率、温度）在线自动监测仪	上海蓝长自动化科技有限公司	CCAEPI-EP-2023-1071	2026-11-02
73	总磷水质自动分析仪	上海科泽智慧环境科技有限公司	CCAEPI-EP-2023-1095	2026-11-09
74	静电光解复合式餐饮业油烟净化设备	上海华潇环保科技有限公司	CCAEPI-EP-2023-1113	2026-11-14
75	静电光解复合式餐饮业油烟净化设备	爱优特空气技术（上海）有限公司	CCAEPI-EP-2023-1116	2026-11-14
76	机械静电光解复合式餐饮业油烟净化设备	厨芯（上海）科技有限公司	CCAEPI-EP-2023-1117	2026-11-14
77	扬尘在线监测系统	上海摩特威尔自控设备工程股份有限公司	CCAEPI-EP-2023-1146	2026-11-22
78	总氮水质自动分析仪	上海科泽智慧环境科技有限公司	CCAEPI-EP-2023-1153	2026-11-23
79	扬尘与噪声在线监测系统	上海建工环境科技有限公司	CCAEPI-EP-2023-1225	2026-12-14
80	固定污染源二氧化碳排放连续监测系统	上海北分科技股份有限公司	CCAEPI-EP-2023-1255	2026-12-24
81	静电光解复合式餐饮业油烟净化设备	瀚沃环境技术（上海）有限公司	CCAEPI-EP-2023-1259	2026-12-27

（王一和）

【上海市通过中环协（北京）认证中心环境服务认证的单位】 2023 年，上海市共有 26 家企业、36 项产品或服务获得了中环协（北京）认证中心颁发的环境服务类认证。

2023 年上海市通过中环协（北京）认证中心环境服务认证的单位列表

序号	产品名称/服务类别	认证单位	证书编号	有效期
1	固定污染源烟气排放连续监测系统运营服务	上海北分科技股份有限公司	CCAEPI-ES-JK-2023-021	2026-01-30
2	工业废气处理设施运营服务	上海野马环保设备工程有限公司	CCAEPI-ES-SS-2023-034	2026-02-23
3	固定污染源烟气排放连续监测系统运营服务	上海境安环境检测技术有限公司	CCAEPI-ES-JK-2023-035	2026-03-05

2023 年上海市通过中环协（北京）认证中心环境服务认证的单位列表 续表

序号	产品名称/服务类别	认证单位	证书编号	有效期
4	工业废水处理设施运营服务	上海智琨环保科技有限公司	CCAEPI-ES-SS-2023-047	2026-03-22
5	分散式生活污水处理设施运营服务	上海智琨环保科技有限公司	CCAEPI-ES-SS-2023-048	2026-03-22
6	环境咨询（环保管家）服务	普瑞法生态环境科技（上海）有限公司	CCAEPI-ES-ZX-2023-009	2026-05-21
7	地表水水质自动监测站运营服务	上海科泽智慧环境科技有限公司	CCAEPI-ES-JK-2023-098	2026-05-23
8	分散式生活污水处理设施运营服务	上海蓝幸环保科技有限公司	CCAEPI-ES-SS-2023-107	2026-06-20
9	工业废水处理设施运营服务	上海蓝幸环保科技有限公司	CCAEPI-ES-SS-2023-113	2026-06-25
10	环境咨询（环保管家）服务	上海复绿环境科技有限公司	CCAEPI-ES-ZX-2023-011	2026-06-26
11	工业废水处理设施运营服务	上海天一济环保科技有限公司	CCAEPI-ES-SS-2023-119	2026-06-28
12	固定污染源烟气排放连续监测系统运营服务	上海泽铭环境科技有限公司	CCAEPI-ES-JK-2023-128	2026-07-10
13	固定污染源烟气排放连续监测系统运营服务	上海臻友设备工程技术有限公司	CCAEPI-ES-JK-2023-129	2026-07-11
14	环境咨询（环保管家）服务	励拓安答（上海）环境工程技术有限公司	CCAEPI-ES-ZX-2023-013	2026-08-27
15	分散式生活污水处理设施运营服务	上海欣依保洁服务有限公司	CCAEPI-ES-SS-2023-194	2026-09-19
16	工业废水处理设施运营服务	上海欣依保洁服务有限公司	CCAEPI-ES-SS-2023-195	2026-09-19
17	分散式生活污水处理设施运营服务	上海守安高达土壤处理技术有限公司	CCAEPI-ES-SS-2023-202	2026-10-06
18	地表水水质自动监测站运营服务	上海摩特威尔自控设备工程股份有限公司	CCAEPI-ES-JK-2023-221	2026-10-07
19	水污染源在线监测系统运营服务	上海宝中环境科技有限公司	CCAEPI-ES-JK-2023-222	2026-10-07
20	水污染源在线监测系统运营服务	上海摩特威尔自控设备工程股份有限公司	CCAEPI-ES-JK-2023-220	2026-10-07

2023 年上海市通过中环协（北京）认证中心环境服务认证的单位列表

续表

序号	产品名称/服务类别	认证单位	证书编号	有效期
21	水污染源在线监测系统运营服务	上海广域信息网络有限公司	CCAEPI-ES-JK-2023-239	2026-10-17
22	地表水水质自动监测站运营服务	上海广域信息网络有限公司	CCAEPI-ES-JK-2023-240	2026-10-17
23	工业废气处理设施运营服务	上海申榕环保设备有限公司	CCAEPI-ES-SS-2023-226	2026-11-06
24	固定污染源烟气排放连续监测系统运营服务	上海净畅环境技术有限公司	CCAEPI-ES-JK-2023-264	2026-11-09
25	水污染源在线监测系统运营服务	上海经威环境检测技术有限公司	CCAEPI-ES-JK-2023-267	2026-11-09
26	固定污染源烟气排放连续监测系统运营服务	上海宝化国立化工技术有限公司	CCAEPI-ES-JK-2023-275	2026-11-22
27	工业废水处理设施运营服务	上海高森水处理有限公司	CCAEPI-ES-SS-2023-249	2026-12-04
28	生活垃圾渗滤液处理设施运营服务	上海卫溶环境科技有限公司	CCAEPI-ES-SS-2023-253	2026-12-06
29	网格化监测预警系统运营服务	上海怡杉环保科技有限公司	CCAEPI-ES-JK-2023-298	2026-12-14
30	固定污染源烟气排放连续监测系统运营服务	上海怡杉环保科技有限公司	CCAEPI-ES-JK-2023-299	2026-12-14
31	水污染源在线监测系统运营服务	上海怡杉环保科技有限公司	CCAEPI-ES-JK-2023-300	2026-12-14
32	固定污染源烟气排放连续监测系统运营服务	上海金艺检测技术有限公司	CCAEPI-ES-JK-2023-312	2026-12-19
33	水污染源在线监测系统运营服务	上海金艺检测技术有限公司	CCAEPI-ES-JK-2023-313	2026-12-19
34	环境空气连续自动监测系统运营服务	上海金艺检测技术有限公司	CCAEPI-ES-JK-2023-323	2026-12-21
35	工业废水处理设施运营服务	上海焕曜环保工程有限公司	CCAEPI-ES-SS-2023-264	2026-12-24
36	分散式生活污水处理设施运营服务	上海焕曜环保工程有限公司	CCAEPI-ES-SS-2023-265	2026-12-24

（王一和）

【上海市被列入中国环境保护产业协会重点生态环境保护实用技术名录的单位】 2023 年，上海市共有 3 家企业的实用技术被列入中环协（北京）认证中心颁发的重点生态环境保护实用技术名录。

2023 年上海市被列入中国环境保护产业协会重点生态环境保护实用技术名录的单位列表

序号	技术名称	申报单位	技术领域
1	具有清扫功能的高浓度 VOCs 废气蓄热焚烧技术	恩国环保科技（上海）有限公司	挥发性有机物治理
2	厨余垃圾快速减量及好氧堆肥技术	上海恒霞环保设备有限公司	固体废物处理利用
3	基于数字孪生的在产企业土壤环境管理平台	生态环境部环境规划院、中国电建集团华东勘测设计研究院有限公司、上海起杭数字科技有限公司	环境监测

（王一和）

【上海市被列入中国环境保护产业协会重点生态环境保护示范工程名录的单位】 2023 年，上海市共有 5 家企业的示范工程被列入中环协（北京）认证中心颁发的重点生态环境保护示范工程名录。

2023 年上海市被列入中国环境保护产业协会重点生态环境保护示范工程名录的单位列表

序号	工程名称	申报单位	技术领域
1	鹤山市沙坪河综合整治工程（第一期）和第二污水处理厂二期截污管网工程第三阶段工程二期工程	中铁上海工程局集团有限公司	水体修复
2	240 吨 / 日医疗废物低碳智慧焚烧处置示范工程	上海市固体废物处置有限公司	固体废物处理利用
3	青浦区污泥干化焚烧项目	北京京城环保股份有限公司、上海漾沁环境科技有限公司	固体废物处理利用
4	马桥固体废物资源化利用项目	上海环境卫生工程设计院有限公司、国投维尔利马桥（上海）再生资源有限公司	固体废物处理利用
5	“十四五”国考水站设备建设（宝山等 4 个区）项目	北京万维盈创科技发展有限公司、上海市环境监测中心（上海长三角区域空气质量预测预报中心）	环境监测

（王一和）

【上海市被列入中国环境保护产业协会环保企业信用评价的企业名录】 2023 年，中国环境保护产业协会发布第十五批环保企业信用评价结果，全国共有 126 家企业获得 A 以上评级，上海市共有 3 家单位获得评级，其中 1 家获得 AAA 级，1 家获得 AA 级，1 家为 A 级。

上海市被列入中国环境保护产业协会环保企业信用评价的企业名录

序号	企业名称	信用等级	证书编号	有效期
1	上海环境保护有限公司	AAA	202313611100066	2023-11 至 2026-12
2	实朴检测技术（上海）股份有限公司	AA	202313601100100	2023-11 至 2026-12
3	上海洁壤环保科技有限公司	A	202313600100120	2023-11 至 2026-12

（王一和）

环境技术研讨与装备展览会

【上海地区生态环境相关论坛、研讨会】

编号	日期	名称	内容	主办方
1	4月18日	2023中国环境技术大会	大会以“协同减污降碳，迈入生态环境产业新时代”为主题，深入探讨推动减污降碳协同增效对于实现“双碳”目标的意义与作用，共谋减污降碳协同治理的具体路径，共话环境企业将面临的挑战与机遇，共议环境科技创新的趋势，助力实现美丽中国的建设	中国环境科学学会 生态环境部对外合作与交流中心 中国工商联环境商会 慕尼黑博览集团
2	5月12日	2023首届碳智峰会——零碳数智园区高峰论坛	论坛旨在为响应国家“2030年实现碳达峰，2060年实现碳中和”战略目标，促进“双碳”目标平稳高效落地，从绿色城市、低碳建设、ESG管理咨询、光伏产业、新能源投资等角度，积极探索数字时代大背景下，零碳智慧园区科技创新、设计创新和管理创新的发展之路	上海交通大学终身教育学院 计然集团
3	6月5日	第三届长三角高校院所环境技术交流峰会	研讨会邀请长三角环保领域高校、科研院所专家相关企业到场交流，聚焦水处理、分享当下前沿技术，探讨未来发展趋势，共同打造绿色技术转移转化行业盛宴	迈科技METALAB 苏州市环保产业协会
4	6月5日	2023首届中国（上海）生态环境检测产业发展高峰论坛	为搭建环境检测产业发展交流平台，推动环境检测产业提质升级，论坛围绕环境检测行业发展、环境检测市场新需求，搭建自主组织、深度参与的新平台，开辟产学研合作的新途径	中国（上海）生态环境检测产业发展高峰论坛组委会
5	6月6日	第二届长三角制药工业挥发性有机物污染防治技术规范研讨会	研讨会邀请高校、科研院所和企业的专家共同讨论制药工业大气污染治理的难题，研究科学治理方案	长三角VOCs治理产学研用联盟 上海市环境保护产业协会 苏州工业园区EHS协会 上海荷祥会展有限公司

续表

编号	日期	名称	内容	主办方
6	6月6日	2023第三届固体废物处置与资源化高峰论坛	本次论坛中，环境保护协会代表、生态环境保护部门领导、专家学者齐聚一堂，共同探讨固体废物的新技术和应用，解读固体废物"双碳"的政策，分析固体废物处理处置和资源化的技术变革与发展，分享了典型工程案例的管理和建设经验，无废低碳产业建设的方案与实践，指明了"无废城市"建设的工作目标和任务；论坛旨在为固体废物行业发展指引方向，在"双碳"目标的大背景下，推进产业结构和能源结构调整，向着绿色低碳转型升级	上海市环境保护产业协会 上海环境集团股份有限公司
7	6月6日	拥抱清洁可持续能源——2023绿色低碳发展论坛	为贯彻落实国家能源局发布的《能源碳达峰碳中和标准化提升行动计划》要求，积极引领能源绿色低碳转型的能源标准体系建设，加快完善新型储能技术标准，并健全完善能源产业链碳减排标准，切实提升环保节能水平，全面降低碳排放，清洁能源引领碳中和。大会邀请来自政、产、学、研、融等方面国内重要嘉宾，热烈探讨涉及新能源电池、光伏、储能、氢能、安全环保等领域	江苏省能源研究会 上海市能源研究会
8	6月11日	2023上海国际碳中和博览会·绿色创新与区域协同分论坛	近200位来自应对气候变化领域的政府部门领导、知名专家学者、行业企业代表齐聚一堂，聚焦分论坛主题"以标准为引领，以数字化为支撑，促进'双碳'科学决策"，开展深入研讨和交流。旨在搭建一个多维度、多层次、多领域的交流平台，促进各方在交流中碰撞思想，在沟通中凝聚共识，为全国、为世界绿色低碳发展贡献沪浙两地智慧	浙江省经济信息中心 上海市经济信息中心
9	6月13日	2023迈向零碳城市——碳中和建筑探索与实践论坛	为贯彻落实《上海市2023年碳达峰碳中和及节能减排重点工作安排》，推动建筑行业高质量发展和节能减排，促进碳中和建筑和超低能耗建筑发展，提升技术创新能力和政产学研一体化，旨在树立零碳城市创新典范，推动健康、有弹性的零碳复苏和转型，增添未来城市发展新动力，鼓励政府、企业、投资者、青年伙伴制定城市可持续的发展目标	同济大学机械与能源工程学院 中国建筑技术集团有限公司 上海丽派节能科技有限公司
10	7月2日	"水清滩净　美丽海湾"2023年世界海洋日净滩活动	活动为加大海洋生态环境保护宣传，提高市民环保意识，涉及海边捡拾垃圾、参观金山嘴渔村海·渔文化馆、妈祖文化馆、渔乐馆海洋文化展馆等，一系列主题活动内容丰富，形式多样，有效提升了大家的环保理念	上海市生态环境局主办 上海市环境保护产业协会

续表

编号	日期	名称	内容	主办方
11	8月10—12日	低碳建筑绿色建材与设备供应商沙龙	在“降碳”这个大趋势下，近零能耗建筑、零碳建筑开始备受关注，因为低碳、近零碳、零碳建筑体系的发展是建立低碳城市的重要组成部分；沙龙旨在为帮助更好地了解行业相关的探索，为了更好地促进绿色建筑与绿色建材的发展，增强建筑行业低碳意识	中国贸促会建设行业分会 上海建曜会务策划中心 上海市建筑材料行业协会
12	8月15—17日	2023年全国生态日上海宣传教育暨首届“上海生态环保艺术节”	旨在通过江南传统文化、上海海派文化与生态环境保护、绿色低碳发展的有机融合和丰富展现，广泛传播“绿水青山就是金山银山”生态文明理念，激发起全社会共同呵护生态环境的内生动力	上海市生态环境局 徐汇区人民政府指导 上海市环境保护宣传教育中心 上海市环境保护产业协会 徐汇区生态环境局
13	8月24日	第五届高浓度化工废水深度处理及循环利用技术论坛	为了进一步推进工业废水零排放技术的创新和应用，寻求工程建设投入更少、处理效果更好、工艺稳定性更强、运行费用更低的高浓度处理工艺，成为企业绿色发展的重要选项；在废水深度处理的同时，探究必要的杂盐无害化处理处置工艺，解决分盐资源化利用问题，也是企业绿色发展的迫切需求	工业环保网
14	10月19日	2023（第十五届）上海水业热点论坛	此次论坛以“产品进阶构筑产业新生态”为主题，携手技术界、产业界力量，共同探讨产品进阶构筑产业新生态。E20环境平台以引导和推动产业化发展作为使命，同时以此作为与产业同行最核心的工作方向	E20环境平台 上海市政工程设计研究总院（集团）有限公司 上海城投污水处理有限公司
15	10月31日	2023上海国际城市与建筑博览会虹口区论坛	作为2023上海城博会的六大主宾区之一，论坛主题为“新旧融合　智慧韧性　未来城市”，围绕城市规划设计、绿色生态城区、数字化转型、上海北外滩中心480米新地标等议题进行主题演讲，助力北外滩实现运营世界级碳中和水岸典范建设目标	上海市虹口区人民政府
16	11月8日	中国碳市场大会2023·上海	以“建设碳排放权交易市场，推动实现碳达峰碳中和”为主题，全面展示全国碳市场建设工作成效，打造应对气候变化国际交流合作“新名片”，彰显我国实施积极应对气候变化国家战略和推动构建人类命运共同体的责任担当；大会另设三个分会场，围绕市场机制对控制温室气体排放的积极作用、企业减排与低碳转型、碳市场与气候投融资等主题开展讨论，促进行业交流、深化国际合作	上海市人民政府 湖北省人民政府 生态环境部

续表

编号	日期	名称	内容	主办方
17	11月10—11日	上海城投水务供排水高峰论坛（2023）	会议主题为“水务企业高质量服务提升”。聚焦“智慧、敏捷、韧性、品质”等专题，邀请行业大咖、水务企业进行经验交流和案例分享，探索未来发展方向和市场机遇，助力水务行业向精细化管理、智能化服务转型	上海城投水务（集团）有限公司
18	12月5日	2023世界土壤日微论坛暨第五届I环境科学与生态艺术论坛	为了纪念第10个世界土壤日，并以此为契机，提高全球公众对土壤生态和环境保护的重视，彰显了人类集体对地球土壤健康的深度关切和对共赴生态未来的美好期待；以“土壤生态与人类未来”为主题，论坛邀请了众多在土壤生态领域具有深厚造诣的专家学者，以及社会各界的知名人士，环保人士及公众参与其中共同探讨和分享关于土壤生态保护的知识与经验	《土壤生态艺术计划》 上海坤造艺术文化
19	12月10日	2023绿色金融北外滩论坛	为响应近期召开的中央金融工作会议强调，要把更多金融资源用于促进绿色发展等方面，做好绿色金融等五篇大文章；论坛旨在为更好服务“双碳”战略实施、促进绿色低碳转型，推动经济社会高质量发展，推动绿色金融发展进入新阶段，使上海作为国际金融中心，多维并举加快打造国际绿色金融枢纽，积极推进绿色金融发展	绿色金融60人论坛 上海市虹口区人民政府 上海市地方金融监督管理局
20	12月19日	2023“优质饮用水的水质控制与监测新技术”沙龙活动	本次沙龙聚焦“优质饮用水的水质控制和监测新技术”，邀请相关领域的教授、专家、企业代表出席本次活动，共同就行业需求、应用实践及产学研合作等方面开展了深入的探讨、交流与分享，为水务行业提供了一个良好的交流平台，促进了行业内的经验分享和技术合作	同济大学环境科学与工程学院 上海市环境保护产业协会智慧专委

（王一和）

【上海地区生态环境相关展览会】

编号	日期	名称	内容	主办方
1	3月7—9日	2023第十五届上海国际新能源汽车技术展览会	囊括智能网联汽车、智能驾驶技术、电池电机电控技术、充换电技术、线束连接器技术、热管理技术、燃料电池与加氢站技术、测试技术、轻量化技术及装备与材料的全球生态大展；展会开拓中国新能源汽车市场“国内国际双循环”模式，致力打造全球新能源汽车技术前瞻商贸平台，已成为全球新能源汽车技术展览的翘楚品牌	启扬展览服务（上海）有限公司

续表

编号	日期	名称	内容	主办方
2	3月28—31日	2023上海清洁与油烟净化垃圾处理展会	展会集中展出垃圾分类箱、智能垃圾分类箱、智能垃圾桶、垃圾分类装置、智能垃圾分类终端、智能垃圾分类可回收箱机、餐厨垃圾处理设备等智能化垃圾处理设备和相关技术	上海博华国际展览有限公司
3	4月19—21日	2023第24届中国环博会	亚洲旗舰环保展展示囊括水与污水处理、给水排水、固体废物处理处置、大气污染治理、污染场地修复、环境监测等产业全领域的前沿科技成果，从材料、设备、技术到成套方案，为行业呈现出一场大规模、高品质、聚集化的世界级盛会，为极大促进行业合作搭建了交流的平台	中国环境科学学会 全国工商联环境商会 慕尼黑博览集团 中贸慕尼黑展览（上海）有限公司
4	5月29日—6月1日	2023上海厨房通风环保设备展 2023上海厨房油烟净化设备展	展会从厨房油烟大气污染治理，烟气净化和通风、噪声与振动控制等方面展示前沿产品与技术及创新解决方案	中国旅游饭店业协会 上海博华国际展览有限公司
5	5月29日—6月1日	2023年上海大型可降解环保餐盒展览会 2023年上海酒店环保包装餐具展览会	环保餐饮具产品：纸制一次性餐饮具产品、一次性玉米淀粉餐饮具产品、一次性马铃薯淀粉餐饮具产品、一次性木薯淀粉餐饮具产品、纤维类环保餐饮具产品、一次性水晶餐饮具产品、PP餐饮具产品、HIPS餐饮具产品	中国旅游饭店业协会 上海博华国际展览有限公司
6	6月5—7日	2023上海国际环保展（世环会）	世环会设【工业节能与环保】与【低碳建筑与舒适系统】两大主题板块，全面展现环境综合治理中的水、大气、固体废物、土壤等污染防治和环境监测，同时也展现工业领域的通用设备节能改造，余热余压回收，节能节水等在绿色制造转型过程中的关键技术，还完美展现了绿色建筑的低碳节能理念贯穿建筑施工、绿色建材直至健康舒适的人居环境，实现整个建筑周期的节能减排与低碳环保	中华环保联合会 中国节能协会 上海荷祥会展
7	6月5—7日	2023第15届上海国际水展	全面展示膜产品、膜成套设备、污泥处置、废水蒸发、污废水设备、村镇水环境、全屋/家用/商用净水等领域超62500件产品，提供多应用场景水处理技术解决方案，同期还将携世环会系列展举办80余场高峰论坛及技术研讨会	中华环保联合会 中国节能协会 中国膜工业协会 上海荷嘉会展有限公司
8	6月5—7日	2023年上海国际环保产业与资源利用博览会（ECOTECH CHINA）	展会致力于打造集产品、技术、解决方案于一体的环境综合治理平台，为环保行业供需双方提供精准高效的合作商机	中华环保联合会 中国节能协会 中国膜工业协会

续表

编号	日期	名称	内容	主办方
9	6月5—7日	2023中国（上海）国际智慧环保及环境监测展览会	全面高端智能的商贸技术对接交流平台，展品范围覆盖环境监测检测设备、智慧水务管理技术及系统、智慧物联系统、检测仪表及实验室分析设备、第三方环境服务、智慧水利等	中华环保联合会 中国仪器仪表行业协会 上海仪器仪表行业协会 上海荷祥会展有限公司
10	6月14—16日	2023第16届上海环保购物袋、包装袋及可降解制品展览会	致力于打造中国环保购物袋、包装袋及可降解制品领域全品类、一站式采购平台，在以国内大循环为主体、国内国际双循环相互促进的当代发展格局中，共同推动环保购物袋、包装袋及可降解制品行业踏上新征程	上海雅辉展览有限公司
11	6月19—21日	2023 PROPAK上海智能包装工业展览会	从包装机械、食品加工、液体加工、称重及计量设备、印刷标签科技、包装材料与制品、智能装备，到电商物流包装、物料配送和仓储等，展会将为食品、饮料、乳品、日化、快消品、制药、健康等行业提供一站式加工及包装解决方案	上海博华国际展览有限公司 中国食品和包装机械工业协会
12	7月12—14日	第十八届中国（上海）国际绿色建筑建材博览会——2023中国（上海）国际建筑声学材料及工程设计展览会	借助亚洲国际绿色建筑建材博览会所搭建的平台优势，将着重展示国内外建筑声学领域的新材料、新产品、新技术，以及重点声学工程项目设计和施工的实例，并将深入关注民用建筑隔声、隔音解决方案	中国贸促会建设行业分会 上海市建筑材料行业协会 上海现代国际展览有限公司
13	7月29—31日	2023上海国际智能遮阳与建筑节能展览会	展会聚集了中国建筑遮阳行业绝大多数的头部企业，整合了业内品牌型、创新型及发展型公司，搭建关于智能遮阳形成了“新建筑、新建材、新设计、新智能”四维一体的综合性展览会架构	中国建筑装饰装修材料协会 中国建筑装饰装修材料协会建筑遮阳材料分会 中展洲际（北京）国际展览有限公司
14	8月10—12日	2023上海生态环保壁材及硅藻泥展览会	展览展示建筑涂料中的生态环保壁材及硅藻的前沿技术和产品	中国贸促会建设行业分会 上海建曜会务策划中心 上海市建筑材料行业协会
15	8月10—12日	2023中国第34届上海大型环保绿色建材展览会	展会倡导以低碳绿色理念打造公共建筑、商务中心等大型建筑，为新型节能建筑装饰材料的快速发展提供良好的交流平台	中国贸促会建设行业分会集成建筑委员会 中国建筑学会木结构专业委员会 上海建曜会务策划中心
16	8月23—25日	2023第十五届上海国际化工装备博览会	展会设置石化装备、化工单元设备、化工环保设备、泵阀管道、自动化及仪器仪表、安全防护与应急消防、智慧化工园区等专业展区，汇聚各领域的头部企业，展示国内外最新先进技术及设备，可满足化工生产企业一站式采购需求	中国化工装备协会 振威国际会展集团

续表

编号	日期	名称	内容	主办方
17	8月23—25日	2023第十五届上海国际化工环保展览会 2023第十五届上海国际化工废水、废气治理技术与设备展览会	展会拓展了环保相关产业链，集中展示国内外环保领域的新技术、新设备、新产品、新工艺、新材料，携手众多行业协会，共同开创更加广阔的市场机遇	中国化工装备协会 中国化工企业管理协会 中国化工机械动力技术协会 广东省石油和化学工业协会 广东省化工学会
18	9月4—6日	2023中国国际化工展览会（ICIF China）——化工安全与环保展区	展示先进化工环境保护技术与设备、固体废物处理、VOCs、土壤修复、环境工程及综合解决方案等、化工安全生产技术、安全监测与应急防控技术与装备、安全防护产品、防爆电气、防爆设备等	中国石油和化学工业联合会 中国国际贸易促进委员会 化工行业分会 中国化工信息中心
19	9月19—21日	2023上海保温材料与节能技术展会	集中展示建筑和工业为主要应用领域所需的保温绝热材料、设备及优秀示范项目	中国绝热节能材料协会
20	9月19—23日	2023中国国际工业博览会 节能环保与工业配套展	依托工博会，以“智慧节能，绿色发展”为主题，聚焦低碳节能核心环节和关键技术，为调整优化产业结构、能源结构提供新思路	工业和信息化部 国家发展和改革委员会 科学技术部 商务部 中国科学院 上海市人民政府
21	10月12—14日	2023全球智慧城市博览会——上海	博览会充分发挥国际化优势，集峰会、展览、论坛、案例评选四维一体，为世界各地的智慧城市建设，以及创新平台提供一个全面高效的交流场景，促进中国城市创新技术和解决方案在全球范围内得到更广泛的推广与应用	上海市国际贸易促进委员会 巴塞罗那国际展览公司
22	10月30日—11月1日	2023上海生态环保建设展 2023上海国际城市与建筑博览会	展会从宜居、绿色、韧性、智慧、人文五个维度出发，全面展示在城市可持续发展方面创新意义、推广价值、可实践性强的理念成果和应用示范案例	联合国人居署 上海市住房和城乡建设管理委员会
23	11月29日—12月1日	2023中国国际冶金工业环保暨大气污染治理技术及设备展览会（IEAA-EXPO）（2023上海冶金工业环保展暨上海大气污染治理设备展览会）	展会以“创造客户价值与引领产业发展”为主题，集中展示大气污染环保产品在燃煤火电、钢铁、冶金水泥、化工、铸造、石化、垃圾焚烧、电力、核电工业、矿山、造船等行业内的巨大市场和发展前景	中国钢铁工业协会 中国国际贸易促进委员会冶金行业分会

续表

编号	日期	名称	内容	主办方
24	12月13—15日	2023上海国际智慧环保及环境监测展览会	旨在为积极响应国家生态环境部政策，顺应环保行业智慧化数字化的发展趋势，打造一个全面高端智能的商贸技术对接交流平台，展品范围覆盖环境监测检测设备、智慧水务管理技术及系统、智慧物联系统、检测仪表及实验室分析设备、第三方环境服务、智慧水利等	中华环保联合会 中国仪器仪表行业协会 上海仪器仪表行业协会 上海荷祥会展有限公司
25	12月13—15日	2023上海国际环境污染治理技术设备展览会	展会为推动行业绿色创新、低碳发展，促进环境保护与治理技术产业化，加快生产企业技术革新脚步，充分展示环境保护与治理的系统性新技术、新产品、新装备，促进先进环保技术、工艺和装备的研发力度及推广应用，助力行业走绿色发展之路，实现多赢	中国节能环保产业 上海朗昕展览服务有限公司
26	12月13—15日	第五届上海国际垃圾焚烧发电展览会	展会围绕垃圾焚烧发电厂新厂新建工程、老厂技术升级改造、电厂大检（修）、设备技术对接会等，产业化中的新产品、新技术、新装备、新工艺、节能环保为主要展示内容，打造集展示、商贸、学习、交流于一体的综合服务平台，打造高标准国际化的垃圾焚烧发电产业合作生态圈	中华环保联合会 废弃物发电专委会
27	12月13—15日	2023上海国际工业环保及无废工艺技术设备展览会	展会聚焦工业环保领域，展示行业新的废水、废渣、废气、大气治理、固体废弃物处理设备技术，全面助力生态环境保护，促进经济社会发展全面绿色转型	上海企宣展览有限公司
28	12月13—15日	2023第9届中国上海国际化工环保技术设备展览会	展会以“数字赋能，绿色发展”为主题，展示化工环保行业全产业链最前沿的技术及设备，同期举办“化工产业数字化建设论坛”，旨在推进化工行业和重要领域绿色化改造，将绿色发展的理念应用在化工行业	中国化工环保工程协会 中国节能环保产业协会

（王一和）

上海年鉴

合作与交流

合作交流项目

【2023 浦江创新论坛·绿色低碳创新论坛举办】 9 月 11 日，由国家科技部和上海市人民政府主办，科技部社会发展科技司、上海市科学技术委员会、虹口区人民政府、绿色技术银行、上海科学技术交流中心等单位承办的 2023 浦江创新论坛·绿色低碳创新论坛在上海市虹口区举办。本届论坛以“聚焦绿色转型，共享低碳未来”为主题，重点发布绿色低碳关键领域标杆性技术解决方案，探讨绿色低碳发展路径，开展绿色低碳技术对接，不断深化绿色低碳国际科技合作。

上海市副市长刘多、柬埔寨工业与科技创新部部长韩万迪（H.E. Hem Vanndy）、中国科技部社会发展科技司司长祝学华出席论坛并致辞。世界知识产权组织助理总干事爱德华·卡卡（Edward Kwakwa）受邀担任绿色技术银行高级顾问，特意发来视频祝贺本次论坛召开。上海市政府副秘书长尚玉英、柬埔寨环境部国务秘书长朱欧普·帕里斯（H.E. Chuop Paris）、上海市科委副主任谢文澜、上海市外办副主任刘光勇、绿色技术银行管理中心主任王震、虹口区副区长陈帅等出席活动。来自国内外绿色低碳领域的政策决策者、专家学者、企业家代表近三百人参加。（王　薇）

【市环境监测中心与法国奥弗涅—罗纳—阿尔卑斯大区大气监测中心（Atmo AURA）签订第二阶段合作协议】 7 月，市生态环境局下属单位市环境监测中心参加 2023 年国际地球化学年会，并与 Atmo AURA 签订第二阶段合作协议，拓展上海市与法国生态环境领域的合作。在第二阶段合作中，双方将围绕温室气体监测、气候变化背景下的臭氧水平监测和预测、工业监测等方面开展合作，提升双方的大气环境监测预报预警能力，助力空气质量持续改善。（何宜轩）

【深化与台北市交流合作】 8 月 30 日，2023 上海台北城市论坛在上海举办。为进一步推进两市在环保领域的合作交流，探索更广泛的合作机会，上海市生态环境局和台北市政府环境保护局共同举办低碳永续分论坛，与会嘉宾围绕低碳发展与能源转型、资源循环和“无废城市”建设等两个城市共同关注的问题开展经验分享和交流研讨。当天，上海市生态环境局与台北市政府环境保护局签订推动低碳交流合作备忘录，双方将在应对气候变化、低碳可持续管理、减污降碳等方面开展合作交流，推动两市城市治理水平不断提升、生态环境质量不断改善。（何宜轩）

【市生态环境局与加利福尼亚州政府空气资源委员会签署合作谅解备忘录】 10 月 29 日，作为美国加利福尼亚州州长纽森一行访华的重要安排之一，上海市生态环境局与加州空气资源委员会签署了关于加强气候与环境的合作谅解备忘录，进一步拓展上海与加州在生态环境领域的合作。根据谅解备忘录，两地将在空气质量、温室气体排放、清洁交通、清洁能源、气候适应和韧性、基于自然的解决方案等方面开展合作，主要合作方式包括信息共享、政策研讨、年度会议、交流互访、专题活动、试点项目等。（何宜轩）

【参加《联合国气候变化框架公约》第二十八次缔约方大会（COP28）】 11 月，市生态环境局主要领导带队赴迪拜参会，并举办“中国角”上海边会活动。边会活动以“碳市场推动城市可持续发展的上海实践”为主题，通过图文展示、视频播放、圆桌讨论等形式全方位介绍和展示上海作为具有国际影响力的社会主义现代化大都市在生态文明建设和应对气候变化保护方面的做法和成效，以鲜活的案例和国际化语言展示上海城市形象。边会还邀请了欧盟委员会气候行动总司、亚洲开发银行、国家应对气候变化战略研究和国际合作中心等国内外研究机构，共同探讨上海在碳市场、碳金融、气候投融资的情况及未来展望。（何宜轩）

2023 上海台北城市论坛低碳永续分论坛现场　（周　敬　摄）

【推进上海合作组织生态环保创新基地建设】 11 月 21 日，生态环

COP28“中国角”上海边会活动现场　　（市生态环境局 提供）

境部对外合作与交流中心和市生态环境局在北京联合签署《共建中国—上海合作组织生态环保创新基地战略框架协议》。双方将发挥上海在生态环保领域的创新优势和国际合作中的先行示范作用，积极打造面向上合组织国家的生态环保交流合作、技术创新与产业实践平台。当天，双方共同举办“迈向COP28：上合组织国家应对气候变化行动与合作展望”上海合作组织应对气候变化研讨会，邀请国内外专家、学者就上合组织国家应对气候变化领域政策与行动等方面分享交流绿色低碳发展经验。（何宜轩）

【推进与国际组织在环保领域的交流合作】 2023年，市生态环境局围绕应对气候变化、生物多样性保护等议题，积极与联合国开发计划署、联合国环境规划署、世界资源研究所、美国环保协会、能源基金会、保尔森基金会等国际组织和机构开展国际合作和交流。持续推进联合国开发计划署生物多样性金融（BIOFIN）合作项目，启动BIOFIN上海试点项目第二阶段的工作，围绕上海生物多样性金融支出分析和资金需求开展研究。（何宜轩）

【市科委领导会见泰国科学研究创新组织】 8月16日上午，上海市科委有关领导会见了泰国科学研究创新组织（TSRI）副主任蓬潘·乔达提博士。市科委有关领导回顾了市科委与TSRI自2020年签署科技创新合作备忘录以来的合作成果。她指出，双方以环境与可持续发展、智慧城市等为重点领域，支持两地创新主体共拓联合科学研究、共建联合实验室、共享联合技术转移转化平台，合作项目逐年递增，反映了近年来上海市和泰国的科技合作日趋蓬勃的发展态势。蓬潘·乔达提博士对上海市科委的热情接待表示感谢。他介绍了TSRI的整体情况，以及泰国国家科技创新发展计划有关情况。乔达提博士表示，TSRI高度重视与上海的科技创新合作，希望双方能以绿色技术银行首个海外分支机构“绿色技术银行曼谷中心”的成立为契机，进一步拓展合作领域和模式。他欢迎市科委带队访问泰国，将更多优秀中国绿色技术和绿色技术企业带到泰国。

5月，绿色技术银行曼谷中心顺利揭牌成立。绿色技术银行是中国为践行联合国《2030年可持续发展议程》，推动绿色技术服务于“一带一路”高质量发展和人类命运共同体而建立的国际性合作平台，于2017年由中国科技部和上海市人民政府牵头成立。绿色技术银行曼谷中心，旨在立足泰国、面向东盟，促进先进适用的绿色技术更好转移转化，推进绿色低碳领域标杆性示范项目，在泰国及其他东盟国家加快推广绿色解决方案。（王　薇）

【加强国际合作与交流】 上海港—洛杉矶港绿色航运走廊各参与方共同发布《上海港—洛杉矶港绿色航运走廊实施计划纲要》。上海港—洛杉矶港绿色航运走廊是世界上第一条横跨太平洋的绿色航运走廊，各参与方将在国际海事组织（IMO）构建的减排框架下，通过自愿合作在走廊上展示先进的物流技术、脱碳技术应用和最佳管理实践，逐步实现航运和港口活动脱碳。（林莉君）

【香港特别行政区政府运输署访沪】 4月19日，香港特别行政区政府运输署一行访沪，市交通委有关领导接待了港方，双方就上海智慧、绿色出行相关技术和经验，以及对交通运输行业、城市管理带来的机遇和挑战进行交流。港方在沪期间还调研了嘉定智能网联汽车试点示范区、临港无轨电车、黄浦滨江步道、71路中运量等。市发展改革委、黄浦区建管委、上海国际汽车城（集团）有限公司、上海淞泓智能汽车科技有限公司、百度公司等多家单位参加了交流。（尚　磊）

【新加坡海事及港务管理局访沪】 6月15日，新加坡海事及港务管理局一行，在新加坡驻沪总领事的陪同下访问上海，市交通委相关领导接待了外方。双方围绕上海港与新加坡港在绿色数字航运走廊合作、签订港口全面合作备忘录等进行会谈。上港集团、中远海运参会。（尚　磊）

【国际公共交通联会访沪】 8月2日，国际公共交通联会一行来访，市交通委有关领导接待了外方，双方就国际公共交通联会最新发展及活动筹办、上海市绿色和智慧交通发展近况、未来合作机会等进行交流。上海市道路运输管理局、上海久事公共交通集团有限公司、上海巴士公交（集团）有限公司参会。外方一行在沪参观了申通地铁集团有限公司。（尚　磊）

【美国加州自然资源局访沪】 9月2日，市交通委接待了美国加州自然资源局率队的加州代表团，双方围绕上海港节能减排措施、绿色能源应用、海上风能发展、上海港与洛杉矶港绿色航运走廊工作推进等进行了交流。（尚　磊）

【C40城市气候联盟访沪】 10月30日，市交通委主要领导会见C40城市气候联盟一行，就上海绿色交通相关政策和措施、C40城市气候领导联盟与中国成员城市之间的合作潜力等进行交流，并考察了洋山四期自动化码头。（尚　磊）

【特多西班牙港市访沪】 12月2日，市交通委有关领导接待特多西班牙港市一行，先后介绍了市交通委指挥中心基本情况、上海交通一网统管及智慧交通发展等，外方调研了指挥中心智慧大屏等设施。（尚　磊）

【埃塞俄比亚亚的斯亚贝巴市市长访沪】 12月19日，埃塞俄比亚亚的斯亚贝巴市市长，在埃塞俄比亚驻华大使陪同下来访，市交通委有关领导接待外方，双方围绕上海公共交通和港口发展、综合交通规划建设等方面进行交流。外方还赴洋山四期自动化码头考察，希望开拓埃方公司与上海港的合作。此次埃方代表团由市政官员、城市绿化和公路专家、驻华使领馆官员组成。全国对外友协、市政府外办等单位参会。（尚　磊）

上海环境年鉴

公众参与
与社会宣传

绿色创建活动

【绿色学校、生态文明建设示范学校创建】 2023年，市教委积极开展绿色学校、生态文明建设示范学校创建工作。5月，启动第三批“绿色学校”创建工作，共185所学校获“上海市绿色学校”称号；2021年以来全市共创建1625所“绿色学校”，占全市学校总数的98%以上。10月，发布《上海市生态文明建设示范学校创建行动方案》和《创建评价标准（中小学）》，启动生态文明建设示范学校创建工作，共有72所学校获得“上海市生态文明建设示范学校”称号。11月，制作下发《上海市绿色学校典型案例》，汇编35个典型案例，内容分为“绿色文化篇”“绿色环境篇”“绿色行为篇”“绿色管理篇”“绿色创新篇”“综合篇”6个板块，为开展“绿色学校”创建和生态文明建设工作提供参考和借鉴。 （施丽君）

【上海市环境教育基地创建】 2023年，在“六五环境日”主会场活动现场，7家上海市环境教育基地代表上台接受了市领导颁发的“上海市环境教育基地”铭牌。10月，中共上海市教育卫生工作委员会、上海市教育委员会公布首批上海市“大思政课”实践教学基地名单，其中2家“上海市环境教育基地”入选，分别是上海市少年儿童浏河活动营地、上海嘉定南翔水环境净化有限公司。

上海市环境教育基地包含具备生态环境教育功能的场馆类、自然生态环境场所类、环保设施向公众开放单位类，以及具有生态环境教育功能的科研院所（学校）、企业等四个类别。这四个类型的基地特色鲜明，各有侧重，涵盖了生态环境科普教育的不同方面。为广大公众特别是青少年学习环保知识、践行环保实践活动、培养科学创新能力提供了平台。 （冯　缨）

【国际生态学校创建】 3月，生态环境部宣传教育中心公布2022年度（第十一批）国际生态学校名单，上海8所学校通过评审。截至年底，全市共有88所学校获得国际生态学校绿旗荣誉。上海市环境保护宣传教育中心获生态环境部宣传教育中心授权，负责该项目在上海地区的实施与推广工作，包括初评、推荐申报、现场检查等工作。

国际生态学校项目（Eco-Schools，ES）是由国际环境教育基金会（以下简称“FEE”）发起，以全球青少年为主体，学校自愿参加的国际环境教育项目。其目标是通过自主学习和环保实践，提升青少年对环境问题的认识和理解，增强全球青少年参与推进联合国可持续发展目标（SDGs）的达成。生态环境部宣传教育中心代表中国于2007年加入FEE，成为FEE在中国的唯一国家会员单位，负责国际生态学校项目在中国的管理与实施。至年底，全球93个国家的22000余所学校获得了国际生态学校绿旗荣誉。 （付　洁）

2022年度（第十一批）国际生态学校名单（上海）

序号	单位名单
1	上海市金杨中学
2	* 上海市曹杨中学
3	* 上海师范大学第二附属中学
4	* 上海外国语大学尚阳外国语学校
5	* 上海市曲阳第二中学
6	* 上海市普陀区豪园幼儿园
7	* 上海市宜川中学
8	* 上海市杨浦区复旦科技园小学

备注：星号（*）为通过复评的学校（绿旗荣誉有效期为3年，有效期后需参加复评）。

【开展国家清洁生产审核创新试点】 2023年，市生态环境局完成上海化工区国家清洁生产审核创新试点，包括完成化工区内50余家企业清洁生产水平评价和园区清洁生产水平整体评价。推进临港万祥产业园国家清洁生产审核创新试点。 （沙剑波）

【推动环境治理制度机制的创新试点】 2023年，市生态环境局完成上海化工区国家环境综合治理托管服务模式试点工作。推进金山区枫泾镇生态环境导向的开发（EOD）模式试点项目，总结经验与成效。完成奉贤区现代环境治理体系集成示范相关工作。推进临港新片区在第三方环保服务、领跑者示范、绿色供应链等创新制度试点。完成园区街镇第三方环保服务试点示范第二批项目发布。 （沙剑波）

【推进生态工业园区建设工作】 2023年，上海临港松江科技城、上海国际汽车城零部件配套工业园区和上海漕河泾开发区浦江高科技园3家园区创建成为上海市生态工业示范园区。推进金山碳谷绿湾国家生态工业示范园区创建。 （沙剑波）

【绿色制造体系建设取得新成绩】 2023年共创建市级绿色工厂102家、绿色园区3家、绿色供应链管理企业12家、绿色设计产品7项。获评国家级工业产品绿色设计示范企业4家。发布零碳创建标杆企业和零碳创建企业（园区）29家，包括17家零碳工厂、2家零碳数据中心、3家零碳创建工厂、6家零碳创建园区、1家零碳基础园区，树立零碳创建标杆。发布《零碳产业园区实施路径规划与评估》团体标准，进一步完善"零碳"系列标准体系。（何哲楠）

【培育绿色低碳服务机构】 2023年针对低碳产业发展存在产业链协调不充分、跨领域应用缺场景等重点问题，市经济信息化委建立绿色低碳产业联盟，发挥龙头企业、链主企业的标杆引领作用，整合绿色低碳产业发展资源，打造覆盖全产业链的交流合作平台。多家在本市从事"双碳"服务的企业、认证机构、研究机构共同成立了"双碳"服务专业委员会，面对不同主体的多种需求提供综合性碳服务。经遴选，2023年度上海市绿色低碳服务机构新增85家。

【绿色生态城区创建】 2023年，全市累计创建绿色生态城区26个，占地72.6平方千米。修订《绿色生态城区评价标准》，构建"以人为本"的指标体系，引领绿色生态城区建设。发布《关于推进上海市绿色生态城区建设的指导意见》，提出下一阶段绿色生态城区推进路径，完善全过程监管机制，形成闭环管理流程，首轮10个城区的评估工作启动。发挥重点区域溢出效应，编制覆盖新城全域的五个《新城绿色生态规划建设导则》，围绕新城特色定位，构建五个新城的"一城一策"新城特色指标体系，梳理储备29个绿色生态城区储备项目，其中包含6片超低能耗建筑集中示范区，为未来在新城规模化推进和管理绿色生态城区形成有力的工作抓手。（市住建委）

【新片区启动环保领军企业培育行动】 按照国家和上海有关碳达峰、碳中和的部署要求，新片区开展环保领军企业培育行动。鼓励各行业对标环保绩效标杆企业，对标资源集约、污染防治和低碳发展国际先进水平，结合鼓励政策，推动领军企业树立行业先进典型，提高企业减污降碳主体责任意识，引导产业链向环保领军企业对标，加快建设新片区生态环保和低碳发展的高地，实现区域整体高质量可持续发展。

2022年12月23日，中国（上海）自由贸易试验区临港新片区管理委员会公开发布了《中国（上海）自由贸易试验区临港新片区环保领军企业培育行动实施方案》。2023年一季度，启动新片区第一批环保领军企业的申报宣贯和组织评审工作。根据实施方案中设定的资源集约利用水平、主要污染物排放水平、环境管理能力先进性、其他突出环境领军行为四项指标，最终授予特斯拉（上海）有限公司和上海飞机制造有限公司为临港新片区环保领军企业称号。（宋逸豪）

【临港万祥产业园入选第二批国家清洁生产审核创新试点名单】 8月，生态环境部、国家发展改革委发布《关于同意实施第二批清洁生产审核创新试点项目的通知》，临港万祥产业园简易清洁生产审核创新试点成功入选。至此，临港万祥产业园既是上海市分类分级、园区集成审核创新试点，又是国家简易清洁生产审核创新试点。

临港万祥产业园区市级清洁生产审核创新试点已开展多项工作并取得阶段性成果，包括创新清洁生产审核模式和审核方法，优化传统审核模式的审核流程、技术方法、评价规则等，使清洁生产审核切实提升企业环保管理水平，提高风险防范意识，减轻企业负担。后续将基于市级分类分级创新试点，进一步探索简易清洁生产审核模式和审核方法的创新，进一步扩大万祥产业园简易审核企业样本量和覆盖范围，进一步识别适合开展简易审核的企业类型范围。通过此次简易审核试点，加上全面审核和自提方案，三类审核模式将实现园区企业100%全覆盖，以期达到有效提升园区清洁生产审核效能，为同类型园区提供可复制的审核新模式。（王丽松）

【临港海绵管控平台入选"中国海绵城市十年成就展"典范案例】 2024年1月，"中国海绵城市十年成就展"成果在北京发布，"上海市临港海绵城市智慧管控平台（一期）EPC项目"入选项目典范案例。该活动由住房城乡建设部中国建设报社举办，旨在全面宣传展示十年来中国海绵城市建设成效和智慧结晶，共有15个城市、50个项目入选。临港海绵城市智慧管控平台（一期）建设项目是临港开展国家海绵城市试点建设时期打造的重点示范项目之一，开发了海绵城市综合监管、在线监测、项目管理、运维管理、绩效考核、决策支持六大功能模块，具备数据采集存储、内涝模拟、水质水位及设备异常预警等功能，相关数据接入临港智慧城市大脑、城市安全风险综合监测预警平台等，在海绵城市全生命周期管理、防汛调度、水质监测和水环境管理等方面持续发挥作用。（陈　涛）

主题宣传

【大力推进生态文明宣传】 2023年，市生态环境局组织开展宣传贯彻全国和上海市生态环境保护大会精神系列活动，推出《上海生态环境十大变化》宣传片，展现本市生态环境保护工作成效。市生态环境局主要领导当好“第一新闻发言人”接受采访，在《解放日报》《中国环境报》等主流媒体发表署名文章，带头宣传全面推进美丽上海建设。各区生态环境局发表局长署名文章，展现地方推动习近平生态文明思想落地生根、开花结果。（杜东园）

【多方位宣传生态环境治理成效】 2023年，市生态环境局举行六五环境日新闻通气会，发布上海市生态环境重点工作进展。策划入河排污口排查整治、无废城市建设、生态修复等新闻报道。全年在主流媒体及新媒体累计发布和网络转载相关上海环境新闻近40万篇次。市区两级“双微一抖”新媒体矩阵联动发声，全年推送“上海环境”微信1476条、微博6443条，阅读总数近3850万次，“双微”常列全国生态环境系统政务新媒体月度十强，4篇报道入选全市政务新媒体月度十大正能量文章。持续制作执法漫画，推出大气噪声科普系列，打造“严执法、宋服务”IP网红。联合长宁区生态环境局、上海自然博物馆等推出“季候令”专栏。《守“沪”大海》、碧水宝宝水源地保护、环境教育基地等宣传片获上海发布、学习强国等平台转发。（杜东园）

【积极开展主题宣传活动】 2023年，通过市区联动、部门协力，组织策划国际生物多样性日、“六五环境日”、全国低碳日等主题宣传活动。制作《守“沪”大海》宣传片、六五环境日公益广告片等，在地铁、公交、楼宇大屏等播放；制作《生态文明知识读本——生物多样性专册》《走进环境教育基地》导览手册、环境教育基地宣传片等一系列宣传产品，引导公众参与生态环境保护工作。活动日期间，邀请主流媒体对活动进行广泛宣传，市区两级“双微一抖”新媒体矩阵联动发声，营造浓厚节日氛围。举办了全国生态日上海宣传教育暨首届上海生态环保艺术节，将江南传统文化、上海海派文化与生态环境保护、绿色低碳发展理念有机融合，传播绿色低碳生活理念。（杜东园）

【市生态文化协会组织举办第六届东滩论坛】 4月13日，上海市生态文化协会与市政协人口资源环境建设委员会共同主办“第六届东滩论坛——弘扬生态文化，践行低碳生活”专题研讨会。论坛邀请各界人士探讨论坛如何发挥“人”在促进“双碳”中的作用，形成了垃圾分类需要提档升级、低碳行为需要可测能量、低碳技术需要不断创新、绿色生活需要生态文化等观点。部分全国政协驻沪委员、市政协委员、市生态文化协会会员、政府部门相关代表、生活文化优秀征文作者、在沪的全国生态文化村、市生态文化学校、市林学会及媒体记者等参加论坛，市政协副主席虞丽娟出席讲话。论坛明确要把绿色发展的意识根植于心，加大宣传、教育、发动，在各个领域贯彻落实绿色发展理念；要把红线约束的要求守牢在手，发挥政协的政治优势和人才库的作用，建立完善生态文明建设的制度措施，在超大城市碳达峰碳中和等方面积极献计出力；要把低碳生活的习惯教化成制度，着力于从我做起、从身边做起，从孩子抓起的工作，让简约适度、绿色低碳生活成为新时尚。（吴　灏）

【2023上海科技节举行】 2023年，上海科技节于5月20日至5月31日举行，本次科技节以“悦享科技、智创未来”为主题，设置了开幕、会议、开放活动、赛事、媒体科普、闭幕等6大板块，推出了1500多场专题活动，坚持科技为民服务，弘扬科学家精神，注重科创成果展示，做好科学教育“加法”，加大线上线下融合传播，以“科普+”理念赋能新时代科普高质量发展，切实把科技节打造成为科技创新成果发布会、科技产品展示厅、科技工作者节日、公众科技嘉年华。

市委书记陈吉宁，市委副书记、市长龚正与全市科技工作者和青少年代表一起出席启动活动，共同见证2023年上海科技节开启。市领导吴清、张为、周慧琳、刘多、肖贵玉出席启动活动。（王　薇）

【组织节能宣传周系列活动】 7月10—16日，为推动高质量发展，积极营造节能降碳浓厚氛围，以“节能降碳，你我同行”为主题，组织开展上海市节能宣传周系列活动。宣传周开幕式暨绿色低碳产业推进大会发布了上海近期在绿色低碳新赛道取得的成果，活动中，13家单位分别与相关部门签订战略合作协议。宣传周期间，各委办、区、大型国企、集团公司和绿色低碳合作伙伴紧密围绕产业绿色发展和“衣、食、住、行、用、游”等方面，通过“线上+线下”模式开展各类主题活动465场，吸引200万人次参与。（何哲楠）

【上海市环境教育基地导览手册】 2023年，上海市环境保护宣传教育中心编写了《走近，走进——上海市环境教育基地》导览手册。全书按行政区划分，简明扼要、图文并茂地展现了39家“上海市环境教育基地”的环境教育内容、特色、预约参观方式等。通

上海市环境教育基地导览手册（市环境保护宣传教育中心 提供）

过向全市各区、各环境教育基地赠阅实体书，以及“上海环境”官方双微推送电子版的形式向社会公开传播。（付　洁）

【六五环境日主题宣传活动】 6月5日上午，中华环保世纪行（上海）宣传活动组委会、市生态环境局、宝山区人民政府联合主办的2023年六五环境日上海市主场活动在宝山区智慧湾科创园举行。副市长刘多，市政协副主席虞丽娟，市政府副秘书长尚玉英等市领导出席活动。

今年六五环境日上海市主场活动围绕“建设人与自然和谐共生现代化”主题，旨在深入学习宣传贯彻习近平生态文明思想，集中展示上海生态环境保护成效，广泛动员社会各界共同参与生态文明建设、践行绿色低碳的生产生活方式，引导全社会做生态文明理念的积极传播和模范践行者，为建设人与自然和谐共生的现代化奠定坚实的社会基础。

本次活动还集中表彰了上海市污染防治攻坚先进集体和个人代表、上海市现代环境治理体系第一批示范单位、上海市青少年“双碳”方案提案大赛获奖代表，并为“上海市环境教育基地”“上海市绿色学校”代表授牌。活动现场，市领导为获得2023年“美丽中国，我是行动者”全国百名最美生态环境志愿者称号的三位市民颁奖。

除内场活动外，今年在外场还组织了环保嘉年华和互动游戏，以生动的形式传播生态文明理念。

（市生态环境局）

2023年六五环境日宣传海报（市环境保护宣传教育中心 提供）

【首届上海生态环保艺术节活动顺利举办】 8月15日—17日，全国生态日上海宣传教育暨首届“上海生态环保艺术节”在西岸艺术中心举办。活动由上海市生态环境局、徐汇区人民政府指导，上海市环境保护宣传教育中心、上海市环境保护产业协会、徐汇区生态环境局主办，旨在通过江南传统文化、上海海派文化与生态环境保护、绿色低碳发展的有机融合和丰富展现，广泛传播“绿水青山就是金山银山”生态文明理念，激发起全社会共同呵护生态环境的内生动力。（市生态环境局）

【绿化市容社会宣传】 中央和上海市主流媒体累计报道1902篇，相关新闻在上海电视台黄金时段报道37次，《解放日报》头版报道8次，《新民晚报》等主流媒体头版报道38次，全年行业相关报道近19万篇次。紧贴“总书记回信勉励垃圾分类志愿者”热点，微博话题阅读量655.1万次，全网相关报道超3000篇次，相关阅读量近1400万。“绿色上海”政务新媒体发布微信1985篇，微博2008条，微信视频号短视频204个，抖音短视频175个，稳居上海政务新媒体传播影响力榜单前十。（张李欣）

【"世界水日""世界海洋日"等系列活动开展】 3月，结合"世界水日""世界海洋日"等重要宣传节点，围绕上海水务海洋重大工程建设、水安全韧性提升、水环境质量改善、现代海洋城市建设等重点工作，充分发挥主流媒体、新媒体平台作用，加强正面宣传，市水务局开展专题宣传20余次，媒体报道近200篇，精心组织策划全市主题宣传活动220余场，持续提升社会宣传效能。充分运用新媒体平台传播优势，策划开展"云课堂""云普法""云投票""云科普""云答题"等一系列"云端"宣传。在全市各大公益宣传阵地（电视、地铁、楼宇、商圈、景区大屏等）播放节约用水、保护水环境、保护海洋环境等公益广告，取得良好社会效果。（金巍良、倪周晶、顾施嘉）

【"上海水务海洋"政务新媒体LOGO和IP形象发布】 3月20日，市水务局举办"上海水务海洋"政务新媒体LOGO和IP形象发布会暨新媒体海报巡回展首展启动仪式，开展水务海洋十大工程美图评选、二十四节气上海水利设施展示、"沪水云课堂"等主题宣传。（金巍良、倪周晶、顾施嘉）

【海洋日主场宣传活动】 6月8日，市海洋局会同市奉贤区人民政府共同主办上海市2023年"世界海洋日暨全国海洋宣传日"主场活动、上海海洋论坛。活动现场，展示上海建设现代海洋城市的愿景蓝图，正式发布2022年上海市海洋经济统计公报和上海市海域使用管理公报，正式授牌成立上海市第二批海洋意识教育基地，组建10支上海市建设现代海洋城市青年志愿服务队。（申可玥、倪周晶、顾施嘉）

【兴业讲堂】 9月3日和11月19日，市水务局建管处、行政服务中心负责人分别走进上海人民广播电台《兴业讲堂》，围绕水务重大工程"五色工地"建设和水务热线"连心线"等内容，展示以党建引领推进涉水为民实事举措。不断加强法治宣传教育，围绕宪法和重要涉水涉海法律法规开展宣传活动，积极参与法治短视频、法宣优秀案例和法宣文化品牌评选，不断夯实上海水务海洋法治宣传基础。（金巍良、倪周晶、顾施嘉）

【节水宣传周】 "全国城市节约用水宣传周"期间，上海围绕"推进城市节水，建设宜居城市""建设节水型申城，推进高质量发展"主题，线上、线下同步开展节水宣传活动。依托线上平台开展系列云上节水活动，将设计制作的主题宣传海报和节水公益视频在线上宣传，公布校园"文明节水达人"活动征集结果，对2022年度节水型载体单位和先进个人进行线上云表扬，展示节水型载体典型案例，结合"节水知识进课堂"活动，聚焦《公民节约用水行为规范》，录制节水科普短视频。线下召开2023年合同节水管理研讨会等，聚焦重点推进污水资源化利用，联合上海交通大学开展2023年"节水行动进校园"主题宣传，开展第九届"节水知识进课堂"活动。各行各业结合自身特点和优势，开展节水宣传，瓶装水（饮料）行业开展形式多样的"清瓶行动"节水宣传活动。各区开展节水宣传进机关、进校园、进社区、进企业等活动，营造节水宣传氛围。（吉方圆、倪周晶、顾施嘉）

【加强交通领域宣传引导】 倡导低碳出行，增强公众环保意识，推进绿色交通发展，市交通委开展上海市绿色出行达人评选活动。开展"绿色出行"进校园活动。联合上海市教委、市发展改革委、市经济信息化委等部门组织开展第二届上海市青少年"双碳"方案提案大赛。"全国绿色出行宣传月"期间，市交通委联合浦东新区周家渡街道、市交通工程学会，共同举办了"绿色出行，'申'情相约"绿色出行文化进社区主题宣传活动。（张　翼）

【"世界水日""中国水周"普法宣传暨"一季一赛"活动】 为纪念第三十一届"世界水日"和第三十六届"中国水周"，增进全社会爱水惜水护水意识，共建共享幸福河湖，3月24日，太湖流域管理局在上海市浦东新区东岸滨江举办"强化依法治水，携手共护母亲河"普法宣传暨"一季一赛"绿色骑行活动。太湖流域管理局各部门（单位）、浦东新区城市管理行政执法局150余人参加活动。以定向赛方式开展骑行和步行宣传《中华人民共和国长江保护法》《地下水管理条例》《太湖流域管理条例》等水法律法规及公民节约用水行为规范等内容，介绍太湖流域治理进展，以及水资源节约保护、河湖保护、水土保持等科普知识，宣传珍惜水资源、保护母亲河的爱水护水观念和水忧患意识，解答他们日常生活中与供水、用水有关的问题。活动进一步加深了广大市民对保护水资源、水生态和水环境的认识，凝聚了建设幸福河湖的共识。（彭　欢）

【"全国城市节约用水宣传周"节水宣传活动】 5月14日至20日是第三十二届"全国城市节约用水宣传周"，主题为"推进城市节水，建设宜居城市"。为推进城市节水高质量发展，大力提升全民节水观念意识，太湖流域管理局提前部署、统筹谋划，联合有关部门单位以喜闻乐见的节水宣传方式，开展节水宣传系列活动，包括太湖流域管理局、上海市住房和城乡建设管理委员会、上海市水务局、上海市精神文明建设委员会办公室、上海市教育委员会等单位共同举办上海"全国城市节约用水宣传周"开幕式暨黄浦区县域节水型社会达标建设主题宣传活动；太湖流域管理局依托流域管理优势，发挥桥梁纽带作用，联合上海市水务局、上海市供水管理中心共同推广合同节水管理模式，合力推进合同节水管理走深走实；结合上海市启动“十四五”节水型工业园区复核及工业园区水效领跑者遴选工作，太湖流域管理局在浦东新区节水型工业园区复核动员会开展节水政策宣贯；为切实发挥学校作为学习知识、培养人才、传播文化的主阵地作用，太湖流域管理局联合上海市水务局、上海市供水管理中心开展“节水行动进校园”“节水知识进课堂”主题宣传等活动。（冯志倩）

公众参与

【持续推进环保设施向公众开放】 2023年，持续推进四类环保设施共90家单位向公众开放。线上开放活动17次，参观/浏览超4万人次；线下开放次数517次，参观超1万人次。上海市共有90家环保设施开放单位纳入生态环境部开发的“环保设施向公众开放”小程序。公众可以通过该小程序了解环保设施的基本情况、开放时间，并“一键预约”，免费参观。

组织设施开放单位在“六五环境日”、政府开放月期间集中开放。鼓励各区开展“厅局长带你走进环保设施”主题讲解活动，金山区、宝山区、嘉定区视频作品入选生态环境部官方平台展播。两个环保设施向公众开放案例——“上海杨浦：邀您共赴‘云’上VR零时空之旅”和“水悟堂：开展科普创新 追寻水的答案”入选由生态环境部宣传教育中心出版的《环保设施向公众开放优秀案例集》。（杜东园、冯 缨）

华东理工大学资环学院师生参观上海市固体废物处置有限公司 （冯 缨 提供）

【推进环保科普工作】 2023年，市生态环境局主办第九届上海国际自然保护周，与蚂蚁森林合作，开展线上上海城市湿地生态系统专题互动，活动期间累计参与人数超过1.2亿人次。与市科协组织开展第38届上海市青少年科技创新大赛低碳绿色专项奖活动和第二批青少年环保创新实践基地创建（10家）等环保科普活动。组织完成生态环境部“我是生态环境讲解员”本市初赛与推荐工作，本市获优秀选手2名，优秀组织奖1项，优秀科普作品和科普小视频各1项；组织开展国家生态环境科普基地申报工作，上海崇明东滩鸟类国家级自然保护区、上海嘉定南翔下沉式再生水厂、上海老港生态环保基地3家基地成功获批。（沙剑波）

【上海市环保社会组织第二期小额资助项目】 2023年，上海市环境保护宣传教育中心组织开展了上海市环保社会组织第二期小额资助项目，支持引导环保社会组织积极参与上海市环保宣传教育工作。项目时间为2023年11月至2024年10月。经专家评审，来自上海环球可持续环境能源咨询研究中心、上海浦东一苻生物多样性研究中心、上海市健康安全环境研究会、上海浦东新区浦兴社区志远文化服务社、上海徐汇区斜土社区爱创益公益发展中心和上海闵行区环科垃圾分类服务中心共6家环保社会组织的申报项目入选，分别获得2万元—3万元金额不等的项目资助，用于完成项目方案中有关环保设施对公众开放活动、青少年自然教育体验活动、生态环境科普活动等内容。（付 洁）

【市民水务科普系列活动】 6月6日至12月31日，举办市民水务科普系列活动，该活动由市水务局指导，《净水技术》杂志社主办。本次活动采用科普参观、视频展映、论坛讲座、科普图文等形式，组织线上、线下科普活动10场；开展水务、环境设施参观考察4场，制作水务设施参观宣传视频3部；围绕智慧水务、水质提升、水源地建设、饮水安全等方面，分类制作饮用水科普宣传课件教案4套；推出水务科普新媒体图文30余条。通过开展系列活动，提升公众对日常饮用水安全信心。（全巍良、倪周晶、顾施嘉）

【青少年海洋知识传播系列活动】 由市海洋局、市科协联合主办，1—12月举办。本次活动设 Ocean Go（海洋日实地科普考察活动）、Ocean STEM（海洋 STEM 课堂）、Ocean Seeds（海洋创意种子计划）、Ocean Pro（青少年海洋科创项目孵化计划与“科技兴海奖”——上海市青少年科技创新大赛专项奖）等 5 个板块。其中，9 所学校共 10 个项目获“科技兴海奖”。通过活动提高青少年参与海洋科学创新的积极性。（金巍良、倪周晶、顾施嘉）

【节约用水志愿服务队开展节水科普宣传】 为迎接第三十一届“世界水日”、第三十六届“中国水周”，提高师生节水意识，3 月 21 日，太湖流域管理局节约用水志愿服务队走进上海市闵行区华坪小学，开展“节水进校园”宣传活动。活动现场志愿者们通过为学生们发放《公民节约用水行为规范》宣传页、《节水微科普》等节水科普读物，科普水资源情势、节约用水知识等宣教方式，让学生们了解了水资源情势，培养了学生们节水、爱水、护水的理念和习惯。（冯志倩）

【水利特色科普活动】 9 月 17 日至 28 日，太湖流域管理局紧扣全国科普日、水利科普周活动主题，协调水利部太湖流域水治理重点实验室、上海幸福太湖水研究发展基金会、无锡市水利局组织开展了“科技治水，幸福太湖”科普活动，充分开发利用流域水利科研平台的科普教育功能，积聚优质科普资源，在上海、南京、无锡等地以科研平台开放、专家讲科普、互动展示、资料发放、书籍赠送等形式，面向大专院校、中小学、机关、社区、企业、农村等，全方位传播太湖流域水治理领域代表性成果和水科学知识。9 月 19 日，科普活动启动仪式在太湖流域水治理重点实验室举行。科普活动期间，在太湖流域水治理重点实验室设立了宣传展板和科普宣传展示区，自 9 月 17 日起面向社会开放科研平台，组织科普讲解员对生态环境复苏、智慧水利建设等方面的技术创新、装备研发情况进行科普讲解；并在不同地方集中开展了科普“五进”（进校园、进机关、进社区、进企业、进农村）活动。年内，太湖流域管理局在推进水利科技创新过程中，注重同步推进水利科普，把握契机开展科普活动，增强水科学知识的普及率，引导社会各界公众关注太湖流域水治理。（杨　斌）

建议提案办理及信访受理

【生态环境领域人大代表建议和政协委员提案办理情况】 2023 年，市生态环境局共收到市人大代表建议和政协委员提案 80 件。其中，人大代表建议 35 件（主办件 8 件，会办件 27 件）；政协委员提案 45 件（主办件 14 件，会办件 31 件）。主要内容涉及持续推进减污降碳、碳普惠、碳交易工作、深化土壤污染防治工作、创新生态环境管理和执法机制。所有建议提案均已按期办复，主合办件办理结果均为解决或采纳。（贺　弘）

【全市生态环境信访情况】 2023 年，全市生态环境系统收到环境污染信访投诉 3640 件，同比上升 12.1%。反映大气污染 1577 件，同比下降 8%；噪声污染 591 件，同比下降 21%；废水污染 189 件，同比下降 19.2%；新建项目 928 件，同比上升 11 倍。（贺　弘）

【全市生态环境服务热线情况】 2023 年（按照市热线办绩效考核统计口径为 2022 年 11 月—2023 年 10 月），共收到 12345 热线转派工单 12485 件，其中 2342 件非生态环境部门职责未予受理，实际受理 10143 件，同比上年减少 24.4%。其中，大气污染类诉求 6447 件，占受理总量的 61.9%，主要集中在工业废气；噪声污染诉求 1855 件，占总量的 17.8%，集中在建筑噪声、工业噪声和社会生活噪声；机动车政策咨询 1058 件，占总量的 10.2%；水污染类诉求 777 件，占总量的 7.5%；建设项目类诉求 760 件；其余投诉及咨询 1588 件，占总量的 15.3%。（贺　弘）

【环保热线受理情况】 2023 年，环境热线共接到 12345 工单 13577 件，实际受理环保投诉 10782 件，分别比上年增加 14.33% 和 6.79%。全市共计收到微信网络举报 5674 件，实际受理 1510 件，均已按程序规范办理并完成反馈，全面维护了群众的环境权益。（江春涛）

【绿化市容安全维稳专项工作】 2023 年，市绿化市容局全面抓好春节、两会、中秋国庆、第六届进博会等重要时段和重大活动期间行业安全维稳工作。深入开展隐患排查和信访矛盾纠纷化解工作，全力抓好防汛防台和行业稳定。开展“市民有所盼，热线抓紧办”实践活动，推动各类市民诉求办得更快、更实、更好。全年共受理转办市民投诉咨询 3.3 万余件，12345 测评先行联系率 96.63%，市民满意度 88.22%，较上年同期分别提升 1.27% 和 1.38%。

（张李欣）

上海环境年鉴

环境教育与培训

学校环境教育

【深入推进环境教育与科普】 2023年，市生态环境局完成第四批上海市环境教育基地评选工作，共授予39家单位“上海市环境教育基地”荣誉称号。2家市级环境教育基地入选首批上海市“大思政课”实践教学基地。组织开展国际生态学校创建与全国中学生水科技发明比赛，8所学校入选生态环境部第十一批国际生态学校；56项作品在第二十届全国中学生水科技发明比赛中获奖。组织开展“‘美丽中国，我是行动者’提升公民生态文明意识行动计划”先进典型宣传推选活动，3名志愿者获评全国“百名最美生态环境志愿者”。与市教委合作，举办“生态文明第一讲”线上课堂，编制生态文明教育课程教材，并在全市中小学推广。（杜东园）

【开展生态文明教育活动】 2023年，市教委多维度、多形式开展生态文明教育活动。举办第五届学生生态环保节和第五届学生生态文明教育论坛，开展“生态文明教育第一课”“生态文明青年讲师进校园”“生态文明宣传短片和海报征集”等活动。制作100期《青未来FM》生态文明教育广播节目。制作发布垃圾分类、爱粮节粮等环保宣传海报。联合市绿委办在虹口区中小学推进“绿化精品课进校园”试点项目。联合市发展改革委、市生态环境局等10部门共同举办第二届青少年“双碳”方案提案大赛。联合团市委举办2023上海青年志愿者绿色营暨学生“碳”索营活动。联合市交通委举办“绿色出行达人”评选活动。联合市水务局举办“节水小达人”评选活动。联合市粮食和物资储备局开展爱粮节粮专题活动。联合市绿化市容局、市经济信息化委等部门发布“‘高碳汇’植物寻宝计划——学生电子版绿色‘碳’索护照2.0版”。（施丽君）

【在基础教育中推进生态文明教育】 市教委持续推进在科学、生物学等相关学科教学中融入生态文明教育。例如，组织技术与工程领域跨学科主题学习的设计与实施教学展示活动，为教师在教学实践中开展跨学科主题学习和生态文明教育提供参考借鉴；组织“实验组织教学，问题引领学习”为主题的生物学学科教学研究活动，引导学生养成保护环境、维护生态平衡的行为习惯。部分学校积极开展与生态文明相关的校本课程，其中，华东政法大学附属松江实验学校开设“上海之根·行走松江”为主题的研学课程、上海市第二中学开展“厚德笃行，博学尚农”为主题的社会实践活动。

各区、学校积极开展丰富多彩的研学活动，在实践中落实生态文明教育。其中，崇明区举办“关注湿地与森林，践行低碳生活”生态知识竞赛、“东滩湿地生物寻”——青少年湿地生物多样性探究实践，闵行区七宝镇明强小学组织“气候变化教育”研讨会，

生态文明教育融入学科教学研讨活动大合影（市教委 提供）

宝山区鹿鸣学校开展防“鸟撞”的实践与研究，上海宋庆龄学校嘉定实验学校开展“与科技同行，共创低碳生活”专题活动，北京外国语大学附属上海田园高级中学开展“校园生物多样性保护计划”、上海市蒙山中学组织“寻鸟之旅”活动，上海市实验学校附属东滩学校组织长江口濒危珍稀水生生物增殖放流活动。（刘小龙）

【上海市绿色低碳发展国民教育体系建设】 市教委积极开展上海市绿色低碳发展国民教育体系建设工作。发布《上海市绿色低碳发展国民教育体系建设实施方案》，从政策制定、课程建设、教资培训、科研攻关、校园服务等多方面，把绿色低碳发展的理念全面融入国民教育体系各层次和各领域。编制《“无废校园”创建评价指标》《中小学建筑合理用能指南》《高等学校建筑合理用能指南》《节水型高校评价标准》等。开展高校光伏+建设工作调研。编撰出版“生态文明教育课程建设探索系列”图书，并配套线上课程资源。将生态文明教育作为重要的评价内容纳入“绿色学校”“生态文明建设示范学校”“节水型学校”“无废校园”等创建指标体系，推动学校生态文明建设工作整体提升。（施丽君）

【全国中学生水科技发明比赛】 2023年5月，“第二十届全国中学生水科技发明比赛”结果公布，上海市共56项作品获奖，占全国获奖比例的7.7%，4名教师获评优秀指导教师，上海市环境保护宣传教育中心获评优秀组织单位。2023年下半年，上海市环境保护宣传教育中心再次被授权开展“美丽中国，我是行动者”——第二十一届全国中学生水科技发明比赛上海赛区初赛工作，推荐优秀作品参加全国比赛，提高全市青少年水生态环境保护和水资源节约意识及科技创新能力，引导青少年积极参与水生态环境保护和国家节水行动，共建美丽上海。

“全国水科技发明比赛”自2003年举办以来，已持续开展20届，活动特别奖将代表中国参加被誉为青少年诺贝尔奖的“斯德哥尔摩青少年水奖”。自2020年起，该赛事已连续入围教育部面向中小学生的全国性竞赛活动白名单。（付　洁）

【第四届全国大学生市政环境类创新实践能力大赛举行】 5月15日，由同济大学环境科技创新人才培养基地参与主办的第四届全国大学生市政环境类创新实践能力大赛圆满落幕。同济大学环境创新基地选拔参赛的两支队伍进入决赛。（贺伟伟）

【2023年国际学生环境与可持续发展学生大会举行】 6月，2023年国际学生环境与可持续发展学生大会在沪举行，由联合国环境规划署和同济大学共同主办。本次大会围绕“塑料污染治理”这一全球共同关切的重要议题，开展系列主题活动。作为第十二届国际学生环境与可持续发展大会的重要内容，2023全球环境挑战赛（GESC）围绕“人类健康”“循环经济”“气候变化”“无废城市”4个议题，在全球范围内征集创新解决方案，邀请全球学生自由组队参加比赛。大会共吸引了来自全球20多个国家和地区的122所大学的85支学生团队参赛，超过5000位大众评委参与投票。来自上海交通大学、清华大学、同济大学、约翰·霍普金斯大学、诺维萨德大学等高校的学生队伍获奖。（贺伟伟）

【上海国际绿色低碳概念验证中心成立】 6月16日，复旦大学环境科学与工程系与国家技术转移东部中心签约共同建设“上海国际绿色低碳概念验证中心”，创新“产学研用”合作模式，建立“技术研发—技术评价—示范应用—投资加速—产业化”的全流程服务体系，助推高校技术成果产业化，实现环保产业转型升级，共同推动区域经济社会发展。（贺伟伟）

【华东师范大学举办生态科普公众开放日活动】 6月3日，华东师范大学举行“2023年上海科技节”上海市城市化生态过程与生态恢复重点实验室公众开放日暨华东师范大学城市生态与环境青少年科学创新实践工作站首期开学典礼，开设生态环境科普讲座，参观城市生命地标近自然样板林——华东师大校园生态岛，开展植物观察与识别；走进高校生态环境实验室，近距离接触科研活动。来自全市56所中学的130名实践工作站学员及对生态环境保护感兴趣的中学生参加活动。（贺伟伟）

【华东师范大学生态与环境科学学院“生环小课堂”进三区】 2023年，华东师范大学生态与环境科学学院在附属紫竹小学和闵行永德实验小学的“生环小课堂”持续推进，全年在两所小学开展76堂环教课，被闵行永德实验小学授予“四季红领军驿站”。4月起，“生环小课堂”走进马桥镇16个街道社区开展16场“生环小课堂”活动，课程内容不断丰富完善，“生环小课堂”进三区作为生态文明教育典型案例被《人民日报》报道。（贺伟伟）

【华东师范大学城市生态与环境青少年科学创新实践工作站第一期开班】 6月，上海市青少年科学创新实践工作站——华东师范大学城市生态与环境工作站第一期开班，来自全市56所中学的120名高一学生在此期间完成40课时的项目化学习。工作站以大都市生态与环境问题研究为切入点，围绕环境问题识别、生态系统结构与功能恢复、生态评估管理等设计科普活动和科创选题，构建基础通识课程（4课时）、科学观察认知（4课时）、创新研究实践（32课时）等为内容的青少年创新能力培养课程体系，为促进高中生科学思维养成，培养学生实践探究和创新能力，引导青少年用创新思维践行生态文明建设，为国家生态环境保护事业培养后备人才。（贺伟伟）

【上海大学第十五届环保节举办】 4—6月上海大学第十五届环保节聚焦“建设人与自然和谐共生的现代化”，围绕“双碳目标，无废校园”建设，以“绿色发展，和谐共生”为主题，以“一个论坛、两项赛事、三个系列活动”为主体，开展了历时近一个半月的大型生态文明教育实践活动，搭建全校生态文明竞赛平台，传播生态文明理念，并于“六五环境日”当天闭幕。（贺伟伟）

【青少年环保科技人才培养】 2023年，上海市青少年科学创新实践工作站——上海理工大学环境科学与工程实践工作站指导市教委分配的120名高中生环保创新课题，为市青少年科学研究院和浦东、杨浦、徐汇、虹口、静安等区青少年活动中心指导中小学生创新实践513人次，创新课题包括水污染防治、土壤修复、环境功能材料、碳达峰和碳减排等环境保护方向。学生获上海市青少年科创大赛一等奖2人、三等奖18人，明日科技之星1人，有1名学生入选“上海市未来科学家”培养计划。（贺伟伟）

【上海第二工业大学入选绿色低碳服务机构】 上海第二工业大学环境学科紧密围绕国家“双碳”战略目标，挖掘整合优势资源，组建创新研发团队，打造技术服务平台，得到了上海市的充分肯定，成功入选2023年度上海市绿色低碳服务机构名单。学校将聚焦产品全生命周期评价与碳足迹分析，碳减排贡献分析与减污降碳协同优化设计，节能规划和节能改造，清洁生产审核等领域为企业提供全方位、全过程技术支撑，助力企业绿色低碳化转型升级。（贺伟伟）

【上海师范大学环境与地理科学学院让生态故事走进社区】 2023年，上海师范大学环境与地理科学学院在徐汇区康建园开展生态研学主题活动，将绿色生态的环保理念植入社区青少年的心里，提高青少年社区“生态”主人翁意识。“探索神秘湿地”主题研学，带领青少年深入园内湿地景观，学习不同类型土壤尤其是湿地土壤的物理性质，体会湿地作为“地球之肾”的重要性；《当“海绵”遇上“双碳”》主题研学，带领青少年了解园内下沉式绿地、雨水花园、生态植草沟、生态景观水体等绿色空间，动手体验使用超轻黏土打造海绵城市模型的生态实践，充分理解海绵城市建设理念。（卫　备）

【市生态文化协会开展上海市生态文化学校2.0版认证】 2023年，在市教委推荐、相关学校自愿申报认证、上海市生态文化协会组织专家进行初审的基础上，由上海市生态文化学校认证审核委员会审核通过，上海市曹杨中学等13所学校符合《上海市生态文化学校认证标准》的要求，确认为上海市生态文化学校。上海市生态文化协会将整合社会资源，打造服

“探索神秘湿地”主题研学活动大合影　（市教委 提供）

务平台，为上海市生态文化学校提供服务清单，做好生态文化学校后续建设工作。（吴　灏）

【第二十四届上海市中小学生壳牌“美境行动”】 2023 年第二十四届上海市中小学生壳牌“美境行动”由上海市环境教育协调委员会（中小学）办公室、中国福利会少年宫、壳牌（中国）有限公司联合举办。

本届“美境行动”分为方案设计和实施两个阶段进行，活动有 14 区、158 所中小学校、近 3 万人次参与“美境行动”。全市各区征集到 1106 份方案，经过各区青少年活动中心、区少科站的评选，推荐送到上海市级评审 567 份；经过专家组的评审，评选出第二十四届上海市中小学生壳牌“美境行动”方案设计一、二、三等奖和 STEM 奖、绿色低碳奖等项目 108 项。第二阶段中，学校按照方案计划、步骤扎实推进、实施，经过市有关方面专家评委公平公正评审，评选出本届“美境行动”实施成果一、二、三等奖和 STEM 奖、绿色低碳奖等项目 78 项。

2023 年，上海中小学“美境行动”有如下特点：一是参与活动学校和学生面广，通过网上培训和线下多层次的市、区、中小学教师培训及教研活动，以及中小学生培训、交流活动，扩大“美境行动”活动影响面。二是倡导上海中小学生在“美境行动”项目活动中关注自己身边的社会、校园、社区生活环境，如上海市曹杨中学的《苏州河梦清园环保主题公园康养环境监测评价》项目关注上海母亲河苏州河水环境，通过监测评价为市民在冬、春、夏三个季节适宜出行的时间点和活动区域提供了科学建议。长宁区江苏路第五小学《今日份牛奶已送达的设计方案》关注社会城市老年化现象帮助老年人解决日常生活中的问题。三是注重引导学校以“绿色低碳”为主流，“STEM”理念的项目化学习为活动形式，如上海市青浦高级中学的《海绵校园的建设与规划——以青浦高级中学为例》，因地制宜、探索了如何规划和建设海绵校园是学生践行绿色低碳的良好行为。四是上海组委会对获奖学校的项目进行定向指导，并推荐参加全国“美境行动”青少年环保创新活动，确保了申报项目的质量，本届推荐获得市一、二等奖和 STEM 奖、绿色低碳奖项目参加全国“2023 年青少年环保创新活动·美境行动”评选活动，推荐优秀设计方案 49 项、优秀实施成果 48 项和优秀组织奖 4 个单位。同时动员组织参与“美境行动”项目的学生以小记者的身份向社会进行宣传，并参与全国的环境“小记者”活动。（郑思晨）

【上海市青少年绿色生活行动】 中国福利会少年宫联合上海庄臣（中国）有限公司、上海宋庆龄基金会开展了 2023—2024 年上海市青少年绿色生活行动——“寻身边低碳印迹，畅想未来绿色家园”活动。活动分为三部分，分别为“探寻身边低碳印迹”——城市低碳印迹考察活动、“探寻身边低碳印迹”——与绿色低碳城市发展同行、“畅想未来绿色家园”——畅

上海市青少年绿色生活行动现场　　（郑思晨 提供）

E60 青少年碳中和学院主题活动现场 （郑思晨 提供）

想绿色低碳发展蓝图创意模型制作。

活动由中福会少年宫组织中小学生进行社会考察实践，在社会志愿者的帮助指导下，利用手中的画笔以绘画和自然笔记的形式描绘并记录探寻的实践过程、了解上海城市实现低碳发展的行程、探寻我们生活的城市为实施“碳中和、碳达峰”而努力的印迹。在此基础上，运用STEM跨学科的科学教育理念和方法，利用身边废旧物品进行“畅想未来绿色家园”科技创意制作，通过展示交流活动，讲好我们城市的绿色低碳生态文明故事。活动中提升青少年学生绿色低碳生态文明意识和社会责任感，努力营造低碳、美丽、和谐的家园。

全市 14 个区，近百所中小学，近万人次的师生、家长和社区居民参与此次活动。各区在评比推荐的基础上，收到科幻画或纪实画、自然笔记、调查报告成果作品 2136 幅作品，活动组委会组织有关专家进行了评审，分别评选出三个项目成果作品的一、二、三等奖。 （郑思晨）

【E60 青少年碳中和学院项目】 4 月 22 日上午，“以碳能力，守护地球”纪念世界地球日暨 E60 青少年碳中和学院主题活动在中福会少年宫举行。中福会少年宫联合多家单位，在全国搭建青少年碳中和学院及分院、研制青少年碳中和科技示范课、策划开展多项青少年碳中和科普实践活动、推进青少年碳中和课题研究、评选出 100 名青少年低碳先锋、建设青少年碳中和实践基地，举行了《低碳科技系列教育课程》资源包和由中国科协学会服务中心主编、国家气候中心编著的《气候变化与碳达峰、碳中和》的赠送仪式，制作短片《“碳”索未来》，命名 18 所 E60 青少年碳中和学院第二批示范基地学校和 8 所实践基地。至年末，共有示范基地学校 28 所，实践基地 15 家。本次活动还开启了“双碳”研学直通车，举行大学学者、示范基地学校校长、实践基地、低碳科技社团学员代表参加的圆桌论坛，呼吁大家共同携手，守护众生的地球。为继续推进生态文明教育，培养更多“零碳先锋”贡献力量。 （郑思晨）

【低碳科技系列科普教育课程顺利结项】 11 月 10 日，历时 3 年的上海市科学技术委员会立项的科普项目低碳科技系列科普教育课程顺利结项，该系列课程共 6 课时，适合四至六年级学生选用，由中国福利会少年宫 6 名来自不同部门的老师，以动画形象 + 真人讲授的形式录制制作，共录制课程时长达 120 分钟。该课程旨在为广大青少年提供最佳低碳实践指导，课程围绕低碳主题，定期开展青少年低碳科技创新系列活动和减少碳足迹行动。通过普及碳达峰、碳中和等应对气候变化的科学知识，引导青少年开展基于科学的低碳学习，探索具有可操作性的活动途径，从而培养创新精神、创造思维和动手能力，引领青少年及市民低碳生活方式，辐射人群达12万人次。

（郑思晨）

在职教育培训

【上海举办“高标准推进无废城市建设”专题研讨班】 8月29日至31日，上海市生态环境局举办“高标准推进无废城市建设”专题研讨班，局机关、局属单位和各区生态环境局负责人员，相关单位和部分重点企业的相关负责人员及研讨班学员参加动员会。此次研讨班是深入贯彻落实习近平生态文明思想的具体行动，是建设美丽中国重要的细胞工程，旨在加强上海市生态环保领域人才队伍建设，为推进固体废物领域治理体系和治理能力现代化提供人才和技术支撑。研讨班学员共有70人，来自全市生态环保领域相关单位和企业。培训聚焦减污降碳协同增效，围绕高标准推进“无废城市”建设，共安排了《“无废城市”发展与减污降碳协同推进》等6次专题讲座，组织了教学参观和研讨交流。通过培训，提高了思想认识，明确了使命要求，加强了技术交流，为高标准推进“无废城市”建设奠定了基础。（袁怀振）

【开展生态环境普法】 市生态环境局积极落实行政机关负责人出庭应诉制度，组织开展行政应诉出庭、旁听、讲评“三合一”暨生态环境典型案例释法活动。举办2023年生态环境法治宣贯培训会，专题讲授行政规范性文件管理、重大行政决策和普法责任制。完成局普法责任清单动态更新，制定《上海市生态环境局领导干部应知应会党内法规和法律法规清单》，明确学法普法重点内容。开展《上海市土壤污染防治条例》专题培训。推进上海市环境监测科普与法治教育基地建设纳入第四批市社会主义法治文化品牌阵地。结合“我为群众办实事”实践活动，组织围绕排污许可、餐饮油烟和噪声污染防治等领域开展8期线上执法普法培训，总观看达4万人次。

（王暖刚）

【开展绿色低碳交流培训等服务】 2023年，市经济信息化委针对工业和通信业重点用能单位开展节能培训，分别就能源利用状况报告填报、能耗限额标准、绿色制造体系、工业节能政策、能源审计、数据中心、碳达峰、能源管理人员培训等方面开展50多期培训活动，总人数超3500人；联合各区、街镇、集团、园区等针对各类企业联合开展合同能源管理、节能诊断、清洁生产等各类专题培训活动。（何哲楠）

【全市生态环境统计工作动员培训会召开】 12月21日，市生态环境局召开全市生态环境统计年报动员培训会。市生态环境局监测处相关负责人员、市环境监测中心相关技术人员、各区生态环境局、上海化学工业区管委会、上海自贸试验区管委会保税区管理局、上海自贸试验区临港新片区管委会相关负责人及技术支持人员，市管及重点企业的环保负责人共计193人参会。

会上，市生态环境局对2022年度生态环境统计工作给予了充分肯定，并传达了生态环境部综合司对本市的通报表扬。对进一步做好2023年度生态环境统计工作提出三点意见，一是生态环境统计工作是落实党中央决策部署、服务高质量发展和支撑生态环境管理的必然要求，要深刻认识生态环境统计工作的重要意义。二是对照《生态环境统计质量提升若干措施》要求，上海市在制度建设、责任落实和能力建设等方面仍存在不足。三是要扎实做好2023年度统计工作，强化组织领导、责任落实、数据审核、拓展统计成果应用，做好迎接国家考核评估和统计督查的准备。

培训会就《生态环境统计管理办法》《生态环境统计技术规范　排放源统计》进行解读，就2023年度调查报表制度变化、工业源和集中式排放源统计年报及季报填报要求、数据质量控制、佐证材料报送要求，生态环境统计业务系统、审核校验小程序使用操作，以及疑难问题解答等内容进行了技术培训。会后，对企业和各区生态环境局的参训人员分别进行了业务知识线上测评，共有160人参加了测评，其中区生态环境局统计人员39人，平均得分94分，企业统计人员121人，平均得分81分。（王秀臣）

【生态环境执法业务培训】 为提升生态环境执法科学化、精准化水平，市生态环境局执法总队根据生态环境部和市生态环境局培训工作要求，积极组织市、区两级环境执法人员参加国家和本市生态环境保护领域的各项业务培训。2023年共组织本市环境执法系统业务培训28批次，参加培训人员1318人次。

（黄渊智）

环境类出版物

【2023 年度上海环保类期刊基本情况】

序号	刊名	国内统一连续出版物号	刊期	主办单位	主管单位	地址	邮编	平均期印数（册）	年度总印数（册）	办刊宗旨
1	电化学能源评论（英文）	CN31-2166/O6	季刊	上海大学	上海市教育委员会	上海市宝山区南陈路333号	200444	600	2400	刊载国际电化学能源转换与存储领域研究新进展、新成果、新技术，促进学术交流，推动成果转化，提高我国在该领域的科研水平和国际影响力。

（倪　颖）

【2023 年度上海环境科学类图书】

序号	单位名称	图书（丛书）名称
1	上海人民出版社	2022 上海环境年鉴
2	上海人民出版社	复旦公共行政评论第 26 辑：环境协作与治理：政府、企业与公民
3	上海人民出版社	新时代中国生态文明建设：思想、制度与实践
4	上海人民出版社	世界灾难题材经典戏剧 100 部鉴读
5	上海人民出版社	超大城市的“绿色生长”——迈向生态之城的上海实践
6	上海科学技术出版社	安全生产管理读本
7	上海科学技术出版社	巨浪来袭——海面上升与文明世界的重建
8	上海科学技术出版社	敏感环境高标准除臭技术理论与实证
9	上海科学技术出版社	消防员灭火救援实用理论（上）
10	上海科学技术出版社	“双碳”目标下的工业行动技术路线
11	上海科学技术出版社	城市建设灾害防御技术应用
12	上海科学技术出版社	城市区域灾害防御理论与技术
13	上海科学技术出版社	居家伤害预防全攻略

续表

序号	单位名称	图书（丛书）名称
14	上海科技教育出版社	贵州省生态文明教育读本（高职高专版）
15	上海科技教育出版社	贵州省生态文明教育读本（中职版）
16	上海科技教育出版社	贵州省生态文明教育读本（大学版）
17	上海科技教育出版社	贵州省生态文明教育读本（中职版）(修订版）
18	上海科技教育出版社	贵州省生态文明教育读本（大学版）(修订版）
19	上海科技教育出版社	贵州省生态文明教育读本（高职高专版）(修订版）
20	上海科学普及出版社	科学就在你身边系列：可以构筑美好的家园——谈环境污染
21	上海科学普及出版社	科学就在你身边系列：善待与共存何以可能
22	上海科学普及出版社	科学就在你身边丛书：究竟是谁惹的祸——地球自然灾害漫谈
23	少年儿童出版社	咪妮和豆苞的故事——安全防范从小做起
24	上海辞书出版社	长江三角洲城市宜居性研究
25	上海科学技术文献出版社	气候脉动一千年——推动文明发展的环境危机与社会响应
26	上海远东出版社	中国区域环境治理：基于空间计量理论的绿色发展
27	上海远东出版社	冈特生态童书·第四辑（修订版·全 36 册·汉英对照）
28	上海远东出版社	冈特生态童书·第十辑（全 36 册·汉英对照）
29	上海三联书店	黄山旅游环境容量研究
30	文汇出版社	上海市建设工程施工作业人员工伤预防与安全培训教材
31	上海社会科学院出版社	碳中和导向的长三角生态绿色一体化发展
32	上海社会科学院出版社	区域大气污染协同治理的理论与实践
33	上海社会科学院出版社	全球碳管理体系研究
34	复旦大学出版社	环境行动与政府回应：议题、网络与能力
35	复旦大学出版社	ESG 理论与实务
36	华东理工大学出版社	污染地块修复工程环境监理实务

续表

序号	单位名称	图书（丛书）名称
37	华东理工大学出版社	工业废水处理工程
38	华东理工大学出版社	碳中和城市
39	华东理工大学出版社	环境工程综合实验简明操作指导
40	华东理工大学出版社	环境放射化学前沿
41	华东师范大学出版社	城市生态学
42	华东师范大学出版社	环境化学导论（第二版）
43	华东师范大学出版社	健康产品专题设计
44	华东师范大学出版社	安全教育
45	华东师范大学出版社	环保与生活
46	上海交通大学出版社	循环经济之道：通向可持续发展
47	上海交通大学出版社	旅游者环境责任行为：测量维度、驱动因素及影响机制
48	上海交通大学出版社	安全管理新理念下的人因绩效五大原则
49	上海交通大学出版社	中职生安全教育
50	上海交通大学出版社	事故应急与救援导论
51	上海交通大学出版社	EATNS 碳管理体系的建立与实施
52	上海交通大学出版社	电子废弃物大探秘
53	上海交通大学出版社	安全教育
54	上海交通大学出版社	安全与救护
55	上海交通大学出版社	“无废城市”之垃圾去哪儿
56	上海浦江教育出版社	国际船舶温室气体减排
57	同济大学出版社	黄河下游乡村人居环境
58	同济大学出版社	江浙乡村人居环境
59	同济大学出版社	四川乡村人居环境
60	同济大学出版社	上海乡村人居环境

续表

序号	单位名称	图书（丛书）名称
61	同济大学出版社	长江中游乡村人居环境
62	同济大学出版社	图说新疆民居生态适应性
63	同济大学出版社	上海城市运行安全发展报告（2021—2022）
64	同济大学出版社	城市雨水泵站放江污染控制
65	同济大学出版社	创新生态与科学治理——爱科创 2022 文集
66	同济大学出版社	湿垃圾厌氧消化处理工程技术标准
67	同济大学出版社	城市更新中的雨污混接改造：工程管理实务与创新
68	同济大学出版社	平板膜生物反应器法污水处理工程技术标准
69	上海财经大学出版社	全国碳排放权交易市场建设探索和实践研究
70	上海大学出版社	国内外典型科技创新服务平台及其推广模式
71	上海大学出版社	铁化合物在水环境污染防治中的应用
72	上海大学出版社	土壤与地下水污染调查修复基础
73	上海人民美术出版社	环境人体工程学（新版）

（谢晓晖）

上海环境年鉴

各区生态环境保护

浦东新区

【区域经济发展稳步向好】 2023年，浦东新区经济向稳向好，经济运行呈现曲折式前进。一季度以3.1%的地区生产总值（GDP）速度平稳开局，上半年增速冲高至9.7%，第三季度低基数效应转变为高基数压力，经济增速有所下探，但仍好于一季度水平。全年地区生产总值达到16715亿元，增长4.8%，较2022年提高3.7个百分点。主要经济指标跨周期表现稳定。GDP两年平均增速2.9%，高于全市0.5个百分点。一般公共预算收入两年平均增速5.3%，高于全市1.9个百分点。重点行业释放积极信号。工业稳定器作用显著，全年实现规上工业总产值13660.8亿元。固定资产投资保持高速增长，完成固定资产投资总额3452.5亿元，增长14.1%。金融业平稳发展，前三季度实现金融业增加值3849亿元，占全市近六成。商品需求稳步释放，社会消费品零售总额全年完成4090.7亿元，增长13.6%；全年外贸进出口总额完成25759.0亿元，增长4.7%。

【区域环保投入情况】 2023年，浦东新区投入环境保护经费157.64亿元。其中市级投入6.86亿元，占总投入的4.35%；区级投入130.45亿元，占总投入的82.75%；其他投入20.33亿元，占总投入的12.90%。从投资项目分，污染源防治5.14亿元，占总投入3.26 %；生态保护和建设0.50亿元，占总投入0.32%；农村环境保护9.00亿元，占总投入5.71%；城市环境基础设施建设120.09亿元，占总投入76.18%；生态环境管理能力建设0.71亿元，占总投入0.45%；环保设施运转费21.45亿元，占总投入13.60%，其他环保投入0.75亿元，占总投入0.48%。

【节能减排主要措施和效果】 2023年，浦东新区综合能源消费量1485.71万吨标准煤，同比增长5.9%；单位增加值综合能耗0.099吨标准煤/万元，同比增长1.4%。

【积极推进碳市场相关工作】 浦东新区发电行业纳入全国碳排放权交易市场的6家重点排放单位报送2022年度温室气体排放报告、制定2023年度数据质量控制计划、开展2023年度每月月度信息化存证，并完成区级审核。浦东新区4家重点排放单位完成全国碳市场2021、2022年度履约清缴工作。84家上海市碳排放配额纳管单位完成2022年度碳排放报告和2023年度碳排放监测计划。浦东新区82家上海碳市场纳管单位已100%完成上海市碳排放交易2022年度履约清缴工作。

【出台《上海市健全浦东新区生态环境保护制度若干规定》】 6月20日，上海市第十六届人民代表大会常务委员会第三次会议通过《上海市健全浦东新区生态环境保护制度若干规定》(以下简称《规定》)，自8月15日起施行。《规定》共十五条，在建立以绿色发展为导向的生态文明考核体系、降碳减污协同控制、优化环评制度、新污染物治理、企业环境信息公开、生态环境损害赔偿、第三方机构法律责任等方面进行了创新性的制度设计。

【推进减污降碳协同增效】 浦东新区生态环境局印发《上海市浦东新区减污降碳协同增效重点工作任务清单》，明确区域减污降碳整体工作任务及2023年工作目标，推进落实清单中的35项任务。

【推进低碳示范创建工作】 世博园区、前滩国际商务区、国际旅游度假区通过全市第二批低碳发展实践区创建验收并被评为“优秀”，张江科学城列入新一批市级低碳发展实践区创建名单。

【推进绿色制造示范创建】 2023年，浦东新区共有上海清美绿色食品（集团）有限公司等10家企业列入国家级绿色工

浦东新区张江镇新丰村蘑力森林　　（浦东新区 提供）

厂示范单位，上海吉列有限公司等 3 家企业列入上海市绿色供应链示范单位，上海浦东川沙经济园区列入上海市绿色园区示范单位，联合汽车电子有限公司等 4 家企业评为零碳工厂，黎明生态园被评为零碳创建园区，上海曙长数据科技有限公司被评为零碳数据中心。

【全面完成第八轮环保三年行动计划】 截至年底，浦东新区第八轮环保三年行动计划 139 个项目全面完成，其中市下达项目 79 个（工程性项目 7 个，管理性项目 72 个），区安排项目 60 个（工程性项目 13 个，管理性项目 47 个），共设水、大气、土壤、固体废物、工业、农业农村、生态、气候变化与低碳发展、海洋、循环经济与绿色生活、环境保护能力建设等 11 个专项，总投资估算约为 253.6 亿元。

【推进气候投融资试点建设】 成立浦东新区气候投融资试点领导小组及浦东新区气候投融资促进中心。编制《上海市浦东新区气候投融资试点建设主要任务分解表》。基本建立地方气候投融资项目评价的工作机制，初步形成《上海市浦东新区气候投融资项目入库评价标准》《上海市浦东新区气候投融资项目库管理办法》《上海市浦东新区企业自愿碳排放核算及报告指导意见》等工作成果。启动征集首批气候投融资试点项目入库。

4 月 19 日，浦东新区生态环境局和金融工作局联合举行浦东新区绿色金融发展暨气候投融资促进中心成立大会。会上，浦东新区主要领导，上海市生态环境局、市地方金融监督管理局、中国人民银行上海总部、上海银保监局、上海证监局、上海证券交易所、浦东新区生态环境局相关领导共同为气候投融资促进中心揭牌。

【开展温室气体排放清单编制】 浦东新区编制 2021、2022 年度温室气体排放清单总报告和能源活动、工业生产过程、农业活动、土地利用变化和林业，以及废弃物处理五大领域的温室气体排放清单分报告。形成 2020—2022 年温室气体变化趋势总报告和五大领域分报告，实现“十三五”末以来数据的连续性和可比性，并探索开展区域大气污染源排放与温室气体清单协同研究，编制 9 份相关分析报告，为浦东新区能耗双控向碳排放双控制度转变提供技术支撑。

【开展清洁生产工作】 浦东新区根据相关要求对企业申报材料进行初审，鼓励和引导企业积极开展节能清洁生产，审核通过 10 家清洁生产企业，节能量折标煤共 9986.6 吨标煤。根据《上海市鼓励企业实施清洁生产专项扶持评价细则（试行）》，对拟开展清洁生产的企业进行备案审核，审核通过 5 家。做好强制性清洁生产审核，完成 22 家强审企业审核验收。

【开展大气污染防治】 浦东新区全面完成 VOCs2.0 综合治理，累计减排达 3042 吨。开展重污染天气减排和空气质量攻坚，印发《浦东新区空气重污染专项应急预案（2023 版）》《2023 年浦东新区环境空气质量保障攻坚行动方案》。推进 VOCs 简易治理设施精细化管理试点工作，印发《浦东新区挥发性有机物 VOC 简易治理设施精细化管理试点工作实施方案》。完成 864 家大气污染源排放企业清单编制；完成秋冬季企业分级管控方案两轮编制，共涉及 368 家企业，28 个工地，55 家物流、码头和堆场。完成 30 家油烟气在线监控设备安装联网。2023 年，浦东新区环境空气质量 AQI 优良率 89.0%，细颗粒物（$PM_{2.5}$）年均浓度 28 微克 / 立方米，二氧化硫（SO_2）、二氧化氮（NO_2）、可吸入颗粒物（PM_{10}）等其他污染物均达到国家二级标准。

【推进水污染防治】 2023 年，浦东新区按照相关要求专项推进工业园区水污染整治，3 个国家级工业园区污水实现应纳尽纳。持续推进入河（海）排污口溯源排查整治工作，已完成辖区内镇级及以上和部分村级共 3722 千米河道入河排污口排查监测溯源工作，完成部级系统 283 个长江入河排污口整治销号，推进重点河湖和国市考断面周边问题排口整治。2023 年，全区主要河流断面（4 个国考、37 个市考断面）达到或好于Ⅲ类水体比例为 97.6%。

【推进土壤污染防治】 浦东新区开展重点建设用地安全利用核算，全区纳入核算清单的 89 个地块安全利用率达到 100%。组织开展 33 家重点监管企业土壤污染防治工作培训，督促相关企业落实土壤和地下水隐患排查、拆除设施方案报备和自行监测信息公开工作。开展建设用地土壤及地下水污染状况调查评估评审工作，全年召开土壤评审会 173 场。完成 10 家企业自备加油站（点）埋地油罐防渗改造。推进康桥园区地下水环境状况调查。

【加强工业固体废物管理】 浦东新区完成一般工业固体废物年度申报、医疗废物年度申报及危险废物管理计划备案审核。年度危险废物申报单位 5304 家，转移量 28.8 万吨；医疗废物年度申报单位 1323 家，转移量 1.2 万吨；一般工业固体废物申报单位 946 家，转移量 440.5 万吨；一般工业固体废物跨省转移利用备案单位 84 家，共备案 320 份，转移量 370.4 万吨。持续推进新区小型医疗机构医疗废物定时定点收运工作，全年医疗废物累计收运 7.6 万次，收运量

165.3 吨。

【开展“无废城市”建设】 9月，浦东新区人民政府办公室印发《浦东新区“无废城市”建设实施方案》。10月，区生态办印发《浦东新区“无废城市”建设指标》和《浦东新区“无废城市”建设实施方案任务分工表》。11月，召开全区“无废城市”建设启动大会，部署推进“无废城市”建设。

【开展河长制巡河工作】 4月13日，浦东新区主要领导带队开展巡河工作，巡查陆家嘴水环，坐船巡视张家浜，仔细询问陆家嘴水环一期建设情况和二期发展规划，听取浦东新区河长制落实情况汇报。

【河湖长制林长制工作会议举行】 4月14日，浦东新区2023年河湖长制林长制工作会议举行。浦东新区主要领导出席会议。会议强调，要全面落实市河湖长制林长制工作会议精神，以更加扎实的行动、更加有力的举措，全力推进治水治林各项工作，加快把浦东建设成为人与自然和谐共生的美丽家园。

【生态环境保护大会举行】 9月19日，浦东新区生态环境保护大会举行，浦东新区主要领导出席。会议强调，要深入学习贯彻习近平生态文明思想和全国、全市生态环境保护大会精神，牢固树立和践行绿水青山就是金山银山的理念，在新起点上高标准谋划部署美丽浦东建设。

【开展各领域环境执法】 2023年，浦东新区在各领域开展环境执法。在大气领域，完成加油站点、锅炉、大气重点排污单位、VOCs、ODS等15大类大气污染专项执法；开展亚运会、进博会等重大活动期间空气质量保障；参与上级各类执法检查与监督帮扶。在水环境领域，以专项行动、联合执法、交叉检查等手段开展对涉一类污染物排放企业的执法监管；会同街镇中队开展河湖安全保护专项执法和各类水利专项执法；聚焦供给安全有序和规范依法排水，开展供水专项执法、排水专项执法和纳管排水户水质监测。在土壤环境领域，加强固体废物执法监管，累计检查372户次；加强危险废物执法监管，用执法倒逼危险废物管理规范化；加强市土壤污染重点单位执法监管，压实全区30家重点单位土壤污染防治主体责任。在辐射安全领域，加大“重点时段、重点行业、重点领域”辐射执法力度，累计检查243户次；推进辐射安全联动监管工作，联合区公安对重点放射源单位开展全覆盖检查，联合区辐射站举办辐射安全培训会3次，普法培训企业300多户次。

【开展证后监管及批后监管】 浦东新区开展固定污染源和排污许可证专项执法检查，实现对全区433家重点监管对象、288家一般监管对象、106家简易监管对象的有效监管；开展建设项目环境保护事中事后专项执法检查，严厉打击环评未批先建、久拖不验等违法行为。全年共开展各类专项执法行动74次，累计检查企业4296户次，立案448件，结案451件，处罚金额1441.8万元。

【深入开展执法稽查】 浦东新区对专项行动检查情况、环境信访调处情况、历年环保督察问题点位情况开展稽查160次，发现执法不规范问题136个，发现存在问题企业75家，全部落实整改。

【推进综合执法监管场景建设】 浦东新区建立内河港口码头、建筑垃圾资源化利用场所、废品回收站三大场景全要素数据库，梳理归集分散于生态、交通、市容等不同领域的涉生态环境执法事项，开发“一次上门、全项检查、过程留痕”执法App现场检查表单，并逐步投入实战应用，有效避免多头执法，强化监管实效。

【优化完善非现场执法】 浦东新区探索无人机智能场景建设，重点开发大气污染物监测场景及六大可视利用场景，完成相关对象和监控点的坐标经纬度采集，并完成发现—派发—处置—反馈问题工单闭环试运行。

【加强重大活动保障】 浦东新区针对全国文明城区复评、半程马拉松赛、中超联赛、第六届进博会等重大活动组织开展市容环境专项检查，认真做好市容环境保障工作。完成节日大客流市容环境及亮灯保障，全年组织亮灯保障37次、78天，亮灯通知37次、单位168家，组织值班巡查保障人员4550人次。

【推进市容环境整治提升】 浦东新区完成2023年度32个“美丽街区”建设，“美丽街区”建设覆盖率累计达到56.14%。开展市容环境综合管理达标、示范街镇创建，金桥镇通过市级市容环境综合管理示范街镇复评验收，康桥镇、潍坊新村街道、周浦镇通过市级市容环境综合管理达标街镇复评验收，北蔡镇、张江镇成功创建上海市市容环境综合管理示范街镇。优化提升653个公共空间休憩座椅，其中新建419个，改造提升234个，社会认捐认养100个座椅。聚焦“一江一河”两岸沿线及街镇中心区域，创建张江高科区域、北滨江沿线等8个高标准保洁创建区域（道路）。加强道路保洁精细化管理，通过智能化平台动态分类道路污染等级，灵活调整保洁力量，提升保洁效率。推广“黑白灰”管养模式，提高区管城市道路保洁管养效能。对公交车站点、轨道交通站点出入口、人行横道线（人行过街设施）出入口和公共广场、旅游景区、商业中心、特色商业街区等周边道路废物箱进行优化设置，增设道路废物箱209个，拆除5个，移位23个；区管城市道路服务箱全部符合投口改造与标志更新；推广使用智能废物箱441个，快速感知废物箱满溢，提高废物箱垃圾收运准确度和效率。

【推进环境污染责任保险试点工作】 浦东新区人民政府联合上海市生态环境局、国家金融监督管理总局上海监管局、上海市地方金融监督管理局，制定出台全市首个关于环境污染责任保险的规范性文件《浦东新区环境污染责任保险管理暂行办法》（以下简称《办法》）。《办法》共十四条，明确了各级管理部门的职责，以及环境污染责任保险产品、保险机构、投保单位的要求。《办法》于2023年12月25日正式发布，2024年1月1日起施行。

【开展生态环境质量监测】 浦东新区依托14个空气质量自动监测点位开展全区环境空气质量监测，监测数据同步纳入国家级或上海市环境空气质量评价体系。依托环境质量在线监测系统，围绕辖区内55个区域环境噪声监测点位、68个创模新增噪声监测点位、30个道路交通噪声监测点位、7个功能区噪声点位和6个禁鸣效果监测点实施噪声监测。1类区功能区年均等效声级值昼间达到相应类别标准，夜间未达到相应类别标准；2、3、4类功能区年均等效声级值昼、夜间均达到相应类别标准。开展污染源监督监测，完成4家污水处理厂厂界恶臭污染物、废水和污泥监测，完成3家垃圾焚烧厂、4家垃圾填埋场废水和厂界恶臭监测，完成3家污泥处置点废气监测。完成挥发性有机物（VOCs）专项企业监测41家次，完成废水一类污染物企业监测27家次，完成排污许可证企业水、气主要及一般排口监测643家次。完成柴油车路检路查1239辆次，柴油车入户检查552辆次，完成加油站监督抽测41座次，完成非道路移动机械监测1802辆次，审核发放非道路移动机械牌照1432张。

【分配和控制主要污染物总量】 2023年，浦东新区累计办结建设项目总量核准项目总计40家，新增COD排放总量7.729吨，新增NH_3-N排放总量0.151吨，新增SO_2排放总量0.307吨，新增NO_x排放总量13.081吨，新增颗粒物排放总量0.204吨，新增VOCs排放总量35.254吨。

【开展固定污染源监管】 浦东新区开展247家排污许可证重点管理持证企业、164家排污许可证简化管理持证企业、233家登记管理企业及14家建设项目环评备案企业的“双随机”检查。开展各类辐射安全检查394家次，累计实施夜间探伤作业现场安全检查监测17家次，完成辐射安全许可批后现场核查39项，放射性同位素许可批后核查1项，完成电离、电磁项目的监督性监测152项。实施自动监控的重点污染源企业188家，其中废水排放口235个，废气排放口277个，每日对自动监控数据进行数据审核并出具审核报告，与区生态环境执法支队开展固定污染源自动监控设施专项执法检查，检查企业146户次。

【推进公园绿地建设】 2023年，浦东新区推进环城生态公园带建设，环上、汤巷等5座环上公园建成开放，建成14.6千米绿道、6个驿站，贯通10个断点；环内，全面推进碧云、森兰和三林楔形绿地建设，加快推进北蔡楔形绿地前期动迁及现状林地景观提升，启动三岔港楔形绿地规划编制前期工作。全年新增公园36座，建设绿地3.1平方千米、绿道45千米、立体绿化5.02万平方米，人均公园绿地面积达13.3平方米。全区公园基本实现24小时开放和拆墙透绿，实施“公园+影视”“公园+咖啡”“公园+科普”“公园+戏曲”“公园+国防”等，不断拓展公园功能，为市民提供多元化有品质的游憩空间。

【全国生态日宣传活动举行】 8月15日，浦东新区首个全国生态日宣传活动暨《上海市健全浦东新区生态环境保护制度若干规定》宣介会举行。会议介绍了法规出台的背景、意义及其创新之处，并展望了中国式生态环境法治发展的方向。会上，陆家嘴街道、高桥镇等作为代表获得浦东新区生态环境损害赔偿修复基地授牌。同时，建立生态环境领域决策咨询专家库并举行“生态浦东”视频号启动仪式。

【开展六五环境日宣传活动】 6月5日，由浦东新区生态环境局和自贸区金桥管理局联合主办的浦东新区2023年“六五环境日”宣传活动启动仪式暨第十二届金桥生态文化节举办，活动主题为“建设人与自然和谐共生的现代化”，活动采取“主会场+分会场”的形式纪念第52个“六五环境日”。6月4日，于碧云阳光大球场开展了浦东生态人文摄影展、低碳集市、“PD65”骑行打卡等系列活动为“六五环境日”宣传预热。

【开展青少年生态环保作品评选活动】 9月26日，由浦东新区生态环境局联合浦东新区教育局、浦东新区科学技术协会联合主办的“美丽浦东　生态创想”

第39届浦东新区青少年科技创新大赛生态环保专项比赛暨首届浦东新区青少年生态环保作品评选活动启动，活动依托“青创赛”重磅品牌赛事，增设生态环保专项比赛，并下设生态环保“科技创意”和“科技创新成果”子项，学生奖项纳入综合素质评价认证。12月3日开展终评活动。生态环保专项共收到作品357份，其中一等奖28个，二等奖70个，三等奖100个，优秀组织学校奖10个，优秀指导老师奖10个。

【开展青少年暑期环保研学活动】 浦东新区环境管理事务中心联合区环境教育基地精心设计了“绿色低碳·零碳建筑”“自然生态·昆虫旅馆”“科技赋能·助力环保”等六大主题实践互动课程，组织开展了6场“美丽浦东·绿动未来”青少年暑期环保研学活动，用生动实践课来引导青少年爱护自然、保护环境，该活动荣获2023年浦东新区未成年人暑期优秀活动项目。

【开展第三季“生态巴士行”活动】 浦东新区组织开展第三季“生态巴士行”活动，共设计两条线路，线路一以“共生家园”为主题，以湿地为特色，首次联合区教育局，带领800余名小学生参观学习金海湿地公园科普展馆，在金海湿地公园开展实践性活动，同时开展政策法规宣传，让小朋友们更好地理解湿地生态系统及相关生态法规，激发他们对自然保护的关注，提高社会对生态保护的关注与参与。线路二以“活力之城”为主题，带领市民参观学习上海国际旅游度假区垃圾分类示范点和沔青公园，介绍浦东新区在绿林建设、低碳示范区创建、民生工程打造及生态法规推行等方面工作开展情况。

【做好两会意见提案办理】 浦东新区共收到63件生态环境相关的人大代表建议及政协委员提案办件，包括27件主合办件和36件会办件。总量较上年增加21件，客观反映出人大代表政协委员更加关注生态环境，有力促进区域生态环境质量不断改善。从建议内容看，无热点、有热词，如林下经济、城市碳汇引领区、碳减排模范城区、城区滨水空间等。人大代表建议和政协委员提案在空间领域稍有交集的是“老旧小区”事项，事关绿化调整、二次供水改造、垃圾堆放管理。

【妥善及时处理环境热线工单】 浦东新区全年共收到环保类投诉32515件，其中市生态环境局下派2463件，市12345热线下派浦东新区城运中心30052件。年度累计办结投诉32515件，办结率100%。投诉件按污染物类型分类：废气类3215件，占投诉总量的9.9%；噪声类22098件，占投诉总量的68.0%；废水类412件，占投诉总量的1.3%；油烟气类2131件，占投诉总量的6.5%；夜间施工类3384件，占投诉总量的10.4%；固体废物类38件，占投诉总量的0.1%；光污染类457件，占投诉总量的1.4%；电磁辐射类45件，占投诉总量的0.1%；其他类735件，占投诉总量的2.3%。

（华恋琦、周一玲、陈　嫣 供稿）

黄浦区

【区域经济发展稳步推进】 2023年，黄浦区全年实现地区生产总值（GDP）3157.30亿元（按现行价格计算），可比增长5.9%。全年完成一般公共预算收入803.80亿元，同比下降2.1%。全年完成区级一般公共预算收入282.18亿元，同比增长3.0%，其中区级税收收入258.14亿元，同比增长3.9%。全年完成区级一般公共预算支出324.30亿元，同比下降15.9%。

【区域环保投入情况】 2023年，黄浦区财政及社会的环保资金投入21.23亿元。其中污染源防治投入0.2亿元、生态保护和建设投入95万元、城市环境基础设施建设投入6.72亿元、环境管理能力建设投入

黄浦区生态环境执法人员为居民作普法宣传

（黄浦区 提供）

0.13亿元、环保设施运转费投入40万元，另有14.17亿元投入用于清洁生产、循环经济等。

【持续推进低碳节能发展】 黄浦区推动成立碳达峰碳中和工作领导小组，发布《黄浦区关于全面贯彻落实新发展理念统筹有序做好碳达峰碳中和工作的实施意见》和《黄浦区碳达峰实施方案》，编制《减污降碳协同增效实施方案》等5个保障方案。6月，黄浦区作为全市唯一行政区参展上海"碳博会"。参与支持举办2023 ESG全球领导者大会，发布上海市首个区级碳普惠平台。完成国家住房城乡建设部公共建筑能效提升二期工程，完成申能国际大厦、SOHO复兴等15幢建筑能效提升项目。扩大国家级商业建筑需求侧管理示范项目范围，发布全国首个区级虚拟电厂相关标准《商业建筑虚拟电厂建设与运行导则》，虚拟电厂平台接入商业建筑资源共计155幢，区域重点建筑覆盖率超过50%。建设区能耗在线监测系统，完善区级排放数据库、碳排放地图和"双碳"路线图。推进黄浦区重点用能（监控）单位管理平台二期建设，试点开展新世界集团等2家区属国企碳盘查工作，建立"一大会址·新天地"近零碳排放实践区楼宇绿色低碳发展联盟。推进可再生能源发展，全年预计完成1500千瓦光伏装机容量。

【推进绿色社区建设】 黄浦区推进第四批市级充电桩示范社区建设，完成半淞园路街道西凌新村充电桩示范小区建设。推进塑料污染治理工作，开展2023年限塑场景暗访抽查不合格点位"回头看"专项行动，加强限塑宣传普及，针对电商、外卖等重点行业进行专题政策宣贯培训。

【第八轮环保三年行动计划顺利收官】 2023年是第八轮环保三年行动计划收官之年。黄浦区第八轮环保三年行动计划涵盖水、大气、土壤（地下水）环境保护、固体废物污染防治、噪声污染防治和辐射安全防护、产业优化升级与绿色转型发展、生态环境保护与生态建设、应对气候变化与低碳发展、循环经济与绿色生活、生态文明体制改革与保障措施共10个专项118项任务，现已完成既定目标。年内，分解2023年年度任务目标，按季度调度各项工作进展情况，及时上报市下达区任务进展，确保年度任务顺利完成。统筹协调、跟踪督促各相关职能部门稳妥有序推进第八轮环保三年行动计划顺利收官。同时，注重自查评估，形成《2021—2022年度黄浦区污染防治攻坚战成效评估自评总结报告》。

【推动近零碳排放实践区和低碳社区创建】 2023年，黄浦区开展"一大会址·新天地"近零碳排放实践区试点建设，协调相关部门、单位扩充区域边界，重新核算区域碳排放基数，梳理新增区域低碳项目，形成《黄浦区一大会址·新天地近零碳排放实践区创建实施方案（2023年修订版）》，完成延中绿地生态品质提升与碳中和技术示范应用课题研究，推动新建九年一贯制学校能效提升等重点项目示范建设，会同相关部门推进可再生能源应用、绿化碳汇建设、慢行交通建设、低碳节能综合改造等条线工作，推动成立区域绿色低碳发展楼宇联盟、企业联盟。协调推进山北居民区及宁波小区、半淞园路街道瞿溪南溪新村及小区两个低碳社区试点建设，完成口袋花园建设、屋顶花园改造、垃圾厢房改造等项目。

【强化建筑绿色发展工作全流程管理】 黄浦区研究出台《黄浦区建设领域碳达峰实施方案》，规划建筑领域碳达峰路径，明确阶段性节点目标及相关工作举措，在大规模城市更新中同步实现建筑绿色低碳转型发展；全年投入扶持资金900余万元，对101个建筑节能和绿色建筑示范项目进行扶持，撬动社会投资5000余万元，节能量超过2800多吨标准煤。年内加快推进第二轮绿色生态城区的创建工作，划定一大会址新天地周边2000米范围为第二轮绿色生态城区创建区域；开展现状评估和调研，编制完成规划初稿，形成既有公共建筑节能低碳改造"一楼一策"。全年完成既有公共建筑节能改造面积超过30万平方米，其中临江花苑大厦项目、上海书城改造项目节能率超过15%，涉及改造面积为5万平方米。

【开展"无废城市"主题展览活动】 2023年，黄浦区申报外滩街道山北街区及苏河沿线空间、半淞园路街道西凌家宅路、活水公园及滨江半淞段作为黄浦展区参展上海城市空间艺术季。策展以"人与自然和谐共生"为方向，以"万家灯盏·平凡世界的可持续"为主题，联动"一街一路"建设成果，充分利用"一江一河"生态资源，展示黄浦低碳社区、环境改造工程、口袋花园、绿色空间、生态水岸等优秀规划成果，旨在呼吁市民关注可持续生活方式，实践零碳探索，建设"无废城市"和可持续的韧性生态之城。黄浦展区于9月21日在苏州河畔举办开幕仪式，11月29日在梦想驿站举办闭幕仪式，过程中规划与街道携手生态、绿化等多部门，邀请无废专家、艺术家等开展了10余场市民共创活动，并运用无废理念制作了"生态之光"与"传承"两座艺术装置长期展陈，"上海发布""上海黄浦"等微信公众号、中新网、上观新闻、《文汇报》等多家、多类型媒体对活动进行报道推介。

【市生态环境局调研黄浦区现代环境治理体系试点示范项目工作】 5月23日，上海市生态环境局有关领导到黄浦区开展现代环境治理体系试点示范调研工作。调研组在打浦桥街道汇龙社区，参观了太阳能设施、雨水收集循环利用等低碳改造特色项目，了解社区流浪猫群护认领、志愿者环保宣传、《睦邻文明行为手册》制定等共治共建零距离美丽家园情况。在世博城市最佳实践区，调研组参观后滩公园海绵城市项目、汉堡案例馆近零能耗示范项目、南区树阵光伏项目等，听取园区在低碳开放式城市街区、江水源热泵系统集中供能、可再生能源利用方面积累的经验及后续环境治理升级计划。

【持续巩固生态环保督察整改成效】 修订《黄浦区生态环境保护工作责任清单》，深化“问题发现—依法查处—整改落实—回访复查—建章立制”全过程闭环管理。开展两轮中央和市生态环境保护督察信访件（转办单）整改情况复核、年度生态环境类投诉信访件办理情况跟踪复核及2021年、2022年黄浦区长江经济带生态环境突出问题整治复核“回头看”工作；落实市委第二轮巡视反馈问题整改、制定实施《黄浦区工地环境问题整治专项行动方案》，持续巩固督察发现和群众反映生态环境问题整改成效，压紧压实生态环境保护主体责任。

【召开区生态环境保护工作会议】 9月25日上午，黄浦区召开生态环境保护大会暨“无废城市”建设动员工作会议，深入学习贯彻习近平生态文明思想，贯彻落实全国和市生态环境保护大会精神，研究部署当前和今后一个时期全区生态环境保护工作，开展“无废城市”建设动员。

【空气治理成效显著】 黄浦区全年区域空气质量优良天数318天，空气质量优良率87.1%，总悬浮颗粒物年平均浓度0.096毫克／立方米，可吸入颗粒物（PM_{10}）平均浓度0.049毫克／立方米，细颗粒物（$PM_{2.5}$）平均浓度0.030毫克／立方米，全年启动空气重污染黄色预警1次。推进《清洁空气行动计划》各项工作任务的实施，开展《黄浦区清洁空气行动计划2023—2025年》及配套任务清单编制工作。强化秋冬季及第19届亚运会、第六届中国国际进口博览会期间空气质量保障，制定实施《第19届亚运会、第4届亚残运会黄浦区环境空气质量保障专项方案》，修订实施2023年应急减排清单。强化联勤联动，修订《非道路移动机械环境申报登记办事指南》，加强非道路移动机械抽查抽测，围绕移动源（如非道路移动机械产生尾气等）和社会源（如餐饮油烟等）两项重点，建设和生活两项领域，对非道路移动机械、扬尘、餐饮油烟等制定落实针对性管控措施，实施联合执法检查。强化源头治理，进一步规范企业涉挥发性有机物排放，推进“上海十六铺储运有限公司关停”和“绿中加油站加装三次油气回收”项目，共计实现VOCs减排1.9吨，提前、超额完成“十四五”期间1.15吨的VOCs减排任务目标。强化智能监管，依托油烟在线监控平台及TVOC在线监控，持续开展餐饮油烟整治行动。

【推进水污染防治工作】 2月，黄浦区组织集中观看上海市2022年长江经济带生态环境警示片，举一反三，查漏补缺，聚焦重点领域，开展全面梳理排查工作，巩固生态环境整治成效。固定污染源自动监控水平不断提升，督促黄浦区内13家持有排污许可证的医院按照排污许可证规定，依法开展流量自行监测及运维记录电子化工作，提高自动监控数据质量。5家水污染重点排污单位完成总余氯在线监测安装工作。常态化跟踪辖区9处景观湖水质监测情况，监测结果均达到地表水V类水质标准。开展入河排污口排查、监测、溯源工作，制定《黄浦区关于加强入河排污口监督管理工作的实施方案》和《黄浦区入河排污口整治工作方案》，编制“一口一策”整治方案，制定6个未封堵及封堵不完全排口的封堵计划，规范和管控入河排污口。加强二级生化污水处理设施和污水排放的监管，提高设备正常运行和污水达标排放率。

【开展河长制、湖长制工作】 年内，根据新一轮雨污混接整治工作相关要求，黄浦区对双40区域（蒙自路）再次开展了雨污混接排摸工作，落实长效管理机制，各养护企业开展一月一查，一月一报机制。进一步推进源头至末端“5个一点”系统管控，重点围绕水敏感地区截污挂篮安装和进水口改造及养护清捞工作，安装截污挂篮（含破损调换）2438只，完成检查井防坠设施安装1745只。区内共有检查井雨水口15229座，除少数已封堵的动迁基地外，已基本实现挂篮全覆盖。加强排水设施日常养护管理，全年累计疏通排水管道943.75千米，清捞检查井63047只，清捞进水口364687只，清捞截污挂篮399908只，清除管道污泥5901吨。年内完成43条道路10.01千米管道修复目标任务和90千米主管检测任务。全年共受理施工临排申请20件，全部通过一网通办受理，网办率100%。事中事后监管方面，已落实年度排水户监督计划，开展巡查及水质采样工作，基本完成了200户次的排水户水质检测工作。重点监督检查蒙自系统泵站放江、餐饮、洗车、医疗和在建建筑工地，强化建筑工地排水管道临时封堵和施工泥浆排放工作检查，不定期对工地进行检查，确保在建工地周边管网监管到位。研究制定黄浦区《关于进一步规范完善本区河湖长设置的指导意见》《关于建立完善本区河长湖长述职制度的意见》《关于设置沿河湖排污口企业河长的指导意见》《关于深化完善周暗访、月通报、季约谈、年考核工作机制的意见》四项河长制工作制度，进一步规范各级河长湖长履职行为，完成区内9个湖泊河长公示牌更新。

【加强土壤污染防治】 黄浦区开展重点建设用地地块季度安全利用率核算工作，实现重点建设用地100%安全利用。严格建设用地准入管理，助力区域环境、经济、社会高质量发展。全年累计完成7幅地块的土壤环境调查、评估、修复等报告的评审备案工作，共对6个土壤污染状况调查项目开展监督检查。建立区建设用地土壤污染状况调查地块进展名录，实时动态更新，掌握各地块调查工作开展情况，确保达到土壤环境质量要求。根据建设用地土壤污染状况调查结果进行土地流转前的意见回复，全年共回复涉及9幅地块的征询意见。

【“无废城市”建设工作全面启动】 黄浦区开展“无废城市”建设路径调研，对照《上海市“无废城市”建设工作方案》，结合区域固体废物工作特点，印发《黄浦区“无废城市”建设实施方案》。制定“无废城市”建设年度重点工作计划，以及“无废细胞”创建方案，开展多元化“无废城市”建设宣传活动。

【固体废物综合管理】 黄浦区开展全区危险废物规范化环境管理专项整治工作，持续巩固医疗废物“最后一公里”工作成效。强化过程管控，用好上海市危险废物管理信息系统，做好危险废物全过程管理，全年纳入信息化管理的危险废物产生单位79家、医疗废物产生单位312家、一般工业固体废物重点单位1家；强化监督执法，开展危险废物规范化环境管理现场评估工作，危险废物贮存专项现场检查78家次，督促相关单位及时整改；强化新污染物管控，制定施行《黄浦区关于贯彻〈上海市新污染物治理行动工作方案〉的实施方案》，全面开展涉新污染物和新化学物质单位排摸，协同相关部门加强农药、微塑料等污染治理。

【重点区域、重点时段噪声污染防治】 黄浦区全年区域环境噪声平均值昼间53.2分贝（A），夜间46.4分贝（A）。牵头制定形成《〈中华人民共和国噪声污染防治法〉部分条款部门职责分工实施方案（黄浦区）》（征求意见稿）。结合信访投诉和夜间施工审批情况，定期开展夜间施工执行情况检查，发现问题督促建设单位落实整改，有效化解辖区内多起工地噪声扰民的焦点问题。结合主题教育，深入开展固定源噪声污染防治研究。同时，指导豫园街道露香园小区试点创建上海市宁静小区。组织完成上海市普通高校春季招考、中高考、高中学业考试、成人高考、英语四六级考试、司法考试、公务员考试等14次42个考场护考，出动工作人员186人次，给考生营造安静环境。全年本区2类功能区、4类功能区声环境质量监测点次达标率分别为100%、87.5%。

【开展光污染治理】 新修改的《上海市环境保护条例》成为我国首部纳入光污染治理的地方性环境保护法规，为了有效落实其中关于防治光污染的新要求，黄浦区绿化部门会同高校实验室和第三方专业团队开展专题调研和操作实践，初步形成了一套行之有效的户外景观设施光污染治理规程，全年共妥善处理市民热线等途径反映的相关诉件44起。

【加强辐射安全管理】 黄浦区全年累计核发辐射安全许可证78件。强化核与辐射日常安全监管，依照《2023年黄浦区辐射安全监管工作要点》，排查安全隐患单位87家，全年发现违法行为为24个，均依法查处。加强国家库系统平台维护，结合市生态环境局相关工作要求，定期开展全国核技术利用辐射安全管理系统专项质量核查，加强问题单位整改情况跟踪，及时将相关整改材料录入系统形成管理闭环。强化企业主体责任，督促171家核技术利用单位上传2022年度评估报告，并加强企业辐射安全从业人员管理。

【优化环保行政许可审批服务】 黄浦区持续推进审批材料再简化、审批流程再整合，“我要开设放射机房”正式上线黄浦区“一网通办”平台，《放射诊疗许可证》和《辐射安全许可证》实现“一次申请、两证同发”，让企业切实享受到“全程网办、联审联办”的红利。行政审批事项当场办结率达100%，全年窗口共接待咨询386人次，受理审批服务327件。

【生态环境执法监管】 黄浦区全年累计共出动执法人员5197人次，监察单位2101户次，共立案行政处罚54件（含当场处罚6件），发出《行政处罚决定书》45份，发出《不予处罚决定书》7份，处罚金额61.632万元，发出《责令改正违法行为决定书》91份。在违反排污许可管理条例、扬尘在线监控弄虚作假案件方面取得了零的突破。制订《2023年黄浦区生态环境局固定污染源监管工作实施方案》要求，通过移动执法系统共完成水、气、噪声、固体废物、辐射等各类环境污染源的监察721户次，完成信访及其他临时任务735户次现场检查。开展事中事后监管，结合信访调处和执法检查中发现的问题，主动做好帮扶整改，尽快消除污染隐患。

【完善固定污染源“三监联动”机制】 黄浦区深入推进以排污许可证为核心的固定污染源监管体系建

设，牵头开展排污许可证质量和执行报告审核及整改工作，已完成全区14家登记企业合规性审核、36家执行报告技术审核、6家次许可证变更、16家次许可证延续、3家次许可证重新申请、2家次许可证注销、35家许可证质量自查，对36张排污许可证单位2022年度执行报告开展“线上+线下”全覆盖核查及全覆盖自行监测检查。同时以在线监管、现场检查、发放提示、帮扶指导等“组合拳”方式，督促排污单位落实责任，监察涉及水、大气、噪声、固体废物、辐射等各类环境排污单位721户次。

【推进绿化建设】 2023年，黄浦区共新建各类绿化4.5万平方米，新增公共绿地2.2万平方米，新增立体绿化1.5万平方米，新增专用绿地0.8万平方米，新增董家渡区域绿道1000米。新增长乐路“馨园”、新天地“启园”2座口袋公园。完成博荟广场、上海市文史馆和卢湾体育场3处单位附属绿地开放共享。林长制工作持续规范化、法制化，瑞金二路街道林长办、南京东路街道林长办获评上海市标准化乡镇（街道）林长制办公室。

【打造高品质美丽街区】 黄浦区高质量完成世博展览馆、文化广场、上海音乐厅周边等3个2023年新拓展高标准保洁示范区创建工作。人民公园、淮海公园、黄浦公园获评首批“上海新时代文明实践公园”。“追梦园”市民园艺中心、复兴公园市民园艺中心获评上海市“优秀市民园艺中心”。复兴公园“奔放的旋律”、南园滨江绿地“南园芳菲”在全市公园园艺展示评比中分获花坛类和花境类一等奖。年内，推进以中共一大会址纪念馆周边区域为重点的南北高架（南昌路—复兴路、徐家汇路—瞿溪路）桥荫桥孔环境整治工作，涉及面积12450平方米，让市民在黄浦感受到更多绿意和美感，为中国共产党初心地增添一道美丽的风景，彰显上海的城市形象和魅力。

【提升城市公共空间品质】 黄浦区“一江一河”优质滨水空间升级，外萃丰弄绿地项目已基本建设完成；董家渡景观花桥（322-01地块）工程，花桥桥面已于8月1日正式试运营并对外开放。结合城市更新、“三美”创建，持续推进架空线入地和杆箱整治工程，累计开工道路25条、长度14.52千米，已竣工道路8条、长度7.02千米。“两街”等重点区域景观照明改造提升工作取得阶段性成果，指导和推动各大商圈、景区打造夜景亮点品牌，助力优化营商环境，其中苏州河沿线“樱花谷—光陆大楼”区域于中秋、进博会和农历春节等重要时间节点呈现题材各异的光影秀，形成常演常新的夜景新地标。蒙自路、蒙自西路、西凌家宅路等3处路段（街区）入选“2023年上海市户外招牌特色道路（街区）”。苏州河樱花谷公厕、打浦路公厕获评2023年上海“最美厕所”。

【做好重要节庆环卫保障工作】 黄浦区加强节庆绿化保障，结合春节、国庆及第六届进博会等重要节点节庆，以人民广场、外滩、新天地三个区域为重点，打造“金鲤跃江潮”“海上欢庆节”等主题景点，摆放特色花卉96万盆，营造喜庆、祥和的节庆气氛。聚焦豫园灯会、五一、上海赛艇公开赛、外滩大会、世界设计之都等各项活动周密部署环卫保障方案确保应急科学高效处置、活动有序顺利进行。

【多措并举做实生态环境立体化宣传】 黄浦区以六五环境日等活动为载体，线上线下相结合推动开展16场次宣传工作进社区、进机关、进企业；以“双微一号”等新媒体为平台，大力宣传习近平生态文明思想，讲好黄浦生态环境保护故事，累计发布信息2431条，发布《让中国更美丽·上海黄浦》MV，发出《绿色低碳行动倡议》，设计发布环保星云艺术装置等。打造“环境青年说”宣传品牌。年内共推出四期“建设人与自然和谐共生的现代化”主题宣讲视频；精心做好全国、市生态环境保护大会宣传，制作发布“谱写美丽黄浦新篇章”主题宣传视频，开展“发现黄浦生态美”集中采访，举办第一届中小学生自然笔记大赛。

【全方位开展信息化工作】 黄浦区依托“上海黄浦”门户网站“一网通办”窗口主动公开生态环境相关行政执法主体名称、行政许可（8项）、行政检查（7项）、行政强制（15项）、行政处罚（86项）等权责清单。通过“上海黄浦”内的部门网站向社会公开执法人员名单和执法证号码、随机抽查事项清单、检查依据、检查内容、检查方式等信息，并及时公布法律、法规、规章和部门机构职能等动态调整情况。依法依规主动公开行政许可、行政处罚情况。主动公开公文类信息23条，财务类信息20条，公文主动公开率100%，达到预定目标。全年共处理依申请公开15件，均按时答复。规范信用修复操作流程，为8家单位进行信用修复，完成了对非公有制经济代表人士、人大代表和政协委员推荐人选的综合评价工作。

【快速响应群众环境诉求】 2023年，黄浦区高度重视舆情处置，妥善及时处理好各类环境信访投诉，积极回应群众环境诉求。圆满完成人大建议和政协提案3件的办理工作，实现人大政协、提案人和承办单位三满意。区生态环境局共收到环保类投诉533件，533件投诉/信访中：市民热线455件，本单位收到78件（其中来信3件，来电28件，来访15件，电子邮件 32 件）。年度累计办结投诉/信访 533 件，办结率 100%。投诉/信访件按污染物类型分类：噪声类 378 件，占信访总量的 70.9%；废水类 3 件，占信访总量的 0.6%；油烟气类 89 件，占信访总量的 16.7%；新建项目类（咨询）15 件，占信访总量的 2.8%；固体废物类 3 件，占信访总量的 0.6%；电磁辐射 1 件，占信访总量的 0.2%；光污染类 7 件，占信访总量的 1.3%；其他类 37 件，占信访总量的 6.9%。（刘　敏　供稿）

静安区

【区域经济发展回升向好】 2023 年，静安区紧紧围绕“四范目标”，大力实施“七增计划”，全面推进“五大工程”，圆满完成年度各项目标任务。区域经济呈现恢复增长、回升向好态势。全年实现地区生产总值 2846.03 亿元，同比增长 7.0%。实现税收总收入 847.50 亿元，同比增长 7.05%。实现区级一般公共预算收入 287.80 亿元，同比增长 3%，总量位列中心城区第一。重点产业持续增效，六大产业实现税收 675.33 亿元，同比增长 5.7%。全力推进招商引资增质，全年引进税收千万元级以上项目 156 个，同比增长 39%。200 幢重点楼宇实现税收 622.08 亿元，亿元楼新增 6 幢，达到 88 幢，其中月亿元楼 9 幢、百亿元楼 1 幢。坚持把恢复和扩大消费摆在优先位置，在全市率先发布优化消费环境的实施方案，获评全市首个“国际消费中心城市数字化示范区”。精心组织“五五购物节”、2023 静安国际光影节等活动，促进商旅文体深度融合，持续激发消费活力。深化“全球新品首发地示范区”建设，全年引进各类品牌首店 236 家。加强本土商贸品牌培育，打造巨富长本土品牌集聚街区。以茂名北路限时步行街、安义夜巷为重点，推动后街经济、夜间经济融合发展。全年实现社会消费品零售总额 1707.89 亿元，同比增长 15.3%，总量位列中心城区第一；实现商品销售总额 10963.56 亿元，同比增长 5.4%，增幅位列全市第一。

【区域环保投入情况】 2023 年，静安区共完成环境保护投入 2.79 亿元，其中区财政投入 2.16 亿元，其他投入 0.17 亿元。其中，用于污染源防治 0.43 亿元，用于城市环境基础设施建设 1.47 亿元，用于生态环境管理能力建设 0.64 亿元，用于环保设施运转 0.04 亿元。

【区域生态环境质量持续改善】 2023 年，静安区环境空气质量指数（AQI）优良率为 86.3%，比全市平均值低 1.4%；细颗粒物（$PM_{2.5}$）平均浓度为 29 微克/立方米，比全市平均值高 3.6%。水环境质量持续改善，6 个市考断面稳定达标，市级考核断面Ⅱ—Ⅲ类比例达 100%。土壤环境质量总体保持稳定，污染地块安全利用率保持 100%。区域环境噪声保持稳定，环境安全风险平稳可控。

【有序推进第八轮环保三年行动计划工作】 2023 年，静安区有序推进第八轮环保三年行动计划及专项行动计划，计划安排的 9 个专项 52 个项目全部完成，实现圆满收官。聚焦水体保护、清洁大气、土壤污染防治、固体废物污染治理等重点领域，深化攻坚治理，建设彭浦西系统初雨调蓄池工程、塞尚湾水质提升项

静安区六五环境日主题宣传主会场活动现场　　（静安区　提供）

目、苏河湾北部地区海绵城市等一批样板工程，完成永和北、老沪太、临汾花园、福建北4个排水分区的达标评估工作，完成彭越浦（汶水路—江场西路）两岸陆域贯通环境改造工程。深化VOCs污染防治，区公务用车、环卫等领域新增或更新车辆基本采用新能源汽车，提高餐饮油烟闭环管理集约管理成效，打造监管特色，在建（符合安装条件）工地扬尘在线监控安装率达到100%，拆房工地洒水或喷淋措施执行率达到100%，道路机械化清扫率达到96%以上。持续巩固污染地块安全利用率100%的工作成效。以申报建设国家"十四五"时期"无废城市"为契机，全面加强生活垃圾、建筑垃圾、医疗废物、工业固体废物、危险废物治理。突出"双碳"引导，坚持低碳节能发展，深化绿色低碳创建，扩容城区绿化资源，拓展生态空间，区域生态品质不断提升。推进现代环境治理，强化环境监测，加强智慧环保建设。通过拓展开发应用场景，推动"常态化巡查""联合检查"等功能升级优化，赋能环保精细化管理，强化条块联动，提升联勤联动监管效能。

【加快"无废城市"建设】 静安区推进辖区危险废物安全收运托底保障，结合"全域纳管"工作推进，加强小微企业危险废物管理。深化落实小型产废机构医疗废物收运"最后一公里"项目，在市级目标基础上，提前完成指标，并主动进一步拓展服务范围。加大汽修行业废弃零部件等一般固体废物集中回收管理，搭设统一收运和利用平台，推动提升全品类固体废物资源化回收利用水平。启动全区"无废城市"数据平台建设，形成有静安特色的"无废城市"一张图、一个库、一张网。积极挖掘各行各业绿色创建载体，深入推进"无废"建设普及和理念传播，编制印发"无废城市"建设方案一图读懂、宣传手册，开设公众号专栏，精心组织"创绿色低碳，建'无废'静安""六五环境日"主题活动。

【深化绿色低碳示范创建】 静安区召开低碳社区创建工作会议，推进低碳示范创建工作。石门二路街道、彭浦镇永和二村按照年度创建计划，结合全国低碳日、全国生态日等环境节日，营造全民低碳良好氛围，开展低碳学堂、知识讲座、可回收物兑换、变废为宝等形式丰富的生态环保绿色低碳宣传教育活动，积极应用低碳技术，实施推进社区低碳示范改建项目，石门二路街道完成6个居民区低碳微更新项目，永和二村文明实践站"近零"低碳改造项目投入使用。推荐市北园区参评现代环境治理优秀案例。鼓励支持市北园区积极布局"双碳"经济，持续推进节能降碳，竭力营造低碳氛围，依托数智市北"区块链+大数据"技术，探索打造集"节能、减排、固碳、碳汇、交易"等要素于一体的可信碳普惠平台，低碳发展实践区创建取得新成效。

【加大生态环境执法、监测力度】 2023年，以"双随机、一公开"执法检查为主，开展排污许可证、VOCs、汽修、餐饮、非道路移动机械、辐射、固体废物、加油站、土壤等专项执法工作，静安区生态环保系统累计出动1167批次3402人次、检查1625户次。不断加大执法监管力度，依法查处群众反映强烈、环境管理不力的排污单位，对违反环保法律法规的行为作出行政处罚决定52件（其中简易处罚32件），处罚金额共计人民币104.25万元，作出查封（扣押）行政强制措施决定3件，发出责令改正违法行为决定书68份、执法建议书103份，对4起轻微违法行为免于处罚，有效督促环境违法行为整改。全年共取得环境质量监测数据281437个，完成信访监测25户次，为全面掌握环境质量现状和进一步加强环境监管提供技术支持。

【深入打好污染防治攻坚战】 2023年，静安区深化落实长江经济带生态环境警示片和市生态环境警示片等问题整改，全力做好第三轮中央生态环境保护督察等迎检准备。压实《静安区生态环境保护工作责任清单》，进一步落实各部门、街镇环保工作责任。举办街镇生态环境管理培训，夯实街镇属地责任，提升环境监管水平。

打赢蓝天保卫战。全区开展大气网格化、精细化监测预警体系建设，完成30个点位建设，开展大气预警预报跟踪调查处置。启动并开展第三轮清洁空气行动计划，完成《上海市静安区清洁空气行动计划（2023—2025年）》及臭氧（O_3）、机动车等配套工作方案的编制，持续推进各项重点任务，聚焦工业企业、工地、餐饮、汽修、加油站、机动车及非道路等重点领域，加大问题发现处置力度。会同城管大队对扬尘数据异常的30家工地开展检查，督促落实管理要求。完成夏季臭氧、杭州亚运会和进博会等重点时段保障工作。

打好碧水保卫战。全区完成入河排污口排查、监测、溯源，推动源头防控、水岸同治。完成29.31千米河道的排查溯源工作，共排查出各类排口73个，形成《静安区入河排污口排查及质控工作报告》，编制《静安区入河排污口分类整治工作方案》及"一口一方案"。推动医疗机构自动在线监控系统安装及管理。建立医疗机构污水处理设施信息台账，形成并完善了49家医院在内的医疗机构污水处理设施基础信息表。跟踪分析考核断面水质，做好数据动态分析和趋势预警，科学研判断面水质达标情况，持续强化河道巡查整治工作。

推进净土保卫战。全区推进土壤污染防治，逐步建立土壤环境管理和土地资源利用联动机制，全年完成地块场地环境调查、风险评估、修复方案编制、修复效果评估环节第三方评审12次，其中初调8次、详调1次、风评1次、修复方案1次，效果评估1次。积极探索“修复+”试点，对辖区内3处土壤污染地块及土地使用权人进行专项执法，监督污染地块落实土壤风险管控措施，持续巩固污染地块安全利用率100%的工作成效。

【加强生态环境风险防控】 静安区认真做好突发环境事件和生态环境领域安全生产风险隐患排查工作，对企业环保设施运行情况、危险废物贮存情况和资料台账等开展检查，排除风险隐患。制定《上海市静安区生态环境局2023年固体废物监管工作计划》，做好危险废物、一般固体废物管理。牵头做好全区新污染物治理工作，以区生态文明建设领导小组办公室名义制定并印发《静安区新污染物治理行动工作方案》，完成辖区内4家涉及新污染物企业的现场执法及信息统计调研培训等，督促企业落实主体责任。

开展突发环境事故、突发辐射事故应急演练，提高应急处置能力。制定《2023年静安区辐射安全监管工作要点》，明确辐射安全监管联动机制，优化辐射行政审批服务，严格落实辐射安全监管。修订《静安区处置核与辐射事故应急预案（2023年版）》，进一步健全核与辐射事故应急机制，细化各相关单位工作职责。按照区级职权和市生态环境局委托职权，开展辐射安全许可证日常审批与咨询服务。与市固体废物处置有限公司达成静安区危险废物和医疗废物应急收运托底保障意向，圆满完成医疗废物“最后一公里”收运项目全覆盖工作，实现对辖区内所有医疗废物在48小时内应收尽收，有力保障辖区环境安全。

【持续提升绿化环境品质】 静安区推进各类绿化建设。新建各类绿地8.31万平方米，其中，公共绿地5.77万平方米、专用绿地2.54万平方米。新增立体绿化2.52万平方米、绿道2.04千米。完成彭越浦楔形公共绿地二期、472街坊公共绿地和地下空间开发等公共绿地建设。完成24处点位立体绿化建设。完成广场公园（静安段）改造，打造成为市中心城区唯一一座以自然山水为主要特色的高品质城市公园。创建光复路（长寿路桥—普济路）为2023年上海市绿化特色道路。完成迎“十一”“进博会”花卉布置工作。

【推进林长制工作】 静安区完成12个街镇标准化林长办创建。建成启用曹家渡、东茭泾、闸北公园、西康公园等8个市民园艺中心（林长驿站）。基本建成园林绿化资源数字化平台和市民服务应用端，形成绿化资源信息化管理和巡查发现整改反馈闭环管理。全年发布区总林长令2个，开展巡督查工作12次，开展林长制宣传活动104次。

【提升绿化服务水平】 静安区新增数智花园、半里绿廊、幸福绿地3座口袋公园，建成静安青年体育公园（一期）并成功纳入城市公园名录。完成上海火车站南广场景观改造。开展2023年全民义务植树“互联网+”认养工作，共认养树木850株，其中古树45株。开展周末花市3次、市民园艺嘉年华3次，开展居住区绿化养管宣贯培训17次，累计送花1700余盆，受众逾1000人次。

完成辞书出版社、大众东朔空间、丽丰天际中心3处单位附属绿地开放共享。辞书出版社旧址位于陕西北路457号，秉承“绿色、开放、共享”理念，以“都市书院”为主题，通过开放共享的绿地空间展现辞书文化的文脉新生，植物配置兼顾使用与观赏，营造四季可赏的城市开放共享空间。

与上海戏剧学院、上海大学美术学院、上海自然博物馆、其他社会艺术家及艺术机构合作，举办《着色·绘声绘色》作品展，《东西南北中·2023学院雕塑邀请展》及3次科普直播导览活动，累计观看78万人次。完成三泉公园围墙打开。完成雕塑公园艺术中心大修。完成全区8座公园草坪开放共享。

【深化“美丽街区”建设】 静安区完成创建“苏河秀带景观区”“南京西路后街景观商业区”“中环商业休闲区”“威海路历史风貌区”“江宁温馨休闲区”“广中西路郁金香公园周边景观区”6片区共5.8平方千米范围的“美丽街区”。完成全区52个道路景观节点提升改造项目立项实施，启动推进巨鹿路、华山路、昌平路、胶州路—余姚路、威海路、中山北路等一批景观一体化提升改造。

【加快推进现代环境治理】 静安区持续优化营商环境，提高服务效能。2023年，完成建设项目环评审批18件，建设单位自行网上备案689件。办理辐射类建设项目审批2个，电离备案68个，电磁备案523个；辐射安全许可证审批163件。完成42个项目的行政协助咨询、办理和回复。服务市、区重大建设项目，完成轨道交通3/4号线宝山路站接轨改造、彭浦新村街道社区卫生服务中心分中心等项目的环评审批，主动做好轨道交通19号线及20号线一期东段等项目前期沟通，对马戏城中剧场建设、静安区中兴社区C070202单元313-07地块工程初步设计方案等提出环保意见建议。联合区卫生健康委推出医用影像诊断“一件事”，年内已完成全市首家办件。新增“夜间施工审批”行政协助办理模式，配合推进“加油站综合监管”一件事。新增“轻微失信信用修复”事项和环评许可、排污许可“两证合一”办事情形。推广实施“一业一证”改革事项。聚焦高频办理事项，落实领导帮办制度，完成5件次许可帮办。做好企业服务和招商引资工作，9家对口服务企业全覆盖走访，帮助解决问题1个，引进新建企业2家。

【建立固定污染源全域纳管体系】 静安区依托环保数字化转型升级，完成数据中台、“绿盾通”等系统“全域纳管”联动场景开发。从固定污染源存量和增量两个方面着手，在摸清固定污染源基本库信息的基础上，聚焦餐饮油烟、危险废物处置、污水排放等重点污染防治领域，以“行业＋污染因子”为模型坐标，突出“5＋11”类行业监管，主动跨部门合作，加强线上线下协同，采用“系统数据治理＋人工现场核查”方式，创造“3＋1”纳管工作法（即线上以市级数据回流、法人库注册、行业资质认证为三大纳管信息源，线下开展属地街镇现场联动核查和纳管确认），推动固定污染源“全域纳管”并实现动态更新。通过构建全区统一的固定污染源信息库，为监管全覆盖和分类分级综合监管打牢基础。2023年，全域纳管工作累计对1820个拟纳管信息开展现场核查，确认新增入库污染源988个，全区固定源库已纳管污染源总数达10238个。

【加强信息系统数字化转型融合】 静安区加强信息系统数字化转型融合，持续深化环保数据中台建设，打通市区固定源信息、移动执法、行政处罚、任务场景、标签管理等数据对接回流，实现法人库、行业证照、泵站放江、入河排污口等数据共享接入。完成“绿盾通”环境管理轻应用“常见环保问题反馈”“常态化巡查”等场景应用的功能开发和升级优化，进一步赋能“3+X”监管联动。区域一体化生态环境智慧治理平台（一期）项目完成可研评审、政府采购等前期手续，启动实施系统开发，“环保移动执法系统—新增联勤联动子应用”通过验收报备。打造“大气精细化管理”应用场景案例参加全区“一网统管”应用场景交流分享展示，综合评分第一荣获最佳案例。

【加强河道水政管理】 静安区开展河道工程建设。苏州河北岸（浙江路桥—福建路桥）防汛墙改建工程于3月通过完工验收，彭越浦（汶水路—江场西路）两岸陆域贯通环境改造工程于10月通过竣工验收。加强水利设施养护管理。完善修订《静安区河道维修养护操作细则》《静安区河道长效管理养护考核评分细则》《静安区河道长效管理养护巡查手册》等养护管理制度。开展水利设施精细化养护工作，全年完成清洁、勾缝防汛墙427.75千米，养护防汛通道0.37平方千米，养护河道绿化2.04平方千米，油漆除锈除尘护栏220.32千米，养护各类河道标识标牌9972块次，养护水闸、泵站60座次，养护水处理设施24座次，水域日常保洁累计出动打捞船只10800艘次、打捞人员21600人次，打捞水面垃圾669.54吨，清除清理福寿螺、螺卵共计7681.39千克。加强河道水质维护。区域内市管河道沿线市政泵站全年放江63天、330座次，出动放江专班打捞1154船次、2307人次，打捞放江漂浮物35.76吨。区域内市管河道泵站排放口河段应急疏浚项目于12月完工，疏浚并无害化处置淤泥3219.2立方米。

【强化生态环保法治建设】 静安区认真执行区政府重大行政决策规则，落实政务信息公开规定，强化生态环境信息公开，及时向社会公开并开展政策解读，主动回应社会关切。自觉接受区人大及常委会监督，向区人大报告上一年度全区生态环境状况和生态环境保护目标任务完成情况，听取代表审议意见。落实法治建设责任制，贯彻执行行政执法“三项制度”，更新本部门重大执法决定法制审核目录，严格把好法制审核关，不断规范生态环境行政行为。2023年，累计公示执法结果记录1342条，对执法视频、音像等记录情况开展抽查检查12个批次，确保执法过程全记录。对13个案件启动重大执法决定法制审核，做到应审尽审。加强普法，编写“以案释法”普法案例及“生态环保E指引”普法宣传册，制作普法动画视频，开展汽修行业危险废物规范管理专项普法活动。1个法治宣传案例入选市生态环境局2022年度生态环境法治宣传典型案例集。做好本部门法治政府建设“十四五”规划和“八五”普法规划中期评估。加强生态环境损害赔偿案件线索梳理，对5条案件线索启动损害赔偿。加强环境信用探索实践，对80家企业开展环境行为评价。

【加强生态文明宣传工作】 2023年，静安区成功举办“创绿色低碳、建‘无废’静安”“六五环境日”主题宣传主会场活动，线上线下观看参与活动超过50万人次。聚焦全国低碳日、全国生态日等生态环境节日，线上开展全国低碳日专项答题，线下结合低碳示范创建，发动社区、园区开展了低碳学堂、低碳宣讲、可回收物兑换、低碳实践区“双碳”建设经验交流等活动。会同区政协、区文明办、彭浦镇、石门二路街道、区检察院、区水务局等部门，分别组织开展全国生态日“静·界”读书会活动、“万物生长·申城之美”环境日文明实践活动、生物多样性日主题宣传、“益心守护，共建绿色生活”生态环境公益宣传、第七届中小学生水环境科普夏令营等宣传活动。静安区第四届环保短视频大赛活动顺利收官，共评选出一二三等奖、最佳创意奖、最佳人气奖及优秀奖作品23个，所有获奖作品进行线上线下展播。结合“政府开放月”，继续打造好“公众开放日”品牌活动，全年共组织开展“环境监测设施公众开放”活动7批次，81人次参与。持续加强新媒体环保阵地宣传。全年发布推送微信1233篇次、微博1137篇次，累计被“中国环境”“上海环境”“上海静安”等区级以上媒体平台录用转载126篇次。

【积极妥善处理各类环境诉求】 静安区认真做好建议提案办理工作，按时办理答复2件区人大代表建议和2件区政协委员提案，落实领导包案和具体承办科室及人员，及时处理答复，办结率和满意率保持在100%。全年累计受理并办结各类环境投诉、举报256件，其中“12345”市民服务热线投诉229件，其他投诉举报27件。从投诉污染类别来看，反映噪声污染136件，占53.1%；废气污染49件，占19.1%；油烟气22件，占8.6%；建设项目8件，占3.1%；电磁辐射8件，占3.1%；固体废物污染6件，占2.4%；废水2件，占0.8%；环境监测2件，占0.8%；其他污染5件，占2%；非环保投诉18件，占7%。噪声和油烟气问题为全年环境投诉热点。主动加强与街镇及相关部门的联动合作，加大查处力度。同时，对所有投诉件开展跟踪回访，对回访中群众“不满意”的投诉件，坚持“一件一议、逐件销号、及时反馈”的原则进行跟踪督办，有力提升了信访及热线投诉的满意率。 （黄重文 供稿）

徐汇区

【区域经济发展稳步增长】 2023年，徐汇区围绕“建设新徐汇、奋进新征程”总体目标，全力做好中心城区高质量发展大文章，经济运行稳中有进、稳中向好，各项民生社会事业有力推进，社会治理更趋精细智能，安全发展基础巩固夯实，完成了区十七届人大三次会议确定的各项目标任务。全年经济呈现“平开高走、回归常态”的稳健态势，全年地区生产总值增长8.2%，区级财政收入完成250.85亿元，同比增长10.87%。投资消费加快恢复，固定资产投资完成446.6亿元，社会消费品零售总额完成1240.8亿元。二、三产业规模能级持续提升，规上工业总产值完成918亿元，规上服务业营业收入突破4500亿元。

公众开放活动 （徐汇区 提供）

【区域环保投入情况】 2023年，徐汇区环境保护投入资金20.38亿元，其中市级财政投入2.57亿元，占总投入的12.6%；区级财政投入14.49亿元，占总投入的71.1%；其他投入3.32亿元，占总投入的16.3%。

其中，城市环境基础设施投资19.93亿元，占总投入的97.8%，其中包括污水收集、处理工程1.07亿元，园林绿化5.65亿元，河道整治工程7.02亿元，固体废物收集、处理处置（包括生活垃圾、工业固体废物、电子废物、危险废物）6.19亿元；生态环境管理能力建设（生态环境管理、监测、监察、信息化、科技、宣教等）投资2482万元，占总投入的1.2%，主要包括生态环境监测1050万元和生态环境管理1432万元；循环经济、清洁生产等其他方面投资额1997万元，占总投入的1.0%。

【持续开展节能减排工作】 2023年，徐汇区持续推进区内重点企业开展清洁生产（强制性和自愿性）工作。上海先进半导体制造股份有限公司、上海新进半导体制造有限公司、通标标准技术服务（上海）有限公司通过清洁生产审核验收；中国电子科技集团公司第二十一研究所、上海天祥质量技术服务有限公司分公司、上海复宏汉霖生物制药有限公司的清洁生产项目推进当中；捷普科技（上海）有限公司、3M中国有限公司已经申报市清洁生产审核工作。充分发挥节能减排专项资金的推动作用。

【推进第八轮环保三年行动计划】 徐汇区全面推进第

八轮环保三年行动计划，完成行动计划中水、大气、土壤、固体废物、工业污染防治、循环经济等9个大类60个项目建设目标和任务，其中市级项目44个，区级项目16个。

【持续推动低碳发展和绿色转型】 徐汇区推进低碳示范区创建。根据《上海市低碳示范创建工作方案》，积极开展宣传，推进漕河泾新兴技术开发区创建低碳实践区，华悦家园创建低碳社区，梅陇三村创建近零碳社区，依托《徐汇区低碳发展实践区联席会议制度》，协调相关部门推进落实低碳创建各项任务指标，开展低碳社区中期评估工作。同时，依托低碳社区联盟平台，实现优势互补、资源共享，充分发挥群体优势和联盟效应，推进各联盟成员的队伍建设，营造全社会绿色低碳生活新时尚，扎实推进社区整体生态文明建设。

完善“双碳”工作体系建设。积极调研全区温室气体排放情况，编制《徐汇区2022年温室气体清单总报告》。协调区域相关职能部门，编制《〈上海市减污降碳协同增效实施方案〉重点工作任务清单及2023年工作目标（徐汇区）》，为推进减污降碳工作提供技术支撑。

全面推开绿色低碳转型。推动“碳达峰”九大行动落地，推动一批重点领域、重点区域开展低碳技术创新示范试点。全年绿色建筑在建面积达459.3万平方米，8个项目采用超低能耗建筑标准，超低能耗建筑面积约32万平方米。实施“光伏+”工程，16个新建项目落实光伏应用，建成西岸大剧院、徐家汇书院等光伏项目，全年新增光伏装机容量8903千瓦。全年新增692个公共充电桩，建成龙华西路309弄、冠生苑2个上海市共享充电桩示范小区。

【区域环境质量保持良好】 2023年，徐汇区环境空气质量主要指标细颗粒物（$PM_{2.5}$）浓度为29微克/立方米；可吸入颗粒物（PM_{10}）浓度为45微克/立方米。大气环境质量（AQI）优良率为87.7%，同比下降3.8个百分点。全区11个市考断面全部达到优Ⅲ水质标准，考核断面达标率100%，较2022年同期持平。开展26个地块的场地调查工作，全部达到环保要求，可安全利用；规划用途变更为“一住两公一商”，并且在2023年完成土地供应的10幅地块全部纳入重点建设用地安全利用率核算，安全利用率持续保持100%。

【加强环境执法工作】 徐汇区通过采取“双随机”检查、专项核查、督查督办、“回头看”等多种方式，全力推进生态环境问题整改到位，筑牢环境监管防线。

2023年，区生态环境局执法大队共计开展执法检查1882批次、4424人次、2106户次，完成专项执法检查任务810户次。共立案102件，开展听证24户；累计处罚35件，处罚金额262.845万元，办理查封扣押1件，结案23件；不予处罚16件。进一步加强和公安、检察院、法院沟通协作，持续做好行刑对接工作，已将2起危险废物处置案件相关线索移交公安局，正在立案侦查；1起违法排放污水案件已经由公安部门移交至检察院。

为贯彻落实《生态损害赔偿制度改革方案》，徐汇区加强对生态环境损害赔偿案件线索的筛查工作，召开线索筛查协调会，对区域内严重损害生态环境的行政、刑事案件进行筛查，共筛查案件27件，办理生态损害赔偿案件3件，主要涉及污染大气、污染土壤、破坏绿化等行为，均通过赔偿磋商，达成赔偿协议，合计赔偿金额5.62万元，均已履行完毕。

【推进绿化建设】 徐汇区全年新增华石路绿地、植物园北拓项目等各类绿地0.23平方千米，超额完成全年任务；完成蒲汇塘滨水绿道、张家塘滨水绿道等城市绿道3.1千米；提前完成上海市第二中学、上海小学、上方花园等立体绿化2.52万平方米；创建零陵路等2条绿化特色道路；推动公园绿地300米服务半径覆盖率达98.5%。新增日晖绿地、吴兴路绿地等6座口袋公园及12座街心花园；提前完成上海体育馆、星游城、滨江城开集团3处单位附属绿地开放共享，开放绿地面积超过0.1平方千米；完成地铁15号线沿线8个站点养护绿地恢复。

【推进景观建设】 2023年，徐汇区全面启动51条、56千米景观道路建设，并完成徐家汇中央活动区、徐汇滨江地区等7个“美丽街区”公园城市示范点申报。在全区范围内广泛开展城市家具提升行动，高品质完成包括新建、改造提升、社会共享等形式在内的休憩公共座椅397处。推动徐家汇中央活动区夜景灯光高品质提升，漕溪北路沿线10处节点已正式投入亮灯；徐家汇商圈11处节点已基本完成景观灯光提升。推进完成内环高架沿线（徐汇段）214栋单体建（构）筑物景观灯光建设，完成133栋楼宇亮化。落实户外招牌日常安全监管，完成户外招牌安全检测5563余块、安全加固1500余块、拆除安全隐患417块，确保“头顶上”安全。

【开展垃圾分类全覆盖】 徐汇区开展垃圾分类全覆盖巡查，在徐家汇天际花园等社区打造垃圾分类精品示范样板间，并督促各街镇按照样板间完成创建29处。完善信息化管理，整合各街镇垃圾分类场景应用，统筹区级环卫智慧平台、可回收物预约回收程序等在用信息化平台，以源头投放、分类清运等垃圾分类全程为主轴，初步搭建区级垃圾分类场景框架。完成天平、湖南装修垃圾清运新模式覆盖，优化装修垃圾在线预约平台，通过平台申请件平均清运时间为1.7天，时效提升43%；探索小型智能箱体回收模式，会同房管局开展装修垃圾清运收费短板治理，提升居民区清运收费规范度。全面完成徐家汇中心、兴国路周边等5个区域环卫作业示范创建；加强废弃油脂监督，共发现问题36处并追踪落实整改；抓好水域保洁指导，强化黄浦江滩涂保洁实效，持续对码头、亲水平台栈道使用单位进行新水规宣贯，提升沿河单位的水域环境保洁意识。

【加强水生态治理】 2023年，徐汇区加强水生态治理。一是保护提升水生态，确保优Ⅲ比例。压实河长、管理部门、养护单位和社会四方责任，定期召开水质例会，加强执法信息共享。发挥“一网统管”优势，建设智慧河湖，加强疑点疑区遥感监测，充分发挥区内水质自动监测站效用，动态掌握水质变动情况。持续开展无人机、无人船与人工巡河相结合的巡河模式，及时发现河道问题，及时督办整改。二是全力做好水质常态化养护工作。与市环科院合作开展水环境健康评估，构建涵盖水质、水生态及满足市民亲水需求的指标体系。调查形成水质风险地图、六护问题（生态维护、水质保护、绿化养护、岸线管护、河面清护、河床修护）地图、养护边界地图等3张可视化地图，通过设置曝气装置、优化生态浮床、清淤等治理措施，提高水生态功能与水体自净能力。三是统筹联动做好涉水企业的监管工作。结合排污许可证，对企业开展监管，积极推进落实企业安装在线监测，完成涉水重点企业在线监测安装和联网。编制《医疗污水规范化处理》工作提示，对全区医疗机构的医疗污水开展统一培训、统一指导，确保污水处理设施正常运行。开展长江经济带，工业集聚区涉水企业情况调度和问题核查。

【加强“海绵城市”建设】 徐汇区完成6个海绵城市建设示范项目，包括华龙新苑小区改造、乐汇小游园和上海国际文旅中心以北周边环境提升工程、龙吴路（外环—华展路）道路绿化景观提升工程、东上澳塘和上澳塘岸线环境提升工程，重点推进了漕溪片区约2平方千米的海绵城市建设工作。项目充分发挥了海绵城市的雨水滞蓄、净化、收集、利用功能。通过“城市更新+海绵”“新建项目+海绵”等方式，打造了一批海绵样板工程，提升了海绵城市的展示度。2023年，全区海绵城市达标面积经评估为18.56平方千米，占建成区总面积为33.79%。

【加强雨污混接和调蓄设施建设】 徐汇区开展排水管道安全排查整治工作，梳理全区排水管道，形成了安全整治隐患清单和工作计划。2023年完成管道检测109千米、修复20千米。完成123个小区的雨污混接改造项目。华泾地区已完成污水管网改造完善工程。

【推进大气环境保护工作】 2023年，徐汇区推进大气环境保护工作。一是加强工地及道路扬尘污染控制。依托扬尘污染常态化管理机制，持续做好扬尘污染防治工作。定期召开扬尘联席办例会，开展工地及道路联合执法检查和工地“环信码”评分工作。建立《徐汇区道路扬尘污染综合整治工作方案》。全年共检查大型运输车辆33720辆次，查处各类违法行为1881辆次，共计罚款49.43万元，罚分82分，扣车37辆。依托“扬尘智理”场景，联合职能部门加强道路洒落整治力度，加强渣土车运输单位监管，巩固道路扬尘治理成效。二是深化挥发性有机物治理。开展VOCs走航监测。在全区及区区交界处分时段对VOCs、颗粒物、氮氧化物和恶臭指标进行走航监测，力争实现快速响应、精准管治。开展VOCs 2.0版综合治理工作。推进全区14家涉VOCs工业企业完成综合治理工作。持续对30家涉喷漆的汽修企业开展VOCs在线监测和提标治理工作，在企业自查基础上通过线上线下相结合的方式对治理成效进行抽查。三是强化移动源多源头监管。加强重型柴油车路检路查，在检测车辆尾气的基础上，进一步引入车用尿素、车辆超载、车容车貌检查等内容。结合“一网统管”运输车辆违规智能识别系统大数据分析情况，在重点道路设立移动检查点位，加大柴油车路检路查及处罚力度。全年开展柴油车路检路查、入户检查1867辆。结合工地扬尘监管工作，开展非道路移动机械检查，指导机械所有者开展申报工作。全年共计检查非道车辆658辆，未申报或悬挂牌照9辆，处罚9辆，罚款1万元；共检测非道车辆109辆。四是落实秋冬季及重要会议期间空气质量攻坚。制定2023年重污染天气减排方案及清单、秋冬季企业分级管控方案。在2023年重要活动和年底重污染天气频发期间，区生态环境局联合各相关单位落实保障措施，督促各类施工单位落实停止易扬尘施工、洒水降尘等措施，加大重点区域道路保洁力度，协调道路排堵保畅，减少尾气排放。

【保障土地安全利用】 2023年，徐汇区开展收储地块土壤环境场地调查监管和组织评审相关工作。累计完成26个地块的土壤调查项目归档，保障区域重点建设用地安全利用率100%。多措并举强化场地调查全过程监管，对场地调查的关键阶段（采样分析工作计划、现场采样、实验室检测分析）开展监督检查，采取与从业单位同步进场、同步采样分析、同步比较结果的“三同时”监管措施，杜绝从业单位弄虚作假的情况。对去年已完成场调项目开展土壤专项执法，通过场地现场踏勘、逐项对照执法要点、核实台账资料等方式开展现场执法检查，已完成检查土地使用权人6个、从业单位3个，进一步加强土壤污染状况调查、风险管控和修复等活动监管力度。

【有序推进“无废城市”建设】 徐汇区生态环境局发布《徐汇区“无废城市”建设工作方案》，部署八大重点任务，明确“无废城市”建设的总体目标和阶段性目标。力争到2030年，全区固体废物资源化利用充分，实现固体废物近零填埋，全域“无废城市”建设稳居全市前列。同时，在凌云街道建设完成精品示范社区，开展各项回收工作；推进长桥制水厂产生的污泥委外制砖，实现全量资源化利用；落实徐汇新建民用建筑均按照规定采用装配式建造方式；搭建初级中学“实验室”危险废物处置平台，共同督促初级中学做好危险废物的安全处置。全年全区干垃圾产生量控制在783吨/日，湿垃圾分类量达488吨/日，可回收物回收量达185吨/日。

【加强危险废物日常管理】 徐汇区危险废物产生单位在册共计420家，危险废物重点监管单位（年产废量在100吨以上）共计7家。全年累计危险废物转移量3468.05吨。根据相关要求，危险废物产废单位均已完成危险废物管理计划本年度首次申报工作并备案。结合危险废物规范化环境管理评估，进一步加强监管力度，严厉打击违法违规行为。全年共完成151家单位的现场评估，发现问题：危险废物标识设置不规范、应急预案未备案等，部分问题已现场督促企业完成整改，其余已明确整改期限，并跟踪督促企业落实整改。

【加强工业固体废物监管】 徐汇区结合危险废物规范化环境管理评估工作，现场核实企业一般工业固体废物的制度管理、台账记录、贮存、转移等环节管理情况，督促产废单位落实主体责任，加强一般工业固体废物的全过程管理。19家一般工业固体废物产生单位均已落实年度申报。

【落实医疗废物日常监管】 徐汇区医疗废物产生单位共计382家，全年累计医疗废物转移量8249吨。其中239家为小型医疗机构，其产生的医疗废物纳入“医疗废物‘最后一公里’”项目进行收运，“医疗废物‘最后一公里’”项目累计上门收运次数42000次，累计收运医疗废物101.5吨。

【初步形成新污染物治理管理机制】 徐汇区根据国家和上海市部署完成首轮化学物质基本信息调查和首批环境风险优先评估化学物质详细信息调查，组织调查范围内的17家单位落实信息统计上报，建立徐汇区新污染物信息调查数据库。建立区生态环境局牵头、相关部门和单位参与的新污染物治理跨部门协调机制，有序推动新污染物治理各项任务的开展。

【加强辐射污染源监管】 徐汇区进一步规范辐射安全许可证审批、转让审批、放射源备案和现场执法行为。全年共开展对核技术利用单位现场检查145户次。办理各类辐射安全许可证申请108家、完成Ⅳ类、Ⅴ类放射源转让审批2户次、备案4户次。完成放射性同位素安全检查专项行动，对10家从事销售和使用Ⅳ类、Ⅴ类放射源的区管核技术利用单位全覆盖检查，进一步消除辐射安全隐患。组织开展了2023年徐汇区突发环境事件综合应急演练。

【实现规划环评和项目环评联动】 在市生态环境局和市环境科学研究院的支持和指导下，徐汇区帮助漕河泾开发区完善管理机制，成立生态环境保护管理办公室，重新编制了应急预案，通过专业第三方加强了对企业的指导和帮扶，市民信访进一步下降，进入了全市规划环境影响评价与建设项目环境影响评价联动的产业园区名单。该开发区获得了豁免环评备案、豁免市政类环评报告表、部分环评报告书降级、环评报告表可以实施告知承诺制等政策优惠，得到开发区内企业的广泛好评。

【探索环评机制创新】 徐汇区积极开展机制创新，贯彻环境分区的管控思想，推进中小园区编制生态环境分析评估报告，并委托市环科院组织技术评审，指导中小园区落实生态环境设施建设和机制建设。三季度，完成了相关园区评审，率先在全市开展对中小园区的环评探索，妥善处理了园区内实验楼生态环境风险管控和周边居民住宅的矛盾处理问题。四季度，上海安必生制药有限公司的总部和实验室落实在瑞创谷，该模式受到了园区业主方和企业的欢迎。后续，枫林国际一期A楼按照该模式完成评审，上海医药的生物医药孵化基地将落户。

【探索“工业上楼”模式】 徐汇区支持区域产业结构调整，参与市生态环境局“工业上楼”负面清单研讨和区工商联“工业上楼”课题起草，结合区域特点为“工业上楼”提供生态环境保护的意见。与区规资局、区发展改革委、区商务委、漕河泾开发区总公司，以及相关街道共同推进华美达、老凤祥作为区内“工业上楼”项目的相关工作，争取通过体制机制创新，推动全区的产业结构调整，明显提升单位排污量的经济效益，进一步实现区域的高质量发展。

【开展信用修复工作】 徐汇区做好区内重点企业信用评价和企业信用修复指导工作，完成全区 69 家重点单位信用评价；在发放行政处罚决定书时同步发放信用修复告知书，告知信用修复的途径和条件，全年完成信用修复 4 件。

【配合开展生态环境保护督察】 徐汇区针对 2023 年上海市生态环境警示片披露的龙漕路餐饮油烟扰民问题，会同漕河泾街道积极做好整改销号工作，鼓励餐饮企业调整业态，不再开展产生油烟的餐饮服务。对长江经济带警示片披露问题举一反三，自查自纠。11 月 12 日至 12 月 1 日，配合开展上海市第二轮生态环境保护例行督察。11 月 24 日，第一督察组及徐汇区相关领导带队开展联合下沉检查，深入一线督察各类环境污染违法违规问题，切实推动督察整改见行见效。本次督察组共受理举报投诉 71 件（其中来电 67 件，来信 4 件），向徐汇区交办有效举报 32 件；现场检查点位 192 个。并向徐汇区反馈了《徐汇区生态环境保护督察反馈意见》、移交了《徐汇区生态环境保护督察责任清单》。在肯定全区生态环境保护取得工作成果的同时，重点指出八个方面 23 个问题。针对其中指出的 53 个问题点位，全区坚持边督边改，已全部整改完成。对交办的 32 件信访投诉件第一时间开展执法检查，积极和居民、企业开展沟通，目前已全部办结。同时，对督察反馈问题举一反三，全面排查，探索建立长效机制。

【持续深化“一网统管”建设】 徐汇区依托“智能发现 + 协同处置”机制，进一步深化集“全域感知、实时计算、联勤联动、即时处置”等数字化赋能手段于一体的“大气智理”“水境智理”场景建设。持续完善空气质量小微站、道路及工地扬尘实时监测、工业及汽修挥发性有机物在线监测、餐饮油烟在线监测、医疗废水在线监测、水质自动监测站、无人机、无人船巡查等智能感知网络建设。同时，利用走航监测、道路积尘检测等方式，进一步完善全区环境监管网络，为非现场监管、环境质量攻坚等提供助力。

【持续推广“环信码”应用】 徐汇区形成涉及建设工地、餐饮、汽修、工业企业的分级管理源头防控，数字智能远程监管的动态管理模式。实现对重点区域的餐饮油烟扰民问题和建筑工地环境污染问题的分级分类高效监管。在改善营商环境的同时，不断提高群众满意度和幸福感。结合排污许可证监管，探索制定工业企业“环信码”管理办法，加强对优质工业企业的扶持力度，加大对不规范工业企业的监管力度，不断提高环保管理效率，确保区域环境质量，助力各工业企业在徐汇区健康稳定发展。

【提升环境监测能力】 徐汇区结合大气和地表水在线监控网络，实时掌握环境变化，发挥预警功能，同步审核相关数据有效性，全年取得大环境监测数据 12554 个，污染源监测数据 11446 个，共取得监测数据 24000 个，审核在线数据约 2508 万个，全年共移交异常情况线索 24 件。对辖区内开展环境监测服务的社会监测机构和承担政采任务的运维机构实施监督检查，全年通过非现场检查和现场检查共开具问题整改单 57 张，并及时跟进问题整改进程，完成监管闭环。持续提升环境检测能力，在 2023 年度上海市环境监测系统技能竞赛中获得团体三等奖。

【加强环保设施向公众开放】 2023 年，徐汇区以线上和线下相结合的方式开展环保设施向公众开放活动，并结合环境教育基地功能，传播生态环保技术与绿色发展理念，提升学生科研能力与环保意识。结合世界水日、地球日、政府开放日等特定节日，共组织开展了 11 次开放参观活动，活动对象为南洋模范中学、董恒甫高级中学、市二初级中学、位育初级中学师生，上海凸版光掩模有限公司员工，华悦家园居民等共计 158 人。

【组织环保宣传活动】 徐汇区把生态环境工作与团组织工作结合，成立徐汇“小水滴”青年志愿者服务队，持续开展“行走的团课”暨“随手公益”滨江净滩行动；把生态环境工作与妇儿工作结合，组织开展“环保夏令营”，通过知识小课堂、沉浸式体验、手工制作等兼具互动性和教育性的活动方式提升儿童沉浸式参与体验，帮助小营员们更好地了解环保科学知识和生态文明理念，激发孩子们的环保意识和科学兴趣；把生态环境工作与教育工作结合，组织开展“位育初中杯”青少年环保摄影比赛、“让汽车更环保，让生活更美好”——青少年车辆模型创新竞赛活动、区环保系列竞赛、区爱鸟识鸟系列活动、区青少年保护野生动物竞赛、区环保创意赛、区生态家园活动等多项杯赛，以赛促学，践行环保理念，养成文明习惯。

【开展六五环境日主题活动】 徐汇区开展以“建设人与自然和谐共生的现代化——汇自然 · 汇生态，积极打造汇美宜居样板”为主题的“六五环境日”宣传活动，讲好生态环保故事，展示生态环保成就、弘扬生态文化，营造全社会共同参与人与自然和谐共生的生态环境。

【开展生物多样性日活动】 徐汇区开展一系列科普宣传活动，与市生态环境局联合举办“从协议到协力：复元生物多样性”主题宣传活动和首届上海市生物多样性公益集市。此外，与绿化市容局和凌云街道，共同推动凌云低碳科普馆创建，生动诠释低碳生活方式。在区环境监测站开展2期“徐汇政协赋能者项目”种子项目，发动广大青少年积极参与力所能及的生态环境志愿服务。

【开展全国生态日活动】 徐汇区配合市生态环境局开展2023年全国生态日上海宣传教育暨首届上海生态环保艺术节活动，以“绿水青山就是金山银山”为主题，以“激发起全社会共同呵护生态环境的内生动力”为主旨，融合表演艺术、装置艺术、手工艺术三大艺术形式，推出11项生态文化艺术展出。

【开展上海自然保护周活动】 徐汇区与虹梅街道以“你好，自然人——共创可持续未来”为主题共同开展大型群众科普教育公益活动。通过举办“共创可持续未来：低碳环保与自然保护”论坛，融入环保市集活动，宣传徐汇低碳环保创建的发展。

【推广绿色生活和绿色消费】 徐汇区推行绿色产品政府采购制度，在公交、环卫、机关用车等领域推广使用新能源汽车。广泛宣传绿色生活理念，形成崇尚绿色生活的社会氛围，分类推进节约型机关和绿色家庭、绿色学校、绿色小区、绿色出行、绿色商场、绿色建筑等重点领域创建活动。进一步推广绿色商场创建经验，截至2023年底，全区共有港汇恒隆广场、环贸IAPM商场、徐汇绿地缤纷城、徐汇保利时光里4家商场取得商务部绿色商场称号。

【充分发挥生态环境公益诉讼检察职能】 徐汇区依法开展公益诉讼诉前工作，探索生态环境损害赔偿与公益诉讼衔接制度。在案件数量方面，2023年，区检察院共办理生态环境保护领域行政公益诉讼案件61件，生态环境保护领域民事公益诉讼案件2件。其中，制发诉前检察建议书32份，磋商案件31件。在案件领域方面，2023年区检察院围绕大气污染、水体污染、噪声污染、光污染、固体废物污染、水土矿资源、动物资源破坏、植物资源破坏、其他环资共9个领域开展行政、民事公益诉讼，全方位、宽领域、多角度加强生态环境检察监督力度。2023年区检察院通过向行政机关制发诉前检察建议、开展案件磋商、支持生态损害赔偿的方式，共督促整治大气污染面积8922.3平方米，水体污染面积40440平方米，光污染面积13559.2平方米，清除固体废物垃圾4480.2吨，清理外来入侵物种“加拿大一枝黄花”16073平方米、福寿螺83.79吨。

【积极办理两会提案议案】 2023年，徐汇区生态环境局共办理两会提案议案5件。其中人大代表建议1件，政协委员提案4件。人大代表建议对塑料制品的消费予以调节和引导，引导绿色消费。政协委员提案集中在加强涉危险化学品安全生产监督管理、以“双碳”实践加速徐汇“绿色”转型、加快构建园区碳排放管理与评价体系、推进城市绿色能源一体化建设方面。徐汇区生态环境局积极配合主办部门协同推进。落实专人对提案后续工作进行跟踪推进，确保提案有始有终，所有提案均按时办结。

【强化全社会监督】 徐汇区通过网上公告、微博、微信公众号等多种渠道，及时公开与生态环境保护相关的信息，接受社会监督。畅通民意表达渠道，健全“12345”市民服务热线、“12369”环保举报热线、信访投诉等举报、查处、反馈机制，及时回应群众诉求，全年共受理信访件17件，“12345”平台投诉656件。从污染类型分析，全年接到噪声问题319件（占47.4%），餐饮油烟问题292件（占43.4%），废气类问题36件（占5.4%），废水类问题4件（占0.6%），危险废物类问题1件（占0.1%），辐射类问题13件（占1.9%），环评类问题3件（占0.45%），光污染类问题2件（占0.3%），其他类3件（占0.45%）。

全年信访及时处复率100%，热线先行联系率与按时办结率均为100%；国信网中初次信访办理效率为7天10小时，信访市民满意度100%；区政府平台的信访30天办结率为100%。各平台投诉处理效率进一步提高。

（朱凌甫 供稿）

长宁区

【区域经济发展回升向好】 2023年，长宁区上下凝聚合力，扎实推进经济高质量发展，主要经济指标持续改善，区域经济持续回升向好，两项主要经济指标总量均创历史新高，全年地区生产总值达到2286.2亿元，同比增长12.8%，增速继续保持全市前列；区级一般公共预算收入达到168.5亿元，同比增长8.3%，增速位居中心城区第三。其中，“3+3”重点产业完成综合税收370亿元，同比增长40%，占全区税收比重达67%，较上年提高了9个百分点。固定资产投资总额179.2亿元，同比增长5%；商品销售总额、社会消费品零售总额分别同比增长1%、14%。

【区域环保投入情况】 2023年，长宁区环保投资总

长宁区生态环境执法人员开展队列训练　（长宁区 提供）

金额4.33亿元，其中区财政拨款3.87亿元，市财政拨款2326.37万元，其他投资总额2264.52万元。其中，用于污染源防治投入2481.01万元，用于生态保护和建设投入209.72万元，用于城市环境基础设施建设3.45亿元，用于生态环境管理能力建设1021.25万元，用于环保设施运转费4121.73万元，用于其他（包括清洁生产、循环经济等）1003.78万元。

【加快推进绿色生产方式】 2023年，长宁区推进2家企业的清洁生产改造审核工作并组织开展方案审核。持续推广新能源车，更新机关事业单位新能源公务用车6辆和新能源环卫车9辆。加快充电桩等配套基础设施建设，完成充电设施建设任务530个，1个出租车充电示范站建设工作，建成15个上海市充电桩示范小区。

【引导绿色低碳生活方式】 2023年，长宁区持续推进临空低碳实践区，新泾镇绿八居民区和北新泾街道新泾五村、六村低碳社区的创建，开展新华街道低碳示范区创建方案编制；推荐江苏街道白阶云优秀案例入选生态环境部2022年绿色低碳系列典型案例（个人）。加强塑料污染治理，形成长宁区塑料污染治理重点企业库，做好重点场景抽查不合格点位督促整改工作，加强对销售塑料购物袋质量监督检查。

【推动第八轮环保三年行动计划】 长宁区有序推进第八轮环保三年行动计划涵盖的水、气、声、固体废物、低碳等8个专项51个项目（市级项目42个，区级项目9个）。年初全面梳理项目情况，下发2023年工作任务清单，召开工作推进会，定期调度项目进度，有序推进各个项目实施，按计划完成50个项目，根据市级计划调整1个项目。

【开展大气污染防治工作】 2023年，长宁区环境空气质量优良天数为311天，优良率为85.2%，细颗粒物（$PM_{2.5}$）平均浓度28微克/立方米。开展空气质量保障专项攻坚行动，建立“六个一”工作机制，即一份空气污染应对措施清单、一份污染源清单、预警时一条工作提示、每日一次空气质量预报、每周一次例会、每周一份简报，强化重点区域污染源排摸管理和巡查检查力度。加强工地扬尘管理，区生态环境局与区建管委、区城管执法局等部门进一步完善管理机制，形成管理闭环，强化联合检查，督促工地落实各项扬尘防控措施。召开在建工地施工污染防治宣贯培训会，督促施工方认真履行环境保护主体责任。推动完成华阳空气标准站周边（华阳敬老院）的油烟净化器改造，区生态环境局与区城管执法局、区市场监管局联合开展专题研究，制定《长宁区餐饮服务行业油烟专项执法行动方案》，开展联合执法，督促餐饮企业履行生态环境责任，减少餐饮经营对周围居民的影响。深入开展挥发性有机物治理，开展汽修等挥发性有机物简易治理设施精细化管理试点，完成中航油储油库改造，完成VOCs 2.0减排量核算及核查工作。

【持续推进水污染防治工作】 2023年，长宁区36个河道断面优Ⅲ类比例100%，9个市考断面优Ⅲ类比例100%。全面落实河长制、湖长制，坚持召开水质分析月度例会，区生态环境局与区水务局加强联动，及时掌握水质变化情况并采取有效措施。持续开展入河排污口规范化管理工作，印发《长宁区加强入河排污口监督管理实施方案》，推进全区入河排污口监督管理。持续开展医疗机构处理设施补短板复核工作。区生态环境局与华东师范大学合作开展城市河流缓冲带生态复合功能提升课题研究相关工作。

【开展土壤污染防治工作】 2023年，长宁区继续依托重点建设用地安全利用率核算工作专班，强化各部门信息共享机制，持续优化工作流程，共同把好2023年重点建设用地安全利用关。2023年全区重点建设用地安全利用率为100%，实现净土出让和净土利用。制定《2023年长宁区建设用地土壤环境状况初步调查监督检查工作实施方案》，共有3幅地块初步调查纳入质量监督范围，开展采样分析工作计划、现场采样和实验室检测分析环节的线上线下质量监督。

【推进“无废城市”建设】2023年，长宁区建立“无废城市”建设协调机制，召开年度“无废城市”建设推进会，制定完善并有序推进实施年度“无废城市”建设工作计划及年度49项目标任务清单。分别组建“无废空港”联盟，“无废卓越企业”联盟，设计制作以“美丽长宁、无废先行”为口号的“1+7”宣传海报，展示长宁区“无废城市”建设重大意义和主要内容，动员社会各界积极参与“无废城市”建设。

【持续推进危险废物规范化管理】长宁区加大帮扶指导力度，对问题企业加强法律法规宣贯、开展执法回头看，确保企业及时消除危险废物环境安全隐患，切实履行安全生产和生态环境保护主体责任，危险废物“三个能力”建设不断得到提升。

【加强医疗废物环境监管】2023年，长宁区严格落实执行小型医疗机构医疗废物集中收运“最后一公里”，加强对医疗废物集中收运第三方运营单位的监督指导，确保实现全覆盖医疗废物48小时收运。组织“长宁区2023年度医疗废物应急收运处置专项演练”，确保医疗废物安全。

【加强其他固体废物环境监管】长宁区制定新污染物治理行动工作方案（2023—2025）和任务分工，开展新化学物质持证单位入户跟踪核查共计约120人次评估工作。完成长宁区化学品信息统计2023年度核查统计工作。

【加强辐射环境安全管理】2023年，长宁区督促完成核技术利用单位按期完成2022年度评估报告申报，申报率达100%。赴市辐射安全中心对国家系统库填报进行实操培训，邀请专家对辖区内核技术利用单位辐射管理开展核技术利用单位培训。

【开展生态环保督察相关工作】2023年，上海市第一生态环境保护督察组对长宁区开展了市级生态环境保护例行督察。长宁区做好迎检保障工作，成立督察协调联络组，按期办结各项转办任务，累计完成受理举报投诉52件，提供调阅材料12批次233份，均做到迅速交办，即时办结。根据督察反馈意见，制定反馈意见整改方案，全面推进三个方面11小项50个具体问题的整改工作，实施清单制管理，明确整改责任、目标、期限和具体措施，逐项整改，确保按时达到督察整改要求。

【有效强化环境监管】2023年，长宁区加强排污许可证后监管和建设项目环境保护事中事后监管的衔接，强化固定污染源建设期、调试期和运营期的全周期监督、全覆盖管理、全流程指导。修订《关于加强长宁区固定污染源全周期生态环境监督管理的实施意见（试行）》，建立固定污染源监管季度调度机制，按照排污许可等相关要求开展日常环境监管，落实环境管理台账及执行报告检查、自行监测落实情况的监督检查，开展污染物实际排放量核查。

【持续加大执法力度】2023年，长宁区开展环境执法大练兵，推动执法力量进社区、下基层，将能力建设充分融合到污染源日常监管、专项执法、群众信访、环境违法案件查处等各项工作中。全年共出动执法人员1471批次、3202人次，对1731户次污染源进行了监察和巡查。严厉打击各类生态环境违法犯罪行为。做出责令改正违法行为决定65件，轻微违法免于处罚22件，行政处罚决定23件，处罚金额共计106.15万元。

【不断加强环境监测】2023年，长宁区加强环境质量监测综合分析，对各类环境监测数据进行统计汇总，编制2022年生态环境质量报告书。加强污染源监测，顺利完成全年柴油车尾气入户及路检路查工作。

【完善综合管理平台建设】2023年，长宁区重点打造“无废城市”、生态环境安全风险源管理等场景模块。通过网络管理平台与街镇加强联动，强化协同，加强工地扬尘、油烟在线监测数据应用，提升生态环境数字化转型治理效能，持续向实战管用转型。

【提升行政审批“一网通办”效能】2023年，长宁区全面落实“两个免于提交”，即凡是上海市政府部门核发的材料，原则上一律免于提交；凡是能够提供电子证照的，原则上一律免于提交实体证照，全面提升政务服务标准化、规范化、便利化、智慧化水平，持续提高网办量和网办率，不断推进“两个免于提交”实效，区生态环境局21个事项全部实现网上申报、网上办结。

【深入开展安全生产与应急工作】2023年，长宁区切实加强环保设备设施安全生产和废弃物处置安全，坚决防范遏制重特大事故发生。召开专题会议，部署生态环境领域安全生产工作，落实重要时间节点的环境安全工作，持续开展安全隐患排查和整改工作，提升人民群众对身边美好环境的获得感、幸福感和安全感。

【持续推进绿化建设】截至年末，长宁区人均公共绿地面积7.60平方米；新建各类绿地面积4.6万平方米，其中，公园绿地面积 1.74 万平方米，附属绿地 2.86 万平方米。

【加强市容环境管理工作】 2023 年，长宁区市容环境公众满意度测评结果位于全市前列。上、下半年排名均为全市第三，有 6 个街道测评为优秀。持续做好每月 15 日的“洁净上海”城市环境清洁行动，广泛发动街镇、门责单位、自律组织共同参与，并与文明城区创建、爱国卫生运动等工作相结合，做到“月月有主题，次次有重点，人人齐动手，处处现成效”。全年共开展各类主题的城区大清扫、大冲洗、大巡查活动 20 余次。达标示范街镇复审、示范街镇创建。配合、指导北新泾街道和仙霞街道开展达标街镇复审迎检、江苏街道示范街镇复审迎检工作，并全部通过验收。华阳街道成功创建示范街镇。开展薄弱区域整治工作，结合城市环境清洁日等活动，完成新渔东路、老孙家桥地块等 6 处薄弱区域、1 处回潮区域整治工作。

【强化生态环境宣传】 2023 年，长宁区开展“六五环境日”“生物多样性日”“低碳日”等主题宣传活动，营造良好的绿色宣传氛围，推动形成绿色低碳的生产方式和生活方式。与上海自然博物馆（上海科技馆分馆）联合推出“季候令”专栏，以四季更迭中的动物和植物为内容，形成“身边的多样生物”系列推文，全面展示长宁区域内的生物多样性。继续与相关单位加强合作，丰富“生境课堂”内容和形式，开展 6 堂别开生面的“生境课堂”，拓展“生境 +”沉浸式生态环境教育功能，让公众感受城市生物多样性保护的价值，共同参与城市生态环境保护。

【全面开展生物多样性保护】 长宁区制定下发《长宁区关于进一步加强生物多样性保护的实施方案》，推进《长宁区生态系统和生物多样性保护提升规划》编制，发布“共绘长宁美好生态愿景”公众调查问卷，组织召开专家座谈会，持续打造中心城区生物多样性保护长宁样本。以区政协提案答复为契机，召开专题提案答复会，区生态环境局会同其他相关部门各司其职深入开展生态空间提升和城市生物多样性保护研究，开展长宁区城市生境和谐指数调研，推动人与自然和谐共生的国际精品城区打造。

【着力解决生态环境问题】 2023 年，长宁区提高 12345 热线工单办理实效，针对工单反映的施工噪声、设备噪声、异味等情况，继续完善工作体系，形成区生态环境局主要领导亲自抓、分管领导具体抓、局办公室负责协调、局执法大队负责具体流转操作、局机关各科室和基层单位参与办理的全局合力推进工作模式，每周例会专题通报市民热线处置情况，研判重点、预判难点，切实提高问题的有效解决率。

【积极回应群众环境诉求】 2023 年，长宁区妥善及时处理好各类环境信访投诉，积极回应群众环境诉求。全年收到的 763 件投诉 / 信访中：市生态环境局转来 109 件，市民热线 631 件，国网 23 件。年度累计办结投诉 / 信访 763 件，办结率 100%。投诉 / 信访件按污染物类型分类：餐饮油烟类 70 件，占信访总量的 9.2%；噪声类 661 件，占信访总量的 86.6%；废水类 5 件，占信访总量的 0.7%；固体废物类 4 件，占信访总量的 0.5%；辐射 3 件，占信访总量的 0.4%；其他类 20 件，占信访总量的 2.6%。

（隆楚月 供稿）

普陀区

【区域经济发展量质齐升】 2023 年，普陀区经济实现质的有效提升和量的合理增长。全年地区生产总值同比增长 6.1%，增速位列中心城区第 4 位。区级财政收入实现 154.43 亿元，同比增长 11.81%，连续三年实现两位数增长。固定资产投资同比增长 21.5%。

苏州河宝成桥—武宁路桥段（普陀区 提供）

智能软件、研发服务、科技金融、生命健康四大重点培育产业实现区级税收 40.78 亿元，同比增长 16.32%，占区级税收比重达 41.04%，较上年同期占比提升了 4.08 个百分点。

【区域环保投入情况】 截至 2023 年 12 月 15 日，普陀区生态环境投入 37.36 亿元，全年生态环境投入占地区生产总值的比例为 2.79%。其中市级投入 1.70 亿元，占总投入的 4.55%；区级投入 27.54 亿元，占总投入的 73.72%；其他投入 8.12 亿元，占总投入的 21.73%。从投资项目分，污染源防治 2.37 亿元，占总投资 6.34%；生态保护和建设 13.15 亿元，占总投资 35.20%；城市环境基础设施建设 21.33 亿元，占总投资 57.09%；生态环境管理能力建设 0.15 亿元，占总投资 0.40%；环保设施运转费 0.16 亿元，占总投资 0.43%；其他生态环境投入 0.20 亿元，占总投资 0.54%。

【开展节能减排工作】 2023 年，普陀区加强节能目标综合管理。发布《普陀区碳达峰实施方案》，广泛开展宣传和政策解读。严格落实国家和本市对重点用能单位实施能耗“双控”目标责任制和考核评价制的要求。

推动产业低碳绿色发展。修订《普陀区支持节能减排降碳实施意见》，发布《2023 年度普陀区节能减排专项资金申报指南》，积极鼓励符合条件的各类企业、机构、相关单位结合实际申报项目资金，全年共完成 12 个企业扶持项目审核，合计 412.72 万元。积极推动可再生能源和新能源发展，鼓励“光伏建筑一体化”“光储直柔”建筑等示范项目建设。2023 考核年度，完成光伏并网规模 6983.36 千瓦。推进企业清洁生产审核与改造，完成区内 4 家相关企业强制性清洁生产审核验收。搭建交流平台，推动节能服务机构与用能企业对接，鼓励用能企业实施合同能源管理项目。

筑牢建筑楼宇节能基础。严格落实《关于规模化推进本市既有公共建筑节能改造的实施意见》。严把新建项目绿建节能落实关，建筑节能备案率达到 100%。落实绿色建筑达到 134 万平方米，超低能耗建筑项目 3 项。

【完成第八轮环保三年行动计划】 2023 年，普陀区建立健全生态环境保护重点项目跟踪、督办机制，定期对第八轮环保三年行动计划各项任务进展情况进行调度，对进度滞后项目进行督促，“九大领域”118 项目标任务全部完成。

【推进低碳创建】 2023 年，普陀区持续推进低碳社区和低碳发展实践区建设。真如城市副中心通过上海市第二批低碳发展实践区验收；指导长征镇梅四社区、桃浦镇莲花公寓、桃浦智创城制定低碳创建总体方案、任务清单及 2023 年创建计划。聚焦绿色生态城区发展。推动桃浦智创城绿色生态城区范围内的建设项目按照规划方案落实，开展自查及阶段性评估工作；推进真如城市副中心绿色生态城区创建，完成《真如城市副中心绿色生态城区绿色生态专业规划》编制。

【生态环境质量状况】 2023 年，普陀区环境空气质量指数（AQI）优良天数 312 天，优良率为 85.5%，同比上升 1.1 个百分点。环境空气质量主要指标：二氧化硫（SO_2）年均浓度为 5 微克 / 立方米、二氧化氮（NO_2）年均浓度为 34 微克 / 立方米、可吸入颗粒物（PM_{10}）年均浓度为 47 微克 / 立方米、细颗粒物（$PM_{2.5}$）年均浓度为 29 微克 / 立方米、一氧化碳（CO）24 小时平均第 95 百分位数浓度值为 1 毫克 / 立方米、臭氧（O_3）日最大 8 小时平均第 90 百分位数浓度值为 160 微克 / 立方米。其中二氧化硫（SO_2）、二氧化氮（NO_2）和一氧化氮（CO）达到国家环境空气质量一级标准，可吸入颗粒物（PM_{10}）、细颗粒物（$PM_{2.5}$）和臭氧（O_3）达到国家环境空气质量二级标准。全区 10 条市考水环境质量断面全部达标，达到或好于Ⅲ类水体比例为 100%。按照市河长办考核结果，2023 年普陀区区管及以上河湖断面水质优于Ⅲ类占比为 95.1%。区域土壤环境质量总体保持稳定，区域重点建设用地土壤污染风险安全可控，安全利用率保持 100%，未发生疑似污染地块或污染地块再开发利用不当且造成不良社会影响的事件。区域环境噪声昼间时段平均等效声级为 53.7 dB（A），夜间时段平均等效声级为 47.5 dB（A）；道路交通噪声昼间时段平均等效声级为 67.9 dB（A），夜间时段平均等效声级为 62.6 dB（A）。

【土壤修复专项调研】 2 月 23 日，生态环境部土壤司有关领导现场调研普陀区桃浦智创城，实地考察桃浦智创城中央绿地土壤修复案例。调研组对普陀区土壤生态修复先行先试工作予以充分肯定，并就下一步做好土壤修复治理相关工作、推动绿色低碳高质量发展等方面提出了要求：一是要宏观上规划和微观上治理，结合控规和土壤污染状况因规施策，倡导绿色发展，绿色修复；二是要对完成修复和风险管控的项目，通过制度控制及长期监测等方式，做好后期管理；三是要探索修复、施工方式方法，汇集多方修复经验，从制度上保障，技术上探索，形成可复制、可推广的土壤修复治理示范样本，推动绿色低碳可持续发展；四是要善于总结经验做法，强化宣传引导，努力形成齐抓共管的土壤污染防治工作合力机制。

【加强大气污染防治】 2023 年，普陀区启动实施上海市清洁空气行动计划（2023—2025年），52项区级任务均有序推进。

强化扬尘污染管控。依托扬尘污染防治联席会议机制，定期研究扬尘污染防治工作并分析商议对策措施，加强培训和绩效评价。加大监管力度，对工地开展扬尘在线监测数据及现场评分量化评价，开展问题工地曝光通报，跟踪指导并督促评分工地落实扬尘防治各项措施。加大道路施工项目及监测数据高值或监测频次较高路段的巡查及管控力度，全年共巡查发现问题6346项，均按要求闭环管理。

深化开展VOCs整治工作。完成7家VOCs 2.0治理单位减排量核算和核查工作。完成VOCs简易治理设施精细化管理试点。持续开展企业自备油品及使用情况排查工作，建立动态更新清单，完成区内4家自备油品单位全覆盖检查。强化非道路移动机械环保监管，持续开展环保标识审核发放，全年累计检查134台非道路移动机械，查处未申领环保标识6台。

持续推进商业广场餐饮企业高效油烟净化治理，完成116套餐饮油烟在线监控设备安装。加强对辖区内产生餐饮油烟重点区域、重点单位、重点时段的执法监管力度，依法查处、整治违法建设及违法排污餐饮单位。

加强秋冬季大气空气质量改善攻坚，制定实施普陀区2023年空气质量改善专项攻坚方案，做好亚运会、进博会等重大活动的环境质量保障，积极应对重污染天气。

【水环境治理与保护】 2023年，普陀区深化落实河长制。编制2023年普陀区河湖长制工作要点，明确年度目标和重点任务，细化责任分工。持续对全区河道水质开展定期监测预警。完善重点断面水质预警机制，进一步加强河道养护单位及时开展水质异常断面的巡查处置。全年区各级河长巡河总次数1394次，其中区级河长51次、街镇级河长434次、村居河长909次，发现问题均及时处置。

推动"蓝网"提升行动计划，在中心城区中率先启动生态清洁小流域建设工作。推进智慧城水系综合整治、新泾河（春光家园段）综合整治、桃浦河—木渎港等河道疏浚、北张泾水闸等3座泵闸拆除重建及长浜、桃浦湖综合整治等工程。做好控源截污，推进"排水清管"行动，全年共疏通各类排水管道1372.31千米，处置通沟污泥8458.18吨。

深入开展入河排污口排查溯源整治。印发《普陀区入河排污口排查整治专项行动工作方案》《普陀区强入河排污口监督管理工作方案》《普陀区加强入河排污口分类整治、动态销号和长效管理的实施意见》。对区内56条区管及以上河道、35条其他河湖开展全覆盖排查溯源整治。

【土壤污染修复治理】 2023年，普陀区持续做好土壤治理过程中各阶段报告的评审工作，开展相关报告评审项目36个。持续做好建设用地准入工作。落实土地出让、划拨前"两单制度"。落实土壤调查报告质控工作，进一步加强建设用地土壤污染状况调查工作的监督管理，全年对19个项目全覆盖开展采样方案环节质控工作，其中2个项目开展现场质控。强化建设用地土壤污染修复地块的后期环境监管。加强污染地块土壤修复后建设工程渣土转运管理，提升渣土转运管理水平和环境监管效能，确保修复区域工程渣土在开发建设过程中依法合规转运处置，坚决杜绝偷倒乱倒等违法违规行为。

【固体废物规范化管理】 2023年，普陀区积极推进落实全区"无废城市"建设。召开普陀区贯彻落实上海市"无废城市"建设工作推进会，明确工作目标，制定阶段性工作计划，有序推进各项任务。持续做好危险废物规范化管理工作，完成全区62家危险废物规范化管理单位的规范化评估。指导产废单位完成2023年度产废计划的年度申报工作，危险废物和医疗废物产废单位年度申报达100%。持续开展小型医疗机构医疗废物定时定点收运工作，全年共收运医疗废物136.33吨。开展一般工业固体废物年度申报备案工作，全年审核一般固体废物跨省转移备案项目22个。

【辐射安全管理】 2023年，普陀区定期召开辐射安全管理例会，夯实责任分工，督促年度辐射安全管理工作计划落实。完成年度辐射应急演练及《上海市普陀区处置核与辐射事故应急预案》修订。做好各单位辐射安全年度评估报告的上报。对Ⅲ类射线装置使用单位开展现场检查并核发证照。对区管涉辐射污染的单位开展核与辐射安全隐患双随机排查工作。

【生态环境执法监管】 2023年，普陀区健全以"双随机、一公开"为基本手段、以重点监管为补充、以信用监管为基础的新型监管机制。进一步强化监管、监测和执法之间"三监联动"，构建以排污许可制为核心的固定污染源监管制度体系，充分利用污染源在线监测、无人机等技术手段，提升执法信息化、数字化水平。全年共计出动执法人员1380批次、3254人次，检查单位2134户次。组织开展固定污染源排污许可证证后执法检查、辐射安全许可证专项检查、危险废物专项检查及建设项目中后期检查工作等36项执法检查行动。对35家单位（个人）实施行政处罚，处罚金额共计123.48万元，没收违法所得0.62万元。

【完成绿化建设指标】 2023年，普陀区完成新建绿地15.36万平方米，其中公共绿地10.29万平方米，专用绿地5.07万平方米。新建绿道7.10千米，新建立体绿化2.51万平方米。完成新增城市公园2座，口袋公园5座。完成新（补）种行道树2083棵。

【推进林长制工作】 2023年，普陀区林长制工作全面推进，两级林长制体系有序运行。完成区总林长召开林长制工作会议10次，开展总林长巡林调研16次，签发普陀区1号林长令，落实解决全区绿化相关重点难点问题。街镇林长巡林督导累计完成1030次，5个街镇成功创建标准化林长制办公室。开展"携手共助林长制，绿水青山林长治"主题宣传活动，聘任企业林长，成立红领巾护林队，社会爱绿护绿责任意识不断增强。

【开展城市更新绿脉行动】 2023年，普陀区点上持续打造街头绿化亮点。完成14处转角绿地提升改造，5座口袋公园建设，超额完成年度建设计划。线上不断完善绿色慢行网络。新增苏州河绿道（大渡河路—真北路）及李家浜绿道等3段绿道，推进外环绿道贯通工程，打造"绿中有水、水中有绿"的沿河绿道景观，构建"市级—区级—社区级"三级绿道体系。优选品种实施行道树优化更新。桃浦西路成功创建市级绿化特色道路。面上打造城市生态绿肺。重点聚焦苏州河岸线，完成苏州河岸线公园（二期）工程，推进半马苏河公园向西延伸扩展；持续推进环城生态公园带建设，完成春光公园整体建设，推进启动林公园、新杨公园、常和绿地、金光绿地建设；完善老公园改造方案，长风公园、武宁公园和长寿公园改造提升陆续启动。

【推进景观道路建设工作】 2023年，普陀区完成19条（段）景观道路（美丽街区）建设任务，累计完成景观道路（美丽街区）44条（段），基本成形"一廊两环、四横四纵、两块多脉"景观道路体系，建成市级两轮15个美丽街区。

【推进苏州河景观照明建设】 2023年，普陀区按照苏州河普陀段景观照明"静与雅"的规划定位，完成二期65幢沿河第一立面滨水建筑的景观照明提升，与已完成的苏州河长寿段童趣互动等3段特色岸线，消防塔、半岛花园、长风二号绿地烟囱等多个特色节点，2座桥梁照明等，基本完成普陀苏河沿线由低到高、由远及近的多层次夜景灯光体系建设。同步开展"半马苏河·乐活普陀"为主题的三期工程建设，完成华政桥及部分节点、楼宇再提升。

【提升市容景观管理水平】 2023年，普陀区有序开展责任区管理、设摊管理、户外广告招牌设施管理、市民公众满意度测评等市容环境日常管理工作，推动全区面上市容环境持续改善。全年选树市级责任区自律组织2个，其中"中潭一哩"获评全市十佳优秀自律组织称号；开展薄弱地区整治；以中潭路为试点，探索开展区域、领域和功能全覆盖的"全域门责"创新管理。制定《普陀区关于进一步规范设摊经营活动的实施方案》，排摸推广外摆位特色点，引导设摊从无序向有序转变。编制《普陀区户外广告设施设置实施方案》，共办理户外广告行政许可24处124块，户外招牌行政许可175件、备案5601件，备案率达到69%；创建2条市级户外招牌特色道路；开展违规户外设施专项整治。强化景观照明维护运行管理，落实日常巡查的"二照二告"制度。针对市容环境薄弱环节，开展"三乱"清理，大力开展市容环境满意度提升工作。

【巩固垃圾分类实效】 2023年，普陀区全年生活垃圾分类实效综合考评96.14分，位列全市16个区第4名。制订2023年普陀区生活垃圾分类工作方案，明确全年工作指标和任务清单。组织开展社区"微课堂"和"首届全国城市垃圾分类宣传周"活动，宣讲90余场次，发放居住区、商业综合体和沿街商铺垃圾分类宣传品2.6万余份。建立"区级、街镇、居委"三级管理网络。全年干垃圾日均量744.98吨、湿垃圾日均分出量441.17吨、可回收物日均回收量385.57吨、生活垃圾回收利用率52.6%，均达到年度任务目标。推行有害垃圾追溯机制，有害垃圾累计交付量达32.16吨。进一步规范餐厨废弃油脂管理，收运协议签订率100%，共处置废弃油脂463吨。聚焦"居住区小包垃圾落地"和"部分商业综合体分类标识不正确"问题，开展专项整治，现小包垃圾落地情况稳步下降，分类标识不正确问题全部整改完毕。

【环保领域安全生产监管】 2023年，普陀区重点关注环保设备设施、危险废物处置的安全问题，紧盯有挥发性有机物回收污染防治、污水处理、粉尘治理、蓄热式焚烧炉等重点环保设备设施的企业，制定《普陀区生态环境局关于进一步做好环境安全隐患及环保设备设施安全隐患排查的工作方案》，组织开展相关企事业单位环保设施安全生产情况检查及调度，及时消除安全隐患问题。

【推进生态环境警示片专项整治】 2023年，普陀区聚焦2022年长江经济带生态环境警示片反映问题，制定专项整治工作方案，开展专项整治行动，共计排查点位1100处，发现问题103处，全部完成整改。针对2023年上海市生态环境警示片披露问题，制定专项整治工作方案，开展专项整治行动，完成披露问题整改及举一反三工作。

【做好生态环境质量监测】2023年，普陀区制定年度生态环境监测工作计划及实施方案，按计划开展污染源监测。完成废水监测45厂次、废气监测14厂次、颗粒物监测11厂次、VOCs废气监测91厂次、排污许可证证后监管11厂次、建设项目事后监管15厂次、锅炉烟尘烟气监测153台次、加油站油气回收设施监测12座、电离辐射源7厂次、电磁辐射监测18个基站。完成柴油车路检1090辆、非道路移动机械抽测29辆、柴油车入户监测252辆、机动车年检站检查7家次。完成宁静小区建设监测等各类专项监测任务。持续开展环境监测能力建设。

【优化行政审批服务】2023年，普陀区提前介入、优化服务，做好区重点建设项目的服务保障，努力优化营商环境。落实"两个免于提交""一业一证"等深化行政审批改革的措施。在"一网通办"平台上开通"建设项目环评审批线上人工帮办"提供专业帮办服务，进一步畅通工作人员与企业群众的互动渠道。全年办理环评报告表审批28件、排污许可证91件、建设工程夜间施工许可35件、辐射安全许可证73件、行政协助项目33件、建筑玻璃幕墙光反射影响分析报告技术评估8件。

【完善排污许可证后管理】2023年，普陀区严把许可证质量关，在提前一年完成排污许可证"双百"任务的基础上，做好动态管理，对新增排污许可证开展质量审核，及时完成到期许可证延续、变更工作。强化年度执行报告提交率和质量核查。督促持证单位按时提交2022年度执行报告，执行报告提交率100%；对内容完整性、规范性存在问题的执行报告督促限期改正后重新提交；对涉嫌违反许可证管理规定的严格开展执法查处。制定《上海市普陀区排污许可证后管理实施方案》，进一步完善证后监管体系。

【推进生态文明宣传】2023年，普陀区组织开展"生物多样性日""六五环境日""全国低碳日"等系列宣传活动，主办宣传活动9场。发挥环境教育基地宣教作用，开展各类环保主题宣讲。积极参与政府开放日活动，组织报名群众参观区环境监测站。强化生态环境志愿服务力量，开展巡河护河、知识宣讲、共建清洁家园等各类生态环境志愿服务活动，呼吁社会共同参与建设美丽普陀。

【完善生态环境损害赔偿制度】2023年，普陀区组织开展生态环境损害赔偿线索集中筛查2次，筛查涉及线索727条，报送线索2条，办理生态环境损害赔偿案件2件。印发《上海市普陀区生态环境保护行政执法与刑事司法衔接工作备忘录》，进一步建立健全区行刑衔接工作机制。

【环境信访处置】2023年，普陀区完成年度生态环境领域突出信访矛盾排查工作，做好人民意见征集工作，及时认真完成人大代表意见、政协委员提案和两代表一委员联合接待事项的处置工作。根据2023年7月起施行的《上海市餐饮油烟污染防治执法检查工作指引（试行）》要求，针对餐饮油烟信访处置工作，制定餐饮油烟市民热线事项联动协作机制，开展联合执法20余次、集中业务培训4次，形成油烟扰民事项处置合力。全年共受理、调处各类环境信访、12345市民服务热线等事项873件，其中噪声污染435件、油烟气173件、大气污染114件、水污染13件、固体废物8件、电磁辐射12件、建设项目102件、其他16件。按时办结率100%。（程　茜 供稿）

虹口区

【区域经济发展稳步增长】2023年，虹口区一般公共预算收入197亿元，增长8.3%。全区新增高能级企业总部、研发中心和创新型平台31家。信息、

青云路口袋公园　（虹口区 提供）

科技、文体服务业营收分别增长25.6%、12.2%和43.2%。合同外资和实到外资分别增长2%和17.2%。新设企业8527户，增长284%，增速居全市第一，其中注册资金亿元以上企业59户。

【区域环保投入情况】 2023年，虹口区完成生态环境投入资金总额为7.57亿元，其中区级财政投资额为7.34亿元，较2022年增加3883万元，同比增长5.59%，占区财政收入3.73%。污染源防治投入1854万元，同比增长1.77%，主要涉及工业污染源治理、生活污染源治理和移动源污染防治等。城市环境基础建设投入2.55亿元，同比增长5%，主要涉及污水收集及处理工程、园林绿化、河道整治工程和固体废物收集处理处置等。生态环境管理能力建设投入420万元，同比增长22.45%，主要用于监测执法设备采购、环保大数据平台升级改造及系统运维、生态环境管理和宣教工作等。环保设施运转投入4.51亿元，同比增加9.11%，主要用于生活垃圾中转站运营费，建筑垃圾资源再生处置运营费、环卫作业经费等。温室气体排放清单编制工作、节能减排专项资金投入438万元。

【持续推进可再生能源项目建设】 2023年，虹口区加大分布式光伏发电推广和建设力度，发挥全区合力推动光伏建设，共完成可再生能源项目56个，装机并网容量为5389.43千瓦。完成834根社会充电桩的建设、28个小区98套充电桩的安装及4个共享充电桩示范小区建设工作。

【全力推进第八轮环保三年行动计划】 虹口区全力推进第八轮环保三年行动计划各项目标任务，水环境保护、大气环境保护、土壤（地下水）环境保护、固体废弃物污染防治、工业污染防治与绿色转型发展、生态环境保护与生态建设、应对气候变化与低碳发展、循环经济与绿色生活、生态文明体制改革与保障机制9个专项，64项具体任务，其中市级任务43项，本轮行动计划各项任务全面完成。

【开展碳达峰行动】 2023年，虹口区印发《虹口区碳达峰实施方案》，将碳达峰的战略导向和目标要求贯穿于打造“上海北外滩、浦江金三角”、推动虹口实现高质量发展高品质生活高效能治理的全过程和各方面。制定《上海虹口区建设领域碳达峰实施方案》，在绿色低碳转型、发展节能低碳建筑、提升建筑运行能效水平等方面提出具体目标和落实措施。引导公众和相关企业积极参与碳普惠。结合全国低碳日、节能宣传周等重要时间节点，组织开展具有特色的主题宣传活动，广泛宣传碳普惠原理、规则和相关政策措施，倡导公众践行低碳生活理念。

【持续加大环境执法监管力度】 2023年，虹口区共出动环境执法人员810批次、4285人次，检查各类单位837家。2023年，开展柴油车路检路查787辆，超标并处罚8辆，罚款0.16万元；柴油车入户检查253辆，均达标。对环境违法行为共立案38件，做出行政处罚12件，其中罚款共计42.78万元、没收违法所得320元、警告2件。

【推进绿化建设】 2023年，虹口区新增各类绿地2万平方米、立体绿化2.5万平方米，目前全区绿地面积442.36万平方米，其中公共绿地面积160.05万平方米。建成开放彩虹湾双拥口袋公园6307平方米、汶绣园口袋公园3747平方米、青云路绿地2677.80平方米。目前虹口区共有1座上海市新时代文明实践特色公园（和平公园），6座上海市新时代文明实践公园（鲁迅公园、曲阳公园、四川北路公园、爱思儿童公园、霍山公园、彩虹湾公园）。

【市容环境提升】 2023年，虹口区北外滩街道完成了上海市市容环境综合管理示范街道创建工作，目前全区市容环境示范街道达到4个（凉城新村街道、曲阳路街道、欧阳路街道和北外滩街道）。开展“四大”纪念馆周边美丽街区深耕项目等10个“美丽街区”建设项目，聚焦市民居住集中区及休闲服务功能区，通过综合整治城区环境，提高城区管理水平和环境品质，增加市民满意度和获得感。

【深入打好蓝天保卫战】 2023年，虹口区环境空气质量指数（AQI）优良率为90.1%，细颗粒物（$PM_{2.5}$）年均浓度为29微克/立方米，可吸入颗粒物（PM_{10}）年均浓度为45微克/立方米，二氧化硫（SO_2）年均浓度为7微克/立方米，二氧化氮（NO_2）年均浓度为31微克/立方米，臭氧（O_3）年均浓度为148微克/立方米，一氧化碳（CO）年均浓度为900微克/立方米。深入推进源头替代工作。完成区内所有印刷企业低含量挥发性有机物（VOCs）油墨源头替代和汽修行业低含量VOCs水性漆替代工作，做好新增企业的挥发性有机物源头替代的指导工作。开展柴油车路检路查、柴油车入户检查、非道路移动机械检查等工作，对违法车辆依法处罚。做好全区已有油烟在线监控设备的系统运维和巡查，通过政策鼓励大型商业综合体在终端（二级）油烟净化设施后端安装油烟在线系统。对全区在用加油站油气回收装置开展检查、监测，达标率100%。

【深入打好碧水保卫战】 2023年，虹口区完成通沟污泥处置站建设；推进曲阳污水厂初期雨水调蓄工程，厂内初雨调蓄池、新建提升泵站等工程已完工；推进临平、大名排水系统提标改造工作；推进新一轮雨污混接普查和整治工作。持续开展河湖“清四乱”等水岸环境治理专项行动，加强河道水岸日常养护，巩固河道治理成果。开展虹口港水系疏浚工作，对辖区内河道开展底泥疏浚及配套景观提升工程。每季度对35个居民饮用水水质监测点采样一次，监测合格率100%。根据《虹口区入河（湖）排污口排查整治专项行动工作方案》，推进入河排污口排查、溯源、整治。持续动态巡查并更新虹口区全域入河排污口信息。印发《虹口区加强入河排污口监督管理工作方案》，完善入河排污口排查、监测、溯源及监管等全过程工作机制。完成入河排污口数字信息化建设，利用水环境高清数字影像、河道三维实景模型，实现水环境、污染情况及周边环境信息的数字孪生。

【深入打好净土保卫战】 2023年，虹口区严格建设用地出让、划拨等土地流转管理制度，加强建设用地风险管控、修复及后期环境的监管执法，全区重点建设用地安全利用率达到100%。定期更新并公开建设用地土壤污染风险管控和修复名录。完成106街坊旧改项目、山寿里城市更新等项目等地块土壤污染状况调查、风险评估和修复效果评估评审工作20次。全面排摸非法加油点，对在建工地、公交枢纽、物流企业、重点用油企业等可能存在自备加油点和非法加油违法行为的企业、场所开展巡查检查，确保场地周边地下水环境安全，未发现违法违规情况。

【推进“无废城市”建设】 2023年，虹口区完成21座居住区生活垃圾厢房标准化改造。对全区商场、农贸市场、电商平台等加强塑料制品流通和使用生态环境保护宣贯，督促企业切实绿色塑料污染治理主体责任，全区域内禁止使用一次性塑料购物袋的菜场数量比例达到100%。区内所有新建建筑全面执行绿色建筑标准，大型公共建筑和国家机关办公楼按照绿建二星级及以上标准建设；北外滩地区新建三星级及以上绿色建筑占比超85%，其中核心区达100%。启用装修垃圾回收箱收运新模式智能平台，实现堆放、收运、清运“三位一体”智能化、线上预约便捷化、收运路线可视化，全区拆房和装修垃圾资源化利用率达到75%；完善土方消纳利用体系，全区建筑垃圾资源化利用率达到93%。全区干垃圾日均产生量399.20吨，湿垃圾日均产生量256.74吨，可回收物日均产生量182.58吨，居住区生活垃圾分类达标率95.57%，生活垃圾回收利用率52.45%

【生态环境损害赔偿】 2023年，虹口区开展两轮全领域案件线索筛查工作，4份生态环境损害赔偿案件磋商协议经向上海铁路运输法院申请司法确认裁定合法有效，5起生态环境损害赔偿案件完成损害赔偿、环境修复到位，总损害赔偿金额113.83万元。持续健全生态环境行政执法与刑事司法衔接工作机制，制定《虹口区生态环境行政执法与刑事司法信息互通和衔接配合工作方案》，进一步畅通了包括生态环境损害赔偿案件在内的案件信息共享、联合调查、案件移送、联席会议等工作机制。加强部门协调联动，落实公益诉讼的工作要求，与虹口区检察院建立起协同推进的工作机制，形成行政执法和司法检察的良性互动。

【践行绿色低碳生活】 2023年，虹口区持续推进绿色社区创建，全区196个社区中179个社区创建达标，达标率为91%。其中，评为市级绿色社区创建示范单位5个，评为区级绿色社区创建示范单位32个。广中路街道灵新小区、凉城新村街道复旦—凉五社区积极推进落实低碳社区创建的各项任务，创建周期为三年（2023—2025年）。引导企业积极倡导绿色低碳的生活方式，广泛宣传简约适度的生活理念，促进绿色循环消费，推动星荟中心和北外滩来福士创建绿色商场。

【开展“六五环境日”主题宣传活动】 2023年，虹口区“六五环境日”主场活动走入社区，在凉城新村街道复旦社区举行，来自虹口区生态文明建设领导小组成员单位、各街道办事处、区级环境教育基地的40余名代表参加活动。活动展示了2023年虹口区生态环保主题作品征集到的主题各异、内涵深刻、精彩创意的59个优秀作品，以及向凉城新村街道复旦社区、凉城新村街道凉五社区、欧阳生态绿苑、同济虹口绿色科技产业园、上海花园坊节能环保产业园颁发2023年度“虹口区环境教育基地”荣誉称号。

【两会建议提案办理】 2023年，虹口区生态环境局办理两会建议提案10件。其中人大代表建议2件，政协委员提案8件，均涉及“双碳”战略工作。在意见提案的办理工程中，与涉及的相关部门多次沟通，就答复内容深入磋商，加强部门合作，协同推进，确保意见提案办理质量，同时落实专人对相关提案后续工作进行追踪、推进，确保意见提案有始有终。所有意见提案均按期办结，人大代表和政协委员对办理情况均表示满意。

【积极处理生态环境信访投诉】 2023年，虹口区生态环境局共收到环保类投诉/信访395件395人次。

395件投诉/信访中，市生态环境局转来26件，市民热线333件，区局收到36件（其中来信8件，来电22件，12369投诉平台6件）。年度累计办结投诉/信访395件，办结率100%。投诉/信访件按污染物类型分类：噪声类232件，占信访总量的58.7%；油烟气类121件，占信访总量的30.6%；废气类21件，占信访总量的5.3%；电磁辐射类4件，占信访总量的1%；新建项目类3件，占信访总量的0.8%；其他类14件，占信访总量的3.5%。（周 犇 供稿）

杨浦区

【区域经济发展持续向好】 2023年，杨浦区经济展现出较强的竞争力和内生动力，生产总值增速5.6%，高于全市0.6个百分点。区级财政收入完成154.99亿元，同比增长8%。全年推进100项规模体量大、发展前景好、带动作用强的重大工程项目，全社会固定资产投资总额突破360亿元，同比增长20%以上。举办“潮涌浦江·‘杨’帆起航”系列活动，新引入海王生物、中芳新能源、星云智慧等重点产业项目，全年新注册企业5800户，同比增长37.9%。

【区域环保投入情况】 2023年，杨浦区环保资金投入合计为9.56亿元，同比增加3.00%。从投资来源上，区级财政投入8.96亿元，市级财政投入761万元，其他投入0.53亿元，分别占全年环保投资总额的93.70%、0.80%和5.50%。从投资项目分，城市环境基础设施建设投入8.31亿元，污染源防治投入为0.73万元，环境管理能力建设（环保管理、监测、监察、信息化、科技、宣教等）投入0.18亿元，其他投入0.34亿元，分别占全年环保投资总额的86.95%、7.59%、1.91%和3.55%。

【大力推进节能减排工作】 2023年，杨浦区大力推进建筑节能，完成既有公共建筑改造41.3万平方米，其中节能率超过15%的既有公共建筑节能改造5.81万平方米、可再生能源建筑一体化应用39万平方米、能源审计8项、能耗公示3项；落实超低能耗项目数量3个，其中江浦路街道办事处作为杨浦区首个“零碳”改造建筑项目完成验收。全面推进装配式建筑发展，符合条件的新建项目均落实装配式建筑要求。推动企业节能改造，制定《杨浦区工业通信业服务业节能减排和合同能源管理专项扶持办法》。鼓励企业开展工程技术改造，推广节能新技术在工业、商业、宾馆住宿业等领域的运用，完成财大豪生、复旦国际学术交流中心2个节能技改项目（合同能源管理）验收及1家规模以上工业企业深度能源审计，两家商业企业成功申报2023年能效“领跑者”。

【有序推进第八轮环保三年行动计划】 2023年，杨浦区有序推进第八轮环保三年行动计划工作，计划安排的55个市、区两级项目中，市级项目42个，区级项目13个，涉及水、大气、土壤环境保护、固体废物、工业污染防治与绿色转型发展、生态环境保护与建设、循环经济与绿色生活、生态文明体制改革与保障机制八个领域，截至年底，均已全面完成。

【推进低碳示范建设】 2023年，杨浦区分步实施“碳达峰八大绿色行动”：绿色能源行动、绿色产业行动、绿色建筑行动、绿色交通行动、循环经济行动、生态碳汇行动、绿色全民行动和绿色示范行动，持续深化低碳示范实践，全市首个“工业零碳智慧综合能源中心”建成，杨浦滨江南段低碳发展实践区完成中期评估，评价等级为“优秀”。

杨浦区六五环境日主题宣传活动现场 （杨浦区 提供）

【探索零碳建筑示范建设】 黄浦江杨浦大桥水质自动监测站以原上海电站辅机厂污水泵房为基础改建，是由光伏发电、锂电池储能、氢能源储能组成的新能源微网发电系统供能的全市首座“零碳水质监测站”。该水质自动监测站对黄浦江控制断面水质30项指标开展实时自动监测，掌握断面水质状况，把握水质变化规律。同时场馆内设有“零碳技术”“海绵城市”“上海百年供水”“水质净化”和“水质监测”等环保知识科普展示，实现展厅可视可学等多元功能。

【区域生态环境质量良好】 2023年，杨浦区空气质量指数（AQI）优良率为86.6%，同比上升1.7个百分点。其中，优良天数为316天，较2022年增加6天；轻度污染天数为45天，较2022年减少4天；中度污染天数为4天，较2022年减少2天；无重度污染天和严重污染天。细颗粒物（$PM_{2.5}$）年均浓度为29微克/立方米，同比上升20.8%。可吸入颗粒物（PM_{10}）年均浓度为50微克/立方米，同比上升35.1%。二氧化硫（SO_2）年均浓度为6微克/立方米，与2022年持平。二氧化氮（NO_2）年均浓度为35微克/立方米，同比上升20.7%。臭氧（O_3）日最大8小时滑动平均值（O_3-8 h）的第90百分位数为154微克/立方米，同比下降9.9%。一氧化碳（CO）年均浓度为0.7微克/立方米，达标率为100%。

区内11个市考断面达标率为100%。其中9个断面水质为Ⅲ类水标准、2个断面水质为Ⅳ类水标准。11个市考断面总体评价“良好”，综合污染指数为0.63。

区域环境噪声昼间时段平均等效声级为53.2 dB（A），较2022年上升1.0 dB（A）；夜间时段平均等效声级为46.5 dB（A），较2022年上升1.3 dB（A）。交通噪声昼间时段平均等效声级为68.1 dB（A），较2022年下降0.2 dB（A）；夜间时段平均等效声级为64.1 dB（A），较2022年上升0.7 dB（A）。

【深化大气环境综合治理】 杨浦区持续推进移动污染源治理，累计入户、路检柴油车1109辆；落实非道路移动机械常态化监管，累计监测非道移动机械61台（次），发放非道路移动机械环保号牌69张。强化社会面源排放管控，持续开展锅炉、汽修企业等监督性监测。落实重污染天气应急响应和重大活动空气质量保障，编制完成2023年杨浦区应急减排措施清单、2023年秋冬季专项攻坚行动管控清单和《杨浦区2023年空气质量改善专项攻坚方案》。

【强化水环境质量源头管控】 杨浦区持续深化推进入河排污口排查溯源整治，完成全区市、区管河道及小微水体入河排污口三级排查溯源。制定《杨浦区入河排污口分类整治工作实施方案》，全面启动入河排污口分类整治，建立“一口一档”，制定“一口一策”，实行问题排口销号制度，完成问题排口整治19个。围绕水环境安全先后开展码头、混凝土搅拌站，船舶残油、油污水及化学品洗舱水末端处置单位、纳管企业、一类水污染物等专项执法。

【稳步推进土壤污染治理】 杨浦区制定《杨浦区“无废城市”建设实施方案》，明确“无废城市”建设指标，细化“无废城市”建设任务清单、项目清单、部门责任清单，落实保障措施。保障重点建设用地安全利用，依法组织开展土壤污染状况调查、风险评估、风险管控和修复、效果评估等评审工作，出具评审意见26份。

【强化环境行政执法】 2023年，杨浦区强化重点行业专项执法检查，开展VOCs、加油站及油库、固定污染源和排污许可证、汽修、监测领域等专项执法检查，对相关违法行为作出行政处罚并责令整改。全年共受理环境投诉1417件，处理率100%；出动执法人员1539批次、4686人次，累计检查企事业单位1539户次，实施行政处罚22起，发出责令改正决定书53份，执法建议书4份。持续开展生态环境保护执法大练兵活动，优化执法方法，提高执法效能。

【推进生态环境保护督察】 2023年，杨浦区根据《2022年长江经济带生态环境警示片》及《2023年上海市生态环境警示片》整改要求，开展区生态环境突出问题排查整治专项行动，明确大气、水、固体废物、噪声及其他五个方面24项重点任务。共排查点位800多个，发现各类生态环境问题158个，通过联合执法检查、线上调度、现场复核等方式加强督办，全部完成整改，深入推动生态环境保护责任落实落地。

【优化城区绿化建设】 2023年，杨浦区全面推进绿化建设和管理，新建公园绿地3.13万平方米、立体绿化2.67万平方米，新建绿道二千米，新增社区公园1座，新建、改建口袋公园6座，在新建、改建环卫设施7座。打造城市公园管理亮点，在全市率先实现区属所有公园24小时开放。

【加强市容环境卫生整治】 2023年，杨浦区持续提升市容环境面貌，推进第二轮“美丽街区”建设，完成翔殷路、中山北二路、江浦路等40处公共空间休憩座椅认捐认养，创建创智天地广场、长阳创谷园区及包头路（开鲁路—殷行路）3条上海市户外招牌特色道路（街区）。科学推进环卫设施设备购置及更新，采购添置44辆新能源环卫作业车辆、8辆燃油吸粪车及105辆小型作业机具。加强建筑垃圾专项治理，装修垃圾收运新模式使用覆盖率达90.10%。持续推进道路保洁精细化，新增杨浦滨江、环同济大学和新江湾城东部3个高标准保洁区域（道路）创建，总面积达5.17平方千米，其中道路保洁面积0.64平方千米，覆盖全区8.4%道路面积。

【垃圾分类多方推进】2023年，杨浦区推动垃圾分类长效治理，制定《2023年杨浦区生活垃圾分类工作实施方案》，提升垃圾分类实效，优化投放模式，节假日合理设置误时投放点或延长投放时间。推进垃圾分类硬件升级，对硬件不足点位进行提升，调整道路废物箱设置，优化增设废物箱约300个。完善资源回收循环体系，完成1402台智能回收设备更新。深化垃圾分类宣传动员，举办“分类新时尚，低碳‘秀’生活”主题宣传活动。

【深化环境领域“放管服”改革】2023年，杨浦区着力推进优化环评事前服务，提升行政审批效能，强化事中事后监管，优化区域营商环境。全年共审批建设项目环评14个，梳理审核登记表备案项目9家，审批辐射类建设项目3个，审批辐射安全许可证85个，核发排污许可证58家次，累计达答疑500人次。落实排污许可制与环境影响评价制度衔接改革，实施“两证合一”审批，完成上海新动力汽车科技股份有限公司发动机技改项目“两证合一”审批，成为中心城区环评和排污许可“两证合一”“首家”和“首次”办理案例。

【开展六五环境日主题宣传活动】6月5日，由杨浦区生态环境局、杨浦区大桥街道办事处和杨浦科技创新（集团）有限公司联合主办，长阳创谷、五角场高新园承办的“建设人与自然和谐共生的现代化”2023年杨浦区六五环境日主题宣传活动在杨浦区长阳创谷长阳会堂举行。活动广泛宣传习近平生态文明思想，弘扬生态文化、培育生态道德、提升生态环境保护意识，推进美丽中国建设。

【开展全国低碳日活动】7月12日，杨浦区在黄浦江杨浦大桥水质自动监测站举办“积极应对气候变化，推动绿色低碳发展”全国低碳日主题宣传活动暨黄浦江杨浦大桥水质自动监测站启用仪式，打造绿色低碳新风尚。

【开展环保设施开放活动】8月15日，杨浦区在首个全国生态日开展“厅局长带你走进环保设施”活动，杨浦区生态环境局主要领导带领上海市十五中学的部分同学参观黄浦江杨浦大桥水质自动监测站，通过现场交流互动，向参访团讲解“水质净化”“水质监测”等环保知识，营造了人人参与环保、体验环保、支持环保的良好社会氛围。

【做好环境投诉办理工作】2023年，杨浦区高度重视注重舆情处置，妥善及时处理好各类环境信访投诉，积极回应群众环境诉求。全年共收到环保类投诉1417件1453人次。1417件投诉信访中，市生态环境局转来6件、本单位收到1411件（其中来信2件，来电1312件，来访1件，电子邮件102件）。年度累计办结投诉/信访1417件，办结率100%。投诉/信访件按污染物类型分类：废气类97件，占信访总量的6.8%；噪声类745件，占信访总量的52.6%；油烟气类57件，占信访总量的4.0%；新建项目类147件，占信访总量的10.4%；电磁辐射39件，占信访总量的2.8%；其他类332件，占信访总量的23.4%。

（葛　歧　供稿）

宝山区

【区域经济发展稳中求进】2023年，宝山区坚持稳中求进工作总基调，完整、准确、全面贯彻新发展理念，服务构建新发展格局，深化高水平改革开放，推动高质量发展，按照“南北转型”战略部署，推动“主阵地、主城区、样板区”建设取得新进展，经济社会保持平稳健康发展。区域生产总值完成1806.05亿元，按可比价格计算，比上年增长1.7%。其中，第一产业增加值1.11亿元，下降7.6%；年内首次出现下降；第二产业增加值596.36亿元，下降2.0%；第三产业增加值1208.58亿元，增长3.7%。三次产业增加值结构比为0.06∶33.02∶66.92。固定资产投资构

六五环境日上海市主场活动现场　　（市环境保护宣传教育中心 提供）

成中，工业投资比重为 18.5%，社会事业投资比重为 2.9%，房地产开发投资比重为 58.5%。

【区域环保投入情况】 2023 年，宝山区环境保护投入共计 24.71 亿元。其中，城市环境基础设施建设投资 3.76 亿元，污染源治理投资 14.60 亿元，环境能力建设投资 2086.63 万元，生态保护和建设投资 9474.84 万元，其他投资 5.20 亿元（包括农村生态建设和企业投资）。

【节能减排主要措施和效果】 2023 年，宝山区规模以上工业能源消耗总量 74.462 万吨标准煤，同比下降 3%；工业产值能耗 0.053 吨标准煤 / 万元，同比增长 0.75%。

【区域环境质量状况良好】 2023 年，宝山区环境空气质量指数（AQI）优良天数为 317 天，空气质量指数（AQI）优良率为 86.8%，较 2022 年下降 0.6 个百分点。其中，优 123 天，良 194 天，轻度污染 44 天，中度污染 3 天，重度污染 1 天。全年 48 个污染日中，首要污染物为臭氧（O_3）的有 22 天，占 45.9%；细颗粒物（$PM_{2.5}$）的有 11 天，占 22.9%；二氧化氮（NO_2）的有 11 天，占 22.9%；可吸入颗粒物（PM_{10}）的有 4 天，占 8.3%。

细颗粒物（$PM_{2.5}$）年均浓度为 30 微克 / 立方米，较 2022 年上升 20.0%。可吸入颗粒物（PM_{10}）年均浓度为 52 微克 / 立方米，较 2022 年上升 23.8%。二氧化硫（SO_2）年均浓度为 7 微克 / 立方米，较 2022 年上升 16.7%。二氧化氮（NO_2）年均浓度为 37 微克 / 立方米，较 2022 年上升 27.6%，臭氧（O_3）日最大 8 小时平均第 90 百分位数浓度为 150 微克 / 立方米，较 2022 年下降 8.0%。一氧化碳（CO）24 小时平均第 95 百分位数浓度为 1.0 毫克 / 立方米，较 2022 年上升 11.1%。区域年均降尘量为 3.8 吨 / 平方千米 · 月，较 2022 年（4.3 吨 / 平方千米 · 月）下降 11.6%；道路扬尘颗粒物年均浓度为 0.095 毫克 / 立方米，较 2022 年（0.075 毫克 / 立方米）上升 26.7%。年内，区域酸雨频率为 34.1%，与 2022 年（55.8%）相比，下降了 21.7 个百分点。2023 年降水的 pH 均值为 5.48，酸雨的 pH 均值为 5.27。

区域监测河流的 77 个断面中Ⅱ、Ⅲ类断面为 51 个，占比较上年同期下降 7.8 个百分点；Ⅳ类为 23 个，占比较上年同期上升 13.0 个百分点；Ⅴ类为 2 个，占比较上年同期下降 1.3 个百分点；劣Ⅴ类为 1 个，占比较上年同期下降 3.9 个百分点。与 2022 年相比，主要污染指标中氨氮和总磷浓度分别上升了 1.6% 和 27.4%，耗氧型指标高锰酸盐指数和五日生化需氧量均持平，化学需氧量浓度上升了 8.3%，溶解氧浓度上升了 3.2%。其中，蕰北河流氨氮平均浓度为 0.46 毫克 / 升，总磷平均浓度为 0.16 毫克 / 升，氨氮与上年同期持平，总磷较上年同期上升了 29.5%；蕰南河流氨氮和总磷浓度分别为 1.00 毫克 / 升和 0.20 毫克 / 升，分别较上年同期上升了 5.3% 及 23.6%。

工业源废气年排放总量为 7389.62 亿立方米，其中主要污染物二氧化硫、氮氧化物、颗粒物、挥发性有机物（VOCs）的排放总量分别为 3043.50 吨、8563.49 吨、4953.90 吨、6304.58 吨。废水排放总量为 2553.51 万吨，其中主要水污染物化学需氧量、氨氮、总氮和总磷排放总量分别为 427.68 吨、10.24 吨、130.59 吨及 1.56 吨。

区域环境噪声昼间时段平均等效声级为 53.7 dB（A），较 2022 年上升 0 dB（A）；夜间时段平均等效声级为 47.7 dB（A），较 2022 年下降 0.2 dB（A）。道路交通噪声昼间计权等效声级 71.6 dB（A），夜间道路交通计权等效声级 66.2 dB（A）。与 2022 年相比，昼间计权等效声级上升 1.8 dB（A），夜间计权等效声级上升 0.7 dB（A）。

【第八轮环保三年行动计划收官】 2023 年，第八轮生态环境保护和建设三年行动计划涉及宝山区共 74 个项目，启动率 100%，并于年底全部收官。通过三年的持续努力，全区生态环境质量保持稳定改善。

水环境保护方面继续完善基础设施。泗塘污水处理厂初雨调蓄工程全面建成并已通水使用。持续推进海绵城市建设，打造蓝绿交织的生态空间，先后完成吴淞创新城海绵城市建设方案编制和丰翔智秀公园等海绵示范项目建设，30% 以上建成区达到海绵城市标准。全面完成 223 个长江入河排污口整治销号，基本完成市、区级河道入河排污口排查整治，系统推进镇、村级河道入河排污口排查溯源，源头管控入河污染物，推动水生态环境质量稳定改善。

大气领域注重减污降碳协同增效。持续推进挥发性有机物"一厂一策"综合治理，三年共计完成治理企业 134 家，查处 17 起 VOCs 作业等相关违法违规行为。实施餐饮油烟精细化管理，督促企业和个体户加强油烟净化设备的配备和日常维护，有序下沉餐饮服务业油烟污染治理相关执法事项。公交、巡游、出租、环卫等领域更新车辆基本采用新能源汽车，公交车全部更新为新能源车，巡游出租车 366 辆中新能源车 343 辆，更新 47 辆新能源环卫车。完善基础设施建设，三年来全区共完成公共充电桩建设 6881 个，完成 5 个充电示范站建设和 38 个码头低压岸电标准化建设。加强移动源管理，持续推进营运性国Ⅲ柴油货车更新淘汰，协商覆盖率接近 100%。加大扬尘管控和文明施工联合执法力度，三年来共对 301 家建筑工地、369 家码头实施现场检查，结合扬尘在线监控情况，督促责任主体落实扬尘防控要求，拆房企业工地洒水或喷淋措施执行率达到100%。加大对运输车辆跑冒滴漏现象的联合查处力度，开展联合检查96次，检查建筑垃圾运输车辆696车次，查获违规车辆67辆，严厉打击车辆偷倒渣土、垃圾行为。

全领域加强土壤安全管理。开展耕地地力情况年度监测，受污染耕地100%安全利用。加强农药、肥料等农业投入品质量监督，加强河道底泥还田、湿垃圾资源化利用等源头监管。定期更新建设用地土壤污染风险管控和修复名录，保障建设用地安全利用，推进南大相关地块实施土壤和地下水修复。开展内部加油站排摸和埋地油罐防渗改造，梳理混凝土搅拌站内部加油站2座，完成14家企业内部撬装加油装置备案，开展企业内部加油站（点）、企业自备油品专项及自备加油站（未完成防渗改造）等专项检查，共对115家企业内部加油点位进行现场检查。开展报废污染源调查监测井排查，完成废弃监测井回填14个。

【推进“双碳"建设】 宝山区不断加强生态环境治理能力，积极开展“双碳”相关工作。统筹产业结构调整、污染治理、生态保护、应对气候变化，协同推进降碳、减污、扩绿、增长，推进生态优先、节约集约、绿色低碳发展，助力宝山建成全市绿色低碳转型样板区。编制《宝山区减污降碳协同增效实施方案》，完成方案年度任务。编制年度温室气体排放清单，计算上一年度各项碳排放的关键性指标，掌握上一年度能源消费总量和温室气体排放总量、构成情况及主要行业、重点企业和区域分布状况。协调推进绿色“双碳”公共服务平台建设、《宝山区加快绿色低碳产业高质量发展行动方案（2024—2026年）》《宝山区关于加快推进绿色低碳供应链建设实施方案》《宝山区关于加快生活方式绿色低碳转型三年行动计划（2023—2025年）》等。广泛征集减污降碳和绿色低碳典型案例并加以推广。继续推进罗泾镇水源地低碳社区建设。监督和管理本区5家纳入全国碳交易市场企业和19家纳入上海市碳交易市场企业，企业碳履约和清缴完成率100%。

【完成环保督察工作】 2023年，宝山区组织完成第二轮市级环保督察配合迎检工作，配合督察组完成19批共296份材料的调阅工作，协调督察组访谈区领导及相关单位负责人共35人、约谈相关单位负责人共31人，组织开展多次督察组与人大代表及政协代表的座谈会，督察期间配合督察组现场检查点位385处、监测56处，办理督察组移交的现场检查问题线索共283件、群众信访举报问题98件并逐件答复，根据督察组移交的线索立案查办违法案件51件、责令改正123件、拟处罚金额超过380万元。开展区级环保联合督察“百日攻坚”行动，围绕历次环保督察、警示片反映较多、信访矛盾和违法违规现象集中的区域和领域进行集中督察，检查点位668个，发现问题346项，移交责任主体落实整改，2023年底已完成330项问题的整改工作。完成市生态环境保护督察“回头看”19项任务中剩余的1项交通噪声整改工作，有效减轻了G1503噪声对杨行镇及月浦镇居民的影响。完成3项市级生态环境警示片问题及19项区级生态环境警示片问题的整改工作。

【开展大气污染防治工作】 宝山区编制《宝山区清洁空气行动计划（2023—2025年）》，完成2023年清洁空气行动计划任务。全年完成产业结构调整60项，完成柴油车路检838辆，入户676辆，非道执法检查1510辆次，监测971辆，码头100家次，环检机构54次。在考核周期区可再生能源建设任务完成项目共计181个，装机容量6.50万千瓦。对宝钢特钢长材有限公司等6家单位开展了清洁生产评估，对宝武特种冶金有限公司等3家公司开展了清洁生产验收，将上海申和投资有限公司等9家企业纳入2023年清洁生产审核的名录。完成75家工业企业、120家钣喷汽修企业简易VOCs治理设施摸底调查工作，逐步推进简易治理设施精细化管理。做好第五届中国国际进口博览会期间空气质量保障。编制分级管控清单，引导高排放企业落实社会责任，本着“政企协商”原则，指导78家工业企业、327家建筑工地及71家港口、物流企业，在进博会期间和攻坚阶段调整生产、作业、运输计划，确保分级管控方案有效落实。按照大气环境协同治理的整体规划，因地制宜构建污染治理“大循环”机制和“微循环”方案。进博会期间，全区共出动检查执法人员4325人次，检查工业企业89家次、餐饮油烟1533家次、汽修20家次，检查工地、堆场码头、搅拌站等354个次，停工工地、堆场码头、搅拌站35个次，出动清扫车、扫水车、高压冲洗车683车次，道路增加冲洗385频次，出动雾炮车34车次，开展柴油车检测337辆次，非道移动机械检查和检测409辆次。累计自愿减排企业953家次，采取减排措施2695项，停驶货车11600辆次，1556户次建筑和市政工地调整施工作业，停用非道路移动机械2461辆，11月1日至11月10日进博会期间，宝山区空气质量指数（AQI）优良率为100%。

【开展环境执法工作】 宝山区全年开展专项执法行动44次，出动执法人员6106人次，共计检查企业2761户次；实施行政处罚114件、罚款1214.37万元，行刑衔接1起，行政拘留3起，生态环境损害赔偿3件。

【开展水环境事件联合应急演练】 2023年，宝山区生态环境局与应急管理局、水务局、公安分局、月浦镇政府、罗店镇政府、城投原水等单位联合举办了“2023年宝山区开展突发水环境事件联合应急演练”。与上海海上搜救中心宝山分中心、宝山海事局、太仓市水上搜救中心、太仓海事局、太仓市生态环境局等单位联合举行“2023年沪苏交界水域船舶溢油应急演习”。

【加强固体废物、危险废物管理】 2023年，宝山钢铁股份有限公司完成危险废物焚烧处置设施产能恢复项目建设，扩容后正常运行，已协同处置13093吨危险废物。巩固提升危险废物专项整治三年行动成效，推进危险废物规范化管理年度检查考核，2023年度考核等级为A级。2021年以来已开展一般工业固体废物跨省转移利用备案497件，坚决杜绝固体废物、危险废物非法处置和跨省倾倒。

【加强辐射安全管理】 2023年，宝山区辐射安全许可审批办结113件，放射性同位素市内转移使用备案52件。全面开展辐射安全许可证、辐射类建设项目、移动探伤作业、便携式X射线装置等辐射安全执法检查，共计检查单位143户次。完成辐射安全许可证申请现场许可核查75家，辐射建设项目审批告知承诺监测5家次，辐射建设项目备案监测9家次，输变电工程辐射监测2家次，夜间探伤现场监测20家次，表面污染监测3家次，5G移动通信基站监测31个。完成2022年度248家区管单位辐射安全与防护状况评估报告上报汇总、个人剂量填报和国家核技术利用辐射安全监管系统256家辐射持证单位信息库资料核查清理，配合完成上海中冶医院历史遗留放射源收贮。共计完成5G基站、高压线、变电站电磁信访答复处理12个，联合相关部门单位开展“谈辐不色变，走进辐射生活”科普宣传进社区活动。组织开展“宝钢放射性设备辐射事故应急处理预案演练”，推动《宝山区处置核与辐射事故应急预案》修编并发布。

【推进绿化建设】 2023年，宝山区全年新建各类绿地1平方千米，立体绿化建设完成3.41万平方米，绿道建设完成7千米。截至年底，人均公园绿地面积达11.78平方米，建成区绿地率39%。全年清运生活垃圾77.28万吨。

【开展六五环境日主题活动】 2023年，宝山区以线上线下相结合的方式举办上海市六五环境日主场活动，展示“美丽中国，我是行动者”系列活动成果。宝山区各街镇、园区分别设立六五环境日分会场，结合各自生态环境保护宣传特色亮点，开展主题宣传活动。

【开展环保宣传工作】 2023年，环保宝山微博公众号共发布信息230条，环保宝山微信公众号共发布信息956条，制作发布了22张海报。拍摄制作“环保督察警示片”系列、《六五环境日主题街访》《突发水环境事件联合应急演练》《执法大队宣传展示片》《厅局长带你走进环保设施》等10余部生态环保宣传视频。全年结合学雷锋活动、生物多样性日、全国低碳日、全国生态日、爱鸟周、志愿者日等主题，开展主题宣讲、知识问答、成果展示、普法宣传等形式多样的宣传活动。全面更新生态环境法治教育基地宣传版面，结合市、区生态环境领域司法审判案例，通过以案说法、以案学法、以案懂法的形式，进一步使得习近平生态文明思想深入人心。全年开展18场环保设施向公众开放活动，共计约450人次参观；开展11场社区环保宣教活动，共计约230人参与。上海大学“绿漾”生态文明宣讲团走进中小学开展“我们的大气”系列宣讲活动，将环境教育渗透到各中小学的班会课、课后延时服务，受益人数超过800人。宝山区青少年活动中心开展自然笔记、户外活动、海报和短视频征集活动，活动参与人数超千人次。

【妥善处理各类信访案件】 2023年，宝山区生态环境局共处理环境信访2353件。按污染物类型分类，废气类1620件，占总量的68.85%；废水类50件，占总量的2.12%；噪声类440件，占总量的18.7%；油烟气类46件，占总量的1.96%；新建项目类18件，占总量的0.76%；固体废物类7件，占总量的0.3%；电磁辐射类21件，占总量的0.89%；其他类151件，占总量的6.42%。（朱　宁　供稿）

闵行区

【区域经济发展稳步向好】 2023年，闵行区经济运行在合理区间。全年生产总值完成3002.04亿元，比上年增长2.2%。其中，第一产业增加值0.88亿元，下降2.6%；第二产业增加值970.56亿元，下降0.1%；第三产业增加值2030.60亿元，增长3.4%。第三产业增加值占地区生产总值的比重为67.6%。全区实现财政总收入935.67亿元，比上年增长12.7%，其中区级地方收入326.70亿元，增长6.3%。全年地方财政支出457.06亿元，比上年下降2.8%。

全年完成固定资产投资758.83亿元，比上年增长13.8%。从主要领域看，房地产投资505.71亿元，上涨21.9%；工业投资95.29亿元，上涨1.4%；城市基础设施投资26.07亿元，上涨18.0%。

【环保投入情况】 2023年，闵行区环保投入共计96.14亿元，占GDP比重为3.2%。从资金来源来

闵行区虹桥绿谷广场　（蒋小威 摄）

看，市级财政投入6.35亿元，区级财政投入24.91亿元，其他投入64.88亿元，分别占总投入的6.60%、25.91%、67.49%。从投资领域来看，城市环境基础设施建设投入最高，为39.80亿元，污染源防治投入11.77亿元，环保设施运转费6.84亿元，其他（包括清洁生产、循环经济等）环保投入为37.73亿元，分别占总投入的41.40%、12.24%、7.12%、39.24%。

【推进环保三年行动计划】 2023年，闵行区加快推进第八轮环保三年行动计划各项目实施。制定项目推进计划，加强每月、每季度项目进展跟踪调度，强化与进度滞后项目责任单位的对接协调。截至年底，第八轮环保三年行动计划十大领域、101项具体任务全部完成。

【开展污染减排工作】 2023年，闵行区根据《上海市“十四五”节能减排综合工作实施方案》相关减排任务，推进各项重点工程建设。工程减排方面，全区推进27家企业的清洁生产审核，完成209家企业挥发性有机物综合治理减排量核算审核和30台燃油非道路移动机械淘汰。结构减排方面，全区关停希丁安（上海）家具有限公司、富士胶片商务设备（上海）有限公司等40家企业和生产线。管理减排方面，全区完成98家企业225个排口897套在线监测设备联网备案，完成319家企业的监督性监测和443家企业的专项执法检查，进一步加大对工业废水、废气治理的监管力度。经生态环境部核定，全区化学需氧量和氨氮排放量分别较2020年削减3.86%和12.25%，氮氧化物和挥发性有机物排放量分别较2020年削减5%和8.67%。

【环境质量状况良好】 2023年，闵行区环境空气质量（AQI）优良天数318天，优良率87.1%，较2022年同期下降1.4个百分点。全年优级天数为122天、良级天数为196天、轻度污染天数为43天、中度污染天数为3天、重度污染天数为1天，无严重污染天。全年47个污染日中，首要污染物为臭氧（O_3）的有27天，占污染天数57.5%；首要污染物为细颗粒物（$PM_{2.5}$）的有12天，占污染天数25.5%；首要污染物为二氧化氮（NO_2）的有5天，占污染天数10.6%；首要污染物为可吸入颗粒物（PM_{10}）的有3天，占污染天数6.4%。

全区61个地表水监测断面达标率为100%，较2022年同期上升6.7个百分点。其中，Ⅱ类、Ⅲ类、Ⅳ类、Ⅴ类和劣Ⅴ类断面占比分别为0%、88.5%、11.5%、0%和0%，较2022年同期分别下降1.3个百分点、上升15.2个百分点、下降9.8个百分点、下降4.0个百分点和持平。61个监测断面中主要污染物氨氮和总磷浓度分别为0.60毫克/升和0.158毫克/升，较2022年同期分别下降9.1%和18.8%。近五年的监测数据表明，闵行区地表水监测断面中Ⅴ类和劣Ⅴ类水体呈下降趋势，且达标率呈逐年上升趋势；主要污染物指标氨氮和总磷浓度总体呈下降趋势。

区域环境噪声和道路交通噪声总体保持稳定。全区区域声环境昼间和夜间平均等效声级分别为56.4 dB（A）和47.8 dB（A），较2022年同期分别上升1.2 dB（A）和0.5 dB（A）。区域声环境质量评价昼间和夜间均为一般，较2022年同期均持平。近五年的监测数据表明，全区区域声环境质量总体保持稳定趋势。全区道路交通噪声昼间和夜间平均等效声级分别为68.3 dB（A）和61.9 dB（A），较2021年同期分别上升0.7 dB（A）和下降0.4 dB（A）。闵行区道路交通噪声昼间保持稳定达标趋势，夜间保持稳定趋势但仍然超标。

【落实建设项目管理】 2023年，闵行区生态环境局审批项目环评文件276件（其中报告书5件、报告表271件）。进一步落实“放管服”改革，大力推行环评审批告知承诺制，276件报告表建设项目中，实施告知承诺审批89件，告知承诺审批占比32.2%。持续推进排污许可证核发工作，全年核发排污许可证49家、变更83家、重新申请69家。深入探索环评与排污许可“二证合一”，开展环评和排污许可并联审批，进一步压缩审批时限，减少审批材料，全年办理“二证合一”审批项目16个。

【**打好污染防治攻坚战**】 大气污染治理方面，闵行区完成209家工业企业挥发性有机物（VOCs）综合治理及减排核算；试点推广挥发性有机物简易治理设施精细化管理，推进重点行业储罐油气回收专项整治；完成30台56千瓦以下国二非道路移动机械“油改电”，发放非道路移动机械环保标志及信息采集卡7847套。水环境治理方面，完成1203千米入河排污口排查、溯源工作；开展水源保护区环境问题和风险隐患排查，夯实属地监管责任，保障水源地环境安全；完成水源保护区内最后一家企业衡山药业的关闭清拆。土壤污染防治方面，完成80家重点行业企业在产企业土壤污染隐患排查和43个地块开发前土壤污染状况调查；持续做好建设用地安全利用监管，做好地块出让、划拨前污染状况调查；完成吴泾地区土壤和地下水环境质量调查摸底工作。固体废物处理处置方面，推进危险废物电子标签应用，实现全区重点产废单位危险废物电子标签应用全覆盖；提高一般工业固体废物综合利用水平，推进吴泾二电、紫泉饮料等5家企业4500吨工业污泥综合利用，持续推进华谊能化20万吨煤渣综合利用项目实施。

【**推进辐射安全管理**】 2023年，闵行区有核技术利用单位430户（其中部证3户、市证31户、区证396户），比2022年增加市证3户、新增区证26户。对20家辐射重点监管单位（涉放射源区证单位）、376家射线装置单位，全部落实许可证管理。全年共出动605人次、监管301户次辐射安全许可证持证单位，其中，对3起环境违法行为实施行政处罚。

【**深化生态文明建设改革**】 2023年，闵行区深化生态文明建设领域改革工作，重点围绕有序推动碳达峰碳中和与加快构建现代环境治理体系两方面持续深化改革。推动碳达峰碳中和方面，联合区建管委、区财政局制定《闵行区建设领域碳达峰碳中和专项资金管理办法》，完成区级温室气体排放清单编制，推动5家单位纳入国家碳交易市场，推动34家单位纳入上海碳交易市场。推进南虹桥前湾片区、紫竹高新区、临港浦江科技城、莘庄工业区等4家产业园区建设低碳发展实践区，推动完成智慧控制、光伏建设等50个节能降碳改造项目。加快构建现代环境治理体系方面，稳步推进街镇、园区、社区等基层单元开展试点示范，建立基层环境治理案例库。新虹街道“一网统管”项目入选全市第一批现代环境治理体系典型案例，马桥镇、上海漕河泾开发区浦江高科技园、浦锦街道茉莉名邸社区入选上海市第二批现代环境治理体系试点。启动污染防治攻坚战立功竞赛，制定《闵行区污染防治攻坚战立功竞赛活动实施方案》，推动全区各级各部门、各企业各单位等深入打好污染防治攻坚战，形成一批可复制、可推广、可持续的环境治理经验。

【**开展环境监察执法工作**】 2023年，全区出动环境执法人员951批次、4871人次，检查企业2269户次，开展各类专项行动35项，累计立案查处环境违法行为96件，处罚金额624.49万元。

【**推进环保督察“回头看”整改工作**】 2023年，闵行区推动市级生态环保督察“回头看”31项整改任务中剩余4项未完成问题的整改，并完成建筑垃圾堆点清理整治、建筑垃圾资源化回收利用体系建设2项整改任务。督促闵行东部资源化利用中心项目、市政雨污管道混接改造及管道更新等2项未完成任务按照既定进度计划，优化方案、克服困难，确保任务整改完成。

【**开展环境综合治理**】 闵行区全年完成5千米骨干河道综合整治任务；河湖水面率达到9.28%。依托河长制工作平台，持续推进吴泾、浦江、马桥、华漕、新虹、浦锦6个街镇生态清洁小流域建设。全年均值无劣Ⅴ类河道断面，优Ⅲ类好水占比达72%。

新建各类绿地1.01平方千米，立体绿化3万平方米；新建绿道30千米，口袋公园21座，全区各类公园总量达到199座，人均公园绿地面积目标值达到11.3平方米，森林覆盖率达到19.23%。

坚持做好垃圾分类收运，实行湿垃圾“一日二清”。闵吴码头全年共转运处置各类垃圾78.41万吨；闵行区餐厨再生资源中心共处置湿垃圾18.37万吨；收运处置餐厨废弃油脂量4548吨；转运装修垃圾分拣残渣39.46万吨。

【**开展环保主题宣传活动**】 2023年，紧扣“建设人与自然和谐共生的现代化”主题，开展形式多样、内容丰富的闵行区六五环境日系列宣传活动。举办“六五环境日”主场活动，以线上线下的方式充分展示闵行区绿色低碳高质量发展、深入打好污染防治攻坚战，以及推进现代环境治理体系建设等工作成果。围绕主题举办生物多样性日、全国低碳日、全国生态日等主题宣传活动，讲好全社会积极参与美丽闵行建设的生动故事。围绕“党建引领、优化服务、广泛参与”原则，制定绿色议事工作方案，牵头各街镇（莘庄工业区）、环保社会组织等单位，开展有重点、有实效、有特色的绿色议事活动，拓宽参与渠道和覆盖面，持续开展环保设施向公众开放工作，引导园区和企业、公众积极参与生态环境保护工作。

【**提升公众参与度**】 闵行区全年主动公开政府信息共

2313 条，包含公文类信息 68 条。其中，区政府门户网站公开信息 506 条，市生态环境局电子政务平台报送信息 84 条；政务微博“闵行环境”发布 665 条；微信公众号“闵行环境”发布 990 条。闵行区生态环境局严格按照公文公开相关要求，及时在门户网站及各类媒体端主动公开政府信息，每月统计网上政务平台文件发布数、公文类政府信息公开统计表和依申请公开情况。为更好地增强市民群众对政府工作的参与度和透明度，在门户网站公开了政府信息公开申请受理各类途径，向市民普及政府信息查阅及公开申请的方式等。在政府公开月活动中，邀请学校、居民等市民群众参与环保设施云开放活动，开展环境监测科普知识宣讲，提升市民的环保意识及对政府工作的参与度。

【积极处理各类环境诉求】 2023 年，闵行区生态环境局共收到人大代表意见和政协委员提案 9 件（1 件主办），其中人大代表意见 3 件，政协委员提案 6 件（1 件主办），均按时办结且满意率 100%。

全年受理信访投诉 1074 件。从类型分析，废气问题 500 件（占 46.6%），噪声问题 306 件（占 28.5%），建设项目问题 69 件（占 6.4%），废水问题 60 件（占 5.6%），非道路移动机械问题 39 件（占 3.6%），电磁辐射问题 29 件（占 2.7%），固体废物问题 28 件（占 2.6%），其他问题 43 件（占 4.0%）。

（曾　果 供稿）

嘉定区

【区域经济发展稳步向好】 2023 年，嘉定区坚持稳中求进工作总基调，经济稳步恢复向好。全年地区生产总值完成 2840.2 亿元，同比增长 2.1%。完成规模以上工业总产值 4504.4 亿元，同比增长 0.1%。其中，区属规模以上工业企业实现产值 2956.4 亿元，同比下降 1.5%。从汽车生产看，2023 年，全区汽车产业实现工业产值 2890.9 亿元，同比增长 2.7%，占全区规模以上工业总产值的 64.2%。完成财政总收入 781.1 亿元，同比增长 4.2%。其中，完成一般公共预算收入 249.9 亿元，同比增长 8.3%。完成限额以上商品销售总额 7463.3 亿元，同比增长 1.7%，社会消费品零售总额 1607.8 亿元，同比增长 5.4%。完成固定资产投资总额 579.6 亿元，其中，完成民间投资 266.5 亿元，占全区固定资产投资总额的 46.0%。常住居民人均可支配收入达到 72659 元，同比增长 8.0%。

【区域环保投入情况】 2023 年，嘉定区环保投入为 76.43 亿元。其中，市财政投入为 4.14 亿元，占环保总投入的 5.42%；区级财政投入达到 20.83 亿元，占环保总投入的 27.25%；社会等投入资金为 51.46 亿元，占环保总投入的 67.33%。从投资项目分，污染源防治投资 18.55 亿元，占总投资 24.27%；生态保护和建设投资 0.97 亿元，占总投资 1.27%；农村环境保护投资 6.38 亿元，占总投资 8.35%；城市环境基础设施建设投资 37.84 亿元，占总投资 49.51%；生态环境管理能力建设投资 0.21 亿元，占总投资 0.27%；环保设施运转费为 12.16 亿元，占总投资 15.91%，其他环保投入为 0.32 亿元，占总投资 0.42%。

【节能减排主要措施和效果】 2023 年，嘉定区主要污染物总量减排累计目标为：化学需氧量（COD）485.34 吨、氨氮（NH_3-N）65.58 吨、氮氧化物（NO_x）33.91 吨和挥发性有机物（VOCs）326.65 吨。2021 年至 2023 年，国家已经核定本区完成化学需氧量减排 721.71 吨、氨氮减排 449.32 吨、氮氧化物减排 217.79 吨、挥发性有机物减排 411.81 吨。超额完成 2023 年主要污染物总量减排累计目标。2023 年，全区规模以上工业累计能耗 168.7 万吨标准煤，同比增长 2.8%；实现单位产值能耗 0.037 吨标准煤 / 万元，同比增长 2.7%。用电总量 49.0 亿千瓦时，同比增长 2.0%；单位产值电耗 0.011 万千瓦时 / 万元，同比增长 1.9%。用水总量 4247.4 万立方米，同比下降

嘉定区马陆镇戬浜村　（嘉定区 提供）

9.2%；单位产值水耗 0.943 立方米 / 万元，同比下降 9.3%。131 家重点耗能企业能耗总量 123.2 万吨标准煤，同比增长 0.8%。

【区域环境质量总体平稳】 2023 年，嘉定区环境空气质量 AQI 优良天数为 313 天，优良率为 85.8%，细颗粒物（$PM_{2.5}$）平均浓度为 31 微克 / 立方米。3 个国考断面和 18 个市考断面全部达标，优Ⅲ类水质断面比例 100%。受污染耕地和重点建设用地安全利用率均为 100%。

【有序推进第八轮环保三年行动计划】 2023 年，嘉定区有序推进并收官第八轮环保三年行动计划。嘉定区第八轮环保三年行动计划共设水环境保护、大气环境保护、土壤（地下水）环境保护、农业与农村环境保护、工业污染防治与绿色转型等 10 个专项领域 102 个项目（其中市级项目 75 个，区级项目 27 个），截至年底，一个区级项目调减，101 个项目（市级项目 75 个，区级项目 26 个）已完成，完成率 100%。

【低碳发展深入推进】 2023 年，嘉定区深入推进低碳发展。贯彻落实“碳达峰”行动，制定实施《嘉定区减污降碳协同增效实施方案》，完成 2022 年度区级温室气体排放清单编制。大力开展低碳示范创建，制定远香湖低碳发展实践区创建实施方案和创建重点项目推进计划，完成 2023 年创建工作任务和年度创建情况评估工作，推动安亭镇安勇社区、马陆镇众芳社区德富二坊等完成低碳社区年度建设任务。积极推进超低能耗建筑试点建设工作，完成超低能耗建筑项目 3 个，面积 32.98 万平方米。推进绿色制造和零碳示范创建，成功创建 12 家市级绿色工厂（其中 3 家获国家级绿色工厂）、1 家绿色供应链、1 家国家级绿色数据中心、1 家零碳数据中心，2 家零碳创建园区，嘉定工业区成功创建为国家级绿色园区。

【全力推进大气污染防治工作】 2023 年，嘉定区全力推进大气污染防治工作。开展新一轮清洁空气行动计划，开展臭氧污染防治、柴油货车污染治理攻坚行动，实施秋冬季空气质量攻坚行动，持续推进全区环境空气质量改善。工业源治理方面，持续开展涉 VOCs 废气无组织排放专项整治，全面完成 390 家企业（含一企多址）VOCs 2.0 减排量核算核查。机动车、非道路移动机械污染控制方面，完成柴油车路检路查 939 辆次、入户检查 521 辆次，累计核发非道路移动机械环保标志 14600 块。新能源车推广方面，更新购置新能源公交车 82 辆，新增 2864 个公共（专用）充电桩，实现新能源出租车占比 95%。扬尘污染防治方面，落实装配式建筑用地面积 167.05 万平方米，绿色建筑用地面积 70.99 万平方米，保持在建工地扬尘污染防治检查覆盖率 100%，实现城市化区域道路机械化清扫率 100%。

【水环境污染防治工作持续实施】 2023 年，嘉定区稳步推进水环境污染防治工作。推进河道整治和生态修复，完成 1.4 千米骨干河道整治年度考核任务和 3.6 千米滨水空间贯通，完成 10 千米中小河道轮疏，推进云长泾 3 处断点打通。持续推进入河排污口排查溯源整治，累计完成 1881.96 千米河道排查、监测、溯源，占全区河道岸线总长度的 92.67%，完成镇级及以上河道 100% 的排污口排查、溯源。推进南翔镇、外冈镇、华亭镇生态清洁小流域建设，累计完成 14 个治理单元 75 平方千米建设。推进区域海绵城市建设，全区 50% 城市建成区达到海绵城市建设要求。

【有序开展土壤污染防治工作】 2023 年，嘉定区有序推进土壤污染防治工作。跨土地全生命周期管理，指导、督促土壤污染重点监管单位及时开展隐患排查、自行监测，以及拆除活动的备案工作，全区各土壤污染重点监管单位均建立了隐患排查和自行监测制度。严格落实土壤污染状况调查和风险管控、建设用地准入管理要求，对列入土壤污染风险管控和修复名录的地块开展规范治理、严格管控，共评审各类报告 59 份，出具土壤污染状况调查意见 212 个。深化地下水污染防治，实施地下水污染防治分区管理，动态管理地下水环境监测井，推进企业内部加油站埋地油罐改造工作，共发现 9 口报废监测井，累计发现 46 口，均已落实回填工作。

【深入推进生态环保督察整改】 嘉定区坚决落实环保督察和警示片披露的问题整改。根据市督察办要求，完成市督察“回头看”整改情况报告工作，并向社会公示。市级生态环境保护督察“回头看”25 项整改任务中，已完成整改 22 项，3 项正在有序推进中。扎实推进警示片整改。2022 年市生态环境警示片披露的 3 个问题、2023 年市生态环境警示片披露的 3 个问题点位已全部完成整改。开展针对历年督察及警示片发现问题的专项复核。通过定期或不定期地开展巡查、督查和抽查等手段，及时发现和处置老情况、新问题，防止问题反复、回潮。

【加大环境执法力度】 2023 年，嘉定区持续优化执法模式。制定《上海市嘉定区生态环境局执法大队关于推行行政执法“厚植责任田”的工作方案》，以责任田作为阵地，结合执法大练兵活动，补齐短板弱项，不断提升执法能力，不断加强队伍能力及素养建设。印发《嘉定区生态环境领域行政执法与刑事司法衔接协作机制的实施细则》和《关于规范移交生态环境违法案件线索的指导意见（试行）》，进一步深化“两法衔接”工作机制，规范本区生态环境违法案件线索移交程序。扎实推进专项、综合执法检查，开展雨查夜查，全年累计出动执法人员1411批次，3896人次，现场检查企业2241户次。查处环境违法行为71件，罚款金额1000.93万元，没收违法所得7470元，办理案件中涉及移交公安追究刑责案件2件，查封/扣押4件。完成结案37件，在依法实施行政处罚的同时，对于存在环境管理问题或环境问题情节轻微、未造成环境危害的97家单位开具了执法意见书。累计追偿5起生态损害赔偿案件，涉及金额约8473.8万元。

相关链接

【执法案例】 10月31日，嘉定区生态环境局执法人员调查发现，某废品回收公司无危险废物经营许可证，在某工贸公司厂区内设立了金属屑压块机，将该工贸公司金属机械加工过程中产生的含油金属屑（属危险废物，废物代码：900-006-09）进行压块处置，并堆放于该废品回收公司在嘉定区另一处地点设立的雨棚内。该雨棚内地面进行了硬化，堆放的含油金属屑已压块成型，堆放占地宽5.5米、长约10米，堆放处西侧和北侧地面分别设置一条地沟，地沟联通至堆包西南角一处地下收集井，堆放处地面及地沟有滴落的废油，雨棚西墙外地面（未硬化）有肉眼可见油污。据初步调查，2022年12月起该废品回收公司为该工贸公司共处理4次含油金属屑，每次2吨。该废品回收公司上述行为违反了《中华人民共和国固体废物污染环境防治法》第八十条第二款的规定，按照《最高人民法院、最高人民检察院关于办理环境污染刑事案件适用法律若干问题的解释》（法释〔2023〕7号）第一条第二项的规定，该废品回收公司非法处置危险废物三吨以上，涉嫌污染环境犯罪。嘉定区生态环境局第一时间联动了嘉定公安分局。经分析研判，依据《中华人民共和国行政处罚法》第二十七条第一款的规定，嘉定区生态环境局于10月31日将案件线索移送嘉定公安分局处理。嘉定公安分局于当日进行了刑事立案处理。

【生态环境综合行政执法履职能力建设成效显著】 2023年，嘉定区以生态环境部门为主，相关部门协同，系统谋划，综合施策，生态环境综合行政执法履职能力建设成效显著。一是党建与业务融合。将党建工作纳入生态环境执法工作计划，以党建带队伍、以队伍促业务，发挥党建工作的引领和示范作用，依托区域党建构建“嘉昆太”执法联动体系，与昆山、太仓实现资源共享、优势互补。二是压实监管职责。厚植行政执法责任田管理模式，实现“人员到位、责任到位、工作到位、效果到位”，“责任田”街镇之间情况互通、工作互促、难题互解、经验互学。三是健全制度保障。积极推进生态环境执法监管制度化、规范化，建立完善生态环境执法工作流程、重大专案查办、内部监督等制度。四是强化技能培训。开展执法“大练兵”，围绕水、气、声、渣、辐射等重点领域，组织开展“讲、评、学”“生态环境大讲堂”等各类业务培训。五是深化执法帮扶。制作并向执法管理对象发放普法帮扶知识手册，开展说理式执法，加大对白名单企业的指导帮扶力度。通过实施上述举措，嘉定区在健全管理制度、统筹协调执法、实际工作绩效等方面都取得了积极成果。本轮上海市生态环境综合行政执法履职评估工作中，嘉定区评估得分为101.5分，综合排名全市第二。

【绿化建设情况】 2023年，嘉定区绿色生态空间持续拓展。新建各类绿地0.65平方千米（其中公园绿地0.3平方千米），建成城市绿道11.5千米，新建立体绿化1.83万平方米。积极有序推进横沥河水岸文脉景观提升及贯通工程、档案馆公共绿地、入城段绿化景观提升工程、苏河源综合公园、环上公园（蝶语园）、西门文化公园，以及古树公园改建等7个重点绿化项目施工建设和前期手续办理。森林覆盖率达到17.88%。

【开展市容环境卫生整治】 2023年，嘉定区聚焦第六届中国国际进口博览会等重大活动，落实市容环境保障，提升区域市容景观品质。通过实施绿地改造、花坛花镜设置、招牌整治更新、道路围墙修缮美化等项目建设，进一步美化市容、提升景观，推进完成4个“美丽街区”建设任务。持续开展公共空间休憩座椅优化提升工作，完成新增改造提升休憩座椅336个、认捐座椅19个、认养座椅76个。完成市级10座公厕适老化适幼化改造任务，完成59座农村公厕提档升级改造，嘉定镇积谷仓公厕荣获2023年度上海“最美厕所”称号。

【生活垃圾分类体系建设】 2023年，嘉定区改造完成精品示范居村32个（其中居住区29个、农村3个），标准化生活垃圾房57个（其中居住区41个、农村16个），推进完成3座示范型可回收物中转站提升改造，完成一条垃圾分类主题公园+垃圾处置末端设施科普馆市民体验路线创建，持续巩固18个精细化分类公共场所建设。全区干垃圾末端处置量为1391吨/日，湿垃圾分类处理量为624吨/日，湿垃圾分出量基本稳定在干湿垃圾总量的31%左右，可回收物总量分出量550吨/日，其中主体企业可回收物分出量为441吨/日，生活垃圾回收利用率达到46%。

【生态环境审批制度改革】 2023年，嘉定区围绕排污许可提质增效主线，全面完成排污许可证“双百”工作，完成排污许可证质量审核210家、排污许可证执行报告内容规范性审核242家。深入落实“一网通办”，对环评、排污许可、辐射安全许可与夜间施工行政许可的受理及审批实行全程网上办理，开展环评和排污许可“两证合一”试点工作，全年共审批环评项目207个、排污许可证506个、夜间施工行政许可49件，对67个项目开展环评技术评估工作。

【加强环境宣传教育】 2023年，嘉定区围绕“建设人与自然和谐共生的现代化”主题，举办2023年嘉定区“六五环境日”暨“无废城市”低碳示范创建宣传活动，发布《嘉定区生态环境保护绿皮书（2022）》，向低碳示范创建专家团队的专家学者颁发聘书。围绕生物多样性日、低碳日主题，结合“无废城市”建设、低碳示范创建，举办线上线下系列宣传活动，在全区积极营造生态环境保护的浓厚氛围。围绕突发环境事件应急管理、企业环境信息依法披露、生态环境损害赔偿、信用修复等内容，选取企业最关心的百余个典型问题，编制印发《环保知识百问百答（2023中英文对照版）》。围绕涉一类污染物排放企业管理和执法要点、危险废物规范化评估和新国家技术规范、危险废物及排污许可证证后管理和企业全生命周期环境管理要点等开展宣贯和培训，开展各类环保培训38场次，培训2682人次。推进污染治理设施向公众开放活动，全区13家污染治理设施单位开展开放活动242批次，参观人数9665人。

【完成两会提案意见办理】 2023年，嘉定区涉及生态环境保护相关内容的人大代表建议4件，其中1件区生态环境局作为主办单位，其他3件区生态环境局作为会办单位，内容涉及“无废城市”、轻轨11号线噪声扰民和沿街商铺扰民等内容。涉及生态环境相关内容的政协委员提案2件，其中1件区生态环境局作为主办单位，1件区生态环境局作为会办单位，内容涉及嘉昆太一体化生态环境共保联治和开展水上运动提高上海人均体育场地面积等内容。从办结情况看，2件主办件办理态度和办理结果均获得代表委员的双满意。主办案件办理结果均为“全部采纳”，会办件均及时将会办意见反馈各主办单位。

【信访热点处置】 嘉定区高度重视注重舆情处置，妥善及时处理好各类环境信访投诉，积极回应群众环境诉求。全年共收到环保类投诉1190件，1190件投诉/信访中：市民热线992件，本单位收到42件（其中来信9件，来电28件，来访5件），12369环保举报平台136件，国家信访系统17件，其他2件，市生态环境局转来1件。年度累计办结投诉/信访1190件，办结率100%。投诉/信访件按污染物类型分类：废气类703件，占信访总量的59.08%；噪声类214件，占信访总量的17.98%；废水类133件，占信访总量的11.18%；油烟气类24件，占信访总量的2.02%；新建项目类49件，占信访总量的4.12%；固体废物类50件，占信访总量的4.2%；电磁辐射11件，占信访总量的0.92%；其他类6件，占信访总量的0.5%。（姚嫣洁 供稿）

金山区

【区域经济发展稳步增长】 2023年，金山区完成地区生产总值1189.58亿元，按可比价格计算，增长6.5%；财政总收入454.93亿元，同比增长4.8%，其中区级地方财政收入110.92亿元，同比增长4.8%；税收收入440.89亿元，同比增长5.6%，其中区级税收收入113.53亿元，同比增长8.4%；在地规上工业总产值2537.02亿元，按现价增长7.5%，按可比价格增长11.9%；属地规上工业总产值1642.79亿元，按

金山区生态环境执法人员正在开展环境监测工作 （金山区 提供）

现行市场价格增长2.3%，按可比价格增长4.7%；全社会固定资产投资310.94亿元，同比增长0.5%，其中工业投资115.52亿元，同比增长16.5%；社会消费品零售总额446.41亿元，同比增长9.1%；商品销售总额920.38亿元，同比下降15.9%；规模以上服务业营业收入208.05亿元，同比增长10.8%。

【区域环保投入情况】 2023年，金山区投入环境保护经费约38.74亿元。其中市级投入5.09亿元，占总投入的13.1%；区级投入12.52亿元，占总投入的32.3%；其他投入21.13亿元，占总投入的54.6%。从投资项目分，污染源防治7.71亿元，占总投资19.9%；生态保护和建设0.05亿元，占总投资0.14%；农村环境保护5.98亿元，占总投资15.42%；城市环境基础设施建设12.68亿元，占总投资32.73%；生态环境管理能力建设0.63亿元，占总投资1.64%；环保设施运转费10.63亿元，占总投资27.44%，其他环保投入1.06亿元，占总投资2.73%。

【节能指标完成情况】 2023年，金山区综合能源消费量292.65万吨标准煤，同比增长3.9%；单位增加值（GDP）综合能耗0.372吨标准煤/万元，同比增长0.5%。2021—2023年累计完成“十四五”单位增加值综合能耗下降总目标的进度为50.3%。

【第八轮环保三年行动计划圆满收官】 2023年，金山区第八轮环保三年行动计划圆满收官，76个市级下达项目和8个区级自选项目全部完成，区域生态环境质量持续改善，人居环境持续优化，人民群众的幸福感、获得感和满意度不断提升。全年金山区环境空气质量（AQI）优良率为88.5%，较2020年同期上升0.3个百分点；$PM_{2.5}$平均浓度为30微克/立方米，稳定在国家二级标准以内；21个考核断面水质优Ⅲ率达到100%，同比提升4.8个百分点，较2020年同期提升58.8个百分点；受污染耕地安全利用率和重点建设用地安全利用率均为100%。2022年11月，金山区被生态环境部命名为国家生态文明建设示范区，成为全市唯一一个同时拥有生态文明建设示范区和“绿水青山就是金山银山”实践创新基地称号的区。

【环境空气质量有效提升】 2023年，金山区空气质量指数（AQI）优良天数323天，优良率88.5%；细颗粒物（$PM_{2.5}$）浓度为30微克/立方米。六项主要污染物浓度水平均达到国家环境空气质量年均二级标准，其中，二氧化硫（SO_2）、二氧化氮（NO_2）、一氧化碳（CO）达到国家环境空气质量年均一级标准。环境空气质量总体持续改善，主要污染物集中为臭氧（O_3）及细颗粒物（$PM_{2.5}$）。2023年，金山区降水pH年均值为5.22，酸雨频率为49.3%。

【地表水环境质量略有改善】 2023年，金山区地表水环境总体有所改善。全区64个监测断面水质处于Ⅲ—Ⅴ类。其中，Ⅲ类水质断面共62个，占比96.9%，同比上升7.8个百分点；水功能区达标率为98.4%，同比上升1.5个百分点。国控断面、市控断面、新增中小河道等水质有所改善；区内主要水体张泾河、龙泉港、紫石泾等水质基本持平。

【声环境质量总体良好】 2023年，金山区总体声环境质量略有下降。与2022年相比，区域噪声、道路交通噪声昼间和夜间平均等效声级均略有上升，区域噪声昼间、夜间“较好”及以上等级略有下降，道路交通噪声昼间、夜间“较好”及以上等级持平。各类功能区噪声除一类功能区外均达到相应功能类别的标准要求。与2022年相比，二类功能区昼间及三类功能区夜间的平均等效声级略有下降，其余平均等效声级均有所上升；达标率除三类功能区持平外。一类及二类功能区昼夜间达标率均有所下降。

近5年（2019—2023年），金山区区域环境噪声及道路交通噪声值先下降后略有上升。各类功能区中三类功能区夜间呈下降趋势，一类功能区、二类功能区和三类功能区昼间呈上升趋势。

【三轮九年环境综合整治圆满收官】 2023年是金山区三轮环境综合整治攻坚战的收官之年。顺利完成该年度21个环境整治项目，推动金山区三轮九年（2015—2023年）环境综合整治任务圆满收官。按照全面回顾的要求，完成第三轮环境综合整治工作总结与三轮环境综合整治工作总结。积极开展以“绿水青山　你我的金山”为主题的系列宣传活动：召开三轮环境综合整治座谈会，开展主题展览巡展16次、政府开放活动3次、策划媒体采访活动6次，组织进校园、进村居活动40次，全面反映三轮环境综合整治攻坚历程成效的成果展于2024年1月在区博物馆正式对外开放。

【开展环保专项行动和执法工作】 金山区全年共开展排污许可证证后监管、涉一类污染物、挥发性有机物、危险废物、消耗臭氧层物质等专项检查45项，出动1519批次、4972人次，检查企事业单位1920户次，受理信访419件；共对287户次存在各类环保安全隐患的排污企业发出整改通知书，约见排污企业106户次，立案查处环境违法行为54件，处罚金额856.45万元，对2起案件实施查封扣押，对3家公司作出停产整治决定，对1起环境违法案件移送公安机关建议实施拘留。

【抓好生态环保督察整改】 金山区完成农业农村环境管理、畜禽养殖企业环境管理、再生资源回收管理、环保违法违规建设项目管理、内河码头管理、河湖管理、农村生活污水管理、建筑工地环境管理八个专项整治行动。针对《长江经济带生态环境警示片》和《上海市生态环境警示片》反映的问题，深入开展自查自纠，警示片交办的5个问题已全部完成整改。结合历年来各级环保督察整改任务清单，开展第四轮区级生态环保督察，共发现问题104个，已完成整改点位103个，推动各项问题整改有效落实。

【强化干部队伍建设】 金山区制定《金山区生态环境局干部职工学习锻炼实施办法》，完善区生态环境局机关和局属单位干部职工交流培养锻炼机制。制定《金山区生态环境局干部选拔任用工作规范》，推进干部选拔任用工作制度化、规范化、科学化，提高选人用人质量。制定《金山区生态环境局干部队伍建设规划》，更加注重工作实绩，让能干事者有更大机会、干成事者有更好舞台。提任局机关正、副科级干部各1名、局执法大队副科级干部1名；晋升四级高级主办1名、四级主办1名，进一步激发了干部队伍干事创业的活力。举办金山区生态环境保护专题培训班，不断提升中层干部、新进职工和基层环保人员的监管意识和履职能力。选派1名干部参加区中青年干部培训班、1名青年干部参加区青年干部培训班，开阔干部的眼界，提升干部的理论水平。举办“练兵筑基强本领，生态铁军展风采”环境综合执法系列劳动技能竞赛，局内3个部门被授予“金山区最美劳动班组”，8名人员被授予金山区“鑫工巧匠”。

【强化环境治理体系建设】 金山区制定《金嘉平地区石化化工挥发性有机物协同治理“三统一”工作方案》，明确标准、监测、执法三个方面共15项具体任务，牵头召开“两山议事堂”第四次会议，审议通过金嘉平生态研学工作机制、社会监督员制度、水质监测行动方案等，合力打造长三角毗邻地区VOCs协同治理新样板。深化环保“五步工作法”，实行包容审慎监管，组建帮扶工作组到重点企业进行执法帮扶指导，制定发布《金山区企业环境保护守法清单》。深入开展“美丽湾区，我是行动者”实践活动，开展金嘉平生态研学；绿行者志愿者沈思获得全国“最美生态环境志愿者”。

【加强生态文明宣传教育】 2023年，金山区在生物多样性日、六五环境日、全国生态日等重要时间节点开展各类宣传活动，助推生态环境保护全民参与。整合本土优质生态文明教育资源，摄制“行走”的生态环境教育系列短视频，充分利用公众号、视频号、抖音等新媒体矩阵广泛宣传，取得良好的社会反响。创新公众开放形式，开展“局长带你走进环保设施”活动，该活动视频在生态环境部公众号进行发布。不断深化“小蒋说环保”等品牌，蒋轶婷荣获全国“2022最美基层环保人”称号。金山嘉兴携手探索形成《金嘉平生态研学工作机制》，进一步提升金嘉平青少年生态文明意识。

【提升绿地景观】 金山区打造绿化景观亮点。紧扣春节、“十一”、进博会等时间节点，围绕百联、万达商圈等重点区域进行地面和立体花卉布置，每季布置主题景点4处、花坛花境约5000平方米、组合容器2294个，70万盆花卉，营造节日浓厚氛围。修剪各类公共设施矛盾树木612株，为全区道路交通顺畅、市民生活安全提供保障。组织开展防台等应急疏枝修剪行道树2455株、绑扎加固2110株，完成树穴盖板更换维护949处，新增树穴连接带420米，整治树桩392处。

【全力推进林绿建设】 金山区新建绿地0.4平方千米（其中公共绿地0.2平方千米）；完成紫金绿道、掘石港绿道等绿道建设10.8千米，完成率108%；完成立体绿化建设1.7万平方米，完成率100%；完成单位附属绿地开放共享3处（山阳镇社区党群服务中心、金山区政府会议中心、金山供电公司口袋公园）；新增入册社区公园2座（汇龙湖公园、世纪城公园）、入册口袋公园4座（金宾花园、金电花园、富蒙花园、广宇花园），落实乡村公园3座。申报龙航路（海盛路—海丰路）创建上海市绿化特色道路。在全市率先试点开放滨海公园、新城公园等10座公园给市民游客搭建帐篷，及时回应人民新期待。推进2022年新造林项目建设，涉及5个廊道、4个公益林和1个疏林地改造，完成种植面积0.93平方千米。

【提升公园景观】 金山区举办滨海公园“廉盈滨海、荷美湾区”荷花节等系列活动，发放宣传折页1200余份、盆花500余盆。通过广泛宣传，有效认养公园绿地树木143株、古树名木及古树后续资源21棵，认养金额共17490元。落实居住区绿化调整和修剪等指导服务64次，指导125人次，发放纸质材料500余份。重点打造山阳镇新城公园市民园艺中心，申报参加2023年度“市民喜爱的”上海市民园艺中心评选。

【生活垃圾分类水平提升】 2023年，全区生活垃圾分类工作覆盖266个居住区、120个农村、266个单位、95条街面共计6400余家沿街商铺。分类投放设施方面，为营造良好居民投放环境，创新工作措施，全年完成生活垃圾房标准化改造21个，完成全区精品示范居住区创建11个，完成全区可回收物体系标准化改造工作。智能信息化方面，全区共458个集中投放点设置联网摄像头监控（包含农村垃圾房），其中53个投放点为智能监控（主要集中于石化街道及山阳镇）。全区共有67辆干垃圾车、38辆湿垃圾车安装视频监控。末端垃圾分类量稳中求进，全区干垃圾日均处理量496.9吨，湿垃圾日均处理量255.4吨，可回收物日均处理量180.11吨，可回收利用率达45%。生活垃圾实效分类街镇综合考评，得分75.5分。分类体系建设运行达标考评，得分18.87分，总分94.37分。

【加强野生动物保护】 金山区积极组织开展“世界湿地日”“爱鸟周”“野保宣传月”等主题宣传活动，发放倡议书500余份、宣传手册2300余份、环保袋200余份，进一步扩大保护野生动植物、保护湿地的宣传受众面。加强收容救护工作，扎实开展野生动物资源保护工作，全面做好执法巡查，严格开展“清风行动”等专项行动，与公安部门联合执法30次，查处行政处罚案件28起，共处罚金93200元。

【有序开展河长制工作】 金山区766名区、街镇、村居级河长巡河3.8万人次，发现解决问题537处。全年组织2023年新任镇村级河长、各街镇（高新区）河长办负责人等338人开展河长制专题培训，提升履职能力。组织推进“清四乱”工作常态化、规范化，排查发现“清四乱”典型点位4处，完成整改；完成水利部下发的359个河湖遥感疑似问题图斑的核查工作，对存在的问题图斑全面督促指导整改，已全部完成；开展长江禁渔常态化监管，共组织出动执法人员1152人次，开展联合行动7次，取缔杭州湾涉渔“三无”船舶21艘，清理各类违规网具2930顶，办理办结各类非法捕捞案件99起。完成年度285个市、区、镇管河道水质断面监测工作，285个断面水质年均值优于Ⅲ类水断面占比99.6%，Ⅳ类水断面占比0.4%，无Ⅴ类水和劣Ⅴ类水断面，全区河道水环境质量进一步提升。落实“河长+检察长”工作机制，金山区检察院针对水污染防治公益诉讼线索立案17件，制发检察建议书8件，检察建议、公益诉讼在水环境治理保护和河长制工作中的联动作用进一步发挥。5月19日，召开2023年首次“金嘉平”水事议事堂工作会议。

【推进水务海洋相关工作】 2023年，金山区枫泾水质净化厂三期工程、兴豪路污水泵站已完成总工程量10%；新江二厂二期工程正式投入运行；完成新一轮114个小区住宅小区雨污混接改造收尾工作；推进2022年农村生活污水提标增效项目；完成86条段、66.5千米村级河道整治，改善农村水环境面貌；完成中联村生态清洁小流域示范点建设；加强鹦鹉洲生态湿地运行养护监督，不断提升鹦鹉洲生态服务功能；推进海洋类自然资源节约集约示范县（市）创建和现代海洋城市建设。

【环境信访投诉件减幅明显】 2023年，金山区生态环境局共收到环保类投诉772件988人次，772件投诉/信访中：市民热线682件，区生态环境局收到90件（其中来信17件，来电38件，来访16件，电子邮件19件）。年度累计办结投诉/信访608件，办结率77.5%。

投诉/信访件按污染物类型分类：废气类475件，占信访总量的61.53%；噪声类83件，占信访总量的10.75%；废水类81件，占信访总量的10.49%；固体废物类29件，占信访总量的3.75%；新建项目类25件，占信访总量的3.24%；电磁辐射类7件，占信访总量的0.91%；行风政风类2件，占信访总量的0.26%；其他类70件，占信访总量的9.07%。

（蒋轶婷 供稿）

松江区

【区域经济发展稳中提质】 2023年，松江区生产总值1740.03亿元，完成规模以上工业总产值3717.75亿元。完成财政总收入605.47亿元，同比增长13.6%。完成商品销售总额2516.61亿元，社会消费品零售总额698.96亿元，同比增长14.0%。完成固定资产投资总额605.44亿元，其中，完成民间投资142.41亿元，占全区固定资产总额的23.52%。居民人均可支配收入71435元，同比增长7.5%。

【区域环保投入情况】 2023年，松江区环保投入总额73.18亿元，相当于松江地区生产总值的4.2%。从投资项目分，污染源防治28.02亿元，占比38.29%；生态保护和建设0.72亿元，占比0.98%；农村环境保护10.75亿元；占比14.69%；城市环境基础设施建设18.94亿元，占比25.88%；生态环境管理能力建设1.09亿元，占比1.49%；环保设施运转费12.73亿元，占比17.4%；其他生态环境投入0.93亿元，占比1.27%。

【节能减排工作稳步推进】 2023年，松江区生态环境局荣获国家机关事务管理局、中共中央直属机关事务管理局、国家发展和改革委员会、财政部联合授予的“节约型机关”。全区能源消耗总量208.65万吨标准煤，单位增加值能耗0.29吨标煤/万元，其中

佘山

（松江区 提供）

工业领域同比下降 0.7%。申报节能技术改造项目 19 个，申报节能量达 3806 吨标准煤。松江区明确各领域补贴实施细则，发挥财政资金对节能降碳领域保障作用。编制印发《松江区 2023 年碳达峰碳中和及节能减排重点工作实施意见》明确部门职责。开展属地目标责任考核，对全区 54 家重点用能单位开展 2022 年能耗强度和总量双控目标评价考核，对 49 家重点用能单位提出 2023 年能耗强度和总量双控目标建议。完成产业结构调整项目 81 项，减少能源消耗折合 6639.54 吨标准煤。依法严格实施固定资产投资项目节能审查和验收制度，2023 年完成 29 个项目的节能审查并出具节能审查意见、8 个项目节能验收。全区共新增光伏并网装机容量 59.45 兆瓦，落实 66 个绿色建筑新建项目。

【稳步推进第八轮环保三年行动计划】 2023 年，松江区稳步推进第八轮环保三年行动计划，10 个专项 77 个任务项目已全部完成。有力推进区生态环境保护“十四五”规划中期评估。2023 年，空气质量（AQI）优良率为 85.2%。水环境质量稳中有升，4 个国考、23 个市考断面全面达标，全区 507 个管控断面水质优于Ⅲ类占比 93.7%，无劣Ⅴ类断面。土壤环境质量总体状况良好，受污染耕地和重点建设用地安全利用率均为 100%。蓝天保卫战方面，完成 338 家企业挥发性有机物（VOCs）综合治理，除全厂关闭、涉 VOCs 产线关闭、不涉及 VOCs 排放，其余均已完成核算。碧水保卫战方面，推进入河排污口排查整治，完成全部 2018 千米河道排查溯源，共排查排口 50542 个。推进洞泾港等 10 条骨干河道建设，推进水生态保护修复项目 5 个项目。净土保卫战方面，持续推进建设用地土壤污染防治联动监管，加强土壤污染源头管控，规范开展土壤调查报告专家评审和质量控制，完成土壤污染重点监管企业隐患排查“回头看”。

【大力发展绿色低碳循环经济】 松江区新增培育国家级绿色工厂 3 家，市级绿色工厂 3 家，国家级绿色供应链 1 个，区级绿色产品认证 35 家。交通领域完成 3962 根公用充电桩（含专用充电桩）建设。更新 239 台新能源车辆，完成公交线路优化调整 16 条，临时绕改道 20 条。落实城乡绿色发展。可再生能源建筑一体化应用工程面积 26.19 万平方米，落实 66 个绿色建筑新建项目，总建筑面积 637.66 万平方米。实施装配式建筑项目共计 82 个，总建筑面积为 749.3 万平方米。开展 2 家国家级节约型公共机构示范单位创建；100% 完成 76 家节约型机关创建。全区现有新能源及节能技术领域高新技术企业 108 家。年度认定市高新技术成果转化项目立项 83 项。全年可回收物回收量 589 吨 / 日。推进畜禽粪肥还田试点，畜禽粪污综合利用率达 99% 以上。种植业绿色基地覆盖率达 82%。完成畜禽养殖业农产品绿色生产基地创建 62 家。

【新污染物治理全面覆盖】 松江区制定《松江区新污染物治理行动实施方案》，明确工作目标、工作举措和保障措施。完成首轮化学物质环境信息调查。对辖区内 1145 家清单企业进行全覆盖调查，最终有 426 家企业纳入管理系统，覆盖 14 个街镇、经开区、中小企业城及临港松江科技城。

【危险废物管理水平进一步提升】 松江区天马固体废物处置工程项目基本完工。完成危险废物规范化环境管理评估。全区危险废物产生单位4662家，数量在全市位列第二；共执行危险废物转移量7.70万吨。开展危险废物管理计划、一般工业固体废物年报及医疗废物的线上备案及审核。2357家一般工业固体废物单位完成固体废物年报申报。21家一般工业固体废物收运单位签约企业2736家，接收量8.19万吨。持续推进小型医疗机构医疗废物收运"最后一公里"，收运医疗废物81.8吨。

【加大生态环境执法力度】 2023年，松江区推行生态环境轻微违法违规行为依法不予处罚，作出不予处罚决定12次，涉及免罚金额约67.4万元。累计38家企事业单位被纳入生态环境监督执法正面清单。开展非现场检查196家次。推进147家重点排污单位完成在线监测联网。全年共出动4104批、8839人次，检查企业5004户次，开展了83项专项执法检查，开具责令改正决定书116份，出具执法意见书2份，处罚89件、共计金额727万元，行刑衔接1起，查封扣押2起。出动4763人次，完成1163户次水质断面监测，完成排污许可证自行监督监测检查727家。对546家企业进行生态环境信用评价，对17件申请进行生态环境信用修复。联合交通委、建管委、农委、城管、水务等职能部门开展码头、养殖场、搅拌站等领域10个专项检查。

【开展水务执法】 松江区全年开展水务执法检查2092次，出动执法人员2842人次，查处各类涉水违法案件74起，立案74件，做出处罚决定65件（其中6件为2022年度存量案件），罚款425万元。执法业绩蝉联各区榜首，在全市水务执法工作考核中连续获得优秀。

相关链接

【执法案例】 5月29日，松江区水务执法支队在执法检查中发现某企业对洞泾镇的培沟娄支河实施了非法侵占河湖水域的违法行为。经查，该企业已取得填堵河道批准，对作为补偿的水面积已开挖完毕，但未办理河道管理范围内建设项目施工方案审核的行政许可，便对水域进行了填埋，此行为违反了《中华人民共和国长江保护法》第二十五条。执法人员经过对现场检查笔录、现场勘验图、取证照片及其他证据材料的严格审查，认为该案不仅符合《行政处罚法》中的不予行政处罚制度，且符合《清单》中所列情形，即"违反《中华人民共和国长江保护法》第二十五条，虽已经过填堵河道批准，但未办理河道管理范围内建设项目施工方案审核手续侵占河湖水域，已实施开河面积大于或等于侵占河湖水域面积，且首次被发现的"，因此执法人员对当事人做出不予行政处罚的决定，并且该企业在责令改正期限内及时补办了相关审核手续。

【增加人均绿地面积】 松江区全年新建绿地面积0.83平方千米，其中公园绿地0.37平方千米，新增绿道15.37千米、立体绿化1.83万平方米，"出门见绿、推门入园"成为市民生活常态。松江建成区（创全区）人均公园绿地面积15.26平方米。

【市容环境综合提升】 2023年，松江区在上海市行业文明进步指数测评中，道路保洁和垃圾清运行业全市排名第四，公厕管理服务排名全市第三。在上海市市容环境质量综合测评中垃圾收集点环境管理全市第一；道路、公厕保洁均排名郊区第一（道路保洁全市第四，公厕保洁全市第五）。推进"一镇一域"高标准保洁创建，完成4+3（4个市级，3个区级）个高标准保洁区域创建验收，市级高标准保洁路段累计达到19条。扎实开展作业扰民治理，城区86个居住区试点推行生活垃圾延时收运。装修垃圾运输处置实现电子三联单全程管理。推进完成20座公厕实施适老化适幼化改造，完成14座公厕、3座道班房的工间休息室建设，54座垃圾房标准化改造、107个居住区装修垃圾堆放点顶棚加盖或设置专用回收箱。完成市级违规户外广告整治29块、户外招牌51块，区级督办户外广告招牌279块；完成17条路段1428块户外招牌的改造提升。全年共计打捞水生植物约5100吨，清理福寿螺成螺16223个，多措并举保障全区1334条市区镇村级河湖水生态环境。

【持续深化环评审批"放管服"改革】 松江区优化营商环境案例《松江区生态环境局积极贯彻落实"五大新城政策"，畅通环评审批"绿色通道"》入选上海市优秀案例展评。市、区两级重点工程项目已完成陕煤高新技术、红双喜科技、科建高分子、陶氏有机硅4个环评审批。中山工业园区、上海松江经济开发区（洞泾工业园）新纳入联动名单，累计7个园区进入规划环评与项目环评联动范围，联动区域占全区规划产业区块面积超过80%。研究实施了"月告知、周督促、日通报"制度。完成4个市、区级重大产业工程项目环评审批。2023年度，共完成一般建设项目环评文件审批共计305个，其中报告书7个、报告表

298个（告知承诺制审批185个，占比62.1%）；辐射类建设项目环评文件审批共计21个。完成辐射安全许可证审批117件。截至年底，松江区共有排污许可证单位659家，依法定期提交执行报告。共计144家次享受联动政策的行政审批红利。

【加强林业生态保护和建设】 根据2023年森林资源年度更新成果数据，松江区林地面积129.76平方千米，占全区土地总面积的21.47%，森林面积116.52平方千米，全区森林覆盖率为19.28%，建成4个开放休闲林地。林业有害生物防控成效显著，主要林业有害生物发生面积12.87平方千米，同比下降7.1%。野生动植物保护能力增强。举办第27个"世界湿地日"、第10届"世界野生动植物日"、第42届"爱鸟周"活动，全年收容救助陆生野生动物108起、132只，涉及国家一级保护动物白天鹅1只，国家二级保护动物41只。

【农业绿色生产稳步扩大】 2023年，松江区通过绿色有机认证的企业共99家，其中93家绿色，4家有机，绿色生资类2家，绿色农产品供应量9.4万吨，绿色食品产品数154个，绿色食品认证率49.03%，认证率全市第一，全年续展率达100%，并入选第三批国家农产品质量安全县（市）名单。松江区3个"无人农场"建设考核绩效达标。松江区共建设粮食生产"无人农场"总面积2.12平方千米，田块路径规划技术实现作业路径的最优化，解决重复作业、减少多余调头动作等问题，可显著提升作业效率，用油、用肥、用药等成本平均降低8%。分别完成"播（插）+喷（施）同步"技术应用5.55平方千米、侧深施肥技术应用13.3平方千米等新农机新技术的试验示范与推广，两项技术在促进化肥农药减量增效、省工节本等方面具有明显效果。

【推进水域生态保护和建设】 2023年，松江区水面积共计51.58平方千米，水面率8.52%，已完成"十四五"期间0.45平方千米水面积新增任务。石湖荡镇新源村、新浜镇赵王村和泖港镇黄桥村3个村在年内通过河湖综合整治、河湖管理提升、农田水利建设、鱼塘养殖尾水治理等主要措施，完成生态清洁小流域市级示范点建设任务。27个治理单元在年内实现建设启动，其中18个治理单元通过区级认定，全区生态清洁小流域治理单元启动率达80.6%，治理单元累计完成率达61.3%。年内协调推进区属4座污水处理厂改扩建工程，松江污水厂四期改扩建项目、西部污水厂三期改扩建项目、松东污水厂四期改扩建项目已基本完成，松申污水厂三期改扩建项目总体进度完成77%，污水处理能力得到大幅提升。

【推进"无废城市"建设和市级低碳示范创建】 松江区全面启动"无废细胞"建设，出台"无废细胞"建设实施方案，制定年度"无废城市"建设工作要点，制定5项制度，成立9个专班，完善工作机制，开展调研、培训、活动40余次。"无废细胞"建设含17类"无废细胞"及3个"无废特色街镇"，66项建设指标中已有46项达到目标。其中，工业危险废物综合利用率、生活垃圾回收利用率两项指标提升较大，同比分别增加12.7%和4.3%。推进2个市级低碳发展实践区和2个低碳社区示范创建活动。与市质科院深化低碳发展实践区创建合作持续推进低碳发展。天马无废低碳环保产业园累计实施7个节能技改项目，预计每年节约外购电20万度，园区光伏建设方案编制完成。

【加快现代环境治理体系构建】 2023年，松江区启动"绿水青山就是金山银山"实践创新基地创建，指导石湖荡镇编制"两山"实践创新基地创建实施方案。启动国家生态文明建设示范区创建，正在编制《松江区国家生态文明建设示范区创建规划》。印发并实施松江区减污降碳协同增效重点工作任务清单。选树市级现代环境治理体系示范试点案例。与上海辰山植物园开展合作，致力环境教育基地建设、生物多样性宣传教育等工作。

【生态环保主题活动效果显著】 2023年，松江区成功举办六五环境日主题活动，以"音、诗、画"的节目表现形式讲述生态松江建设故事。充分发挥企业力量，邀请区内绿色友好型企业及环保社会组织参与环保集市活动。开展低碳论坛，举办线上主题摄影（短视频）比赛等。充分挖掘街镇优势，联合各街镇形成绿色合力。以线上线下相结合开展"8·15"全国首个生态日宣传暨生态环保知识竞赛活动，活动参与人群广泛。

【开展环境科普教育工作】 松江区举办六五环境日"建设人与自然和谐共生的现代化"主题活动、首个全国生态日区生态环保知识答题挑战赛、"转型·协同·创新·普惠"松江新城绿色低碳发展座谈会、20场全国低碳日活动等，累计6500人次参加。制作《松江生态之美》等展现环境治理成效视频3部。上海久霖环保科技有限公司新增为市级科普教育基地。举办专题培训班，面向全区街镇开展普法入企培训，合计参加培训4000余人次。深入开展"世界水日""中国水周""迎进博　文明用水"系列活动，打造松水环境宣传品牌，新增"行松问水""水文信息""历史文化"等8个系列主题，举办的"茸跑跑"找"水泡泡"亲子徒步活动在月湖雕塑公园举行，近150组家庭参加了此次亲子徒步行。

【开展志愿者活动】 松江区持续开展“点赞松江人”之最美生态环境守护者先进事迹，于“六五环境日”活动现场进行颁奖并宣传事迹。持续打造“绿小松 低碳行”志愿服务品牌。组织生态环境志愿者进学校、进社区宣讲服务活动共计8次，近千余人次参与。服务泰晤士小镇参与便民服务、旧衣回收等活动，生物多样性日期间联合东华大学环境学院志愿者管理中心开展趣味游戏。开展“学习雷锋好榜样 垃圾分类我先行”志愿服务活动，与新时代文明实践公园签署共建，开展临街入户宣传、“变废为宝”旧物义卖等活动。

【加强生活垃圾分类宣传】 2023年，松江区指导各街镇设置固定大型公益广告点位21处，常年宣传垃圾分类，各部门、各街镇的宣传电子显示屏，以及所有居住区、单位、菜场、公园、医院、广场、宾馆、交通集散地、工地围栏等公共区域的垃圾分类宣传内容等。积极运用主流媒体营造声势，区级媒体报道29篇。组织开展《垃圾分类条例》颁布实施四周年普法宣传日”活动，开展先进典型评选表彰和全民征集“LOGO、海报”设计作品，引导全民自觉践行垃圾分类新时尚。实地走访、发放垃圾分类宣传手册及门店责任安全管理告知书，“点对点、面对面”讲解，共计入户200余户，发放垃圾分类宣传手册200余份。开设云课堂，制作宣传视频，以线上多元化形式开展教学。

【队伍执法能力和综合素质有力提升】 2023年，松江区生态环境局执法大队获评生态环境部“2023年生态环境保护执法大练兵表现突出集体”，1人获评生态环境部生态环境执法局“2023年10月重点区域空气质量改善帮扶表现突出人员”，1人获评生态环境部办公厅“2022—2023年重点区域空气质量改善监督帮扶表现突出个人”。同时，荣获市级部门“2023年度上海市生态环境保护执法大练兵表现突出集体”“2023年上海市生态环境执法大练兵技能比武团体一等奖”“2023年度上海市生态环境执法考评优秀”。2人分获“2023年上海市生态环境保护执法大练兵技能比武”（个人）一等奖和三等奖，1人获评“上海市生态环境保护执法大练兵表现突出个人”，1人获市级执法大练兵宣传表现突出个人。印发《2023年松江区生态环境保护执法大练兵实施方案》，推进全局、全员、全年、全过程大练兵。开展实景模拟训练、执法知识竞赛比武、案卷研讨交流、执法新装备培训等培训练兵活动15场次，实现业务培训全覆盖。突出重点案件查办，做好第三方检测机构弄虚作假、饮用水源地保护和自然保护地等重点案件查处。以党员骨干与执法新人的“一对一”带教机制，带领队伍新进人员迅速成长，提升执法能力。

【妥善处理环境信访投诉】 2023年，松江区高度重视注重舆情处置，妥善及时处理好各类环境信访投诉，积极回应群众环境诉求。全年共收到环保类投诉1290件，其中占比最高的三类分别为大气污染578件（占44.81%）、噪声污染401件（占31.09%）、水污染75件（占5.81%）。 （王佳燕 供稿）

青浦区

【区域经济发展向上向好】 2023年，青浦区地区生产总值1440.08亿元，比上年增长5.7%，区级一般公共预算收入完成231.92亿元，同比增长6.5%，主

青浦区环境教育科普基地的志愿者开展环保科普课堂活动 （青浦区 提供）

要指标增速总体高于全市平均水平，体现产业创新的重要指标研发经费占比从3.56%提升至4.41%。出台提信心扩需求惠企政策，发放扶持资金36.5亿，减免税费37.4亿。规上服务业营收总量郊区第一，社零增长19.6%全市第二，规上工业增速高于全市平均水平。紧盯“四个一批”产业项目，出让29个、开工21个、竣工18个、投产15个。青浦综保区率先打通跨境电商“1210出口”模式，全区出口增长14.2%、居全市首位。

【**区域环保投入情况**】 2023年，青浦区生态环境保护投入资金75.93亿元，占年度地区生产总值的5.27%，其中：市、区财政拨款42.53亿元，占环保总投入的56.01%，其他投资33.40亿元，占环保总投入的43.99%。生态环境保护投资中，用于污染源防治12.20亿元，占总投入16.07%；用于生态保护和建设13.56亿元，占总投入17.86%；用于农村环境保护25.11亿元，占总投入33.07%；用于城市环境基础设施建设15亿元，占总投入的19.76%；用于生态环境管理能力建设0.67亿元，占总投入0.88%。环保设施运转费8.34亿元，占总投入的10.98%；其他投入1.05亿元，占总投入的1.38%。

【**实施节能减排**】 2023年，青浦区继续推动节能减排相关领域工作。工业领域，青浦区分解下达本地区和重点用能单位“双控”目标，督促工业领域各单位落实节能管理措施；鼓励企业申报2023年度上海市工业通信业节能减排和合同能源管理专项资金项目，完成19家企业申报材料的初审；下达2022年度青浦区工业节能降耗专项扶持资金48.37万元、2022年市工业节能和清洁生产专项配套资金195.29万元。重点用能单位管理方面，对5000吨以上工业企业进行2022年度能耗“双控”考核，下达2023年能耗强度和总量双控目标，开展“双控”目标监督检查。推进清洁生产审核评估、验收，全年完成评估8家、验收13家；完成朱家角工业园区规上企业清洁生产全覆盖审核评估报告。完成区级温室气体排放清单编制，持续推进2个低碳社区和现代农业园区低碳发展实践区创建。对全区各街镇、区属公司和能耗2000吨标煤以上工业企业开展技能减排工作培训，持续推动工业领域节能减排、推动产业高质量发展。配合市经济信息化委对上海燕龙基再生资源利用有限公司开展2023年度上海市资源综合利用企业专项检查评估与调研。宣传方面，结合“节能降碳　你我同行”主题，开展2023年节能宣传周活动，推动全区经济社会发展向绿色、低碳、循环的方面转变。

【**完成第八轮环保三年行动计划**】 2023年，青浦区完成第八轮三年行动计划工作任务清单的10个专项中的73个项目，完成率100%。水环境保护方面，加强农村环境基础设施建设和维护，完成1371户农村生活污水处理设施新建，完成6个街镇农村生活污水处理站实施提标改造和纳管；开展河湖水环境综合整治工程。大气环境保护方面，深化工业源VOCs污染防治，累计完成236家治理任务；加快充电桩等配套基础设施建设，更新和新增新能源公交车277台、新能源出租车30台、新能源环卫作业车辆24台；深化扬尘污染控制，全区拆房工地洒水或喷淋措施执行率达到100%，城市化区域道路机械化综合保洁率达到96%以上；完成5家单位油烟在线监控安装，完成辖区加油站油气回收处理装置监督检查，推进汽修行业达标整治，开展挥发性有机液体储罐排查。土壤（地下水）污染防治方面，完成全区农用地和重点行业企业用地土壤污染状况调查；完成275幅出让地块土壤污染状况调查报告评审，涉及练塘镇1.87万平方米受污染耕地实行长效管理措施，减量化复垦土壤检测覆盖面积1.65平方千米；持续对拟开垦为耕地的未利用地、复垦土地开展土壤环境污染调查；完成青浦工业园区地下水环境质量监测与评估工作，开展加油站排摸及埋地油罐防渗改造。固体废物污染防治方面，推进生活垃圾分类提质增效与资源化利用；176家小型医疗机构医疗废物定点集中收运全覆盖，设立1个废铅蓄电池集中收运网点。工业污染防治和绿色转型方面，完成重点区域产调项目120项、涉及土地面积约0.54平方千米；推动绿色制造体系建设，绿色工厂9家、绿色供应链2条、绿色园区1个、绿色产品7个；推进清洁生产审核和改造。农业与农村环境保护方面，推进水产养殖尾水治理建设；加强农业面源污染防治，落实水稻绿色生产示范基地75个、示范面积41.87平方千米，推广高效植保机械应用覆盖率80%，全区农田化肥、农药总施用量将分别下降5%；完成1个生态循环农业示范镇和8个生态循环农业示范基地建设，完成绿色食品认证企业412家次、地标企业6家，农作物秸秆综合利用率达到98%以上，农药包装废弃物回收率达到100%。生态环境保护与建设方面，持续推进林地生态抚育6.16平方千米，完成青西郊野公园周边开放式林地建设0.68平方千米，完成立体绿化建设58847.9平方米；加强绿地建设，完成街心花园改造提升7处，建设乡村公园12个、街心花园6个，建设绿道45千米、绿化特色道路2条。应对气候变化与低碳发展方面，三年新增分布式光伏并网项目688项、合计88321.68千瓦，落实5个超低能耗建筑并通过市级审核；推进低碳发展试点示范；加强低碳发展管理体系建设，建立区级温室气体排放清单。循环经济与绿色生活方面，推进青浦工业园区国家循环化改造示范试点园区建设；创建绿色社区208个，城市社区创建达标率为100%，农村社区创建达标率为20.9%，创建绿色商场6家，创建绿色学校8所。生态文明体制改革与保障机制方面，完善生态环境智慧监测网络体系建设，做好国控、市控监测站点建设的前期协调及建设运行保障；开展现代化环境治理体系试点创建。

【加强生态保护和建设】 2023年，青浦区空气质量指数AQI优良率为83.6%；细颗粒物（$PM_{2.5}$）年均浓度为32微克/立方米。全区20个国、市控断面水质优良率为100%，Ⅱ类水质断面较2022年增加2个。耕地和重点建设用地安全利用率保持100%，土壤环境风险稳定可控。地下水水质稳定在Ⅳ类，环境噪声达到功能区标准，辐射环境状况保持正常本底水平，生态状况评价良好。

蓝天保卫战方面，推进新一轮工业挥发性有机物深化治理，完成170家企业减排量核算，启动20家企业VOCs简易治理设施精细化管理试点；完成锅炉和炉窑专项核查354台，柴油车路检1026辆，非道路移动机械监测359台，机动车检验机构专项检查13家；加强扬尘污染防治、餐饮油烟治理。碧水保卫战方面，完成区内2507千米河湖排污口排查溯源工作，明确整治排口3460个；开展水源保护区卫星遥感监测4次；加强农村生活污水监督性监测，农村生活污水尾水达标率97.3%；10家城镇污水处理厂尾水稳定达标；累计完成河道整治90千米，开展6个街镇生态清洁小流域建设，创建3个市级生态清洁小流域，创成全市首个国家水土保持示范县。净土保卫战方面，严控建设用地土壤风险，落实重点监管企业土壤和地下水隐患排查、自行监测；完成85幅出让地块土壤污染状况调查报告评审，其中3幅地块纳入建设用地土壤污染风险管控和修复名录；推进农用地土壤污染防治，实施拟复垦为耕地地块土壤环境调查155个地块，落实减量化地块工业企业污染物清理；建立地下水重点监管企业名录制度，完成青浦工业园区地下水状况调查评估；完成655家化学物质环境信息调查，制定新污染物重点单位“一企一策”。生态建设方面，深化蓝色珠链片区，以及商塌片区湿地生态修复研究，推进岑卜村湿地生态修复一期项目、青西河祝村湿地生态修复项目建设；青浦新城绿环先行段启动建设，环城水系三期、上达城市公园南园进度过半；元荡岸线上海段实现全线贯通，获评示范区首个“示范幸福河湖”；淀山湖一期4.7千米岸线贯通有序推进，蓝色珠链一期项目基本完工。

【加快绿色低碳转型】 青浦区在五大领域进行结构调整。产业领域，完成产业结构调整0.73平方千米，累计创建绿色工厂13家、绿色园区1个、绿色供应链2条、绿色产品7个、零碳创建工厂1家；能源领域，新增分布式光伏装机62033.15千瓦，练塘“渔光互补”光伏发电项目加速推进中；交通领域，新增更新新能源公交车277台，购置应用新能源环卫车34辆，投入使用6辆氢燃料电池公交车、9辆氢燃料电池青浦工业园区接驳班车；建筑领域，3个地块通过超低能耗建筑试点项目评审；农业领域，大力推进绿色农业生产，农产品绿色生产基地覆盖率达45%，绿色食品认证率达32%以上。氢能源发展方面，围绕支持氢能产业的实施办法，开展租金扶持、知识产权、车辆购置、开办资助等领域的申报扶持，全年拨付扶持资金近1000万元。宣传方面，组织各街镇、企业等相关单位参加首届“上海国际碳中和技术、产品与成果博览会”“上海国际碳博会”绿色低碳产业分论坛；倡导绿色低碳生活理念，举办第二届香花桥街道汽车消费节、“上海绿色消费季”暨长三角一体化示范区“五五购物节”岑卜村分会场线下集市等活动，引导绿色消费。

【开展生态环境执法】 2023年，青浦区规范行政执法全过程记录、公示和重大执法决定法制审核制度，召开案件评审会24次；开展生态环境综合行政执法履职评估；建立生态环境损害赔偿案件线索排查机制，办理生态环境损害赔偿案件4件；开展送法入企活动9场。生态环境执法方面，全年做出责令改正97件、行政处罚93件，处罚金额1087万元；开展第三方环保服务机构弄虚作假专项整治行动，累计查办环保竣工验收弄虚作假案件2起、第三方监测机构弄虚作假案5件。

相关链接

【执法案例】 2023年1月11日至1月13日，上海某标准技术服务有限公司（以下简称“技术服务公司”）受上海某精密模塑有限公司委托开展厂界噪声验收监测并出具检测报告。2月2日，青浦区生态环境局环境监测站对上海某精密模塑有限公司厂界噪声进行监测，检测结果与该公司出具的检测数据存在明显较大偏差。后续，青浦区生态环境局执法大队对上海某精密模塑有限公司开展执法检查，经调阅视频监控录像、询问该技术服务公司当事人调查核实，该公司采样人员实际未在检测报告标明的采样时间段内在模具公司厂界开展噪声采样、检测，直接出具检测报告，根据《环境监测数据弄虚作假行为判定及处理办法》第五条第六项规定，该公司未开展采样、分析，直接出具检测报告的行为，属环境监测数据弄虚作假行为。该技术服务公司上述行为违反了《上海市环境保护条例》第四十一条第四款规定，青浦区生态环境局依据《上海市环境保护条例》第九十八条规定及《上海市生态环境行政处罚裁量基准规定》，向该公司及其主要负责人下达《行政处罚决定书》，责令该公司停业整顿，分别对该公司及主要负责人处以罚款人民币10万元、1万元。目前，该公司及其主要负责人已履行行政处罚决定。

【推进绿化林业建设】 新城建设方面，青浦区编制完成《青浦新城区公园绿地生态布局规划研究》，开展“大师园及云桥驿站”高质量众创设计系列活动。绿地建设方面，2023年，新建绿地0.8平方千米、绿道15.18千米、立体绿化1.73万平方米，完成城区6座口袋公园改造提升，5座社区公园纳入上海市城市公园名录，推进单位附属绿地开放共享3处，实现全区人均公园绿地面积10.7平方米、绿化覆盖率44.97%。林业建设方面，出台《2022—2024年青浦区林业奖补资金管理办法》，落实2023年新增森林面积5.08平方千米，其中新造林项目落图面积2.55平方千米；全区林地面积126.15平方千米，森林面积115.13平方千米，森林覆盖率17.22%。森林防火方面，开展安全生产隐患排查1508次，发现整改安全隐患309处，组织专项督查检查5次，专业培训14次，完成森林防火基础设施建设333公顷。林业有害生物防控方面，开展森林植物产地检疫72批次、工程复查复检83批次，开具植物检疫证书419份，开展松材线虫普查和2023护松行动，处罚1起未按规定调运应施检疫森林植物及其产品案件；加强林业有害生物防控，布设美国白蛾诱捕器180个，共诱捕美国白蛾越冬代成虫67头，发现第三代网幕20个，开展药剂防治40.18平方千米。

【推进市容环卫综合整治】 “美丽街区”建设方面，青浦区完成10个区域竣工验收工作，推进新城区域内20个点位美丽街区提升项目。推进城市公共空间休憩座椅建设，完成新建、改造1078个任务量。市容环境卫生责任区管理方面，完成13个薄弱区域的市容环境综合整治及5个撤建制镇市容环境专项整治；完善市容环境卫生责任区“一店一档”基础信息，完成管理人员、责任人等重点人员的培训10396人次，主要道路及重点区域责任人（单位）门责履责率达到95%以上，其他区域责任人（单位）门责履责率达到90%以上。非机动车规范停放管理方面，制定《关于继续加强本区非机动车停车管理的通知》，全区各街镇共开展10轮专项整治活动，共发动整治人员17059人次、取消停车划线948米、新增停车划线3068米、规整无序停车295970辆次、文明引导停车146250辆次、规范“共享单车”停放10225辆次、调整及增派管理人员5642人次。户外广告设施管理方面，完成青浦区户外广告设施设置实施方案（修编）和青浦区户外招牌设置导则编制；整治户外广告设施66块，拆除违规户外走字屏51块，拆除违规户外招牌61块。生活垃圾分类实效方面，完成32座生活垃圾房标准化改造和29个市级垃圾分类精品示范居住区（村）建设，全区干垃圾清运量858吨/日，湿垃圾分出量650吨/日。环卫设施建设方面，完成区生物资源化利用中心项目开工建设目标；完成公厕适老化适幼化改造和24小时开放目标。

【深化公众参与】 2023年，青浦区开展环保宣讲团进学校、社区、暑托班宣讲活动20场，举办“建设人与自然和谐共生的美丽青浦”“六五环境日”“全国生态日”等主题宣教活动。创建生活垃圾分类市级精品示范点29个；创建全国绿色商场2个，完成39个区级绿色社区和40个街镇级绿色社区创建任务。推动环保设施向公众开放，全区6家单位纳入开放名单。

【积极处理环境信访投诉】 青浦区全年共收到环保类投诉1058件1067人次，1058件投诉/信访中：市生态环境局转来10件，市民热线821件，本单位收到227件（其中来信9件，来电126件，来访3件，电子邮件55件，舆情5件，信访办来信2件，国网27件）。年度累计办结投诉/信访1048件，办结率99.1%。投诉/信访件按污染物类型分类：废气类614件，占信访总量的58%；噪声类280件，占信访总量的26.5%；废水类65件，占信访总量的6.1%；油烟气类4件，占信访总量的0.4%；新建项目类52件，占信访总量的4.9%；固体废物类23件，占信访总量的2.2%；畜牧养殖类0件，占信访总量的0%；电磁辐射14件，占信访总量的1.3%；行风政风4件，占信访总量的0.4%；其他类2件，占信访总量的0.2%。

全年共收到区人大代表建议和政协委员提案4件，其中人大代表建议2件（会办件2件），政协委员提案2件（主办件1件，会办件1件），主办件办理结果为解决或采纳。（王小娇 供稿）

奉贤区

【区域经济发展有序增长】 2023年，奉贤区实现地区生产总值1414.71亿元，可比增长3.4%。第一产业增加值9.03亿元，可比增长4.3%；第二产业增加值903.18亿元，可比增长2.9%；第三产业增加值502.50亿元，可比增长4.2%。全年全区财政总收入为718.31亿元，同比增长10.3%，其中区级地方财政

奉贤区六五环境日主题宣传活动现场　　（奉贤区 提供）

收入 231.23 亿元，同比增长 3.9%。完成全社会固定资产投资总额 581.4 亿元，同比增长 7.3%。

【区域环保投入情况】 2023 年，奉贤区投入环境保护经费 34.38 亿元。其中市级投入 5.56 亿元，占总投入的 16.17%；区级投入 16.57 亿元，占总投入的 48.20%；其他投入 12.25 亿元，占总投入的 35.63%。从投资项目分，污染源防治 5.88 亿元（其中：工业污染源治理 4.91 亿元，生活污染源治理 0.02 亿元，移动源污染防治 0.95 亿元），占总投入 17.10%；生态保护和建设 0.35 亿元（其中：自然保护区建设和管理 0.01 亿元，生态修复 0.34 亿元），占总投入 1.02%；农村环境保护 7.02 亿元（其中：村庄改造 1.84 亿元，农村生活污水治理 1.33 亿元，农村生活垃圾处理 0.77 亿元，畜禽污染治理 0.20 亿元，农田化肥、农药使用控制 1.19 亿元，农村河道整治 0.55 亿元，生态农业和循环农业建设 0.19 亿元，四旁林建设 0.08 亿元，其他 0.87 亿元），占总投入 20.42%；城市环境基础设施建设 12.71 亿元（其中：污水收集、处理工程 5.18 亿元，燃气工程和清洁能源替代 0.66 亿元，集中供热工程 0.05 亿元，园林绿化 3.04 亿元，河道整治工程 2.68 亿元，固体废物收集、处理处置 1.10 亿元），占总投入 36.96%；生态环境管理能力建设 0.40 亿元，占总投入 1.18%；环保设施运转费 8.00 亿元（其中：生活垃圾、污水处理厂、危险废物处置厂 7.88 亿元，农村环保设施 0.05 亿元，其他污染源污染治理设施 0.07 亿元），占总投入 23.27%；其他环保投入 0.02 亿元，占总投入 0.05%。

【推动工业领域节能减排】 2023 年，奉贤区加强工业节能减排专项资金扶持，区支持资金合计 301.02 万元，同比增长超 3 倍，列入奉贤区 2023 年度产业绿色发展专项企业 35 家。2023 年，审批涉及新增主要污染物排放总量指标项目 88 项，新增化学需氧量（COD）5.73 吨、氨氮（NH_3-N）0.35 吨、挥发性有机物（VOCs）30.31 吨、烟（粉）尘 7.67 吨。通过技改、产业结构调整等方式上报削减氮氧化物（NO_x）5.17 吨，挥发性有机物（VOCs）241.45 吨。

【推进低碳创建】 奉贤区生态环境局牵头编制《奉贤区减污降碳协同增效重点工作任务清单及 2023 年工作目标》，启动海湾镇、工业综合开发区、金海街道金水苑低碳创建工作。支持引导企业绿色低碳转型，累计创建绿色工厂 16 家、绿色园区 3 家、绿色供应链 2 个。

【持续推进环保三年行动计划】 奉贤区持续推进第八轮环保三年行动计划，截至年底，计划安排的 10 个专项 98 个任务项目全部完成，其中市下达任务 75 个，区安排项目 23 个，完成率 100%。累计建成污水管网 13.476 千米，检测雨水管 80 千米、污水管 176.98 千米，修复管网 46 千米。实施河道整治 18.1 千米、骨干河道断点打通 2 个。全面完成第二轮挥发性有机物（VOCs）深度治理，累计完成重点行业企业治理 337 家。更新新能源公交车 216 辆、新能源巡游出租车 127 辆，新能源车辆更新比例 100%；添置新能源环卫车 51 辆；建设贤力运河北路示范站等 3 处示范站，累计建成充电桩 9425 个，其中公共充电桩5073个、专用充电桩4352个。加强建设用地全生命周期土壤环境监管，完成土壤污染状况调查评审备案“一住两公一商”项目地块50个，全面完成工业综合开发区等4个涉化工类和金属制品类行业工业园区地下水环境质量评估。持续推进垃圾分类和回收利用工作，回收利用率达43%，全面推进“十四五”期间奉贤区“无废城市”建设工作，指标体系中38项指标提前达到规划目标值要求，其中16项指标保持100%水平。调整企业产业结构150家，涉及土地面积0.79平方千米。尾水治理通过验收面积6.02平方千米，水产养殖绿色生产方式推广面积43.57平方千米，绿色生产覆盖率达到上年度池塘养殖水面积的78%以上；通过自走喷雾机、无人机植保作业，作业面积覆盖率从80%提高至83.4%；共集中回收、处置农药包装废弃物228.74吨、回收集中处置黄板、地膜495.95吨。完成林地抚育2.97平方千米，对6个乡村振兴示范村开展绿化美化建设，建成贤浦公园、美谷公园等公园10座、绿化特色道路3条共2008米、绿道64.3千米、立体绿化5.85万平方米。

【开展排放源统计工作】 奉贤区组织开展2023年度环境排放源统计工作，完成企业排放源统计年报323家、季报13家。主要污染物中，化学需氧量（COD）排放量226.23吨，氨氮（NH_3-N）排放量4.368吨，氮氧化物（NO_x）排放量1154.457吨，挥发性有机物（VOCs）排放量713.409吨。

【空气环境质量持续改善】 2023年，奉贤区环境空气质量有效天数365天，其中一级天数140天，二级天数181天，超标天数44天，优良率87.9%，较2022年（88.8%）下降了0.9个百分点，比全市平均优良率（87.7%）高出0.2个百分点，全市排名第5。全年44个超标天数中，首要污染物为臭氧（O_3）的有31天，占比达70.5%；首要污染物为细颗粒物（$PM_{2.5}$）的有11天，占比25%；首要污染物为可吸入颗粒物（PM_{10}）的有2天，占比4.5%。2023年，奉贤区二氧化硫（SO_2）日均浓度范围为4—8微克/立方米，全区年均值为6微克/立方米，较2022年（4微克/立方米）上升了2微克/立方米，达到国家环境空气质量二级标准（60微克/立方米）。

【水环境质量有效保持】 2023年，奉贤区地表水水质总体较2022年持平。综合水质指数在0.54—1.01之间，平均综合水质指数为0.71。全区19个国考、市考地表水水质断面全部达到Ⅲ类。主要污染指标氨氮平均浓度为0.40毫克/升，较2022年下降了14.9%；总磷平均浓度为0.15毫克/升，与2022年基本持平。

【声环境质量总体良好】 2023年，奉贤区区域环境噪声昼间时段的平均等效声级为51.4 dB（A），区域环境噪声强度等级为“二级”，属于“较好”等级；区域环境噪声夜间时段的平均等效声级为45.0 dB（A），区域环境噪声强度等级为“二级”，属于“较好”等级。区域环境噪声昼间时段测点评价为“好”的占所有测点的41.7%，“较好”的占所有测点的50.0%，“一般”占所有测点的8.3%。夜间时段测点评价为“较好”的占所有测点的58.3%，“一般”占所有测点的41.7%。

【落实环保督察问题整改】 奉贤区将市生态环境保护督察“回头看”反馈问题细化分解为20项整改任务，逐一确定整改牵头部门、整改完成时限，整改措施；强化整改调度，制定出台整改任务验收销号办法，全面规范验收销号流程，截至年底，按期完成整改15项，按序时进度推进5项。组织开展区级生态环境保护督察，制定工作方案，组建督察队伍，进一步压实属地监管责任。开展“贤城绿盾”生态环境综合整治行动，针对工业企业环保达标、污水纳管排放、生活垃圾处置三个重点领域开展全覆盖排查整治，累计整改问题点位1738个。

【开展各类环境专项执法】 2023年，奉贤区生态环境局出动执法人员6359人次，检查2830批次，检查单位5080户次，建立污染防治设施6993台（套），开展专项执法检查50余项，立案调查142件，实施行政处罚119件，处罚款1193.45万元；实施查封、扣押行政强制1起，移送公安行政拘留1件，移送公安追究刑责1件。

【推进大气污染治理】 2023年，奉贤区以清洁空气行动计划67项重点任务为抓手，持续推进大气污染治理工作。深化重点行业产业结构调整和升级改造，产业结构调整150家，累计0.79平方千米；全面完成第二轮挥发性有机物（VOCs）深度治理，累计完成重点行业企业治理337家；开展涉气类专项检查9项，包括大气重点排污单位专项、VOCs专项、涉气企业专项、锅炉和工业炉窑专项、ODS专项、企业自备加油点专项、社会加油站油气回收治理设施专项、碳排放专项、机动车排放检验机构专项，共计检查271户次，出动550余人次，发现问题并立案31起，处罚25件，处罚金额148.4万元；推进23家企业28套有机物简易治理设施开展试点；核发非道路移动机械环保标识1237张。

【推进土壤污染防治行动计划】 2023年，奉贤区重点建设用地安全利用率保持100%。持续加强建设用地全生命周期土壤环境监管，年内评审备案“一住两公一商”项目地块50个，土壤重点监管单位生产经营用地转让数量3个。启动建设用地初步调查质量监督工作，对14个地块的调查过程开展审核监督；更新土壤重点监管单位名单，自行监测、隐患排查40家。强化地下水污染防治，全面完成本区4个涉化工类和金属制品类行业工业园区开展地下水环境调查评估工作，特征污染物均未超标。

【推进固体废物管理】 2023年，奉贤区加强固体废物专项治理，开展企业化学物质调查810家，现场检查新污染物生产使用企业24家；持续做好固体废物信息化管理，危险废物产生单位备案3400余家，一般工业固体废物年度申报2700余家，一般固体废物跨省转移利用备案128批次；完成小型医疗机构医疗废物收运平台建设，区内120家小型医疗机构的医疗废物实现48小时内收运。持续开展奉贤区危险废物规范化环境管理工作，对133家产废企业开展现场检查指导工作，达标率100%。

【建设“无废城市”】 奉贤区正式印发《奉贤区“无废细胞”创建工作方案（试行）》，创建类型涵盖园区、企业、学校、酒店等不同领域的社会单元，经广泛动员、培训指导、街镇初评、部门打分、公示征询等程序，评选出2023年度奉贤区“无废细胞”，共计78家单位；发布《奉贤区“无废指数”评估指标体系（试行）》，从建设进度、关键指标及附加项3大方面共13项细化指标，有效评估街镇、园区推进“无废城市”建设实效；正式启动奉贤区“无废城市”综合信息平台项目建设，提升全区七大类固体废物信息化管理水平，打造一网统管新模式。

【提升环境监测水平】 2023年，奉贤区环境监测站组织外部培训共17场，参加人数为238人次；站内部组织培训共6场，参加人数为106人次。新增环境空气和臭气中臭气、固定污染源废气中苯系物及环境空气中挥发性有机物等8个项目扩项及方法变更，现具备171种方法、346个监测因子的监测能力。2023年，完成自动监控设施验收备案117家，开展排污单位自行监测检查210家，非道路移动机械尾气排放监测524辆次，柴油车入户监测522辆次，柴油车路检路查116辆次，加油站监督性监测10家。出具监测报告476份，其中执法监测报告340份、信访及应急监测报告136份。

【开展环境应急管理】 2023年，奉贤区完成环境风险企业备案331家，联合远纺工业（上海）有限公司开展突发环境事件应急演练。

【完善核与辐射安全管理】 2023年，奉贤区放射源市内移动备案51家，审核核技术利用单位年度评估报告176家，线上审核辐射安全许可证82家，联合上海中器环境科技有限公司开展辐射安全应急演练。

【推动生态环境法治建设】 10月，奉贤区开展企业生态环境信用评价工作，对全区542家企业开展信用评价工作，进行A、B、C、D四个等级评定，运用评级结果，开展差异化监管。

奉贤区生态环境局牵头组织开展本区生态环境损害赔偿线索筛查工作，共计筛查线索126起，确认启动生态环境损害赔偿案件8件。3月，奉贤区生态环境局移交区水务局并就首例水资源生态环境损害赔偿签订协议。9月，联合上海铁路运输检察院及区农委开展渔业资源类生态环境损害赔偿磋商工作，上海市首例海洋渔业资源生态环境损害赔偿磋商协议签订。12月，奉贤区明城路98号地块垃圾倾倒生态环境损害赔偿案被评为上海市第二批生态环境损害赔偿典型案例。

【持续推进“智慧环保”建设】 2023年，奉贤区持续推进“智慧环保”平台建设，完善平台功能、深化数据应用，累计接入在线监测点位：环境空气自动监测站4个、地表水自动监测站9个、噪声自动监测站3个、产业园区空气特征污染自动监测站6个，空气特征微站10个，工地扬尘监测点600余个，稳定运行污染源在线监测企业100余家，监测数据均实时更新、推送。优化“智慧环保”应用场景适配区城运中心，自动监控点位均在GIS地图落点，超标、离线等情况以不同颜色呈现方便快速锁定，企业环保问题及整改情况经街镇上报后更新至场景页面，基本实现生态环境相关数据的全方位展示。通过平台预警、人工复核，全年出具污染源废水超标审核报告4份；污染源废气超标审核报告9份，扬尘在线超标报告1份。

【深化生态环境领域第三方管理】 2023年，奉贤区持续创新“环保管家”环境管理模式，通过“第三方环保服务监管平台”完善对第三方环保服务机构的监督管理。开展“环保管家”服务第三方机构备案登记工作，备案登记完成11家。

【进一步加强企业在线监测监督管理】 奉贤区全年持续开展固定污染源自动监控专项检查工作，对纳入重点排污单位自动监控设施安装要求的企业共计101家，实现全覆盖检查，开展手工比对监测40家，发现问题40条，立案处罚1件，共计罚款15万元。全年重点排污单位有效传输率达95.4%，达到考核目标。

【加速环保许可】 2023年，奉贤区审批环保许可数量共786项，其中环境影响评价报告书及报告表165项、排污许可517项、建筑工地夜间施工作业审批18项、辐射安全许可83项、转让放射性同位素许可3项。

【开展水污染防治行动计划】 2023年，奉贤区围绕“田水路林宅”统一规划、综合治理，实施庄行镇、金汇镇2个生态清洁小流域项目，完善以78条段河道为基础框架的流域河网水系。实施18.1千米河道整治、2个骨干河道断点打通，完成7000户农村生活污水提标改造。实施东、西部污水厂污水资源化利用，将污水厂再生水用于污泥厂生产用水及周边林地用水。2月，奉贤西部污水处理有限公司四期建设工程开工，设计新增污水处理能力10万立方米/日，年末完成总体工程进度50%。7月，南桥污水泵站迁建工程正式开工，年末完成总体工程进度55%。10月，沪杭公路柘林段排水管道建设工程正式开工，年末全部完成工程量建设；同月，奉贤区2023年雨污水管道及泵站改造工程开工，年末完成总体工程进度56%。12月，奉贤区庄行镇郊野公园生态清洁小流域荣获2023年度国家水土保持示范工程。2023年，全区430个镇级以上河道断面平均水质全部达到Ⅴ类及以上，其中优Ⅲ类断面比例为91.4%。

【推动河道长效管理】 2023年，奉贤区水务局制定《奉贤区镇管河道长效管理养护工作实施细则》《奉贤区中小河道管理养护工作“黑名单”制度》，修订《区管河道养护考核办法》《奉贤区镇管河道管理养护工作考评细则》。区管河道管理单位、监管单位、养护企业三级巡查累计发现问题20801处，整改20801处。区第三方开展镇管河道巡查，发现问题点位8546个，整改8211个，整改率96.1%。完善河道专管员制度，全年全区河道专管员检查河道4142条段，发现问题点位2449处，落实整改2203处，整改率90%。

【开展“河长制”工作】 2023年，奉贤区按照“治反复、优水质”的总体方针，巩固消劣成果，逐步提升水环境质量，全区430个镇级以上河道断面平均水质全部达到Ⅴ类及以上，其中优Ⅲ类断面比例为91.4%。依托“河长+检察长”依法治河新模式，完成区首例河道污染（领域）生态环境损害赔偿案件。贯彻落实各级河长巡河制度，全区各级河长累计巡河4.11万人次。开展“周暗访”工作，累计暗访村级河道1745条段，发现问题河道1293条段，处置问题点位2173处，共下发90份周暗访整改通知。每月以“致河长一封信”的方式将巡河不达标及水质反复河道的河长名单、相关问题通报街镇总河长，共计24封。推进“河长+”机制建设，合力破解河道返黑返臭监管难题，推进周暗访等问题点位“回头看”专项行动，督促属地政府积极履职。健全长效管护机制，完成全区镇级以上330条段、1121千米河道管理范围划定成果，对规模以下“131河道”涉及奉贤的6条段河道进行复核工作，开展3579条段、1773千米村级河道的管理范围划定工作。提升中小河道水生态，全区岸坡种菜清理面积约4.6万平方米，拆除违规堆载173处，违章搭建299处，对整治后陆域进行绿化补种4万平方米，提升岸线管护实效。推进“清四乱”规范化常态化，35个问题点位均已落实相关责任单位，按照问题类别及整改要求由责任单位落实整改措施，确保整治落实到位。

【垃圾分类减量】 奉贤区持续开展垃圾分类宣传，入商铺、单位、社区、宣传4436次，开展“垃圾分类小标兵”知识竞赛、“绿色奉贤　你我同心”垃圾分类进社区、进公园等活动200余次。利用生活垃圾全程分类智慧监管平台数据实时监测、分析，发现并治理各类问题887个。干垃圾处置量624.38吨/日，湿垃圾分出量333.97吨/日，可回收物回收量288.77吨/日。居住区、单位、行政村生活垃圾分类实效达标率达到95%。垃圾资源回收利用率达到43%。

【绿地建设】 截至年底，奉贤区新增各类绿地1.01平方千米，其中公共绿地0.5平方千米、单位居住区绿地0.51平方千米，新增南港路绿地、西渡街道南横泾（西闸公路—临江绿地）、陈桥路绣球大道（奉浦大道—环城北路）等绿道23.7千米，建成区绿化覆盖率43.87%。

【开展生态环境系列宣传活动】 2023年，奉贤区聚焦“六五环境日”“国际生物多样性日”“全国低碳日”等重要节点，主动谋划线上线下各类主题宣传活动。举办“人与自然和谐共生——美丽奉贤，我是行动者”主题摄影比赛，收到参赛作品589幅；开展“探索生物多样性的秘密”科普游学活动；开展进学校专题讲座，为学生们讲解生物多样性的“前世今生”；举办“无废城市·低碳赋能”主题沙龙；组织辖区内8家四类设施开放单位和6家市级环境教育基地于“六五环境日”期间集中开放；组织开展“低碳集市”活动和“双碳目标：绿色低碳发展之路将如何影响普通人的未来生活”专题讲座。局党组书记在区融媒体平台、上海环境发表署名文章，阐述奉贤生态文明建设经验做法。中国经济导报刊登《上海奉贤全力打造“无废城市”》《上海奉贤上演“无废细胞”养成记》，介绍奉贤区“无废城市”建设经验做法。

【环境信访和两会意见提案办理工作】 2023年，奉贤区调查处理各类环境信访1157件，其中大气866件（占74.85%），废水100件（占8.64%），噪声115件（占9.94%），油烟气2件（占0.17%），固体废物22件（占1.90%），放射性0件（0.00%），辐射13件（占1.12%），化学品1件（0.09%），新建项目32件（占2.77%），其他6件（占0.52%），先行告知率100%，及时处置率为100%，按期办结率100%，工作态度满意率100%，办结结果满意率77.2%。全年办理人大代表意见建议和政协委员提案14件，办复率100%，满意率100%。

（秦怡璇、王　敏、朱斌斌、彭玲渊、徐若尧 供稿）

崇明区

【区域经济发展总体平稳】 2023年，崇明区经济社会发展总体平稳，稳中加固，稳中向好，全年实现增加值421.86亿元，同比增长4.2%。完成工业总产值531.93亿元，同比增长10.5%，其中规模以上工业产值511.68亿元，同比增长10.8%。完成财政总收入345.48亿元，同比下降7.3%。其中，完成一般公共预算收入102.65亿元，同比下降15.8%。实现商品销售总额244.38亿元，同比下降8.8%，社会消费品零售总额148.37亿元，同比增长10%。完成固定资产投资总额148.12亿元，其中，社会性投资96.77亿元，占全区固定资产投资总额的65.3%。全体居民人均可支配收入51854元，同比增长7.5%；其中农村常住居民人均可支配收入38219元，同比增长8.5%。

【区域环保投入情况】 崇明区空气、水环境各项指标表现良好，生态环境质量持续改善。全区投入环境保护经费约19.8亿元，市级投入11.5亿元，占总投入的58.1%；区级投入4.3亿元，占总投入的21.7%；其他投入4.0亿元，占总投入的20.2%。其中，污染源防治投入0.9亿元，占总投入的4.5%；生态保护投入0.02亿元，占总投入的0.1%；农村投入7.3亿元，占总投入的36.9%；城市建设投入5.7亿元，占总投入的28.8%；生态环境管理能力投入0.03亿元，占总投入的0.4%；环保设施运转费投入5.8亿元，占总投入的29.3%。

【多领域开展节能减排工作】 2023年，崇明区综合能源消费量134.13万吨标准煤，同比上升6.6%；2023年单位增加值能耗增长2.3%。其中工业单位增加值能耗同比增长3.4%，其他行业单位增加值能耗同比增长11.3%。

实施上海华润大东船务工程有限公司高耗能电机改造等11项节能技改项目；5家企业通过市清洁生产验收，2项合同能源管理项目通过现场验收；上海申能崇明发电有限公司积极创建绿色工厂并获四星级绿色工厂称号；调整淘汰落后产能项目4个，完成2022年度工业企业资源利用效率评价；开展节能审查、节能验收项目各1项；出台《关于对崇明区重点用能单位开展2023年节能目标责任评价考核的通知》，定期发布企业“双控”目标完成情况。

重点推进中能建中兴镇100兆瓦渔光互补、华电绿华镇华星村81兆瓦渔光互补、陈家镇立新村100兆瓦渔光互补等项目建设。2023年崇明区可再生能源装机容量为77.7万千瓦，可再生能源发电量占崇明三岛用电总量比重达31.2%。

崇明区生态环境执法人员进行队列训练　（崇明区 提供）

在全市率先实现新能源公交车和新能源出租车区域全覆盖，2023年更新新能源公交车4辆，全区新能源公交车共有646辆。开展新能源船舶应用试点，建成国内首艘新能源车客渡船舶并投放于长横对江渡航线。更新新能源公务车1辆，累计更新新能源公务车177辆，占全部车辆的32.6%。

落实绿色建筑二星级项目4个，建筑面积52.6万平方米；落实装配式项目4个，建筑面积17.63万平方米；城桥镇东区单元通过技术审查并纳入绿色生态城区二星试点；组织开展《崇明区陈家镇生态实验社区绿色生态专业规划》相关试点申报工作；落实新建可再生能源建筑一体化应用项目10个，建筑面积84.93万平方米，可再生能源应用面积67.56万平方米，均使用太阳能光热光电技术。

【第八轮环保三年行动计划全面收官】 崇明区第八轮环保三年行动计划全面收官，主要围绕水环境保护、大气环境保护、土壤（地下水）污染防治等10个专项领域，共92个重点项目推进落实。实施三年来，总体进展情况良好，90个重点项目（其余2项已结转至下一轮环保三年行动计划）均已完成目标任务，其中，73个市级重点推进项目全面完成，完成率为100%。

【着力打造低碳经济】 崇明区积极建设长兴碳中和产业园，以新型电力、生物质高效清洁利用、清洁能源高端装备制造、太阳能、风能、工业节能、储能等领域的技术开发、成果产业化为导向，开展园区低碳企业试点示范，着力打造低碳经济。联合上海碳中和技术创新联盟、同济大学碳中和学院、同济崇明碳中和研究院，围绕"双碳"目标，集中力量加快碳中和领域关键技术攻关，用科技赋能生态岛建设。

【扎实推进绿色农业发展】 崇明区扎实推进全国农业科技现代化先行区共建，持续推动蔬菜产能提升，实施17.33平方千米绿色防控、2.53平方千米土壤保育、3.52平方千米水肥一体化，推广应用高标准地布地膜，实现地布地膜回收全覆盖。推进畜禽粪污资源化利用。确保规模养殖场粪污处理设施装备100%正常运行，资源化利用率保持95%以上。落实农业农村部绿色种养循环试点项目，推进化肥减施增效，提升耕地地力。

【持续加大环境执法力度】 崇明区全年组织开展水、气、土、核与辐射安全等专项检查44项，面对多头管理、情节复杂的案件，联动公安、城管等执法部门，共出动执法5619人次，2693户次，行政处罚100余件，罚款800余万元，案件数排全市第四。严厉打击环境犯罪违法行为，查封扣押4件，责令停止限制生产1件，向公安部门移送涉嫌环境污染犯罪案件1件，配套措施总案件数6件。

【规范优化执法机制】 崇明区推动实施执法数字化，全面应用移动执法信息系统，大力推行非现场监管。开展非现场检查161次，发现问题5个，做出行政处罚5件，其中1件涉嫌污染环境罪已移送公安部门。

【推进绿地建设】 2023年，崇明区新建绿地面积309324平方米，绿地面积总数达41509.04万平方米，与2022年同期相比，增长0.45%；全区人均公共绿地面积达11.29平方米，与上年同期人均公共绿地面积相比，增长6.61%。

【有序开展市容环境卫生管理工作】 2023年，崇明区市容环境卫生管理部门高度重视市容环境卫生整治工作。全年全区各级市容环卫部门共清理、整治各类垃圾89262.63吨。

通过乡镇自查自纠、区级巡查、市级抽查的方式对全区18个乡镇的道路、公共厕所、垃圾箱房、市容环境卫生门前责任区的环境卫生情况开展全面检查，全年共计检查样本22913个，发现问题3437件，其中市级抽查案件1775件、区级巡查案件1662件，整改完成率100%。2023年卫星遥感技术航拍的非正规建筑垃圾堆放点位共计208处，截至年底已全部整改完成。每月组织市容环境卫生专项检查行动，全年开展"城市保洁大冲洗""迎进博城市深度清洁"行动共计10次，"环境清洁日行动""中小道路专项整治行动"等行动共计20次。

2023年对全区涉及小区的10个乡镇进行了小包垃圾专项检查，每月检查161个居住区，总共检查1932个居住区，年达标率为98.8%。针对年度全区单位垃圾分类考核中存在的问题，一是与区机管局组成专项检查小组对全区机关事业单位的垃圾分类进行抽查，检查小组分别从分类容器配置规范、宣传告知规范、保洁人员作业规范、分类实效明显四个方面进行重点检查，检查单位143家，发现问题134个。二是聘请市民巡访团对全区行政村、单位和沿街商铺进行抽查，检查行政村108个，检查单位162家，沿街商铺180个，总共发现问题108个，已经全部反馈至乡镇并全部整改完毕。根据中央环保督察工作要求，为进一步规范全区非正规堆点管理，区推进办集中开展专项检查活动，截至年底已检查16个乡镇，排查250个堆点，发现20个堆点有问题，已完成整改。

【区域生态环境质量保持稳定】 2023年，崇明区环境空气质量AQI优良天数为323天，优良率达到88.5%；细颗粒物（$PM_{2.5}$）年平均浓度为26微克/立方米。全区27个考核断面全部达到或好于Ⅲ类水质，断面达标率100%；土壤和地下水环境质量总体保持稳定，重点建设用地安全利用率达到100%。

【持续打好污染防治攻坚战】 打好蓝天保卫战。崇明区加强扬尘污染防治，督促重点行业企业落实强化管控措施。全面完成全区VOCs 2.0综合治理和减排量核算核查工作。持续开展柴油车路检执法与入户检查、非道路移动机械监测和专项执法检查。持续推进长三角移动源联防联控，做好亚运会、亚残会、进博会等重大活动期间空气质量保障工作。

打好碧水保卫战。全区继续加强断面数据超标前预警和超标后排查溯源。时刻关注在线监测数据，强化水环境质量的监测预警。以环长制为抓手，督促乡镇对超标断面开展自查，切实落实属地责任，做好断面水环境质量改善，确保全年断面100%达标。有序开展长江入河排污口整治及全区入河排污口排查溯源工作。2023年全区长江入河排污口全部完成整治，整治销号完成率100%；完成城桥镇、陈家镇等7个乡镇村管河道的入河排污口排查、监测和溯源工作。深化饮用水水源地保护工作。完成青草沙、东风西沙两个水源地共15个疑似问题点位的核准销号。

打好净土保卫战。全年开展全区重点建设用地安全利用率核算。加强建设用地全生命周期管理，持续推进场地调查评审工作，完成6个地块土壤污染环境调查报告评审。完成2023年有关土壤、地下水等重点监管单位的名单梳理，加强企事业单位土壤污染源头管控。持续强化危险废物"三个能力"建设，启动2023年崇明区危险废物规范化考核评估工作，765家单位完成2023年危险废物管理计划申报工作。健全一般工业固体废物监管体系，237家单位完成2022年一般固体废物申报工作。

【持续提高生态环境治理能力】 崇明区积极落实应对气候变化工作。2023年推进碳达峰碳中和、减污降碳工作，崇明区生态环境局、区发展改革委等八部门联合印发《崇明区减污降碳协同增效重点工作任务清单及2023年工作目标的通知》。编制崇明区2022年温室气体清单。提升全国碳市场数据质量管理能力，对2家重点排放单位开展全国碳市场数据质量管理工作，重点排放单位已完成履约。

深入推进自然保护地监管工作。强化自然保护地监督工作联络协调机制，加强与相关职能部门的信息共享、沟通协作、经验交流。持续开展"绿盾行动"，对东滩鸟类国家级自然保护区陆域范围、长江口中华鲟自然保护区水域范围开展联合检查，未发现问题反弹回潮。

加强辐射环境安全监管工作。开展"国家库"系统核查，全面提高系统数据质量；组织编制《崇明区处置核与辐射事故应急预案》；组织开展 γ 源首次探伤作业、口腔诊所无证排摸、线上辐射安全培训考试。

扎实开展噪声管理工作。对不符合技术规定的声环境功能区自动监测点位实施优化调整；开展宁静小区试点建设工作；持续推进《中华人民共和国噪声污染防治法》等法规宣贯普及；积极采取降噪减噪措施，减少信访矛盾；严格落实巡查监管，开展"绿色护考"行动。

【深入落实突出问题整改】 崇明区推动市级生态环境保护督察"回头看"整改落实。59项整改任务中，已完成58项，序时推进1项。同时组织开展三轮现场核查，共出动168人次、56批次，共发现问题18个，均已整改完成。

推进长江警示片和市级警示片整改落实。2022年长江警示片涉及的2项问题和2023年市级警示片发现的3个问题均已整改完成。

【加强现代环境治理体系建设】 崇明区完善生态环境治理体系建设。加强顶层设计，按照"一岗双责"要求，健全环境治理党政责任链条。依托生态文明建设领导小组，充分发挥"河长""湖长""环长""检察长"四长协同联席会议在生态环境保护方面的职能作用。完善"环长"组织体系，着力推进"环长制"建设，将"环长制"落实情况纳入乡镇党政领导班子生态环境保护和管理工作年度考核。组织各乡镇、园区申报第二批现代环境治理体系试点示范。

【推进生态环境领域依申请事项办理】 2023年，崇明区共批准各类新、改、扩建项目45个，其中以告知承诺方式审批6个，涉及加油站、汽车制造等行业。共完成排污许可行政审批225个；注销排污许可证9个；完成辐射安全许可证核发35个；完成入河排污口设置审批8个；审核通过非道路移动机械环保牌照申报460台。

【启动"无废城市"等创建工作】 全面启动崇明区"无废城市"建设。编制《崇明区"无废细胞"创建实施方案》，推动"无废校园""无废村居""无废景区""无废机关"等5+4个类型"无废细胞"的创建。利用"六五环境日""端午集市""水源保护徒步"等活动，开展"无废城市"建设理念宣传。

其他生态领域创建工作。全面推进"两山"建设。编制完成《上海市崇明岛"绿水青山就是金山银山"实践创新基地建设实施方案》。开展国际生态文明创建工作。对接联合国环境规划署和同济大学环境科学与工程学院，交流探索创建路径。启动上海市崇明区国家生态文明建设示范区的前期工作。持续推进低碳社区和低碳发展实践区创建工作。

【推动生态环境领域协同合作】 崇明区加强生态环境国际交流合作。崇明区有关领导在《联合国气候变化框架公约》缔约方大会第二十八次会议上做主旨交流发言，向世界讲述习近平生态文明思想的"崇明案例"。

深化长三角一体联防联治机制。崇明区生态环境局与南通市生态环境局签订《关于上海市崇明区协助江苏省南通市所属两镇医疗废物跨省协同处置联合监管的合作框架协议》，实现了江苏启东、海门两镇医疗废物进入崇明区常态化收运处置，完善崇明世界级生态岛医疗废物处置安全闭环。崇明区生态环境局成功举办上海市突发环境事件暨南阳实践应急演练桌面推演，有效提升生态环境应急响应、协调联动、应急处置、应急监测和综合保障能力，以及跨流域、跨部门突发水污染事件应对能力。

【积极开展生态环境宣传教育活动】 崇明区以生物多样性日、“六五环境日”、全国低碳日为节点，在“崇明环境”“上海崇明”“上海环境”微信公众号上开展线上低碳知识问答、“六五环境日”环境监测设施公众开放、政府开放日环保科普等内容，进一步提升公众生态环境意识，投身崇明生态环境保护及生态文明建设。开展《信访工作条例》法律法规、案例说法等法制宣传活动。走进校园，开展“无废城市”“无废机关”的宣讲和噪声知识科普活动。

【积极处理各类环境诉求】 2023 年，崇明区积极处理两会建议与提案，共承办人大代表建议 3 件（会办 3 件），政协委员提案 2 件（主办 1 件，会办 1 件），办理结果均为满意。

2023 年，崇明区生态环境局高度重视注重舆情处置，妥善及时处理好各类环境信访投诉，积极回应群众环境诉求。2023 年，共接到各类环境投诉 / 信访事项 346 件，较 2022 年下降 28.6%，较 2021 年下降 48.8%。全部予以按期办结，办结率 100%。

全年共收到环保类投诉 346 件 346 人次。346 件投诉 / 信访中，市生态环境局转来 7 件，市民热线 193 件，区信访办转交办件 13 件，区信访办抄送件 13 件，微信举报 41 件，本单位收到 79 件（其中来信 5 件，来电 70 件，来访 2 件，电子邮件 2 件）。年度累计办结投诉 / 信访 346 件，办结率 100%。投诉 / 信访件按污染物类型分类：废气类 127 件，占信访总量的 36.7%；噪声类 86 件，占信访总量的 24.8%；废水类 37 件，占信访总量的 10.7%；油烟气类 8 件，占信访总量的 2.3%；新建项目类 18 件，占信访总量的 5.2%；固体废物类 12 件，占信访总量的 3.5%；畜牧养殖类 1 件，占信访总量的 0.3%；电磁辐射 3 件，占信访总量的 0.9%；其他类 54 件，占信访总量的 15.6%。

（高　远　供稿）

上海环境年鉴

与环境相关的统计

【上海市2023年国民经济和社会发展计划执行情况（摘要）】 2023年，面对严峻复杂的外部环境，上海坚持以习近平新时代中国特色社会主义思想为指导，全面贯彻落实党的二十大和二十届二中全会精神，深入贯彻落实习近平总书记考察上海重要讲话精神，坚决贯彻落实党中央、国务院的决策部署，在中共上海市委的坚强领导下，坚持稳中求进工作总基调，深化高水平改革开放，强化高水平科技自立自强，全市经济社会发展稳中有进、稳中向好，结构转型升级扎实推进，社会民生和城市治理稳步改善，城市能级和核心竞争力持续提升，以新气象新作为推动高质量发展取得新成效，市十六届人大一次会议确定的年度目标任务基本完成。

（一）着力提信心扩需求稳增长促发展，经济持续恢复向好

稳增长促发展政策精准发力。贯彻落实国家出台的各项政策举措，出台实施上海提信心扩需求稳增长促发展十大行动“32条”、促消费“15条”、投资促进“24条”、稳外贸“21条”、吸引外资“20条”等，推动经济运行持续好转。全年新增减税降费及退税缓费合计1318亿元，其中新增减税降费981.8亿元，增值税留抵退税334.9亿元。落实企业所得税优惠政策，2.6万户企业研发费用加计扣除减免所得税433.8亿元，23.3万户企业享受小型微利企业优惠减税151.1亿元。加强对实体经济金融支持，预计年末科技型企业贷款余额比上年增长30%以上，普惠小微贷款余额增长20%以上，企业贷款加权平均利率降至3.5%左右。建立重点企业“服务包”制度，将普惠性政策与企业“双向匹配”，针对企业问题量身定制解决方案。出台实施助力中小微企业稳增长调结构强能力若干措施，全面排查和整改拖欠中小企业账款情况。全面完成“十四五”规划实施中期评估工作。

经济运行稳步恢复。在政策效应释放、重大项目支撑、重大活动提振下，全市经济努力克服外部环境冲击、市场需求偏弱等困难，总体呈现持续恢复、回升向好态势，全年全市生产总值达到4.72万亿元，比上年增长5%。财政运行提质增效，全年地方一般公共预算收入8312.5亿元，增长9.3%，其中非税收入占比14.5%，继续保持全国较低水平。全年城镇新增就业岗位60.6万个，城镇调查失业率平均为4.5%，居民消费价格上涨0.3%。

发展新动能不断壮大。集成电路、生物医药、人工智能三大先导产业规模达到1.6万亿元，工业战略性新兴产业总产值占规模以上工业总产值比重达到43.9%，其中新能源汽车、新能源、高端装备行业产值分别比上年增长32.1%、21.3%和4.8%。经营主体保持活力，全市日均新设企业1904户、增长28.1%，每千人企业数量增加到116.8户、位居全国第一。创新型主体加快培育，认定首批创新型企业总部40家，累计培育国家级专精特新“小巨人”企业710家，国家级企业技术中心107家，有效期内高新技术企业超过2.4万家，创建国家级中小企业特色产业集群4个。总部经济持续聚集，全年新增跨国公司地区总部65家、外资研发中心30家，累计分别达到956家和561家。

（二）着力落实国家重大战略任务，改革开放持续深化

“五个中心”功能持续提升。配合国家制定出台关于支持上海加快“五个中心”建设的意见，国际经济、金融、贸易、航运、科技创新中心建设取得新突破。上海国际再保险交易中心启动运行，“互换通”正式开通，全国新设的外商独资公募基金公司均落户上海，私募股权和创业投资份额转让试点取得实效，上海区域股权市场认股权综合服务试点获批启动并落地，开展上海金融数据安全有序跨境流动试点，30年期国债期货、首个航运指数期货、科创50ETF期权、氧化铝期货等一批新产品上市交易，新增持牌金融机构47家、总数达到1771家，全年金融市场交易总额达到3373.6万亿元，比上年增长15%。全国首个“丝路电商”合作先行区方案获批创建，全国性大宗商品仓单注册登记中心上线运行，国际油气贸易跨境人民币结算业务顺利落地，全市千亿级商品交易平台达12家，成为首批内外贸一体化试点城市。小洋山北作业区、东方枢纽上海东站开工建设，全国首单海上保税液化天然气加注业务落地，外资班轮沿海捎带业务试点规模进一步扩大，国际航运公会上海代表处等机构落户，全年上海港集装箱吞吐量达4915.8万标准箱，连续14年排名世界第一。

浦东现代化引领区建设全力推进。深入贯彻落实中央支持浦东新区打造社会主义现代化建设引领区意见，上海行动方案明确的280项任务82%已取得成效。与大胆试、大胆闯、自主改相适应的法治保障体系不断健全，累计出台浦东新区法规18部、管理措施22部、地方性条例的浦东专章2部，“一业一证”试点行业累计发放行业综合许可证超过6000张，环评排污“两证合一”、民宿审批改革等首创性改革陆续推出。配合国家制定实施浦东综合改革试点实施方案和首批授权事项清单，在科创、人才、开放、数据、土地要素等方面推动一批授权事项清单任务措施加快落地。

重大战略任务深入实施。上海自贸试验区建设10周年成果丰硕，国家出台的33条自贸试验区制度型开放试点措施基本落地，在国家层面复制推广的302项自贸试验区制度创新成果中，145项源于上海自贸试验区首创或同步先行先试。落实自贸试验区提升战略，全面对接国际高标准经贸规则推进上海自贸试验区高水平制度型开放总体方案获批实施。出台实施临港新片区新一轮市级支持政策，洋山特殊综合保税区三期扩区获批，签约落地特斯拉储能超级工厂等产业项目超过百个、总投资额达到千亿元，临港新片区规模以上工业总产值、全社会固定资产投资总额分别比上年增长 22.5% 和 10.3%。科创板注册制改革走深走实，上市公司累计达到 566 家，其中上海上市公司首发募资额、总市值保持全国第一。长三角一体化发展第二轮三年行动计划顺利完成，21 项重点合作事项加快落地，28 个科技创新联合攻关项目全面推进，全国社保基金长三角科技创新专项股权投资基金落地，长三角国家算力枢纽节点数据中心集群加快建设，跨省通办政务服务事项达 152 项，社会保障卡居民服务实现 52 个事项“一卡通用”。落实推动长江经济带高质量发展意见。第六届中国国际进口博览会成功举办，超过 3400 家参展商参展，440 多项首发新产品、新技术、新服务集中展示，按一年计意向成交金额 784.1 亿美元，比上一届增长 6.7%。长三角生态绿色一体化发展示范区建设高水平推进，新推出生态环境准入清单、跨区域项目审批机制等 24 项制度创新成果，示范区国土空间规划获批成为首部跨行政区国土空间规划，长三角一体化高新区揭牌成立，华为青浦研发中心加快建设。虹桥国际开放枢纽建设总体方案重点任务全面完成，进一步提升能级政策措施出台实施，中央商务区累计吸引集聚各类总部企业和机构 500 余家。

重点领域改革不断深化。制定实施优化营商环境 6.0 版行动方案，208 项改革任务全面完成。对标世界银行新一轮营商环境评估体系深化改革，183 项涉及地方事权的对标改革任务事项已完成 91%，配合第二次修订《上海市优化营商环境条例》。出台国有企业加快建设世界一流企业的实施意见，实施新一轮国企改革深化提升行动，组建成立上海交易集团，国有存量资产盘活投资基金、国资国企高质量发展基金启动运营。落实国家促进民营经济发展政策，召开促进民营经济高质量发展大会，制定实施 31 条具体举措，建立常态化政企沟通机制，梳理解决企业问题，推动南虹桥、张江、市北高新等民营企业总部集聚区建设，新增民营企业总部 97 家。实施重点领域信用分级分类监管，探索建立破产重整企业信用修复机制，全面推行经营主体以专用信用报告替代有无违法记录证明并覆盖主要执法领域。持续推进公共资源“一网交易”改革，基本形成统一的制度体系、市场体系、管理体系。

（三）着力扩大有效需求优化发展空间，内需支撑作用持续增强

多措并举促进消费市场恢复。第四届“五五购物节”、全球新品首发季、夜生活节、数字生活节等重大节庆和消费促进活动有力提振消费信心，全年社会消费品零售总额达到 1.85 万亿元、比上年增长 12.6%。促进大宗消费回暖，认定首批汽车品质消费示范区 11 个，落实二手车交易便利化措施，实施新能源车置换和老旧汽车“以旧换新”补贴政策，累计支持 5.6 万辆汽车置换为纯电动汽车，绿色智能家电消费补贴政策累计惠及 27.4 万名消费者。“商旅文体展”联动加快释放消费潜力，全市旅游总消费增长 55.5%，展会面积已恢复至 2019 年的 90% 以上，铁路旅客发送量、机场旅客吞吐量分别恢复至 101% 和 80%，上海国际旅游度假区客流量超过 2500 万人次。消费场景创新升级，全年网络购物交易额增长 22.2%，新增各类首店 1215 家，推出夜生活好去处 100 个。消费环境不断优化，推动入境人士境内支付便利化，开通外卡 POS 机超过 3.6 万台。

重大项目引领投资较快增长。浦东国际机场三期扩建、竹园污水处理厂四期、杨高路改建工程等 33 个项目建成，轨道交通 19 号线、G15 公路嘉金段、白龙港污水处理调蓄工程等 31 个项目开工建设，全年全社会固定资产投资总额超过 1 万亿元，比上年增长 13.8%，其中重大项目完成投资额 2257.4 亿元。“潮涌浦江”投资上海全球分享季活动持续举办，制定实施加大力度支持民间投资发展若干政策措施，全年民间投资增长 6.9%。投资项目要素保障不断加强，全年发行地方政府专项债券 400 亿元，“六票”统筹、桩基先行、水电气网联合报装、交地即交证、一站式办理施工许可等改革措施落地实施，城投宽庭保障性租赁住房、张江产业园等 REITs 项目上市或扩募。

城市空间格局优化。中心城区经济密度和辐射带动效应不断增强，外滩、北外滩、衡复风貌区等中央活动区核心区域加快功能升级，真如、张江、金桥等重点区域核心产业和高端资源要素不断集聚。五个新城建设深入推进，聚焦企业总部、研发创新、要素平台和公共服务等领域发布第二批重大功能性事项清单 30 项，新开工重大项目 117 项、总投资 1935.7 亿元。南北转型重点区域加快发展，深化吴淞创新城规划，编制金山滨海国际文化旅游度假区规划，宝武（上海）碳中和产业园、北上海生物医药产业园、超能新材料科创园、上海湾区高新技术开发区等特色产业园加快建设，上大美院吴淞校区、高铁宝山站、瑞金医院金山院区等项目顺利推进。推动域外农场高质量发展，沪苏大丰产业联动集聚区加快建设，正泰新能源等产业项目投入运营，皖南农场危旧房改造项目竣工交付。

外贸外资保稳提质。全市外贸进出口总额 4.2 万亿元，比上年增长 0.7%，其中新能源汽车、锂电池、太阳能电池“新三样”出口分别增长 43.9%、50.5%

和0.9%。加强外贸企业服务保障，支持企业“走出去”拓展市场，设立区域全面经济伙伴关系协定（RCEP）企业服务咨询站，对RCEP成员国出口增长5.9%，民营企业出口增长12%、占比首次超过40%。外贸新业态新模式加快发展，实施跨境电商高质量发展行动方案，支持企业布局海外仓138个，跨境电商进出口快速增长，首个再制造产品进口试点业务落地，保税物流出口增长29.1%，国际贸易分拨中心示范企业扩展至116家，上海中欧班列开行100列。加大吸引和利用外资力度，实施促进外商投资全球伙伴计划，加强与跨国公司高管对接交流，召开政企沟通圆桌会议10场，做好共建“一带一路”十周年系列重点工作，全市实际使用外资达到历史新高的240.9亿美元。

（四）着力推进科技自立自强，现代化产业体系持续构建

战略科技力量加快壮大。3家在沪国家实验室高水平运行，2家国家实验室上海基地挂牌运行，40余家全国重点实验室通过重组或新建，李政道研究所、期智研究院、上海脑科学与类脑研究中心等科技创新平台建设成效显现。大科学设施和科技专项加快推进，上海光源二期、软X射线自由电子激光装置、活细胞成像线站工程投入运行，磁—惯性聚变能源项目开工建设，硬X射线装置工作井隧道全线贯通，未来车脑芯片、人类表型组二期等市级科技重大专项启动实施。基础前沿领域深化布局，完善基础研究先行区支持政策，与国家自然科学基金委设立区域创新联合基金，引导“探索者计划”合作企业加大基础研究投入。关键核心技术攻关加快突破，开展半导体设备、关键原材料、创新药械、智能船舶、海洋工程装备、新能源汽车等领域技术攻关与应用示范。研发投入特别是基础研究投入持续增加，全社会研发经费支出达到2100亿元，相当于全市生产总值的4.4%。

产业链现代化水平加快提升。制定实施新一轮集成电路、生物医药、人工智能三大先导产业“上海方案”，集成电路重点领域攻关和重大产线项目建设加快推进，4款1类国产创新药、9个三类创新医疗器械获批上市。世界人工智能大会成功举办，发布推动人工智能大模型创新发展若干措施，17款人工智能大模型通过国家备案，上海数据交易所上线首个国际数据交易链。制定支持汽车芯片产业发展政策措施，上海汽车芯片工程中心、汽车芯片检测认证公共实验室揭牌，新能源汽车推广35.4万辆，C919国产大飞机实现商业运营，首艘国产大型邮轮正式交付，工业母机、能源装备等产业加速发展。实施四大新赛道和五大未来产业行动方案，制定实施元宇宙、区块链、计算生物学、智能机器人、基因治疗、合成生物学、高温超导等创新发展专项行动方案，加快建设张江、临港、大零号湾等首批3个未来产业先导区。发布实施新一轮新型基础设施建设行动方案，启动实施瑞金医院“未来医院”、医疗大数据训练设施、智能工厂等一批重大示范工程项目。发布实施制造业高质量发展和工业企业升规提质三年行动计划，建立产业用地综合绩效评估制度，开展产业用地弹性规划和功能复合试点，推动“工业上楼”、打造“智造空间”。

创新生态不断优化升级。配合修订《上海市科学技术进步条例》，出台实施进一步放权松绑激发科技创新活力若干意见，开展科技成果转化创新改革试点，每万人口高价值发明专利拥有量达到50.2件，技术合同成交额达到4850.2亿元，分别比上年增长22.7%和21.1%。制定吸引集聚企业研发机构推进研发产业化的实施意见，浦芯未来互联网技术研究院、科学智能研究院、数学与交叉学科研究院、合成生物学创新中心等新型研发机构加快建设。发布高质量孵化器培育实施方案和建设评估管理办法，7家高质量孵化器挂牌运行。科创金融改革试验区加快建设，创新推出“沪科专贷”“沪科专贴”等金融产品，优化完善科技信贷风险共担机制和知识产权质押融资机制。启动科技人才评价综合改革试点，加快实施人才高峰工程、重点产业人才引育专项，加强优秀青年科技人才培养使用，试点实施外籍“高精尖缺”人才认定政策，外国高端人才数量位居全国第一。创新创业氛围更加浓厚，浦江创新论坛、世界顶尖科学家论坛、首届We Start全球创业投资大会、“海聚英才”全球创新创业赛等国际赛会影响力持续提升。

（五）着力实施民心工程和民生实事，人民生活品质持续提升

就业服务和社会保障水平稳步提高。全面落实就业优先政策，配合制定《上海市就业促进条例》，出台实施稳就业“18条”等政策措施，加强高校毕业生等重点群体就业服务，全年发放一次性吸纳就业补贴1.6亿元、用人单位吸纳就业困难人员补贴1.7亿元，帮助1.2万名长期失业青年实现就业创业。持续推进职业技能提升行动，完成补贴性职业技能培训105.6万人次，支持培养企业新型学徒1.3万名。社会保障体系不断健全，开展个人养老金全国试点，灵活就业人员在沪参保全面覆盖，93.6万名新就业形态人员纳入职业伤害保障试点，开展超龄就业人员及实习生参加工伤保障试点。统筹提高养老金、医保、低保、失业保险、工伤保险等保障待遇标准，实施职工医保门诊共济保障制度。扎实做好蔬菜、猪肉、粮油等重要民生商品保供稳价工作。全年居民人均可支配收入8.5万元，比上年增长6.6%，其中城镇居民、农村居民人均可支配收入分别增长6.5%和8.2%。

民心工程和民生实事高质量推进。新一轮 19 项民心工程三年行动计划全面实施，32 项为民办实事项目提前超额完成。持续完善城市更新支持政策，推进城市更新单元试点，完成中心城区零星二级旧里以下房屋改造 12.3 万平方米、小梁薄板房屋等不成套旧住房改造 29.6 万平方米，新启动城中村改造项目 10 个，推动既有多层住宅加装电梯 3001 台。新增建设筹措保障性租赁住房 8.1 万套（间），筹集首批“新时代城市建设者管理者之家”床位 1.1 万张。制定新版基本公共服务实施标准。发布基本养老服务清单和养老产业发展政策指南，全年新增养老床位 5510 张，改建认知障碍照护床位 2598 张，建设智慧养老院 36 家，新增社区长者食堂 41 个。

深入实施学前教育与托育服务条例，开设小学生爱心暑托班 579 个，新增社区托育托额 5308 个、公办幼儿园托额 2692 个。深入实施乡村振兴战略，配合制定《上海市种子条例》，加快打造种业产业孵化基地，横沙新洲现代农业产业园规划建设有序推进，推进乡村全域土地综合整治，实施农村人居环境优化提升工程，制定实施以工代赈促进就业增收政策，启动第三轮农村综合帮扶，新建成乡村振兴示范村 24 个、累计 112 个，建成“美丽庭院”10.1 万户，提档升级改造农村公路 210 千米，1.6 万户相对集中居住农民入住新居。

公共服务供给扩容提质。高等教育综合改革试点深入实施，深化“大思政课”综合改革试验区建设，加快落实新一轮义务教育学校“五项标准”，实施示范性学区和集团建设三年行动计划，优化布局产教融合平台，实施高校和科研院所绩效考核激励政策，联合国教科文组织一类中心国际 STEM 教育研究所落户上海。加快建设健康上海，制定实施完善多元支付机制支持创新药械发展若干措施、公立医院高质量发展试点支持政策，推进中山医院、瑞金医院、龙华医院等国家医学中心建设，提升社区卫生服务能力。文旅服务质量持续提升，举办旅游投资促进大会和旅游产业博览会，国际艺术节、国际电影节、上海旅游节、国际艺术品交易周等重大活动成功举办，上海博物馆东馆、世界技能博物馆等重大文化旅游设施建成运行，一批博物馆、美术馆试点夜间开放，全市博物馆和美术馆举办展览 1400 余场，接待观众超过 3500 万人次。加快发展群众体育和竞技体育，配合制定《上海市体育发展条例》，成功申办巴黎奥运会资格系列赛，ATP1000 大师赛、上海赛艇公开赛、上海马拉松等重大赛事成功举办，徐家汇体育公园、自行车馆等一批体育设施建成开放，新建社区市民健身中心 31 个、市民健身步道 80 条、市民益智健身苑点 671 个、市民健身驿站 101 个、市民运动球场 174 片。

（六）着力加强城市现代化治理，城市安全韧性持续增强

城市数字化转型取得成效。持续升级政务服务“一网通办”，累计接入服务事项 3705 项，实现“智慧好办”的高频事项达 200 个，“免申即享”服务达 296 项。实施新一轮城市运行“一网统管”三年行动计划，累计汇集各类应用 1466 个，基层治理数字化平台正式上线，“随申码”城市服务管理功能进一步提升。城市数字底座不断夯实，政务区块链、“图网码”、一体化办公等数字化行动有力推进，气象、交通、安全等城市运行数字体征系统全面升级。城市数字基础设施和数字化重点场景加快布局，累计建设 5G 室外基站超过 7.7 万个、5G 室内小站超过 35 万个，打造生活数字化转型重点场景 35 个，“数都上海”创新生态 HUB 启动建设。积极建设市场监管数字化试验区，加快推动智慧监管数据上链，试点开展“区块链 + 特殊食品信息追溯”，住宅电梯物联网覆盖率达 44.7%。

绿色低碳转型全面推进。配合制定《上海市发展方式绿色转型促进条例》。完善“双碳”政策体系，实施碳达峰十大行动，制定适应气候变化行动方案，成功举办首届中国碳市场大会和上海国际碳中和博览会，推动一批重点领域、重点区域开展低碳零碳负碳技术创新示范试点，实施工业产品全生命周期供应链碳管理，全国碳排放权交易市场碳排放配额累计成交量 4.4 亿吨，成交额 249.2 亿元。加快发展绿色能源，新增光伏装机 94.6 万千瓦。制定出台美丽上海建设实施意见，启动第三轮清洁空气行动计划及臭氧、柴

【主要年份用电量】

指　标	1990	2000	2008	2009	2010	2011	2012
用电量（亿千瓦·时）	264.74	559.42	1138.22	1153.38	1295.87	1339.62	1353.45

油货车攻坚专项行动，完成长江干流沿岸入河排污口整治，开展新一轮雨污混接普查和整治，配合制定《上海市土壤污染防治条例》，全市空气质量指数（AQI）优良率为87.7%，地表水达到或好于Ⅲ类水体比例为97.8%，无Ⅴ类和劣Ⅴ类断面。着力打造绿色生态空间，加快建设环城生态公园带，实施崇明世界级生态岛第五轮三年行动计划，新增各类公园162座、总量达到832座，新增绿地10.44平方千米、绿道231千米、立体绿化43万平方米，森林覆盖率达18.8%。垃圾分类实效持续提升，生活垃圾回收利用率达到43%，“无废城市”建设全面启动。

城市精细化管理和社会治理创新切实加强。持续提升“一江一河”公共空间品质，新增黄浦江岸线公共空间贯通开放8千米。创建全国无障碍示范城市，推动机关、企事业单位附属空间对外开放59个，建设“美丽街区”103个，设置优化公共空间休憩座椅5339个，推进建筑小区、公园绿地、道路广场等海绵示范工程100个。推动充电设施建设，新增公共（含专用）充电桩5.1万个、共享充电桩示范小区57个。成功举办2023年世界城市日全球主场活动暨第三届城市可持续发展大会。建立健全“一办法两清单”居村减负增能长效机制，加强居村委会基础建设，做强社区工作者队伍，推动“社区云”上线养老顾问、儿童关爱保障、社区救助等应用场景，推广参与式社区规划。深化“三所联动”机制，打造新时代“枫桥经验”上海实践样板。强化军民协同，加强全民国防教育，完善退役军人服务保障措施，做好就业安置、军休服务、抚恤优待、双拥共建等各项工作。

城市安全韧性持续增强。严格落实安全生产主体责任，针对危险化学品、交通运输、建筑施工、消防、燃气、渔业船舶、工贸等11个重点领域开展重大事故隐患专项排查整治，实施燃气老化管道更新改造330.4千米。着力提高能源保供能力，制定迎峰度夏（冬）能源保供方案，优化用电用气负荷管理，上海LNG站线扩建、漕泾综合能源中心二期等重大能源项目加快建设。切实提高防灾减灾救灾能力，做好灾害性天气防范应对和应急处置工作。全面落实耕地保护和粮食安全责任制，加强粮油、应急和战略物资储备管理等工作。健全防范化解重大风险工作协调机制，出台实施《防范和处置非法集资条例》办法，加强房地产、金融等领域风险防范，稳妥推进“保交楼”。强化社会面治安防控，开展“夏季行动”“砺剑行动”等专项行动，社会大局保持安全稳定。

同时，上海经济社会发展仍面临不少困难和挑战，需要在今后工作中着力加以解决。一是经济持续恢复基础仍需巩固。新冠肺炎疫情对部分行业领域的影响仍需修复，有效需求不足，社会预期偏弱，保持经济平稳运行面临较大压力，居民消费意愿和企业投资信心需进一步提振。实体经济发展仍面临不少困难，部分企业增收不增利，特别是部分民营企业和中小微企业面临较大现金流压力。世界经济贸易复苏乏力，上海市稳外资稳外贸面临挑战。二是新旧动能转换仍需提速。工业稳增长调结构持续承压，现代服务业能级有待提升，产业智能化、绿色化、融合化发展需提速。科技创新成果向新质生产力转化还存在堵点卡点，关键核心技术需加强攻关，重点产业链需整体突围，高端产业集群效应有待增强。支持创新转型的资源要素保障还需加强，资金、土地、数据、人才、能源等领域政策供给需进一步创新。三是深化改革开放仍需用力。规则、规制、管理、标准等制度型开放需加强探索试点，营商环境优化还有提升空间，民营经济发展环境仍需优化。长三角一体化发展质量效率和辐射带动作用仍需提升，建立全国统一大市场的龙头带动作用有待进一步发挥。四是民生保障任务仍然繁重。就业结构性矛盾较突出，“就业难”“招工难”“慢就业”现象并存。受经济恢复导致用能需求增加、本地可再生能源条件有限、外来可再生能源减少、指标口径调整等因素影响，能耗强度下降和二氧化碳排放强度下降没有达到“十四五”规划进度目标，节能降碳面临较大挑战。教育、医疗、养老、托育等公共服务不均衡问题仍然存在，“两旧一村”改造需全面提速，城乡融合发展水平有待提升。超大城市治理还有不少短板，生产安全、食品药品安全、能源安全等领域仍有薄弱环节，人民群众“急难愁盼”问题需用心用情用力解决。

（摘自“中国上海”官方网站 www.shanghai.gov.cn）

4	2015	2016	2017	2018	2019	2020	2021	2022	2023
.03	1405.55	1486.02	1526.77	1566.66	1568.58	1575.96	1749.62	1745.55	1848.81

【主要年份用电量】

指　标	1990	2000	2008	2009	2010	2011	2012	2
# 工业用电	220.97	393.13	727.13	701.58	786.61	805.76	786.25	7
农、林、牧、渔业用电	7.22	8.92	5.08	5.39	6.07	6.37	6.85	
城市居民生活用电	14.44	53.20	146.55	152.52	168.95	175.22	187.38	2

【工业固体废弃物综合利用（2000—2023）】

指　标	2000	2001	2002	2003	2004	2005	2006	2007	2008	2009	2010
工业固体废弃物产生量（万吨）	1354.74	1605.09	1595.25	1659.38	1810.80	1963.62	2063.19	2165.40	2347.36	2254.59	2448.36
# 危险废物（吨）	28.32	38.14	33.50	30.57	36.47	48.77	40.79	45.43	49.28	47.62	51.25
工业废弃物综合利用量（万吨）	1515.90	1581.71	1603.86	1643.19	1777.84	1891.62	1953.11	2040.08	2242.43	2171.60	2366.90
# 危险废物（吨）	27.05	29.92	24.92	22.34	31.26	39.21	29.13	30.94	31.13	30.73	28.47
工业废弃物综合利用率（%）	93.26	96.50	97.78	97.20	97.19	96.31	94.66	94.21	95.53	95.67	96.16
工业固体废物处置量（万吨）	90.96	55.25	27.28	47.27	44.29	64.66	103.22	106.39	90.24	85.66	93.86
# 危险废物（吨）	1.08	8.50	9.21	8.31	6.05	9.64	14.10	14.68	18.36	17.02	23.44

续表

4	2015	2016	2017	2018	2019	2020	2021	2022	2023
64	787.02	798.18	798.22	780.21	748.39	769.46	851.49	809.84	841.52
56	7.35	7.47	7.09	6.37	5.94	6.23	7.21	7.44	7.78
89	185.49	217.72	228.79	243.55	245.04	257.14	277.97	320.93	301.41

（朱羽飞）

	2013	2014	2015	2016	2017	2018	2019	2020	2021	2022	2023
	2054.49	1924.79	1868.07	1680.10	1630.48	1668.77	1825.98	1808.75	2072.57	2084.10	2179.97
	54.31	62.84	56.97	64.89	110.44	109.04	123.98	131.89	140.25	140.41	136.24
5	1995.35	1876.86	1796.18	1607.51	1532.71	1552.84	1673.47	1701.82	1947.49	1960.65	2070.48
	28.76	26.79	25.77	28.88	24.36	32.60	31.24	—	—	—	—
	97.12	97.51	96.15	95.68	94.00	93.05	91.65	93.75	93.87	93.99	94.88
	57.99	47.01	72.23	73.44	99.98	135.77	152.14	111.40	125.74	124.33	110.02
	25.64	35.73	30.44	35.78	85.81	75.35	93.16	—	—	—	—

（朱羽飞）

【水环境保护（1999—2023）】

年份	废水排放总量（亿吨）	其中		废水化学需氧量排放总量（万吨）	其中		工业重复用水量（万吨）	污水处理厂数（个）	污水处理厂污水处理量（万吨）
		工业	生活及其他		工业	生活及其他			
1999	20.28	8.52	11.76	34.98	8.92	26.06	605772	22	17479
2000	19.37	7.25	12.12	31.87	6.93	24.94	592055	27	23028
2001	19.50	6.80	12.70	30.48	5.27	25.21	709913	26	29487
2002	19.21	6.49	12.72	32.96	4.78	28.18	654133	27	30658
2003	18.22	6.11	12.11	28.38	4.38	24.00	690068	30	39891
2004	19.34	5.64	13.70	29.38	3.76	25.62	750803	37	95301
2005	19.97	5.11	14.86	30.44	3.66	26.78	886503	42	117833
2006	22.37	4.83	17.54	30.20	3.53	26.67	843970	43	155726
2007	22.66	4.76	17.90	29.44	3.38	26.06	899098	45	152886
2008	22.60	4.41	18.19	26.67	2.76	23.91	946198	47	177090
2009	23.05	4.12	18.93	24.34	2.90	21.44	1004672	51	171609
2010	24.82	3.67	21.15	21.98	2.16	19.82	1047970	52	189654
2011	19.86	4.46	15.40	24.90	2.74	22.16	747899	53	193354
2012	22.05	4.77	17.28	24.26	2.62	21.64	778841	53	200685
2013	22.30	4.54	17.76	23.56	2.55	21.01	727088	53	203222
2014	22.12	4.39	17.73	22.44	2.48	19.96	708921	53	208145
2015	22.41	4.69	17.72	19.88	2.27	17.61	671466	53	213944
2016	22.08	3.66	18.42	14.75	1.44	13.31	—	53	267954
2017	21.20	3.16	18.04	14.18	1.29	12.89	—	52	263703
2018	20.98	2.91	18.07	12.05	1.02	11.03	—	51	265541
2019	21.42	3.41	18.01	10.97	0.93	10.04	—	49	282575
2020	19.81	3.12	16.69	7.29	0.86	6.43	—	46	302169
2021	20.91	3.21	17.70	7.51	0.86	6.65	—	46	306943
2022	20.26	3.23	17.03	7.75	0.79	6.96	—	46	302826
2023	20.88	3.06	17.82	10.97	0.66	10.31	—	47	313506

（朱羽飞）

【大气环境保护（1999—2023）】

年份	工业废气排放总量（亿标立方米）	颗粒物排放总量（万吨）	其中		废气二氧化硫排放总量（万吨）	其中	
			工业	生活及其他		工业	生活及其他
1999	4947	13.57	9.00	4.57	40.31	31.09	9.22
2000	5755	14.12	8.32	5.80	46.49	32.68	13.81
2001	6964	13.52	6.23	7.29	47.26	30.00	17.26
2002	7440	10.74	5.60	5.14	44.66	32.49	12.17
2003	7799	11.54	4.97	6.57	43.54	30.07	13.47
2004	8834	12.27	5.25	7.02	47.31	34.95	12.36
2005	8482	11.52	4.95	6.57	51.28	37.52	13.76
2006	9428	11.29	4.73	6.56	50.80	37.43	13.37
2007	9591	10.60	4.04	6.56	49.78	36.44	13.34
2008	10436	10.63	4.06	6.57	44.61	29.80	14.81
2009	10059	10.18	3.64	6.54	37.89	23.93	13.96
2010	12969	10.21	4.18	6.03	35.81	22.15	13.66
2011	13692	8.98	6.64	2.34	24.01	21.01	2.99
2012	13361	8.71	6.37	2.34	22.82	19.34	3.48
2013	13344	8.09	6.72	1.37	21.58	17.29	4.29
2014	13007	14.17	13.14	1.03	18.81	15.54	3.27
2015	12802	12.07	11.14	0.93	17.08	10.49	6.59
2016	12669	7.95	7.28	0.67	7.42	6.74	0.68
2017	13867	4.70	3.03	1.67	1.85	1.27	0.58
2018	13780	2.81	1.62	1.19	0.99	0.91	0.08
2019	15016	1.48	1.33	0.15	0.76	0.66	0.10
2020	15715	1.05	0.79	0.26	0.54	0.52	0.02
2021	16408	0.98	0.76	0.22	0.58	0.55	0.03
2022	16825	0.83	0.65	0.18	0.67	0.65	0.02
2023	18032	0.92	0.70	0.22	0.64	0.63	0.01

注1：2008年起工业废气排放量按新排放系数计算。注2：2011年起烟尘排放总量口径改为烟（粉）尘排放总量。注3：2021年起烟尘排放总量口径改为颗粒物排放总量。注4：2016年起废气二氧化硫排放总量不包括非道路移动源排放量。

（朱羽飞）

【环境空气状况（2000—2023）】

指　标	2000	2001	2002	2003	2004	2005	2006	2007	2008	2009	2010
中心城区二氧化硫年日平均值（毫克/立方米）	0.045	0.043	0.035	0.043	0.055	0.061	0.055	0.055	0.051	0.035	0.029
中心城区二氧化氮年日平均值（毫克/立方米）	0.090	0.063	0.058	0.057	0.062	0.061	0.051	0.054	0.056	0.053	0.050
中心城区可吸入颗粒平均浓度（毫克/立方米）	—	0.100	0.108	0.097	0.099	0.088	0.086	0.088	0.084	0.081	0.079
降水 pH 平均值	5.19	5.20	5.39	5.21	4.92	4.93	4.73	4.55	4.39	4.66	4.66
酸雨频率（%）	26.0	25.2	10.9	16.7	32.7	40.0	56.4	75.6	79.2	74.9	73.9
环境空气质量优良天数（天）	295	309	281	325	311	322	324	328	328	334	336
环境空气质量优良率（%）	80.8	84.7	77.0	89.0	85.2	88.2	88.8	89.9	89.6	91.5	92.1

注：2013 年起，环境空气质量优良率以 AQI 评价。

【声环境及治理（2000—2023）】

指　标	2000	2001	2002	2003	2004	2005	2006	2007	2008	2009	2010
区域环境噪声平均等效声级											
昼间时段（LeqdB（A））	56.6	56.7	56.8	56.7	56.5	57.3	56.6	56.8	57.0	54.9	55.8
夜间时段（LeqdB（A））	49.2	48.2	49.4	49.1	49.1	49.8	49.7	49.4	49.9	47.8	48.3
交通环境噪声平均等效声级											
昼间时段（LeqdB（A））	70.5	69.5	69.6	70.4	72.3	72.0	72.0	71.9	71.4	69.8	69.8
夜间时段（LeqdB（A））	64.1	64.5	65.8	66.4	66.2	65.8	64.9	65.9	66.4	64.4	64.3

										23
0.024	0.018	0.017	0.015	0.012	0.010	0.007	0.006	0.006	0.006	0.007
0.048	0.045	0.046	0.043	0.044	0.042	0.042	0.037	0.035	0.027	0.031
0.082	0.071	0.069	0.059	0.055	0.051	0.045	0.041	0.043	0.039	0.048
4.81	4.90	5.07	5.22	5.12	5.13	5.34	5.38	5.56	5.42	5.58
75.1	72.4	60.8	50.4	47.6	53.8	44.5	40.2	26.4	27.2	18.8
241	281	258	276	275	296	309	319	335	318	320
66.0	77.0	70.7	75.4	75.3	81.1	84.7	87.2	91.8	87.1	87.7

（朱羽飞）

										23
55.5	55.6	56.2	56.0	55.7	54.6	54.9	54.2	54.0	53.4	54.5
48.2	48.1	47.9	48.5	48.8	48.3	47.7	47.8	47.7	46.8	48.0
69.6	69.8	69.8	69.5	69.8	69.3	68.3	68.2	68.4	68.3	68.4
64.6	65.6	65.5	65.0	65.0	64.9	63.9	63.4	63.6	63.5	62.3

（朱羽飞）

【城市环境卫生情况（1999—2023）】

年份	垃圾清运量（万吨）	其中		清运粪便（万吨）	公共厕所（座）	生活垃圾收集点（处）	废物箱（只）	倒粪站（座）	化粪池（只）
		生活垃圾	建筑垃圾						
1999	767	500	267	172	1311	66067	17326	2192	44694
2000	858	641	217	256	2215	22470	23189	2045	46921
2001	901	644	257	219	2406	17694	24672	1890	47500
2002	760	467	293	238	3776	26787	29517	1846	49220
2003	800	585	215	251	3468	27814	31272	1709	48831
2004	802	610	192	258	3640	28649	34571	1611	47579
2005	777	622	155	254	3640	28388	39539	1689	47424
2006	805	658	146	247	3746	29812	44888	2253	46217
2007	852	702	150	232	5415	29538	47739	2158	45841
2008	841	678	153	220	5866	29965	56485	2064	45537
2009	870	710	160	221	5633	30584	67465	2257	43775
2010	890	732	158	201	6026	30645	74658	1900	43170
2011	1142	704	438	207	5768	30648	78213	1868	42652
2012	11728	716	11012	200	6340	31625	82454	1837	42306
2013	13716	735	12981	222	6224	32018	98266	1800	43887
2014	15135	743	14392	200	6168	32122	98857	1756	43629
2015	10755	790	9965	173	6197	32209	94310	1729	43582
2016	7796	880	6916	160	6220	32247	81246	1832	43983
2017	6435	900	5535	158	6221	32247	86246	1832	43983
2018	8614	984	7630	137	6061	31319	80360	1627	40178
2019	10651	1038	9613	151	6128	29811	62554	1681	40439
2020	11109	868	10241	120	6592	28104	55309	1576	37990
2021	15188	1232	13956	104	6799	27176	40753	1539	37654
2022	9294	1129	8165	96	7418	27621	38258	1442	37456
2023	14021	1284	12737	95	7381	26287	44960	703	37374

注：2012 年起，建筑垃圾中增加了工程渣土清运量。

（朱羽飞）

【环保投入（1999—2023）】 单位：亿元

年份	环境保护投资	# 城市环境基础设施建设投资	环境保护投资相当于GDP（%）	自然保护区覆盖率（%）
1999	111.57	—	2.66	
2000	141.91	—	2.97	7.8
2001	152.93	—	2.94	10.5
2002	162.39	126.99	2.83	11.8
2003	191.53	144.05	2.86	11.8
2004	225.37	166.90	2.79	11.8
2005	281.18	201.01	3.04	11.8
2006	310.85	177.81	2.94	11.8
2007	366.12	233.22	2.93	12.1
2008	422.37	284.30	3.00	12.1
2009	460.42	282.74	3.06	12.1
2010	507.54	294.73	2.96	12.1
2011	557.92	316.79	2.91	12.1
2012	570.49	286.26	2.83	11.8
2013	607.88	284.18	2.81	11.8
2014	699.89	271.79	2.97	11.8
2015	708.83	246.65	2.82	11.8
2016	823.57	319.00	3.00	11.8
2017	923.53	367.14	3.10	11.8
2018	989.19	429.43	3.00	—
2019	1079.25	455.66	2.80	—
2020	1087.86	454.61	2.80	—
2021	1119.86	458.66	2.60	—
2022	1022.27	396.04	2.30	—
2023	1099.93	446.29	2.30	—

注：2005—2008 年“环境保护投资相当于 GDP”的数据根据第二次全国经济普查结果调整的 GDP 数据进行调整。

（朱羽飞）

大事辑要

2023年

一月

9日 市委副书记、市长龚正主持召开市政府常务会议，强调按照市委部署要求，加快上海“无废城市”建设；推进电子化学品专区高质量发展；持续提升电梯安全保障水平。

29日 长三角一体化示范区智慧大脑正式上线运行，智慧大脑通过示范区公共数据的“无差别”共享，保障社保、医保等民生业务的便捷办理和生态环境、一网通办等六大重点领域的协同治理，打破省际数据壁垒，苏浙沪两省一市三级八方打通18条数据链路，汇聚了242项数据资源，助推长三角一体化发展。

是月 上海银保监局和上海市发展改革委、市经济信息化委、市科委、市生态环境局、市住建委、市交通委、市地方金融监管局八部门，联合印发《上海银行业保险业“十四五”期间推动绿色金融发展 服务碳达峰碳中和战略的行动方案》。

二月

20日 水利部总规划师吴文庆率调研组赴太湖流域调研，在上海市主持召开座谈会，指导推进流域防洪规划修编工作。

25日 上海市“无废城市”建设工作方案公布，明确到2025年，全市电商快件不再二次包装率、快递包装回收设施覆盖率均达到100%；一般工业固体废物贮存处置量实现零增长，综合利用率不低于95%；拆房和装修垃圾资源化处理率达到75%，建筑垃圾资源化利用率达到93%；等等。

28日 上海市环境保护产业协会第三届第4次理事会暨会员大会举行。

是月 市生态环境局报送的《联合国生物多样性大会（COP15）“上海日”宣传片》荣获2022年上海市银鸽奖“最佳视频”，《蒙特利尔联合国生物多样性大会（COP15）上海城市形象推广》荣获“最佳活动/案例”。

三月

7日 市生态环境局赴福建省三明市开展交流调研对接工作，与中共三明市委党校、三明市生态环境局共同签署战略合作协议书。

12日 市教育委员会、市生态环境局等十部门共同举办“上好生态文明第一课，做好绿色学校守护者”第四届学生生态文明教育论坛。

16日 太湖流域调度协调组全体会议在北京召开。水利部党组书记、部长李国英主持会议，水利部副部长王道席、生态环境部副部长翟青、上海市副市长张小宏、江苏省副省长王晖、浙江省副省长李岩益出席会议并讲话。

17日 市交通委、市生态环境局、市公安局联合发布《关于调整本市国三标准柴油机动车限制通行政策的通告》（沪交行规〔2023〕2号），决定自2023年4月1日起，全天禁止国Ⅲ柴油货运机动车辆在上海市辖区内的所有道路上行驶。自2024年7月1日起，全天禁止国Ⅲ柴油客运机动车辆在上海市S20外环高速以内的道路上（不含S20外环高速及S20外环高速高架段投影下的地面道路）行驶。

22日 市领导陈吉宁、龚正、胡文容等到上海世博文化公园双子山地块植树点参加全民义务植树活动。市委常委张为、陈金山、郭芳和市人大常委会、市政府、市政协负责人员等一同参加。

28日 上海市人大常委会副主任、党组副书记、市总工会主席郑钢森到青浦区实地察看元荡生态岸线。

28日 市人大常委会副主任宗明和市人大常委会城建环保委一行赴本市野生动物栖息地及野生动物制品利用企业开展《上海市野生动物保护条例》立法调研活动。

28日 市河长办召开2023年上海市第一次主任（扩大）会议。上海市副市长、市副总河长、市河长办主任张小宏出席会议并讲话。

31日 上海市河湖长制林长制工作会议举行。市委书记、市总河长、市总林长陈吉宁在会上强调，要深入贯彻落实习近平生态文明思想；加强思想自觉和行动自觉，按照党的二十大部署，以更强责任感紧迫感抓好河湖长制林长制的落地落实，聚焦重点任务，强化系统施治，坚持生态惠民，努力把上海建设成为人与自然和谐共生的美丽家园。市委副书记、市长、市总河长、市总林长龚正主持会议。市领导张为、郭芳出席，副市长张小宏通报2022年河湖长制林长制工作并部署2023年重点工作。

是月 全国妇联发布《关于表彰全国三八红旗手标兵、全国三八红旗手、全国三八红旗集体和全国巾帼文明岗、全国巾帼建功标兵、全国巾帼建功先进集体的决定》，市环科院大气环境研究所进博会空气质量保障科学评估班组荣获全国巾帼文明岗荣誉称号。

四月

6日 市政协副主席黄震、虞丽娟出席“美丽上海建设情况”课题开题会暨调研座谈会并讲话。听取市生态环境局、市发展改革委、市绿化市容局、市规划资源局、市住建委相关情况介绍。

11日 第九届上海市民绿化节开幕式在静安区闸北公园举行。

12日 自然资源部副部长、国家海洋局局长王宏来沪开展工作调研。

13日 上海市召开2023年生态环境保护工作会议，总结全市2022年生态环境保护工作，部署2023年重点目标任务。副市长刘多出席会议并讲话。

19日 浦东新区绿色金融发展暨气候投融资促进中心成立。

19日 市政府召开市生活垃圾分类减量推进工作联席会议（扩大）会议。

19日 市政协副主席虞丽娟出席2023年上海市关注森林活动组委会全体会议并开展专题调研。

21日 上海市委常委会会议暨市生态文明建设领导小组会议召开，播放上海市2023年生态环境警示片，总结上海市生态文明建设和生态环境保护工作进展，部署安排下一步重点工作任务。

24日 上海市召开“无废城市”建设动员大会。会议按照高标准推进“无废城市”要求，部署全域“无废城市”建设工作。副市长刘多出席会议并讲话。

27日 市政协副主席黄震赴金泽水库开展“美丽上海建设情况”课题调研，实地考察上海水源地供水安全和水生态修复情况。

五月

6日至7日 中国黄（渤）海候鸟栖息地（第二期）申遗项目在崇明东滩候鸟栖息地开展实地评估工作。副市长张小宏出席评估汇报会议并致辞。

9日 太湖流域管理局会同上海市水务局、江苏省水利厅、浙江省水利厅、长三角生态绿色一体化发展示范区执行委员会联合印发《长三角生态绿色一体化发展示范区水利规划（2021—2035年）》。

12日 长三角区域生态环境保护协作小组办公室第三次会议在上海召开。会议深入贯彻落实习近平生态文明思想和习近平总书记关于长三角一体化发展重要讲话精神，部署区域生态环境共保联治重点工作，筹备2023年长三角区域生态环境保护协作小组工作会议。

18日 市政协副主席黄震赴老港固体废弃物综合利用基地开展“美丽上海建设情况”课题调研暨主题教育调研。

18日至19日 全国人大常委会副委员长、农工党中央主席何维率调研组来沪开展长江生态环境保护民主监督工作专题调研。全国人大教科文卫委副主任委员、农工党中央专职副主席杨关林参加调研，农工党中央副主席、上海市人大常委会副主任、农工党上海市委主委张全陪同调研。

19日 农工党中央对口上海市开展长江生态环境保护民主监督工作座谈会举行。全国人大常委会副委员长、农工党中央主席、农工党中央长江生态环境保护民主监督工作领导小组组长何维讲话，上海市委副书记、市长龚正作表态发言。

21日 中共中央总书记、国家主席、中央军委主席习近平给上海市虹口区嘉兴路街道垃圾分类志愿者回信，对推进垃圾分类工作提出殷切期望。

21日 2023年上海市国际生物多样性日主场活动在上海植物园举行，活动以“从协议到协力：复元生物多样性”为主题，成立了上海市首个物种迁地保护联盟，举办了“从山野到都市”生物多样性主题科普展、“生命的灵动”生物多样性主题影展。

29日 上海市生态文明建设领导小组办公室发布《上海市深入打好长江保护修复攻坚战实施方案（2023—2025年）》。方案指出，到2025年，长江干流上海段水质稳定达到Ⅱ类，水生生物完整性指数稳步提升；全市地表水水质优良比例达到92.5%（以国控断面计），全市河湖稳定消除黑臭、劣Ⅴ类水体，饮用水安全保障水平持续提升，重要河湖生态用水得到有效保障，水生态质量明显提升等。

30日 市生态环境局印发《关于优化建设项目新增主要污染物排放总量管理推动高质量发展的实施意见》，进一步健全与生态环境质量持续改善相适应的建设项目新增主要污染物排放总量管理制度。

是月 市生态环境局等部门联合印发《关于进一步规范本市生活垃圾焚烧设施协同处置一般工业固体废物环境管理工作的通知》提出，列入“生活垃圾焚烧设施协同焚烧一般工业固体废物清单”的粮食及食品加工废物、纺织皮革业废物、造纸印刷业废物等11类一般工业固体废物，难以利用的可进入生活垃圾焚烧厂协同处置。

是月 市农业农村委编制下发了《关于印发〈上海市2023年秸秆综合利用实施方案〉的通知》，启动上海市秸秆资源台账建设工作，确定浦东新区为秸秆综合利用重点区。

是月 “第二十届全国中学生水科技发明比赛”结果公布，上海市共56项作品获奖。

六月

5日 以“建设人与自然和谐共生现代化”为主题的“六五环境日”上海市主场活动在宝山区智慧湾科创园举行。活动集中展示上海生态环境保护成效，广泛动员社会各界共同参与生态文明建设、践行绿色低碳的生产生活方式，引导全社会做生态文明理念的积极传播和模范践行者。

6日 长三角区域生态环境保护协作小组第三次工作会议在安徽合肥召开。会议深入学习贯彻习近平生态文明思想和习近平总书记就做好长三角生态环境保护作出的重要论述，认真落实习近平总书记在扎实推进长三角一体化发展座谈会上的重要讲话精神，研究部署区域生态环境保护协作重点工作，建设人与自然和谐共生的美丽长三角。上海市委书记、协作小组组长陈吉宁主持会议并讲话。

9日 市生态环境局召开2023年生态环境保护执法大练兵动员部署和立功竞赛表彰会议。

15日 中共中央政治局委员、上海市委书记陈吉宁专题调研上海市新一轮民心工程推进落实情况。中央第五指导组组长李锦斌、副组长任正晓，市委常委、组织部部长、秘书长张为参加调研。

19日 中共中央政治局委员，上海市委书记陈吉宁，市委副书记、市长龚正实地调研竹园污水处理厂四期工程，并以“四不两直”方式冒雨直插现场，分路检查长江经济带生态环境保护和绿色低碳转型工作。中央第五指导组组长李锦斌、副组长任正晓参加相关调研。

20日 上海市召开第二轮第一批生态环境保护督察行前动员会，对长宁区、青浦区开展第二轮第一批生态环境保护例行督察。

25日至26日 中央纪委国家监委驻水利部纪检监察组组长、水利部党组成员王新哲带队赴上海调研原水安全保障相关工作。

26日 市生态环境局在三明市举办“加强沪明合作，推动生态环保服务经济高质量发展”专题研讨班。

28日 上海市人大常委会副主任宗明到青浦区调研长三角一体化示范区相关工作，实地察看蓝色珠链和元荡生态岸线。

29日 市政协副主席黄震出席上海市政协与德国汉堡市议会“双碳与可持续发展——上海与德国汉堡的推动”视频座谈会。

是月 上海市政府发布《上海市生态保护红线》，落实了严守生态保护红线的管理要求和责任体系。

是月 2023年国际学生环境与可持续发展学生大会在沪举行，由联合国环境规划署和同济大学共同主办。本次大会围绕“塑料污染治理”这一全球共同关切的重要议题，开展系列主题活动。

七月

3 日 市政协副主席黄震赴国家电网有限公司华东分部开展市政协“美丽上海建设情况”课题调研暨主题教育调研，参观电力调度大厅，并围绕构建新型电力系统、推动传统能源清洁高效利用、新能源开发利用及长三角能源绿色化转型等进行座谈交流。

4 日 市政协副主席黄震率“美丽上海建设情况”课题组，赴长三角示范区吴江开展能源产业绿色低碳发展暨主题教育调研，实地考察苏州综合智慧零碳电厂、同里区域能源互联网示范区及苏州工业园区2.5 产业园主动配电网，了解虚拟电厂建设、电力负荷侧和电源侧资源聚合、智慧能源产业发展等情况。

10 日至 16 日 为推动高质量发展，积极营造节能降碳浓厚氛围，市经济信息化委以“节能降碳，你我同行”为主题，组织开展节能宣传周系列活动。

12 日 上海市减污降碳管理运行技术中心在三江路 55 号正式揭牌成立。减污降碳中心为市生态环境局所属事业单位，主要承担碳排放全过程管理、移动源污染防治管理、固定污染源综合管理体系建设及环境风险管理等方面技术支持工作。

25 日 市十六届人大常委会第四次会议表决通过《上海市土壤污染防治条例》，10 月 1 日起施行。条例在对《土壤污染防治法》基本制度规范衔接和细化的基础上，将上海市防治实践经验举措予以提炼、固化和完善，形成契合上海实际的机制措施，为全面提升土壤环境监管水平、推进土壤污染治理体系和治理能力现代化、助力人与自然和谐共生的美丽上海建设，提供坚实的法治保障。

25 日至 26 日 上海市副市长张小宏带队调研苏州河两岸景观照明优化提升工程。

28 日 市住房城乡建设管理委、市水务局联合印发《上海市海绵城市规划建设管理办法》。

28 日 上海市正式向国家林草局申报崇明区为第三批国际湿地城市。

31 日 2023 年长三角生态绿色一体化发展示范区（简称“示范区”）开发者大会将在上海青浦举办。

是月 市交通委会同市发展改革委、市经济信息化委联合发布《上海交通领域氢能推广应用方案（2023—2025 年）》，规范、有序支持氢能在交通领域拓展应用，燃料电池公交车应用规模达到 202 辆。

是月 市政府办公厅印发《上海市清洁空气行动计划（2023—2025 年）》，市生态文明建设领导小组办公室印发《上海市臭氧污染防治专项实施方案（2023—2025 年）》《上海市柴油货车污染治理专项实施方案（2023—2025 年）》，明确未来三年大气污染防治的工作思路、目标指标和任务措施，同步配套印发各项任务清单，进一步明确重点工作任务。

八月

10 日 2023 年太湖流域片省级河湖长联席会议全体会议以视频形式召开。联席会议轮值召集人、浙江省省长王浩，水利部副部长朱程清出席会议并讲话。江苏省副省长夏心旻、浙江省副省长李岩益、上海市副市长张小宏，以及福建省、安徽省人民政府代表作交流发言。

上旬 水利部副部长朱程清赴太湖流域管理局调研，并调研黄浦江上游水源地金泽水库、长三角生态绿色一体化发展示范区规划展示馆等。

15 日 上海第三中级人民法院联合市公安局、市生态局、市水务局、市绿化市容局、海警局、海关缉私局、市检三分院会商后共同签署《关于建立生态环境行民刑案件衔接机制工作备忘录》。

15 日 2023 年全国生态日上海宣传教育暨首届“上海生态环保艺术节”在位于徐汇滨江的西岸艺术中心开幕，旨在通过江南传统文化、上海海派文化与生态环境保护、绿色低碳发展的有机融合和丰富展现，广泛传播“绿水青山就是金山银山”生态文明理念。

18 日 市政协副主席黄震带队调研黄浦江两岸景观照明提升工程。

22 日 2023 年长江流域省级河湖长联席会议在上海召开。联席会议轮值召集人、上海市委副书记、市长龚正主持会议并讲话。应急管理部副部长、水利部副部长王道席出席并讲话。

24 日 《长三角生态环境保护标准一体化建设规划（2020—2035 年）》发布，计划到 2035 年，形成 60 项以上一体化标准，持续发挥生态环境标准的基础性、规范性、引领性作用。

30 日 以“新趋势 新发展”为主题的“2023 上海台北城市论坛”在沪举行。双方签署会展低碳等 3 项交流合作备忘录。

31 日 上海市委副书记、市长龚正专题调研城市建设领域民生项目。

九月

4 日 全球环境科学家大会暨第七次全球环境展望第二次作者研讨会在长三角生态绿色一体化发展示范区召开，来自 30 多个国家和地区的 300 多位代表齐聚一堂，共谋全球环境保护与可持续发展大计。

11 日 上海市生态环境保护大会举行。中共中央政治局委员、上海市委书记陈吉宁出席会议并讲话强调，要深入学习贯彻习近平生态文明思想和全国生态环境保护大会精神，切实提高加强生态环境保护的政治自觉，把美丽上海建设摆在改革开放和现代化建设全局的突出位置，更加深刻地把握超大城市生态环境治理的规律和特征，更加坚定地走生态优先、绿色发展之路，以排头兵的姿态和先行者的担当，协同推进降碳、减污、扩绿、增长，使绿色成为城市最动人的底色、最温暖的亮色，让低碳成为生态之城的鲜明标识，加快打造人与自然和谐共生的现代化国际大都市。市委副书记、市长龚正主持会议。市政协主席胡文容，市委副书记吴清，市领导李仰哲、李政、郑钢森、刘多、陈杰出席。

13 日至 14 日 全国政协副主席沈跃跃出席“推进新污染物治理”在沪专题座谈会，并率专题研究课题组在沪调研。市政协主席胡文容，副主席虞丽娟陪同。调研中国科学院先进氟氮材料重点实验室、国家环境保护新型污染物环境与健康影响评价重点实验室（上海市环境科学研究院部分）、上海医药集团股份有限公司、上海上药第一生化药业有限公司、国家环境保护新型污染物环境与健康影响评价重点实验室（上海交通大学部分）。

26 日至 27 日 生态环境部部长黄润秋赴上海市调研生态环境保护工作，调研中国海油上海分公司与长江口海域，出席生态环境部海洋环境应急上海基地揭牌仪式。

27 日 市生态环境局出台《上海市碳普惠管理办法（试行）》及 4 个配套政策文件，形成了碳普惠“1+4”政策体系，助力推动形成绿色低碳生产生活方式，保障上海市碳普惠体系规范、有序运行。

十月

24 日 市委书记、进博会城市服务保障领导小组组长陈吉宁，市委副书记、市长、进博会城市服务保障领导小组组长龚正来到国家会展中心（上海），现场查看了南广场绿化及灯光设计布局。

26 日 生态环境部公布了第七批“绿水青山就是金山银山”实践创新基地，浦东新区航头镇入选。

28 日 住房城乡建设部党组书记、部长倪虹带队调研静安区苏河湾亲水公共空间建设情况。

29 日 市长龚正会见美国加利福尼亚州州长纽森一行，共同出席上海市与加利福尼亚州关于气候与环境合作谅解备忘录文本交换仪式。根据谅解备忘录，两地将在保护环境、应对气候变化和推进清洁能源发展领域开展合作。

十一月

8 日 首届中国碳市场大会在上海浦东举行。中共中央政治局委员、上海市委书记陈吉宁出席开幕式并致辞，生态环境部部长黄润秋，湖北省委副书记、省长王忠林致辞，并与上海市委副书记、市长龚正共同启动大会。中国气候变化事务特使解振华通过视频致辞。本次大会由上海市人民政府、湖北省人民政府和生态环境部联合举办，以“建设碳排放权交易市场，推动实现碳达峰碳中和”为主题，全面展示全国碳市场建设工作成效。

9 日 市政协主席胡文容出席市政协十四届常委会第五次会议并讲话。上海市副市长刘多与会通报有关情况，听取常委建言并作回应性讲话。市政协副主席肖贵玉主持，市政协副主席张恩迪、陈群、金兴明、黄震、虞丽娟、吴信宝、寿子琪、钱锋出席。会议围绕“推进人与自然和谐共生的现代化建设情况”专题监督议政。

10 日 中共上海市委办公厅、市政府办公厅印发《上海市持续优化生活垃圾全程分类体系工作方案》。

10 日　上海市召开第二轮第二批生态环境保护督察行前动员会，对徐汇区、宝山区开展督察工作。

16 日　中共中央政治局委员、上海市委书记陈吉宁在崇明区调研时指出，要深入学习贯彻党的二十大和习近平总书记考察上海重要讲话精神，按照进一步推动长江经济带高质量发展座谈会部署要求，认真践行“绿水青山就是金山银山”理念，以“一张蓝图绘到底”的战略定力持之以恒推进崇明世界级生态岛建设，统筹做好绿色生态、绿色生产、绿色生活的大文章，努力打造人与自然和谐共生的崇明样板。

17 日　第五十七期“上海人大代表论坛”在兴华宾馆举行。论坛主题为“建设‘无废城市’　推动绿色发展”。

24 日　上海市生态文明建设领导小组办公室发布《上海市“无废细胞”建设评估管理规程（试行）》《上海市“无废细胞”建设评估细则（2023 版）》。

11 月 28 日至 12 月 2 日　中共中央总书记、国家主席、中央军委主席习近平在上海考察。

30 日　中共中央总书记、国家主席、中央军委主席习近平在上海主持召开深入推进长三角一体化发展座谈会并发表重要讲话。他强调，深入推进长三角一体化发展，进一步提升创新能力、产业竞争力、发展能级，率先形成更高层次改革开放新格局，对于我国构建新发展格局、推动高质量发展，以中国式现代化全面推进强国建设、民族复兴伟业，意义重大。要完整、准确、全面贯彻新发展理念，紧扣一体化和高质量这两个关键词，树立全球视野和战略思维，坚定不移深化改革、扩大高水平开放，统筹科技创新和产业创新，统筹龙头带动和各扬所长，统筹硬件联通和机制协同，统筹生态环保和经济发展，在推进共同富裕上先行示范，在建设中华民族现代文明上积极探索，推动长三角一体化发展取得新的重大突破，在中国式现代化中走在前列，更好发挥先行探路、引领示范、辐射带动作用。

30 日　水利部党组书记、部长李国英赴太湖流域管理局调研数字孪生太湖建设工作。

十二月

6 日　在阿联酋迪拜召开的《联合国气候变化框架公约》第 28 次缔约方大会（COP28）中国角上，举办了主题为“以碳市场推动城市可持续发展的上海实践”的边会活动。百余名中外嘉宾共话碳市场、绿色金融推动城市可持续发展，传递绿色低碳理念。

8 日　市政协主席胡文容、副主席虞丽娟率委员赴竹园污水处理厂四期工程实地考察，听取市生态环境局、市水务局等相关部门水环境突出问题整改落实情况汇报并座谈交流。

9 日　贯彻落实深入推进长三角一体化发展座谈会精神高水平建设长三角生态绿色一体化发展示范区工作推进会在上海青浦举行。会议认真学习贯彻习近平总书记在深入推进长三角一体化发展座谈会上的重要讲话和考察上海重要讲话精神，总结工作、部署任务，推动长三角生态绿色一体化发展示范区建设不断走深走实。中共中央政治局委员、上海市委书记陈吉宁，国家发展改革委主任郑栅洁出席会议并讲话。上海市委副书记、市长龚正主持会议。

19 日　市生态环境局出台《上海市“智造空间”生态环境保护指引（2023 年版）》，是全国首个“工业上楼”生态环境保护专项配套政策。

28 日　中共中央政治局委员、上海市委书记陈吉宁前往南市水厂调研。

是月　市生态文明建设领导小组办公室印发《上海市“无废细胞”建设评估管理规程（试行）》《上海市“无废细胞”建设评估细则（2023 版）》，出台包括“无废工厂”在内的首批五类“无废细胞”建设评估细则。

图照索引

图表索引

关键词索引

D

E

F

G

H

J

K

L

M

N

P

Q

R

S

T

X

Y

Z